이제 희망을 노래하련다

90년대 우리시 읽기

김경숙 이화여대 강사
김영미 공주대 교수
김옥순 국립국어원 학예연구관
김용희 평택대 교수
김은희 이화여대 석사 졸업
김진희 이화여대 한국문화연구원 HK교수
김혜니 국제대학 교수
김희정 이화여대 박사과정 수료
문복희 경원대 교수
박민영 성신여대 교수
안상원 서울산업대 강사
엄경희 숭실대 교수
이기성 이화여대 강사
이연승 이화여대 강사
이은정 이화여대 강사
임수영 동덕여대 전임강사
조영희 이화여대 박사과정 수료
한수영 이화여대 강의 교수

이제 희망을 노래하련다

90년대 우리시 읽기

초판 인쇄 2009년 9월 1일 **초판 발행** 2009년 9월 5일
지은이 이화현대시연구회 **펴낸이** 박성모 **펴낸곳** 소명출판 **출판등록** 제13-522호
주소 서울시 서초구 서초동 1621-18 란빌딩 1층
전화 02-585-7840 **팩스** 02-585-7848 **전자우편** somyong@korea.com

값 22,000원
ISBN 978-89-5626-427-1 03810

I will now sing about hope

이제 희망을 노래하련다

90년대 우리시 읽기

이화현대시연구회

소명출판

책머리에

문학이 역사와 현실에 대한 책임을 의식하면서 언어와 의식을 벼르던 1980년대가 지나면서 한국의 사회와 문화는 광범위한 급변을 겪었다. 동구권의 몰락과 문민정부의 출발은 거대담론에 가려져 온 자유로운 개인과 일상을 문화의 주체로 소환하였는데, 이런 변화는 자본주의 구조변동과 이에 따른 소비문화의 심화, 대중문화의 확산과 맞물려 있었다. 1990년대 문학은 이념이나 역사철학으로부터 한 걸음 나와 새로운 언어와 상상력에 관해 사유하기 시작했다.

그리하여 1990년대는 문학이 문학을 통해 자신을 반성하면서 자신의 동력을 만들어 냈다는 측면에서 중요한 시기였다. 사회문화적 변화 앞에서 많은 시인들은 치열하게 고유의 문법을 만들어 내었으며, 이런 성과들이 다양하고 풍부한 문학의 중심 역할을 하였다.

시인들은 일상적 삶과 욕망, 육체와 섹슈얼리티, 여성과 생태 등의 주제를 통해 근대적 이념의 핵심에 도전하였으며 노동현장의 소외, 정보화에 따른 비인간화 등에 관심을 기울이면서 소비 사회의 그늘에 가리워진 타자들의 삶을 표현하고자 했다. 다원화된 사회의 다양한 주제와 함께 도시시, 일상시, 여성시, 해체시 등 시의 새로운 하위장르 출현 역시 주목할 만하다.

새로운 주제와 형식의 개발은 물론 전통적인 서정시의 심화와 확장, 1980년대 리얼리즘을 계승한 노동시, 민중시 등이 지속적으로 창작되고 있었음을 고려한다면 1990년대는 그야말로 시의 역사가 전환되는 시대라고 할 수 있을 것이다. 그러나 이처럼 다양하고 자유로운 시의 시대임에도 1990년대에는 늘 '시의 위기'라는 문화적 담론이 수사처럼 붙여졌다. 대중들은 더 이상 시가 문화의 전위도 영혼의 양식도 아니라고 믿고 있었기 때문이다. 소비 자본주의 시장에서 시문학은 대중문화가 만드는 이미지와 경쟁해야 했고, 실패할 수밖에 없었다.

그럼에도 이 책을 만든 이화현대시연구회의 연구자들은 그 시대를, 시의 희망을 노래하던 시대로 기억한다. 이념의 무게나 정치적 이해관계를 넘어서 시인들은 자신의 언어와 상상을 만들었는데, 그들은 동시대를 명명하는 전혀 다른 문법과 언어를 창조하였다. 이는 기존 시의 패러다임이 끝나고 새로운 시의 시대가 시작되는 희망의 메시지를 주었기 때문이다. 하여 이 책의 필자들은 1990년대 시의 희망을 만들어 낸 시인들의 노력을 발굴하고 평가하는데 주력하고 있다.

1부는 자본주의에 지배되는 사회와 문화, 그리고 일상의 삶을 문제 삼는 시인들을 묶었다. 김기택, 백무산, 장정일 등은 1990년대의 일상에 전방위로 작용하는 자본주의의 위력을 실감케 한다. 한편 함성호와 이문재는 자본주의가 내장한 현대문명의 우울한 지도와 이를 넘어서려는 미래의 지도를 재현하고, 안도현은 생명사상과 사랑의 가치로 자본주의적 삶에 저항한다.

2부는 90년대 일상의 내용을 이루는 대중문화의 향유자로서의 시인과 그런 시대에 대한 전위적이고 실험적인 시쓰기를 중심으로 엮었다. 유하와 남진우는 대중문화를 자신의 시적 자양분으로 활용하여 언어와 상상을 만들고 있다. 박상순은 일상적 삶이 갖는 실존적 가치와 고독을 유희적 언어로 풀고, 김언희와 황인숙, 이선영은 자신만의 독특한 이미지와 감각을 통해 남성시와 다른 여성시의 실험성을 전개하고 있다.

3부는 전통적인 서정을 확장시키는 시인들의 내면세계와 상상력을 중심으로 묶어보았다. 비유와 상징이라는 정통적인 시의 원리는 함민복과 송찬호 시의 우주창조와 영웅신화의 세계를 부각시키고 있으며, 일상적 삶을 시로 승화시키는 내면의 힘을 이사라와 장석남의 시는 뚜렷하게 보여주고 있다. 또한 정끝별과 나희덕의 시는 서정의 오랜 주제인 사랑과 희생을 변주하고 있다.

『이제 희망을 노래하련다—90년대 우리시 읽기』는 이화현대시연구회가 이미 출간한 『시대를 건너는 시의 힘—70년대 우리시 읽기』, 『행복한 시인의 사회—80년대 우리시 읽기』에 담은 시에 대한 애정과 시 연구에 대한 진지함을 고스란히 담고 있는 책이다. 우리는 21세기에도 여전히 시 작품과 시 연구서가 '희망'이라는 메시지로 읽히길 소망한다.

2009.9.1

이화현대시연구회

차례 이제 희망을 노래하련다 __ 90년대 시인론

제2부 |문화와 전위|

제3부 | 내면과 서정 |

제1부 | 자본과 시대 |

탈관념의 시쓰기와 몸의 현상학—김기택론

이연승

노동 · 자본 그리고 시—백무산론

김영미

난공불락 혹은 카오스모스의 성전 앞에서—함성호론

이은정

사랑의 숨결과 생명의 근원—안도현론

문복희

산책자의 몽상과 희미한 지도—이문재론

한수영

소비사회를 견디는 자기모멸의 시쓰기—장정일론

김은희

탈관념의 시쓰기와 몸의 현상학

김기택론

이연승

1. 몸담론의 새로운 인식과 지각 변동

거대서사와 계몽 이데올로기가 풍미하던 1980년대 이후 우리 문학은 새로운 전환기를 맞이했다. 1990년대 이후 새로운 미학적 화두로서의 몸의 출현은 거대담론의 해체와 미시적이고 탈현대적인 것들의 부상을 증거하는 한편 이성과 감성, 영혼과 육체의 이분법적 구도 속에 구축된 계몽 이념의 해체와 균열을 드러내는 지표로 읽혀진다. 우리는 흔히 90년대 시단의 대표적 특징 중의 하나로 몸의 시학을 꼽는다.

몸은 한 실존적 개체의 움직임을 통해 세계의 모든 변화 양상을 감지하고 포착할 수 있는 가장 근본적인 토대이다. 문학에서 몸의 양상을 주목하고 이를 파악한다는 것은 몸을 통한 '세계 내 존재être—au—monde'에 대해 미학적인 탐색을 벌이고 있는 시인들의 사유를 읽어내는 작업이 된다. 언어와 몸은 가장 예민하고 민감한 문제의식을 수반하기 때문이다. 몸이 어떻게 언어화되고, 언어가 어떻게 몸을 구축해나가는지는 시인들의 영원한 화두이기도 하다. 때문에 문학의 역사는 곧 몸의 역사라고도 할 수 있다.

1990년대 이후 한국시는 몸에 대한 성찰과 인식이 한층 다양하고 풍부해지는 경향을 보인다. 특히 급속한 사회변동과 매체의 활성화는 다양한 성담론을 생산하는데 일조를 하기도 하는데, 성에 대한 표현의 자유가 확대되고 그 자유를 억제하는 사회적 규범이 약해지면서 몸과 성에 대한 관심과 표현 영역이 어느 시대보다도 넓게 개방된다. 이성이 욕망을 통제하고 세계를 재편할 수 있는 인간 정신의 거대한 힘이라는 인식은 후기 산업사회에 접어들어 점차 흔들리기 시작한다. 이성에 대한 회의감과 더불어 그간 억압되어 있던 몸의 의미를 강조하고 있는 것이 탈근대 사회의 문화적 특징 가운데 하나이다. 이성 중심적 사회에서 억압되고 도구화되었던 몸은 단순히 정신의 그릇이 아니라 삶의 의미를 생성해내는 보다 직접적인 진리의 현현방식으로 의미화된다. 이런 현상 속에서 보다 솔직하고 대담한 몸의 언어는 그동안 은폐되었던 존재성을 폭로함으로써 밀담으로서의 성을 공론화하기도 한다. 포스트모더니즘이나 페미니즘의 토대를 바탕으로 비평적 담론으로서 떠오른 몸의 출현은 주체의 내부에 자리한 탈은폐성과 균열을 드러내는 징표로 이른바 동일성의 미학을 해체하는 미학적 전위로서 등장하기 시작한다.

이 글에서는 90년대 이후 몸담론의 새로운 인식과 시쓰기 방식을 보여주는 대표적 시인인 김기택 시인의 작품을 대상으로 텍스트의 미학적 의미

형상화 방식과 시적 가능성에 대해 분석해보고자 한다. 필자는 그의 시의 원시적 이미지들이 문명의 질서에서 은폐되거나 억압당하는 존재의 특징을 드러내고 있을 뿐 아니라, 분화된 몸의 기관들을 통해 근대 이성의 시각 지배에서 벗어나 새로운 몸의 탄생을 밀고 나간다는 점에 주목하였다.

김기택은 1989년 등단 이후 지금까지 『태아의 잠』1991, 『바늘구멍 속의 폭풍』1994, 『사무원』1999, 『소』2005, 『껌』2009 등 다섯 권의 시집을 출간하였다. 그의 시에 등장하는 사물이나 시적 대상들은 순간순간의 움직임이나 행동, 반응에 초점을 맞추어 그 적나라한 모습을 보여주고 있으며 사물의 외피를 두르고 있는 모든 가식과 포장을 걷고 몸의 현존만을 파악하려는 데서 탈관념적인 성향을 띤다. 서정시의 관념적 · 탈속적인 상상 공간이나 이미지에 익숙한 독자들에게 생생한 리얼리티와 감추어진 생명의 본능적 모습을 제시하는 것이다. 그런데 이 부분이야말로 김기택 시인이 건져 올리는 작품 의미의 진정성이 되고 있다. 김기택 시인의 작품을 읽다 보면 기존의 시인들에게서 느낄 수 없던 특화된 몸의 양태와 의미 구성의 과정에 동승하게 된다. 그의 독창적인 시쓰기 방식과 새로 인식하여 보여주는 세계는 거부할 수 없는 삶의 진실을 새로 인식하게 하며 읽는 이를 압도하는 힘을 갖고 있다.

그러나 김기택 시에 등장한 몸의 이미지나 변주는 대상의 감각적 재현이나 기교를 위한 이미지 추구라는 측면에서는 의미가 해명되지 않는다. 김기택 시에 나타나는 몸 이미지는 인식이나 기교로부터의 성격을 벗어나 대상과 주체의 분리와 대립을 전제로 한 이분법적인 사유틀과 무관한 새로운 사유 방식을 보여준다는 점에서 의의를 가진다. 김기택 시에 등장하는 몸성corporéité의 수용은 하나의 완성된 시적 오브제를 위해 수사적으로 제시되는 것이 아니라 사물과 생명의 존재 근거를 찾아내고 그것을 시적 주체의 자아 갱신이나 자아 확장으로 수용해나가는데 기여하는 것이다. 이러한 김기택 시의 시쓰기 방식은 몸에 대한 새로운 사유 방식을 제시하는 것에서 그치는 것이 아니라 새로운 존재 방식을 보여주는 매개가 된다.

특히 대상을 감각적으로 전유하고 묘사하는 시쓰기 과정에서 시인은 선험적 개념을 뛰어넘는 어떤 욕망의 흐름을 보여주는데, 이때 구축된 몸의 이미지는 단순한 이미지의 확장이나 기교를 벗어나 세계를 구조화하는 구체적인 단초가 된다는 점에서 의의를 가진다. 김기택의 시적 묘사와 관찰력은 이미 여러 논자들을 통해 인정받았지만 그의 예리한 형상화 능력과 세계 인식의 방식은 그만의 독창성이자 본 논의가 관심을 갖는 새로운 해석 지평이 될 것이라고 생각한다.

2. 해부학적 시선과 몸의 존재성

서구 철학적 인식론과 방법론은 그간의 언어에 의한 상징체계적 구조와 기호세계에서 벗어나 점차 몸과 신체에 의한 인식과 지각, 감각 등을 사유의 영역 속에 이끌어 넣으며 탈이성주의적, 언어초월적인 인식론의 변화를 가져왔다. 이후 메를로 퐁티, 들뢰즈, 푸코에 이어지는 몸철학은 서구철학의 인식론과 방법론에서 과감하게 탈피하고, 그 인식 방식과 근거를 달리하여 '지각적, 감정적, 감성적' 인간에서 논의를 시작한다. 정신이 몸에서 융기隆起하기 전에 몸이 하는 기능을 메를로 퐁티는 몸의 원초적 기능이라고 본다. 여기에는 정신적인 반성에 의한 생각은 이차적인 기능이라는 뜻이 들어 있다. 특히 메를로 퐁티가 말하는 '세계에의 존재être-au-monde'는 몸과 세계 혹은 세계와 몸이 서로 구조를 교환하는 것을 뜻한다. 다시 말해 퐁티는 우리 몸속에 들어와 있는 세계, 우리가 몸을 통해 그 속으로 진입해 들어가는 세계 속에서 인간이 자신의 실존을 확보할 수 있다고 보는 것이다. 문명의 발달 과정에서 인류는 일차적으로 본능적인 생활을 지양해 왔으며 문화적 · 윤리적 · 사회적 지위나 상징성을 획득하고자 노력해 왔다. 인간이 발명한 이데올로기와 문명은 본능적 생활과 노동에서 벗어나고자 하는, 소위 관념적 · 형이상학적 담론에 다름 아니었다. 그래서 서구 철학에서 다루는 주된 대상은 이성과 관념이었고 몸은 언제나 객체로 취급받았으며 지배담론에서 벗어나 있었다.

김기택 시세계의 일차적인 특징은 복잡한 관념과 사유가 아니라 구체적인 사물과 감각, 물질과 육체에 기반을 두는 사실적인 시어와 이미지들이다. 시인은 시적 상황을 극도로 압축하는 이미지들을 구사하면서 작고 섬세한 삶의 결을 응시할 뿐 아니라 삶과 사물의 본질에 다가서서 그 안에 내재하는 생명의 힘을 읽어낸다. 그는 사물에 대한 인식을 몸의 감각을 통해 형상화하고 있다. 더 문제적인 것은 그의 시에 나타나는 몸의 특징은 정신이나 영혼이 배제된 상태에서 일종의 '물질'로서만 드러나는 몸이라는 것이다. 그의 몸은 관념의 유희나 이미지의 확장으로 인한 시적 애매성이나 비유의 차원에서 생성되는 '낯설게 하기' 같은 수사적 장치를 문제 삼지 않는다. 그의 몸은 인간의 관념이나 영혼이 아닌, 눈에 보이는 육체적인 현실을 문제 삼는다. 나아가 주체를 대상화하고 인간의 몸이나 사물이 시적 주체가 되는 것이 김기택 시의 대표적인 특징이다.

시인이 말하고자 하는 사유의 세계는 생물학적 차원으로 환원되어 몸을 입고 구체화된다. 예를 들면 그에게 식욕은 "입과 배에서 침과 위산이 부리나케"「먹자골목을 지나며」 나오게 하는 것이고 실직이란 "툭" 하고 몸 안에서 무엇이 끊어져 "덩어리 하나가 장화 같은 하체 속으로 떨어지는 것"「실직자」이며, 그래서 더 무거워진 다리의 무게이기도 하다. 무엇보다 김기택 시에서 몸이 구현되는 방식은 탈관념적 · 탈형이상학적 시쓰기에 바탕을 두고 있다는 점일 것이다. 이전의 시에서는 볼 수 없었던 몸의 물질성에 주목하면서 그는 해부학적 시선으로 대상을 관찰, 묘사하고 동시에 몸적 존재로서의 가능성을 펼쳐 보이고 있다.

달려가던 승용차가 가볍게 들어올리자
사내는 조금도 꾸밈이 없는 동작으로
빙그르르 공중에서 몸을 돌리고
전혀 무게를 두려워하지 않고
아스팔트 위로 내리꽂혔다
얇은 가죽으로 막아놓은 60킬로그램의 비린내
안에 들어 있던 분노와 꿈이
일제히 터진 곳에서 쏟아져나왔다

—「한 명의 육체를 위하여」 중에서

몸무게가 되기 위하여 물이 살 속으로 들어온다
살과 뼈와 핏줄 사이 가볍고 푹신한 빈틈들을
힘센 무게들이 빽빽하게 채워버린다
차에 매달아 한 시간이나 끌고 다니며 만든

갈증 속으로 물은 끊임없이 들어오고 있다
음매에 슬픈 울음 속 떨림의 사이사이
깊고 가는 빈틈으로 물이 채워진다
(…중략…)
힘들여 마신 한 호흡의 공기마저
목구멍에서 찰랑거리던 물이 기어코 밀어낸다

—「소 2」 중에서

인용한 두 편의 시에서 실제 묘사되는 대상은 각각 "사내"와 "소"다. 승용차에 치어 사내가 들어 올려졌다 "아스팔트 위로 내리꽂"히면서 "60kg의 비린내"로 처참하게 내동댕이쳐지고「한 명의 육체를 위하여」 "소"는 물을 먹는 것이 아니라 물이 주체가 되어 소 안으로 들어온다. 생존을 위해 소가 마시는 물은 단지 몸무게가 되기 위하여 살 속으로 들어올 뿐이다「소 2」.

「한 명의 육체를 위하여」에서 "조금도 꾸밈이 없는 동작으로 / 빙그르르 공중에서 몸을 돌"려 아스팔트 위에 던져진 사내의 몸을 추적하는 시인의 시선은 지극히 물질적이며 전全존재적이다. 대상을 해체하는 듯한 해부학적 시선은 건조하게 "사내"의 몸을 투시한다. 이 과정에는 아무런 감정이 개입되어 있지 않으며 "사내"의 몸이 내던져지는 짧은 찰나의 순간이 느리고 집요한 묘사를 통해 드러난다. 두 편의 시에서 암시하는 것은 각각 사내와 소의 죽음이다. 그러나 「소 2」의 "소"의 몸과 물, 공기, 그리고 「한 명의 육체를 위하여」에서 "사내"의 몸이라는 물질적인 질료들 사이에서 시인의 눈에 보여지는 대상과 세계는 우선 하나의 시각적 영상으로 지각되고, 시인의 인식에 감수感受되어 시적 주체가 소통하게 된다. 그리고 대상은 독자에게 수용되어 충돌하며 새로운 의미를 생성해 나간다. 이러한 묘사는 단순하고 평면적인 비유 이상으로 독자를 압도한다. 여기에는 사물이나 상황의 실체를 냉정하게 투시하고자 하는 시인의 감각 이상의 깊이가 담겨있기 때문이다. 특히 사내의 몸이라는 물질적인 질료가 빚어내는, 찰나적이지만 긴 동작이 죽음을 암시하긴 하지만 어쩌면 이것은 죽음보다 삶을 표상한다고 보는 것이 더 옳을지도 모른다. 죽음의 과정을 길고 느린 동작으로 처리한다는 것은 그만큼 삶 혹은 생명에 대한 열망이 강하다는 것을 역설적으로 드러내는 것이라 할 수 있기 때문이다. 위의 두 작품에서 보여주는 길고 느린 호흡은 죽음의 과정을 긴 호흡으로 보여줌으로써 그 동작 자체가 하나의 물질성을 얻게 될 뿐 아니라 몸의 움직임이 소멸하는 그 찰나의 순간을 해부함으로써 몸의 존재성을 전경화시킨 경우라고 말할 수 있을 것이다.

이러한 묘사 방식은 우리 몸의 감각기관이 기계로서 부분적으로 활용되는 것이 아니라 감관感官이 곧 신체이며 사유가 되는 존재이자, 정신이 됨을 보여주는 것이다. 다시 말해 들뢰즈가 말한 오이디푸스 신화에서 벗어난, 무의식과 태생으로서의 새로운 주체를 환기시키는 것이다. 이렇게 시인의 눈에 포획된 몸은 부분의 기관과 물질 상태의 질료로서 환원된다.

> 너무 오랫동안 사용해서 그의 육체는 낡고 닳아 있다.
> 숨을 쉴 때마다 목구멍과 폐에서 가르랑가르랑 소리가
> 난다. 찰진 분비물과 오물이 통로를 막아 바늘구멍처럼
> 좁아진 숨구멍으로 그는 결사적으로 숨을 쉰다. 너무
> 열심히 숨을 쉬느라 아무 것도 생각할 수 없다.
>
> —「바늘구멍 속의 폭풍」 중에서

앞에서 바람이 불면

살갗은 갈비뼈 사이 앙상한 틈을 더 깊이 후벼판다.
뒤에서 바람이 불면
푹 꺼진 배는 갑자기 둥글게 부풀어오른다.
가는 뼈의 깃대를 붙잡고 나부끼는
검은 살갗.

—「사진 속의 한 아프리카 아이 1」 중에서

두 편의 시에서 보이듯 시인에게 있어 세계는 언어와 기호로 고정화된 체계라기보다 내 몸과 상대의 몸이 행동하며 부딪치는 인식 과정에서 받아들이는 대상으로서의 세계이다. 「바늘구멍 속의 폭풍」에서 시인은 몸이 낡고 닳았다는 관념을 추상적인 진술로 전개하기보다는, 몸의 여러 현상을 "그"의 몸에서 찾아내어 몸이 낡아 구체성을 획득하는 과정을 보여준다. "낡음"에 대한 관념, 사유 전개가 아니라 그 구체적인 대상을 시각적으로 펼쳐놓는다는 말이다. "목구멍과 폐에서 가르랑가르랑 소리가 난다"거나 "찰진 분비물과 오물이 통로를 막아 바늘구멍처럼 좁아진 숨구멍으로 결사적으로 숨을 쉬"는 것은 구획된 세계를 관념적 사유 전개나 개념 확인을 통해서가 아니라 세계를 감관感官으로 체험하며 인식하는 과정을 보여주는 것이다.

「사진 속의 한 아프리카 아이 1」에서 시인은 사진 속의 한 아프리카 아이의 몸에 대한 투시를 통해 그 이면에 숨겨진 몸의 비극성을 들추어낸다. "살갗은 갈비뼈 사이 앙상한 틈을 더 깊이 후벼판다"거나 "뒤에서 바람이 불면

푹 꺼진 배는 갑자기 둥글게 부풀어오른다" 같은 묘사는 인간의 몸에 대한 어떤 연민이나 감정도 개입되어 있지 않은 것으로 보인다. 그러나 사진 속 아이의 몸은 눈에 보이는 현상적인 속성 뿐 아니라 눈에 보이지 않는 본질적인 속성까지도 탈은폐되고 있다. 정밀한 묘사가 환기하는 것은 몸의 양태에 대한 감각적 재현이 아니라 그 이면에 숨겨진 '존재론적인 상처'이다. 그러나 작품 어디에도 기아飢餓에 관한 계몽적 수사나 시적 진술은 드러나지 않는다. 언어에 의한 사색과 고뇌가 아니며, 관념적 추상적 비유도 아니며, 굶주림에 지친 아이의 퀭한 얼굴과 깡마른 팔다리에서 느껴지는 단절감과 고통이 냉정한 객관적 거리를 유지하며 전달되고 있다. 그래서 굶주림의 고통은 "가는 뼈의 깃대를 붙잡고 나부끼"는 몸의 고통으로 압박해옴을 간접적으로 호소하는 것이다. 굶주림에 지친 아이의 몸은 대상을 전유하는 주체이자 극한의 고통까지 체험하는 가장 강렬한 대상으로 묘사되고 있다.

3. 마음의 존재방식과 사물화된 몸

김기택은 삶과 죽음이란 "움직이는 육체"와 "움직임을 멈춘 육체"로 정의하기도 한다「술 취한 사람」. 몸은 인간의 생각보다 먼저 반응하고 인간의 의지보다 높이 존재하는, 인간의 실질적 주인이다. 김기택 시에 표현되는 삶의 무게와 비애는 인간의 의지와 이성이 관여하지 않는 머리와 무게 사이에서 더 크게 울려나오기도 한다. 더 나아가 그는 인간 마음의 존재 방식이 몸과 다를 바 없으며, 인간의 마음도 궁극적으로는 몸에 속한 하나의 기관이라는 인식을 보여준다.

> 아무리 편하게 몸을 누이고 있어도
> 마음은 쉬지 않고 움직이고 뒤채고 끙끙거린다
> 맑은 잠속까지 꿈이 되어 들어와 살게 흙탕물을 일으킨다
> 어쩌다 이 갑갑한 몸에 들어와 살게 되었을까
> 가만히 마음을 들여다보고 있으면 안쓰러워진다
> 마음도 털처럼 몸에 뿌리박고 사는 것
> 내장이 소화시킨 것을 먹고 자라야 한다는 것
> 먹지 않으면 몸뚱어리처럼 굶어죽는다는 것
> (…중략…)
> 그런 마음을 보면 불쌍한 몸보다도 더 불쌍해보인다
>
> —「마음아, 네가 쉴 곳은 내 안에 없다」 중에서

인간 영혼의 추상적 실체인 마음은 몸에 대해 독자성이나 자립성을 갖지 못하며 몸의 상태에 그대로 예속된다. 그러나 시인은 자명성의 기반으로 군림하는 주체를 몸에 대한 사유 속에서 재창출하며 인간 존재에 대한 형상적 의미를 재구성하고자 함을 알 수 있다. 사물이나 대상에 대한 지각의 쇄신이나 역동주의는 몸을 배제하고서는 얻을 수 없다는 것을 시사한다는 말이다.

이런 관점에서 보면 마음과 관념의 산물로 이해되어온 "말"도 몸의 여러 기관이 분출하는 일종의 분비물이자 일종의 "음악"이라고 할 수 있다. 김기택은 사유의 집적체인 말이 육체의 내장기관의 분비물이라는 점을 강조

하면서 인간이 이성적 사유의 집적체라는 근대의 패러다임과 가치관에 정면으로 반대한다. 더 나아가서는 인간의 원초적인 말이 바로 원초적인 몸의 떨림에 근거하고 있음을 지적한다.

맹장 속의 모래알처럼 내 생각이 닿지 않는 곳에 사는 말들이 내 안에
있다 항문과 요도를 찾듯이 그 말들은 단지 터져있는 길을 찾아 나온다
힘이 들 때 피곤할 때 말을 쏟고 싶다 (…중략…) 그러나 꿈이 밀어낸 정액
처럼 나도 모르는 사이에 말들은 나오고 말았다 어디에선가 말들은 끊임
없이 흘러나와 끝에 빛이 달려 있을 것 같은 구멍들을 향해 가고 있다

—「중얼중얼중얼」 중에서

말은 그의 삶에 얼마나 많은 즐거움을 주었던가
이제 그의 몸은 악기가 되었고 그의 말은 음악이 되었다
그가 말을 연주할 때
혀와 이와 입술은 얼마나 정교하고 민첩하게 움직이던지
피리구멍 같은 코는 얼마나 정확하게 바람을 조절하던지
배는 큰북처럼 얼마나 탄력있게 진동하던지
그 좁고 어두운 입 안에서도
발음과 억양은 지느러미처럼 날렵하고 경쾌하게 헤엄쳤다

—「수다예찬」 중에서

「중얼중얼중얼」에서는 인간의 "말"이 육체의 화학적 결과물에 불과하다는 유물론적 인식을 보여준다. "꿈이 밀어낸 정액처럼" 말은 구상적인 실

체를 갖는 것이 아니며 "항문과 요도를 찾듯이 그 말들은 단지 터져있는 길을 찾아 나"올 뿐이다. 여기서 묘사되는 말의 중량감이나 실체감은 철저하게 감관感官에 바탕을 두고 있을 뿐 아니라 사물화되어 있다.

「수다예찬」은 인간의 말이 어떤 운동과 리듬에 근원적으로 존재하고 있을 뿐만 아니라 근본적으로는 몸에 의거하여 생겨난다는 것을 시사한다. 인간의 의식과 정신이 생겨났다고 해서 몸이 사라지는 것은 아니며, 의식과 정신의 운동을 감지할 수 있게 되었다고 해서 그것이 몸의 떨림과 완전히 독립해서 이루어지는 것은 아닌 것이다.

이 시는 말의 운동성이 근원적으로 몸의 운동성에서 비롯되었으며, 정신이나 영혼이 일종의 운동으로 이해될 때에도 그 움직임은 몸의 움직임이지 않고서는 달리 어떤 것일 수 없다는 인식을 보여준다. "말을 연주"한다는 것은 인간의 말이 근본적으로 어떤 희열jouissance에 바탕을 둔 것이자, 몸이 처해있는 어떤 상황에 의해 다양한 형태로 드러나는 것임을 시사한다. 그래서 몸은 '악기'가 되고 말은 '음악'이 되는 것이다.

근대 형이상학이나 유가적儒家的 전통에서 말은 행동보다 열등하며 이성적인 정신의 도구로 보는 경향이 지배적이었다. 그래서 말은 정신의 지시에 의한 것으로 인정되었고 몸과 분리된 것으로서 그 자체의 효용성과 실체를 인정받지 못하였다. 그러나 근대 이후 말의 가치와 덕목이 새롭게 인식되면서 의식과 정신이 몸과 분리되었다는 인식에서 탈피함으로써, 그 의식과 정신은 체화된 몸으로 이해되기 시작한다. 크리스테바가 시적 언어, 다시 말해 기호계의 언어를 상정하여 끊임없이 변하고 유동하는 주체의 개념을 확립한 것도 이런 맥락에서 이해할 수 있다. 이 시는 몸의 떨림이 목청의 떨림으로 집중되어 나타나는 현상에 대한 묘사이지만, 말의 원천이 순수한 관념이나 반성에 의한 것이 아니라 근원적으로 몸에 의거해 생겨나는 것임을 형상화한다.

인간의 삶을 육체의 물리적 · 화학적 변화로 설명하는 김기택은 사물에 대한 몰가치적인 성향과 탈낭만주의적인 시각을 드러낸다. 인간이 기계 부속품처럼 여러 가지 내장기관으로만 이루어진 존재라는 냉정한 투시는 철저하게 반인간주의적인 성향을 드러낸다. 인간으로 산다는 것의 의미가 새롭게 열려지는 부분이기도 하지만, 그 본질의 모습을 적나라하게 드러낸다는 점에서 기존의 생生이 가지고 있는 여러 가지 추상적 관념은 여지없이 해체되고 있는 것이다.

더 나아가 그는 인간이 본래 '몸적 존재'라는 사실을 더 극대화시켜 현대인의 기형화된 존재 방식에 관심을 쏟는다. 그가 그리는 현대인은 욕망의 주체이기보다는 타자의 욕망에 대한 피사체 역할을 하는, 일종의 기호화된 주체이다.

그럼에도 그 일이 주는 성취감
이 두꺼운 습관 속에 갇혀 있으면 김과장은 안전하다
습관이란 얼마나 큰 폭력인가
그러나 너무 오래 세차게 길들여져 온 탓에
이 폭력은 김과장의 몸에 편안하고 종종 달기까지 하다
아아 습관이 아닌 모든 것이 두렵다
도피가 아닌 모든 것이 낯설다
그렇다 김과장은 이미 타락한 것이다.

—「김과장」 중에서

그는 하루종일 損益 管理臺帳經 資金收支心經 속의 숫자를 읊으며
철저히 고행업무 속에만 은둔하였다고 한다
종소리 북소리 목탁소리로 전화벨이 울리면
수화기에다 자금현황 매출원가

영업이익 재고자산 부실채권 등등을
청아하고 구성지게 염불했다고 한다.
끝없는 수행정진으로 머리는 점점 빠지고 배는 부풀고
커다란 머리와 몸집에 비해 팔다리는 턱없이 가늘어졌으며
오랜 음지의 수행으로 얼굴은 창백해졌지만
그는 매일 상사에게 굽실굽실 108배를 올렸다고 한다
(…중략…)
그의 책상 아래에는 여전히 다리가 여섯이었고
둘은 그의 다리 넷은 의자다리였지만
어느 둘이 그의 다리였는지는 알 수 없었다고 한다

—「사무원」 중에서

시인은 자본주의 사회에 포획된 현대인의 기계적인 일상에 주목한다. 작품 「김과장」을 보도록 하자. "아침 7시부터 저녁 9시"까지 구로공단의 건물 안에서 바쁘게 일하는 "김과장"은 "지각이나 결근을 모르고" 기계처럼 일하며 습관의 굴레 속에서 역설적으로 편안함을 느낀다. 탈근대의 문명 구조 속에 단자화된 김과장의 삶은 습관의 무게에 짓눌리고 고유한 가치를 상실한 채 살아가는 샐러리맨의 평준화된 삶일 뿐이다. 그는 본인의

의지와 상관없이 강요된 인생을 살아가는, "타락한" 삶의 주인공이다.

「사무원」도 마찬가지 맥락에서 해석된다. 시인은 현대 자본주의사회의 구조 속에서 사무원의 삶이 얼마나 즉물적이며 한없이 마모되어가는지를 알레고리의 기법으로 형상화한다. 조직 사회 속에서 일상을 영위하는 직장인의 삶이 보이지 않는 억압과 긴밀히 유착되어 있음을 암시적으로 이야기하는 것이다. "끝없는 수행정진으로 머리는 점점 빠지고" "오랜 음지의 수행으로 얼굴이 창백해진" 사무원은 김기택 시의 탈관념적 묘사 방식을 잘 보여주는 인물이라고 할 수 있다. 시에 등장하는 인물은 이성적인 사유나 상상력 대신 주로 감각과 지각을 동원하여 단순하게 사회나 세상을 바라보거나 해석하는 특징을 보여준다. 조직 사회속에서 철저하게 통제받고 감시받는 사무원의 몸은 몸의 신비적 성향이나 아름다움을 탈각한 채 사물로서만 존재하는 몸, 다시 말해 『앙티 오이디푸스』에서 들뢰즈와 가티리가 말한 '기관없는 신체body without organ'의 전형을 보여준다. 미셸 푸코의 『성의 역사』를 보면 근대가 열리면서 권력은 이성을 무기로 인간을 주체화하여 스스로를 규율하는 존재로 만들고자 했고, 그 과정에서 주체성, 인격, 인성 등의 개념들이 만들어지며 과학적 테크닉과 담론들이 덧붙여지면서 몸 전체로 파고드는 일종의 '생체 권력biopou-voir'이 될 수 있었다고 한다.

"매일 상사에게 굽실굽실 108배를 올리"는 사무원의 몸은 지극히 사물화된 몸이며 본능적 욕망과 생명력이 거세된 자본주의 사회의 슬픈 자화상이라 할 만하다. 김기택은 현대인의 몸에 가해지는 물리적, 육체적 변화를 냉정한 눈으로 투시하면서 자본주의 사회의 모순과 폭력성을 지적하는 작업을 밀고 나가는 것이다. 다시 말해 과학 기술의 메커니즘이 유입되면서 사회적 시·공간이 몸을 억압하고 해체·분열시키는 탈근대의 몸 상황을 진단한 것이라 할 수 있다. 이런 인식이 발전하면서 작품에는 해부학적 시선을 바탕으로 한 즉물적 묘사가 줄어드는 대신, 일상성에 대한 관찰이 전체적인 생의 통찰로 연결되는 시선의 확산이 새롭게 부각되기 시작한다.

4. 해방의 욕망과 탈은폐된 몸

한편 자본주의 세계에 대한 비판과 저항은 거대 서사에 억눌린 몸을 재창조하려는 의지로 표출된다. 해체된 몸을 복원하고 재구再構하려는 시적 욕망은 계몽의 기획 속에 스스로를 정립시키고자 하는 주체화의 욕망을 의미하는 것이다. 들뢰즈에 의하면 욕망은 흐름이며, 욕망하는 기계는 모두 생산하는 일을 사명으로 하되, 그 생산은 자기 원인이 되는 것, 즉 자신을 끊임없이 재생산하는 것이라고 한다. 이런 점에서 김기택 시에 구축된 사물화된 몸은 상상된 욕망의 몸이며 몸을 배제하는 데서 오는 세계 인식의 불완전함을 극복하고 있는, 일종의 '저항하는 몸'이라고 할 수 있다. 이것은 모든 차이를 흡수함으로써 총체성으로서의 세계를 재구성하고 있을 뿐 아니라 가장 구체적인 차원에서 리얼리티를 획득한다는 것을 의미한다.

90년대의 문학이 거대담론의 그늘 아래 결박되었던 몸을 통해 말하기 시작하는 지점에서 출발하였다면, 해체된 몸의 상징성 속에 새겨진 억압된 기호들은 휘발하는 대신 분화된 몸의 기관들이 새롭게 열리면서 몸담론이 펼쳐진다. 김기택 시를 90년대의 맥락에서 놓고 본다면 이런 연관성 아래 써지는 것이라 할 수 있을 것이다. 그것은 근대 이성의 시각 지배의 붕괴와 상상된 역사의 몸의 해체를 동시에 의미하는 것이다. 다음의 시는 자본의 감시에서 벗어나 현실의 상징질서를 거부하고 탈주하려는 새로운 몸의 탄생을 보여준다.

150cm 40kg의 몸매 속의 자유
독방처럼 어둡고 좁은 몸 안에서
탈옥은 곧 죽음인 몸 안에서
그녀는 필사적이다
가슴과 배꼽, 엉덩이와 흰 다리로
티셔츠를 밀쳐보고 청바지를 찢어본다.
아무리 꽉 조이게 입어도
티셔츠와 청바지는 헐렁헐렁하다.
몸밖에는 환한 햇살.
몸 안에서는 무엇이 자꾸 부풀어오르는데
내 가슴은 너무 작고 납작해.
부풀어라 가슴, 부풀어라 꽃!
그녀는 심장에다 볼륨 높은 헤드폰을 대고
혈관이 울리도록 비트 리듬을 쏟아 붓는다.
가슴이 술 먹은 듯 커지는 느낌이다.
얇은 티셔츠가 점점 팽팽해지더니
가슴이 비어져나오는 것 같고
속옷같이 흰 배꼽이 드러나는 것 같다.
독방이 한결 넓어보인다.

—「독방」 중에서

시인은 전근대적 사유 지대에서 억압되었던 몸이 새롭게 탄생하는 지점을 응시한다. 근대 이성의 위압에 대해 몸이 반란을 일으킬 수 있도록 한 슬로건 중 가장 대표적인 것은 푸코가 말한 '영혼은 몸의 감옥'이라는 표현일 것이다. 이 작품에서 몸은 어둡고 좁은 독방에, 탈옥은 죽음에, 타자의 시선은 간수에 비유된다. "매일 똑같은 시간에 잠없고 빈틈없는" 간수가 한 여성의 몸을 용의주도하게 감시하고 길들이려 하나, 여성은 이를 거부하고 "굉음 울리는 오토바이 뒤"에 몸을 싣고 어떤 일탈을 감행하고자 한다. 이 몸은 상징계의 논리가 지배하는 세계와 거리를 두었을 뿐 아니라 몸이라는 기표 너머 꿈꾸는 어떤 세계에 대한 불온한 환상을 전유한다.

간수의 시선 속에 붙잡힌 이 존재는 억압당한 몸에 대한 강렬한 거부와 저항을 드러낸다. 이 작품에서 그려지는 몸은 간수의 시선으로 상징되는 이성의 억압과 '음악'으로 상징되는 감성이 마주쳐 일으키는 어떤 내파內破의 순간을 함축하고 있다. "혈관이 울리도록" 쏟아지는 강렬한 "비트 리듬"은 "150cm 40kg"의 질량화된 몸을 확대시키는 역동적인 에너지로 작용한다. "얇은 티셔츠가 점점 팽팽해지더니 / 가슴이 비어져나오는 것 같"은 눈부신 팽창의 순간을 넘어 시적 주체는 "독방이 한결 넓어보이"는 어떤 환상의 극치를 겪고 있는 것이다.

이 도발적인 일탈의 욕망으로 가득한 여자의 몸은 시선과 몸, 계몽 이성과 감성, 의식과 무의식 사이의 팽팽한 긴장과 대립을 해체하면서 극대화되기 이른다. '간수의 눈'으로 상징되는 '계몽의 파놉티콘'으로부터 벗어나기 위해 팽창하는 몸의 이미지는 대상을 통각하는 주체이자 전율하는 존재 전체를 의미하는 것이다. 즉 전적이고도 아주 강력한 강도의 세계로 자리 잡는다. 생명의 숨결을 느낄 수 없는 관념의 대상이 아니라 육화되어 살아숨쉬는 몸적 세계를 구현하는 것이다. 비어져 나오는 "가슴"과 "흰 배꼽" 같은 팽창하는 몸의 기관들은 감시와 구속을 벗어나는 해방의 욕망으로 채워진다.

상쾌한 남루.
창피까지 벗어버린 나체.
지저분한 개밥 찌꺼기에도
새롭게 돋는 맑은 식욕.
고통 속으로 느릿느릿 새어나가
돌아오지 않는 마음들.
마음이 씻겨나간 자리에 남은
상처들. 헐렁한 가죽들.
시냇물이 온몸으로 퍼지며
상처를 간지럽게 더듬는다.
고름이 터져나오던 자리마다
새로 어린 살이 붙는다.

—「苦行을 끝내다」 중에서

몸은 파시스트적인 가속도를 내며 질주하는 이성적 세계의 지배를 받는다 하더라도 그 본래적인 속성 즉 아날로그적인 것을 버릴 수 없다. 몸의 팽창과 해방의 욕망을 탐색하는 지점에서 시인은 몸이 가지는 아날로그적인 속성에 주목한다. 이것은 김기택 시의 여러 가능성이자 한계이기도 한—날카로운 관찰과 즉물적 묘사를 뛰어넘는—어떤 새로운 가능성을 제공한다고 본다.

「苦行을 끝내다」를 보도록 하자. 시인에게 있어 병이나 죽음 혹은 구속의 실체는 꿈이나 욕망이 막혀 발산하지 못하는 한 징후이다. 이때 인간의 몸은 딱딱해지고 무거워지며 퇴화한다. 시인은 딱딱하고 무거우며 막힌 사물과 현상 속에서 몸을 비워내 가벼워지고 부드러워지며 정화淨化되기를 꿈꾼다. 이 시는 김기택이 지향하는 시의 깊이가 어디를 향하고 있는지를 분명히 보여주는 작품이다. 시인은 '비어냄'과 '남루'의 가치를 직시하고 이를 몸화시킨다. 그것은 "상쾌"한 경지에까지 이르는 "남루"의 세계이며 "창피"를 넘어선 "나체"의 세계이고, 일체의 욕망이 개입하지 않은 순도 높은 식욕의 세계, 고통을 초극하여 평정平靜을 얻은 마음의 세계, 고름이 터진 자리에 "어린 살"로 상처를 치유받는 재생의 세계이다. 자신의 몸을 가해함으로써 그것에 의해 구속된 마음을 해방시키는 일이 김기택이 지향하는 "苦行"이자 시적 실존의 존재방식인 것이다. 시인은 길과 차 안을 메우고 있는 살들을 다시 공기로 만들어 "막힌 공기의 혈관을 뚫어 다시 바람이 지나가게" 하기를 꿈꾸기도 한다「막힌 차도」에서.

이 작품에서 독자는 고통 속에서 태어나는 몸을 새롭게 인식할 수 있다. 고통과 해방이 하나가 되는 순간은 몸 그 자체가 하나의 형식을 얻게 되는 경우라고 할 수 있을 것이다. 고통이 지나간 몸을 "헐렁한 가죽들"로 치환하면서 몸의 존재성에 탄력을 부여하는 것은 몸의 존재성을 더욱 강화하는 것이라고 할 수 있다. 대상 세계 역시 살아있는 것의 생성, 생장, 소멸 등의 변화가 가능한 대상들로서 이때 대상화되는 세계의 의미는 '대상의 변화에서 생겨나는 의미'가 된다. 시인은 상처가 아무는 몸의 작은 반응에서 몸을 지치고 아프게 만드는 현실의 질서를 응시하며 일상에서 잊기 쉬운 자연의 질서를 찾고 있는 것이다. 이를 통해 억압된 내부 세계의 미세한 파동을 감지하여 생명 현상의 근원을 탐색하는 지점으로 나아가고 있다.

5. 감관感官으로의 인식과 전유

90년대 이후 우리 문학에서 몸은 디지털과 아날로그적인 것의 흔적이 동시에 드러난다. 그 몸은 빠름과 느림, 인공과 자연, 환상과 현실, 불연속과 연속, 억압과 해방 등이 끊임없이 교차하는 존재의 장인 것이다. 탈관념의 시쓰기를 실천하는 김기택의 작품들은 자본주의 사회의 내재적인 비판을 수행하는 동시에 어떤 변화와 생성의 힘을 내포한 실천적인 텍스트로 이해될 수 있다. 그러나 이성의 억압을 깨고 나오는 몸은 그 자체로 중립적인 것이 아니다. 몸은 다양한 문화적 내러티브와 담론에 의해 재구성되며 지배 담론에 의해 조작되거나 허구화된 구성물로 존재할 수도 있다. 인터넷으로 표상되는 가상현실 기술은 인간이 몸에서 상상할 수 있는 능력마저 빼앗아가는 것인지도 모른다. 인간이 몸담고 있는 사회적 시공간은 과학기술을 정점으로 해서 기술의 위력을 검증하고 찬양하며, 또 과학기술의 정점을 향해 수축하고 폭주한다.

김기택 시의 새로움과 한계는 여전히 몸에 있다. 몸은 단순히 생물학적 차원에서만 존재하지는 않는다. 몸과 욕망이 만나면 욕망은 욕망으로만 존재할 수 없게 된다. 욕망은 결핍과 보완을 통해 몸화되는 것이다. 욕망의 몸화란 욕망이 몸과의 살아있는 접촉을 통해 몸이 담고 있는 인간의 내우주Endokosmos의 구조, 즉 인간이 단지 몸과의 접촉을 통해 체험하는 우리 몸적 조직의 유기체인 내우주를 밝힌다고 할 수 있다.

90년대 이후 활발한 작품 활동을 하고 있는 김기택은 인간의 몸에 대한 새로운 발견을 통해 탈관념적 시쓰기를 밀고 나간다. 그것은 추상화 과정에 의해 사물이나 현상의 본질을 놓치는 개념적 사유와는 달리 타자 가까이 다가갈 수 있는 원초적 인식 방법이기도 하다. 그의 독창적인 시쓰기 방식과 새로 인식하여 보여주는 세계는 거부할 수 없는 진실을 새로 인식하게 하기에 충분하다고 할 수 있을 것이다. 다시 말해 그의 시쓰기는 기존의 상징체계와 관념체계를 벗어난 곳에서 자기 몸으로 체험하는 세계를 받아들이며, 감관感官으로 이를 인식하고 새로운 세계의 의미를 생성해나가는 글쓰기 방식을 취하고 있었다.

이러한 사유가 가능했기에 김기택은 소재주의적인 몸을 넘어서는 생생한 시의 이미지와 시의 형식을 발견한다. 삶과 죽음, 현상과 본질, 개방과 폐쇄, 수축과 이완 같은 대립항들은 모두 몸을 구현하는 역동적 언어에 의해 가능하다. 시인은 이러한 대립항들을 개념적 언어로 표현하는 것이 아니라 탈관념적 · 탈형이상학적 시쓰기에 의해 비로소 전유專有하게 된다. 김기택이 그동안 발간한 다섯 권의 시집을 관통하는 시적 주제는 큰 편차를 보이지 않지만, 관찰과 묘사에서 시작한 그의 시선은 생명의 흔적과 근원에 대한 성찰로 확대됨을 알 수 있었다. 더 나아가 계몽 이성의 시선에 의해 허구화된 몸의 이데올로기에 대한 거부와 일상성에 대한 미세한 통찰, 몸의 감각을 포착하는 뛰어난 감성과 언어화의 방식은 우리 시에 새롭게 열린 지평이라는 점에서 주목받아야 한다. 이러한 언어화의 방식과 감성으로 인해 김기택은 몸이 갖는 실체의 모습을 보여주어 탈근대적 사회의 모순을 직시하고 나아가 우리 시가 나아갈 한 가능성을 제시하고자 하는 것으로 풀이된다.

노동 · 자본 그리고 시

백무산론

김영미

1. 백무산, 그 쫓기는 이름

개인의 삶은 자신을 둘러싼 여러 외부 조건들에 의해 규정된다. 그 조건들은 통시적으로 끊임없이 변화하며 개인은 이에 대응하며 생존해야 한다. 특히 외부 조건이 개인의 삶을 억압하는 경우 개인과 외부 조건 사이와의 길항 관계는 한층 긴장될 수밖에 없다.

자본이라고 하는 거대한 압박이 존재 조건이 되는 시대를 살아야 되는 시인들에게 당대와의 팽팽한 긴장은 필연적일 수밖에 없다. 이는 삶의 조건으로 주어진 억압의 상황에서 해방된 삶을 꿈꾸는 열망이 시의 화두일 수밖에 없는 이유이기도 하다.

백무산은 더욱 잔인해지는 자본주의 시대 속에서 '인간'답게 '인간'으로 살아가기 위한 치열한 고뇌와 투쟁을 단적으로 보여주는, 우리 시단에서는 보기 드문 시인이다. 자본에 대항하는 노동자 시인이란 그의 당당한 맞섬은 골리앗을 떠오르게 한다. 그의 시는 세상을 지배하는 자본의 왕국에서 견디면서 앞으로 나가야 하는 외로운 질주이다.

절망의 시대 상황을 견디어 내는 힘, 그것을 상실한 채 어느 사인엔가 거개의 시인들은 화석으로 혹은 흔적으로 남아있는 것 같다. 시대와 시 사이의 대결이 풀어지면서 다시 개념조차 불투명한 서정이란 남루한 이름이 시의 본령을 자처하는 추세가 되었다. 그 즈음에서 백무산이란 이름이 유독 눈에 뜨이는 것은 양심과 고고한 예외성 때문이다.

시는 근본적으로 전위성을 담보할 때 살아 있다. 따라서 시대와의 불화는 필연적 귀결이다. 백무산의 시는 가장 직접적이고도 치열하게 시대와의 불화에서 비롯되고 있다. 자본주의에 대한 자각을 상실한 채 무력증을 앓는 시대에도 시의 힘을 우직하게 보여준다.

백무산이란 이름은 하나의 고유명사이자 보통명사이다. 한 개인의 의식이며, 동시에 당대를 살아가며 견뎌야 하는 다수의 이름이다. 따라서 그가 오랫동안 시인이란 이름으로 살아남아 있는 것은 중요한 의미를 지닌다. 그의 이름은 자본주의에 포위될 수밖에 없는 현재 삶의 조건을 전제로 한다. 자본에 대한 대응항으로서 '무산無産'이란 그의 이름이 놓여있기 때문이다. 그는 광대한 자본주의의 한가운데 외롭고 뜨거운 섬처럼 떠 있다. 거기서 그는 자본으로 억압된 삶의 현장을 들어내고, 해방된 삶이기를 열렬히 갈망하고 있다.

80년대 끝에서 나온 그의 첫시집 『만국의 노동자여』는 노동자 시인 백무산을 시단의 전면으로 드러내는 계기가 되었다. 이는 민중시, 노동시 등으로 불리던 당시 일단의 시적 특징을 드러내면서 또 다른 색채를 지닌 힘찬 선동의 에너지였다. 이러한 점은 『동트는 미포만의 새벽을 딛고』에서 보다 강화되어, 부당한 현실을 돌파하는 시적 가능성을 열어 보여주었다. 이후 백무산은 『인간의 시간』, 『길은 광야의 것이다』 등의 시집으로 90년대를 지치지 않고 열차처럼 통과했다. 근자에는 『초심』, 『길밖의 길』, 『거대한 일상 』 등으로 꿋꿋하게 자기만의 시세계를 구축하고 있다.

그의 투쟁은 자본의 감시와 탄압으로 말미암아 쫓기는 '정의'의 상징이 되었다. '수배'된 시인으로 고통을 감내하는, 그리고 불굴의 투지를 시로 드러내는 그의 열정은 놀랍다. 그의 시는 우리에게 '시란 과연 무엇인가?, 시인이란 누구인가?' 이런 해묵은 질문들을 하지 않을 수 없게 한다. 그는 바로 이런 질문들에 대하여 지속적으로 명징한 답을 보여 주고 있는 시인이다. 그리하여 백무산은 '쫓김' 속에서 더욱 빛나는 시인으로 우뚝 서 있다.

2. 시의 뿌리로서의 노동

백무산의 시는 노동의 한가운데서 비롯된다. 거기서 그는 '우리'라는 다수의 한 인자로서 함께 노동에 참여하고 또한 동일한 삶의 방식을 공유한다. 시는 자신들의 삶을 드러내는 하나의 방식이다. 그 삶의 모습들은 자본주의의 화려한 외양과는 전혀 다른 빈한하고 남루한 것들이다. 거대한 자본주의의 철판으로 가리워진 채 보이지 않는 이면의 사람들, 그 삶을 이루는 조건들을, 그 안에서 살아야만 하는 사람들의 일상을 보여준다. 자본주의 저쪽을 이쪽을 향하여 폭로하는 것이다.

하나 둘 야근조들이 돌아갈 누진 이부자리들 위
옷 먼지를 터는 동안 우리는 쇠먼지 바닥에 자리를 폈다
조립공장 사이에는 좋은 날씨에도 회오리 바람이 휘감겨
죽은 인부들이 떠나지 못하고 떠도는 것이라 했다
싸늘하게 식은 철판들이 괴성을 지르다가
굳어 박제된 화석처럼 버티고 선 자리에
우리는 거적을 깔고 풀어진 몸을 말았다
태고처럼 고요한 쇳덩이의 깊은 밤에 빨려들었다
지나쳐야 하는 공장문 아치에 속지 않고
그들의 현수막 구호 뒤에서 잠들었다
공장의 깊은 밤은 그래도 평화롭다
간간이 철야조들의 망치소리만 개 짖는 소리처럼 고요하고
내려앉은 먼지를 눈송이처럼 바라보면서
착한 쇳덩이의 깊은 잠에 한없이 빨려들었다.

—「지옥선 · 1—조선소」 중에서

이 시는 조선소 '공장'과 그 안에서 일하는 '노동자'와 그들이 처한 '상황'을 생생하게 드러낸다. 그 핍진성은 실제로 그곳에서 존재한 한 시인의 눈에 의해 포착된 것이기 때문에 가능하다. 같은 처지에 있는 노동자들의 일상이 일체의 수식이나 허구가 개입될 여지없이 그대로 시의 전면에 살아나

고 있다. 담담하게 그러나 자신들의 삶, 그 비극성을 토로해 낸다.

'지옥선'이란 명명은 그 안에서 일하는 노동자들의 암울함과 비인간적 구속을 단적으로 말해 준다. 그것은 조선소에서 직접 일해 본 자만이 명명할 수 있는 이름이기도 하다. 그 안에서 노동자의 삶이 어떻게 점철되어 이루어지는가에 대한 전체적 조망을 가능하게 한다. 타자의 눈으로 보면 '그곳'은 '조선소'이다. 하지만 노동자의 눈으로 본 '이곳'은 '지옥선'이다. 노동자들에게 조선소는 인간됨을 몰수당한 채 그 안에 갇혀 있어야만 하는 죽음의 공간이다.

노동자들이 만드는 배는 거대한 자본의 축적물이며, 다시 자본을 축적하는 실체이자 상징이다. 또한 자본의 획득을 위해 장거리를 오가며 '교환'이란 이름의 자본주의를 재생산해 낸다. 그 강력한 자본의 기제에 노동자는 맞물려 있다. 조선소는 '우리'의 생존 공간이며 그 조건이고 전부이다. 그곳은 쇠의 공포로 가득하다. '쇠먼지 바닥, 철판, 쇳덩이' 등이 주는 거대함과 차가움은 여기서 살아야 하는 '우리'를 한없이 작고 왜소하게 만든다. 떠나지 못하고 '조립 공장 사이에서 회오리 바람으로 떠도는' 죽은 인부들처럼 '우리'도 죽음을 향해 '깊은 잠에 빨려들고' 있다.

노동은 죽음의 상황에 내몰리는 생존의 한 방식이다. 그 죽음은 단지 비극적인 것에 그치는 것이 아니라, 이에서 벗어나고자 하는 굳센 결의로 이어진다. '지나쳐야 하는 공장문 아치에 속지 않고 / 그들의 현수막 구호 뒤에서 잠드는' 거부를 보여준다. 지옥선의 내재된 죽음은 이러한 거부에 대한 강력한 동인이 된다.

공장의 깊은 밤이 그래도 '평화'로운 것, 내려앉은 먼지를 '눈송이'처럼 바라보는 것, 착한 쇳덩이의 깊은 '잠'에 드는 것 등은 모두 죽음에 구속되지 않는 강한 결의에서 가능한 것이다. '거적을 깔고 풀어진 몸을 마는' 오늘을 내일은 반복하지 않겠다는 항거가 이 시에는 들어있다.

시를 가리키는 우리말 '노래놀이'는 '놀다'에서 온 것이다. 그 '놀다'와 '놀이'는 단지 유희를 말하는 것이 아니라 '일'과 '노동'을 전제로 한 개념이다. 노동요는 이러한 시의 근원을 단적으로 보여준다. '일, 노동'에서 놀이는 존재할 수 있기 때문이다. 백무산 시의 표면에 언표되는 '노동'은 상실되어 버린 시의 근원적 뿌리를 재확인 시켜준다. 그의 시가 갖고 있는 힘과 건강성은 바로 여기에서 가능한 것인지도 모른다. 노동과 단절되어 한낱 언어유희로 전락해 버리는 시에 맞서 백무산의 시는 그 대극에 선다. 그리하여 자연스럽게 허구성을 극복하고 진실성을 시의 내부에 확보하는 것이 가능해진다.

피가 도는 밥을 먹으리라
펄펄 살아 튀는 밥을 먹으리라
먹은 대로 깨끗이 목숨 위해 쓰이고
먹은 대로 깨끗이 힘이 되는 밥
쓰일 데로 쓰인 힘은 다시 밥이 되리라
살아 있는 노동의 밥이

—「노동의 밥」 중에서

살 속에 말이 있다
살은 스스로 말을 한다
어설픈 이성은 그 말을 막는다

노동의 근육 속에는 말이 있다
그것은 살과 살의 대화다
뼈와 살의 대화다
남의 살과 나의 살의 대화다

—「노동의 근육」 중에서

「노동의 밥」, 「노동의 근육」 등의 제명을 가진 일련의 시들은 '노동'이란 전항이 후항을 위한 전제임을 밝힌다. '노동'은 후항에 오는 여러 삶의 현상을 위한 절대 조건이다. 치열한 '노동'의 관점에서 후항의 의미는 결정된다.

「노동의 밥」에서 노동은 '밥'과 연결되어 살아있음을 가능하게 한다. 노동은 밥을 만들고 다시 밥은 노동을 만들어 낸다. 그 밥은 '피가 도는, 펄펄 살아 튀는' 것이며, '먹은 대로 깨끗이 힘이 되는' 것이다. 살아있음을 확인하고 그것을 만들어내는 것은 노동이다. 따라서 노동은 삶을 만들어내는 것이며 삶의 본질이다. 그러나 시인의 이 강한 언표 이면에는 그렇지 않은 밥이 존재함을 동시에 드러낸다. 노동의 밥이 아닌 밥은 이와 전혀 다른 죽은 밥이며 다시 죽음을 만들고 마는 것이다. 그것은 노동을 잃어버린 자의 밥이기 때문이다.

「노동의 근육」은 이성과 노동은 대비하고 있다. 노동은 살에서 비롯되는 것이며, 타자와 소통하는 대화로 인식된다. 살에서 만들어지는 말은 이성으로 만들어지는 언어가 숙명적으로 지녀야하는 대상과의 괴리를 극복해 내는 원초적 생명력을 지닌 것이다. 노동이 곧 대상과 합일하는 언어이며, 이로부터 타자와의 내밀한 소통은 가능해진다.

'노동의 근육 속'에 들은 말은 사랑이나 일상이 아닌 일과 그 현장에 대한 말이며 대화이다. 감정을 드러내는 언어가 아니라 '노동'이란 힘든 현실을 드러내는 언어이다. 따라서 그것은 '살과 살의 대화, 뼈와 살의 대화, 남의 살과 나의 살의 대화'라는 육체성을 토대로 하는 것일 수밖에 없다. 육체는 노동과 생존을 위한 유일한 직접적인 도구이다. 동시에 함께 일하는 노동자들의 진실한 소통 방식이다. 구태여 말하지 않아도 '노동의 근육'은 모든 것을 드러내고 서로에게 공감하는 언어 이전의 가장 진실한 언어가 된다.

이것은 백무산이 시에서 노동의 현장을 떠나지 못하는 이유이기도 하다. 노동과 노동자의 시선을 일관되게 견지하고 있다.

꽃은 져도 파도는 남으리 솔숲엔 솔바람 갈대숲엔 비비새 울고 안개 속에 탐조등 켜진 하얀 울기둥대, 앞에는 철조망 옆에는 검은 공장들 뒤 에는 가난이 그래도 눈물겹던 자리 가난한 사랑도 가고 벼랑 끝 달맞이 꽃이 눈물처럼 지는데

—「방어진 바다 그 푸른 파도」 중에서

이렇게 작은 풀씨 하나가
내 손에 들려 있다
이 쬐그만 풀씨는 어디서 왔나

(…중략…)

마침내 자신의 몸 하나
마저 비워버리고

이것은 씨앗이 아니라
작은 구멍이다

이 텅 빈 구멍 하나에서
어느날 빅뱅이 시작된다
150억년 전과 똑같이
꽃은 스스로 비운 곳에서 핀다

—「풀씨 하나」 중에서

위의 시들은 얼핏 보면 노동의 문제와는 거리가 있거나, 노동과 절연한 것으로 보인다. 그러나 대상을 인식하는 퍼스펙티브는 여전히 노동자의 눈으로 고정되어 있다.

「방어진 바다 그 푸른 파도」에서 '방어진'은 낭만적인 바닷가가 아니다. 결별한 '가난한 사랑'을 기억하는 공간이며 '꽃은 져도 파도는 남을' 것임을 확인하는 공간이다. 그 '가난한 사랑'은 '탐조등, 울기등대, 철조망, 검은 공장'과 연결되어 있다.

방어진 바다는 처연한 삶과 노동으로 메워진 공간이다. 따라서 '솔숲, 솔바람, 갈대숲, 비비새, 달맞이꽃' 등은 그곳 사람들의 처지를 드러내는 대상들이다. 솔바람과 비비새는 울고, 달맞이꽃은 벼랑 끝에서 눈물처럼 지고 있다. '탐조등, 철조망, 검은 공장들, 벼랑 끝 / 솔바람, 갈대숲, 비비새, 달맞이꽃'에서 드러나는 '강 / 약'의 대립은 약자로 살아야 하는 이들의 모습을 선명하게 보여준다.

「풀씨 하나」에서 '작은 풀씨'는 스스로 움직이는 주체다. 정지된 객체가 아니라 스스로 '오며, 비워버리고, 피는' 동작성을 지니고 있다. 이 동작성은 '몸'과 연결되어 노동의 이미지를 환기시킨다. 정적인 객체가 아니라, 스스로 몸이며 끊임없이 움직이는, 작지만 강한 주체이다. 손에 들린 풀씨에서 시인은 풀의 존재, 그 쉼 없는 노동, 빅뱅에 이르는 노동의 강력한 힘을 발견하고 있다. 둘은 '식물 / 인간'으로 변별되는 것이 아니라, 함께 노동하는 몸을 가진 동일체이다. 풀씨 하나에 대한 감탄은 그러한 것에 대한 인식으로 가능해진다. 풀씨에서 그는 현실에서 소외당하는 노동의 진정한 힘이 무엇인가를 새삼 발견하고 있다.

백무산의 시는 노동으로 삶의 한복판을 가로지르고 있다. 삶의 건강성과 신성성을 잃어버리고 자본에 압살되는 노동의 피폐한 현장을 충실히 드러낸다. 현실과의 당당한 맞섬은 우회하지 않는 단도직입적인 말하기의 시를 낳는다. 백무산의 시에서 비유나 상징 등의 시적 장치 또는 기교를 찾아보기 어렵다. 그러면서도 시적 감동과 전율을 불러일으키는 것은 삶의 실체를 드러내는 진실성을 갖고 있기 때문이다. 이것은 노동에 단단히 착근한 백무산의 시를 존재하게 하는 크나큰 힘이다. 이로 말미암아 그와 그들의 삶은 동시에 나와 우리의 삶으로 확산된다.

3. 자본의 공격성에 대응하는 공격성

자본이 자본을 낳는다. 그 사회 구조 안에서 속성상 자본의 공격성은 필연적이다. 그 앞에서 한 개인의 존엄성과 꿈은 철저히 말살될 수밖에 없다.

노동자는 자본의 공격을 가장 첨예하게 자신이 몸으로 감내해야 하는 계급이다.

구년 부금 내고 나면 나이 오십
나이 오십에 온전한 17평 하나
(…중략…)
누가 아파버리면 어쩌지?
그때까지 내 건강은 버틸까?
늙으신 어머니와는 언제까지 떨어져 살아야 하지?
그리고 십년이면 육십, 그리고 어쩌지?
(…중략…)

자본에 팔린 노동자의 꿈은 다 헛꿈인가보네
오지게 마신 술은 다 뭐였나?
마누라와 애들은 단꿈에 젖어 자고 있는데
그래 그래, 노동자의 운명을 어쩌겠어
너저분한 술상을 치우고 또 가야지

—「노동자는 나이가 없다」 중에서

현실에서 노동자의 삶은 자본에 철저히 종속되어 있다. '자본에 팔린 노동자'는 모든 것들을 봉쇄당한 채 꿈도 없다. '팔림'으로서 노동자는 자본에 예속된다. '팔림'은 자신의 의지와는 무관한 피동의 결과이다. '사고파는' 행위는 자본의 핵심 속성이다. 이제 노동은 하나의 생산을 위한 도구이고 이것을 지배한 자들이 노동의 주인이다.

부금은 더 내고 나이 오십이 되어서야 온전한 17평의 집을 갖게 되는 노동자는 다시 노동의 열악한 현장으로 내몰릴 수밖에 없다. 그에게 나이란 존재하지 않는다. 노동의 굴레에서 벗어나지 못하는 노동자의 운명을 받아들이고 또 '가야 되는' 것만이 그가 택할 수 있는 유일한 생존 양식이다.

자본은 노동자의 전생애를 차압하고 있다. 육십이 되어서도 여전히 가난한 노동자일 수밖에 없다. 그러나 그 가난은 노동자의 책임이 아니다.

> 꼭 맞는 말이제 산업전사
> 영광되게 싸우다 죽어라 그 말이제
> 기업가를 위해 권력자를 위해
> 독점자본가를 위해 양코뱅이를 위해 죽어라 그 말이제
> 저들의 빌딩과 호화주택과 양주와 사치와 허영과
> 펜텀기와 미사일과 항공모함을 위해
> 가난을 지키며 평생 질병과 싸우다
> 죽도록 일하다 죽어라 그 말이제
>
> —「전사戰死」 중에서

비아냥은 언어에 의한 공격이다. 시인은 자신이 '산업전사'임을 기꺼이 인정하면서, '죽도록 일하다 죽어라' 강요하는 자들에게 강한 공격적 태도를 취하고 있다.

'산업전사産業戰士'란 찬사는 자본가들이 붙여준 이름이다. 하지만 노동자들에게 산업 현장은 전사戰死하는 곳이다. 자신을 가리키는 적확한 말이다.

'산업전사'란 말에는 기업가와 권력자, 독점자본가, 양코뱅이 등을 위해 영광되게 싸우다 죽으란 강요가 들어 있다. '저들'의 빌딩과 호화주택, 양주와 사치, 허영과 펜텀기, 미사일과 항공모함에는 '우리'의 죽음이 들어있다. 저들은 '산업전사'란 영광된 그러나 잔혹한 이름으로 우리에게 '가난을 지키며 평생 질병과 싸우다 / 죽도록 일하다 죽을' 것을 강요한다.

그 강요된 사회구조 속에서 '우리'에게 남는 것은 '가난을 지키는 것과, 평생 질병과 싸우는 것, 죽도록 일하다 죽는 것'이다. '저들 / 우리', '빌딩, 호화주택, 양주, 사치, 허영, 펜텀가, 미사일, 항공모함 / 가난, 병, 죽음'의 선명한 대조는 현재 우리의 삶의 누구로부터 비롯되고 있는가를 재확인하도록 한다. 그리하여 그들의 강요에 순응하는 것이 아니라, 그럴 듯하게 위장된 부당성을 적나라하게 밝힘으로서 그에 맞서고자 한다.

현실을 직시하고 폭로하는 것은 시인 백무산이 할 수 있는 공격의 한 방법이다. '저들'의 명명에 그대로 따르는 것이 아니라, 진실을 드러내는 데 있어 다른 말로 지칭하는 행위는 그들의 비인간적 착취를 폭로하는 바로 이것이다. 자본의 날카로운 공격성에 시로 맞서 공격하는 하나의 방법이 된다. 따라서 그에게 시는 자본의 허위와 위선을 드러내는 공격의 한 수단이다.

그의 공격은 날카롭다. 칼을 들이대는 무자비한 현실 앞에 생선처럼 누워있을 수밖에 없는 자신들의 삶을 드러내어 삶을 몰수해 간 자들에 대한 혐오를 표명한다.

> 쓱쓱 숫돌에 칼을 문지른다
> 아직은 뱃일을 끝낼 나이가 아닌데

공해병에 쑤시는 뼛골이 으스러질라

고기 장만이나 하라는구나

도마 위에 붕장어 뒤통수를 내려치고

시뻘겋게 피가 튀는 껍질을 벗기려다

소름이 돋을 듯 온 몸이 섬칫하다

이 놈이 우리 밥의 사슬이 되듯이

우리도 어느 놈의 먹이사슬이 되어 있구나

어느 아가리가 우리의 목덜미를 잡아채고 있구나

먹이가 되어 칼질을 당하고 있구나

—「먹이 사슬—온산 공해단지에서」 중에서

'먹이 사슬'은 온산 공해단지에서 살아야 하는 노동자들의 처지를 규정하는 말이다. 그것은 강자의 먹잇감이면서 '뒤통수를 내려치고 시뻘겋게 피가 튀는 껍질을 벗기는' 폭력성을 수반하고 있다. 도마 위에서 꼼짝할 수 없는 붕장어의 처지는 곧 온산 공해단지에서 사는 노동자의 그것으로 환치된다.

거대한 먹이사슬의 틀에서 벗어날 수 없는 상황에 대한 철저한 인식은 '어느 놈의 먹이사슬'이란 분노로 이어진다. 분노에서 그는 어느 놈의 먹이사슬이 되어 있는, '어느 아가리가 우리의 목덜미를 잡아채고 있는', '먹이가 되어 칼질을 당하고 있는' 그런 현재를 똑똑히 바라보고 있다.

현실의 폭압성에 맞서는 중요한 방식은 바라보는 것, 직시하는 것이다. 백무산 시에서 '눈'이 자주 등장하는 것은 이러한 점과 관련이 깊다. 그의 눈은 금속성의 냉혹한 현실에 '쇠'가 되어 대응하고 있다.

저 눈
쇠의 눈
형형한 눈

(…중략…)

피투성이 벗들 앞에 피 젖은 눈
군홧발 아래 핏발 선 눈
구사대 쇠몽둥이에 튀는 눈
깃발 아래 벌거벗은 눈
일제히 내리꽂히던 눈
더이상 잃을 것이 없는 눈

절망의 눈
애걸하던 눈
공포의 눈들이
적의 가슴에
일제히 꽂히는 경이로움
잃을 것이 더 이상 없는 눈
그 눈앞에 섬광처럼 펼쳐진
잃을 것도 가질 것도 없는 세상

수천 수만 수백만의 눈

대열은 전차군단
그 위에 터지는 조명탄 같는 눈, 눈
잃을 것이 더이상 없는 눈
가질 것이 더이상 없는 눈

―「쇠의 눈」 중에서

이 시의 눈은 '잃을 것이 더이상 없는, 가질 것이 더이상 없는' 자의 그것이다. 그 눈들은 '쇠의 눈'이란 금속성으로 '피투성이 벗, 군화발, 구사대 쇠몽둥이, 전차군단, 조명탄' 의 힘겨운 상황에 맞서고 있다. 금속성의 눈은 금속성의 현실에 대응하는 방법이다.

쇠의 눈은 현실에서 눈감거나 도피하는 것이 아니라 이를 직시하고 있다. '피투성이 벗들 앞―피 젖은 눈, 군홧발 아래―핏발 선 눈, 구사대 쇠몽둥이―튀는 눈'으로 가해지는 공격에 맞선다.

백무산 시에서 보이는 발화의 남성성은 여기에서 절정을 이룬다. 시인은 '저 눈 / 쇠의 눈 / 형형한 눈'과 같이 '저 → 쇠 → 형형함'으로 동일 대상을 쏘듯이 바라보면서 그 심연을 적확히 드러내는 직선의 시선을 취하고 있다. 그 단호한 긴장은 행갈이에 의한 짧은 호흡, 명사적 종지로 반복되는 단호한 목소리에 의해 강화된다. 이는 '쇠의 눈'이 주는 강철 이미지와 함께 '적'에 맞서는 중요한 수단이다. 그의 공격성은 싸움으로, 자본과의 투쟁으로 직접 드러난다.

줄잡아 그의 재산이 5조원을 넘는단다
그 돈은 일년에 천만원 받는 노동자

50만년 치에 해당한다
한 인간이 한 세대에
50만년이라는 인간의 시간을 착취했다
50만년!

불과 1만년 전에 인간은 처음 농사를 짓기 시작했다
5만년 전에 크로마뇽인은 돌과 동물의 뼈로
은신처를 짓기 시작했다
10만년 전에 네안데르탈인은 죽은 사람을 묻을 줄로 몰랐다

(…중략…)

우리들의 투쟁이 돈이 아니라 돈으로 왜곡된 시간이 아니라
인간이 시간을 인생의 세월을 되찾는다는 것을
틀림없이 확인해야 한다

—「자본론」 중에서

'줄잡아 5조원이 넘는 그의 재산'은 한 노동자의 50만 년치 급료에 해당한다. 한 인간이 한 세대에 50만 년을 착취한 것은 가공할 시간의 착취이다. 1만 년 전에 시작된 농사, 5만 년 전의 크로마뇽인, 10만 년 전의 네안데르탈인을 압도하는 시간의 분량을 5조 원의 자본가는 돈으로 장악하고 있다.

자본에 대한 '투쟁'은 돈과 돈으로 왜곡된 시간이 아니라 인간이 시간을

되찾는 것이다. 투쟁은 '되찾음'이며 원래 모습으로의 되돌림이다. 투쟁은 환원을 위한 것이며, '싸움'은 거대 자본의 공격성에 대한 최소한의 대응 방법이다. 그것은 자본에 의해 잃어버린 인간다움을 되찾는 유일한 방법이기 때문이다.

지속적으로 더 많은 것을 생산하고 소비해야 되는 자본의 논리에서 개인의 존엄성은 무시될 수밖에 없다. 노동자는 개인에 대한 자본의 무차별적인 공격성을 무자비하게 당하게 된다. 백무산의 시는 이렇게 개인을 말살하는 자본의 공격에 대응하는 하나의 출구이다. 그의 시가 선언적일 수밖에 없는 이유가 거기에 있다. 하지만 그것은 백무산 시의 외피이다. 그는 깊은 내부에 금속성의 투쟁을 가로질러 도달하는 비움과 침묵의 세계를 품고 있다.

4. 금속성을 건너는 비움과 침묵

현실의 힘겨움을 뚫고 나가 도달하는 마지막은 '연꽃'의 부드럽고 유연한 세계이다. 그것은 금속성의 세계를 가로질러 나아가 이루어지는 도달의 경지이다.

> 그러나 우리가 조용히 살 수만은 없다
> 핏발 선 눈빛을 거둘 수 없다
> 세찬 바람 잘 날 없고 생존은 예고 없이 침범당한다

우리가 쉬는 사이 어둠은 차올라온다

쉼없이 나아가 꽃을 피워라
낮은 곳으로 낮은 곳으로 밀려드는
진흙탕과 쓰레기와 함께 파리가 끓는 자리에
눈물과 피와 좌절의 구역질나는 골짜기에
강한 눈빛 하나 피워라

—「연꽃」 중에서

시인은 '연꽃'이기를 갈망하고 있다. 그것은 '쉼없이 나아가' 피우는 꽃이다. '쉼없이 나아가'라는 현재를 감내하고 나서 피울 수 있는 결과이다. 그 꽃은 '낮은 곳으로 밀려드는 진흙탕과 쓰레기와 파리가 끓는 자리'에서 '눈물과 피와 좌절의 구역질 하는 골짜기'에서 피는 꽃이다. 혹독한 아픔과 더러움, 눈물에서 드디어 피어나는 열반이다. 그 꽃을 피우기 위해 모든 현재는 '쉼없이 나아가'는 것뿐이다.

'진흙탕과 쓰레기, 파리, 피와 좌절'에서 피는 연꽃은 혁명을 지나서 '고요'를 담고 있다. '핏발 선 눈빛, 세찬 바람 잘 날 없음, 예고 없이 침범당하는 생존, 차오르는 어둠'은 사라져 버리고 오직 '연꽃' 하나가 남아있을 뿐이다. 그 꽃으로 추악한 과거 또는 현재와의 단절은 삽시간에 연금술처럼 이루어진다.

금강석이 용암의 연금술이라면
예수는 이스라엘 민중의 연금술이라면

미륵은 백제 유민의 연금술이라면

혁명은 불과 피의 연금술

—「흙 한줌」 중에서

연금술은 한 상황을 다른 상황으로 바꾸는 변혁의 의미를 담고 있다. 거기에는 간절한 바람과 소망이 들어있다. 연금술은 그로부터 가능해지며 혁명은 불과 피로부터 온다. 용암이, 억압당하는 이스라엘 민중이, 백제 유민이 불과 피의 상관적 대상들이라면 금강석과 예수, 미륵은 혁명의 지향적 대상들이다. 혁명 그 너머는 불과 피를 지나 금강석처럼 단단하고 고요하게 스스로 빛난다. 대립하고 투쟁하는 인간임이 아니라, 그것을 지양하고 예수와 미륵의 절대 영역으로 나아가는 것이다.

꽃에서 백무산은 그 세계를 발견하고 있다. 그 세계는 현재 바로 자신의 고뇌 옆에서 피는 매화 안에 들어있다.

날 쫓아버린 곳에서 만난 한 그루 나무

진눈깨비를 타고 솟아오르는 한 그루 붉은 나무

분노보다 사납게 타는 아, 눈부신 매화

칼날 꽃잎 틈새로 또 하나의 세계를 여네

매화를 심으리라

눈보라 그치지 않는 가슴에

—「매화를 심으리라」 중에서

시인은 겨울산에서 분노보다 사납게 타는 눈부신 매화를 발견한다. 그것은 칼날 꽃잎 틈새로 또 하나의 세계를 열고 있다. 자신의 가슴에 매화를 심음으로써 그는 부드럽고 향기로운 세계를 자신의 안으로부터 열고 싶어 한다. 그 매화는 '살을 파는 진눈깨비를 타고 솟아오르는 한 그루 붉은 나무'이다. 겨울을 견디며 가장 일찍 피는 붉은 매화에서 그는 현실의 고통과 분노로부터 또 하나의 '눈부신' 세계를 발견하고 있다.

백무산 시에서 드러나는 현실은 항상 차갑고 무거운, 그리고 공격적인 금속성의 세계이다. 그는 노동자와 그들이 처한 상황에 주목한다. 그러면서도 시의 곳곳에 식물성의 유연한 세계를 갖고 있다. 그 세계는 환하고 향기롭다.

> 플라타너스 그늘 아래 사람들이 지나간다
> 비 갠 여름날 오후의 공단천변
> 방금 얼굴 씻은 바람이 잎새를 훔친다
> 환하다
>
> 플라타너스 그늘 아래 사람들이 지나간다
> 새들 날아와 가지에 들어와 앉고
> 잎들은 밖으로 난다
> 안에서 밖으로 난다 밖에서 안으로 난다
> 환하다
>
> —「플라타너스」 중에서

내 손길이 닿기 전에 꽃대가 흔들리고 잎을 피운다
그것이 원통하다.

내 입김도 없이 사방으로 이슬을 부르고
향기를 피워내는구나
그것이 분하다

—「꽃」 중에서

플라타너스 그늘 아래 세상은 환하다. '나무와 사람, 바람과 새들'이 서로 이어진 둥근 세상이다. 플라타너스가 공장천변의 중심을 이룬다. 그 아래로 사람이 지나가고, 바람이 잎새를 훔친다. 새는 날아와 앉으며 잎은 밖으로 나간다. 각기 다른 대상들은 뺏고 빼앗기지 않는다. 서로를 위해 존재한다. 이로서 세상은 '환하다'.

꽃은 스스로 꽃대가 흔들리고 잎을 피운다. 사방으로 이슬을 부르고 향기를 피워낸다. 그 앞에서의 원통함과 분함은 꽃의 강한 힘을 불신한 자신에 대한 반성이다. 작고 부드러운 꽃은 나약한 것이 아니라 한없이 강한 존재인 것이다. 그리고 향기를 피워내어 또 다른 세상을 연다. 자신이 그 꽃에 미치지 못하는 한탄을 원통함과 분함으로 드러나고 있다.

이러한 유연한 세계를 지나 그가 도달하는 궁극은 지양으로서의 비움과 침묵의 세계이다.

운주사에 불상도 이제 불탑도 몇 없다 한다
버려지고 볼 것 없다 한다

그러나 운주사에 가 보아라
그곳에 내 얼굴 네 얼굴
없더라도 실망 말아라
부처라 해도 틀린 말
하늘이라 해도 틀린 말
나 아닌 것 더 벗고 가면
빈 운주사를 보리라

—「운주사」 중에서

운주사는 현실의 한켠으로 빗겨나 있는 공간이다. 그곳에서 만나는 것은 가득 차 있는 대상들이 아니다. 불상도 불탑도 없는 곳, 나와 너도 없는 곳이다. '비어있음'이다. 그 비어있음은 벗고 가는 것에서 가능해진다. 거기는 하늘과 부처의 경계, 나와 너의 경계가 무너진, 사라진, 없는 그런 절대 평등의 세계이다. 그 안에서 백무산은 말을 버리고 침묵한다.

나무를 보고 말을 건네지 마라
바람을 만나거든 말을 붙이지 마라
산을 만나거든 중얼거려서도 안된다
물을 만나더라도 입다물고 있으라
그들이 먼저 속삭여올 때가지

—「침묵」 중에서

'말 건넴, 말을 붙임, 중얼거림'이 거부된다. 인간이 존재하지 않는 자연물들이다. 그들이 먼저 속삭여올 때가지 침묵을 지켜야 한다. 그에게 침묵은 대상과 만나는 진정한 방법이다. 대상이 스스로 속삭여오게 하는 것이다. 말하지 않는 곳에서 이루어지는 화해이다. 대상과의 진정한 화해는 침묵에서 가능하다.

백무산이 지닌 불교적 세계관은 중요한 의미를 지닌다. 그것은 현실을 피해 가는 하나의 방편이 아니다. 불교가 그리는 절대 평등의 세계는 무한 경쟁의 자본주의 시대를 살아야 하는 시인이 꿈꾸는 세계와 맞닿아 있다. 따라서 근자의 백무산 시에 짙게 드리워진 불교적 색채는 이전의 시들과 단절된 것이 아니라 일종의 심화된 궤적으로 보는 것이 옳을 것이다.

별처럼 먼 날이라고 했나요
꽃처럼 가까운 날이라고 했나요
백날을 쪼아 천날을 다듬어
기다리면 오실까요
땅의 신음 사라지는 날
님의 마음 열리는 날

—「미륵사지」 중에서

미륵은 아직 오지 않은 세상에 대한 염원을 담은 부처이다. '땅의 신음'은 미륵을 간절히 고대하는 이유이다. 미륵 세상은 백무산이 바라는 미래의 세상과 일치한다.

백무산이 궁극에서 가 닿고자 하는 세계는 비움과 침묵의 세계이다. 그러나 이것은 투쟁을 가로질러 가야만 하는 세계이다. 투쟁은 금속성의 세계에 대항하는 인간다움의 방식이다. 투쟁에서 열리는 꽃의 세계를 꿈꾸며 그 경계를 내보이고 스스로 침묵하기도 한다. 하지만 그 침묵은 투쟁과 하나로 붙어있음으로 여전히 강한 힘을 내재하고 있다.

5. 외로운 깃발의 힘

백무산은 80년대의 박노해 등으로 대표되는 노동시, 노동자 시인의 계보를 이으며 90년대를 건넌 시인이다. 그는 현실의 모순에 대한 강한 응전의 태도를 시에 직접적으로 내보임으로써 이들의 시들과는 다른 면모를 지닌다. 그의 리얼리스틱한 남성적 목소리는 조선조 후기의 다산이나 근대의 육사, 청마를 잇는 것이기도 하다. 이념지향의 면에서는 카프 시와도 유사한 면모를 갖는다. 하지만 그는 노동과 자본의 문제, 그에서 야기되는 계급간의 갈등, 사회 모순 등 당대의 첨예한 자각을 시에서 끊임없이 문제 삼고 있다는 점에서 또한 다른 의미를 갖는다.

노동은 백무산 시의 시작이며 종점이다. 시에서 이를 끊임없이 환기해내며, 세상을 보는 노동자의 시선을 견지하고 있다. 노동은 백무산의 그의 실체이자 아이덴티티이다. 그러나 자본주의에서의 노동은 삶의 건강성을 상실한 채 왜곡되고 비틀려 있다. 자본에 종속되어 죽음과 맞닿은 암울한 노동 현장에서 백무산의 시는 잉태되고 있다. 하지만 백무산 시에서의 죽음의 상황이나 처참함은 현실의 핍진한 드러냄만을 의미하는 것은 아니다. 그것들은 현실의 문제를 타개하고자 하는 저항의 의지를 강건히 하는 동인이며 그 기제가 되고 있다. 따라서 암담한 현실을 드러내는 백무산시의 목소리는 우렁차고 강하다. 노동자인 그에게 시는 자본의 폭압성에 맞서는 무기이다. 화려한 수사의 시대에 살며 수사를 버리고 단도직입적으로 당대 모습을 폭로하는 것이 그의 시이다. 투박하지만 살아 뛰고 있다.

대다수 시인들이 시대의 모순을 묵과하거나 그 모순의 원인이 되고 있을 때, 당당히 맞서 싸워 시에 담아내고자 한 백무산의 시적 행적은 매우 유의미하다. 한낱 개인 정서의 표현물로 치부되어 한 없이 왜소해진 시의 영역을 확장한 것이기 때문이다.

우리시의 허무와 빈곤한 화려를 그 죽음으로부터 구해낼 가능성을 백무산의 시는 갖고 있다. 그의 시는 감정의 분출이 시의 전부인 것처럼 말하면서 시대의 현실에 눈감는 시에 대한 일종의 양심이며 경종이다.

모든 사물을 연역적으로 수렴하는 그의 시적 태도는 경직성을 낳는다. 고착된 그의 세계관으로 말미암아 새로운 시적 가능성이 폐쇄당하고 있는 것은 시인 백무산의 비극이다. 역설적이게도 그의 시가 더 이상 감동이 아닌 시대를 그는 꿈꾼다. 그러나 이 세상에 노동이 착취의 대상이 되어 빈곤이 갈수록 심한 세상이 끝나지 않는 한 그는 여전히 백무산으로 남아 외로이 그러나 당당히 시의 깃발을 세우고 나갈 것이다.

난공불락 혹은 카오스모스chaosmos의 성전 앞에서

함성호론

이은정

1. '우울한 지도'의 독도법 혹은 문명비판에 관한 주석서註釋書

'건축은 가장 행복한 장르, 문학은 가장 불행한 장르'라고, 건축가이자 시인인 함성호는 말한다「반문명에서의 산책」(산문). 건축은 대우주의 파노라마를 축소해 일상공간에서 펼쳐 보일 수 있지만, 문학은 이를 수 없는 유토피아를 꿈꿔야 하기 때문이라는 것이다. 건축이라는 구상과 문학이라는 추상 사이의 심연을 잘 아는 자의 얘기일 것이다. 한 시인의 속내를 알기란 늘 녹록한 일이 아닐진대, 건축가와 시인을 겸하는 그가 건축보다 파괴에, 문명보다 폐허에, 유토피아보다 디스토피아에 대해 유독 집요한데다, '우주의 빅뱅'이나 '56억 7천만 년'이라는 어마어마한 시공간을 전연 이물감 없이 일상어처럼 얘기할 때, 그의 시에 드러나는 금세기 현대문명의 "우울한 지도"「우울한 지도」를 독도讀圖 혹은 독해하기란 쉬운 일은 아니다.

함성호는 지금 이곳의 현실을 난공불락의 시속時俗으로 인식한다. 그가 펴낸 세 권의 시집 『56억 7천만 년의 고독』1992, 『聖 타즈마할』1998, 『너무 아름다운 병』2001은 모두 여일하게 이 주제를 관통하고 있다. 구축하고 세우는 건축적 상상력을 가진 시인이라는 점에서 일견 코스모스적 세계를 지향하리라 짐작하지만, 쉽게 함락되지 않는 난공불락의 성전 앞에서 그의 언어는 오히려 쉼없이 부수고 파괴하면서 카오스를 향해 질주해간다.

그는 감속과 저속을 모르는, 가속과 고속의 시인이다. 그의 시는 넘치는 주석註釋, 과잉된 언어, 혼재된 영상을 빠른 속도로 내달리면서 20세기 문명의 폭력성과 야만성을 백일하에 드러낸다. 시와 현실 사이를 부단히 오가며 양극단의 의미를 함께 틀어쥐기 위해 언어를 늘이고 확장하며 광활한 시공의 상상력을 내뿜는다.

그러나 그의 시를 재삼 들여다보게 하는 것은, 그가 혹독하게 현대문명을 비판하며 현란한 자본주의 그늘의 공허를 탄식하고 세기말적 야만의 폭력성을 단말마처럼 고발한다고 해도, 그것이 결코 자연이나 원시를 칭송하는 어법으로 쉽사리 단순화되거나 회귀하지 않는다는 점이다. 그는 문명이라는 이름의 반문명화를 비판할 뿐 문명 자체를 거부하거나 부정하지 않는다. 즉 문명과 자연의 이분법 안에 서 있는 것이 아니라, 문명 안에서 문명과 반문명의 대립각에 서 있다고 할 수 있다. 끝내 문명옹호론자이길 주장하는 이 시인에게 진정한 문명이란 '과학의 힘을 이용해(서라도) 느리게 가기'라는, 꽤 현실적인 대안이다. 이 '느리게 가기'가 그 자신에게는 시쓰기에 가까운 그 무엇일 것이기에, 함성호는 가열하게 비판하면서도 문명에 잠식된 현실, 이 '아름다운 폐허'를 떠나려 하지 않는다.

이쯤에서 그의 현대문명의 '우울한 지도'를 좀 더 가까이 들여다보면 함성호 시의 진정한 매혹이 그의 연애시 혹은 연애시 어법에 있음을 발견하게 된다. 그의 지독한 연애시에는 시인의 지적인 고투의 단애, 외로움과 발악이 팽창해 있다. 그의 연애시는 징글징글하고 잔인하다. 사랑이라는 미명도 미화도 없이, 사랑의 생리 혹은 치부만을 적확히 짚어내는 치명적인 시들이다. 하지만 그의 연애시 어법은 의도적이기도 하다. 그토록 벗어나고 싶어하면서도 실은 벗어나고 싶지 않은, 즉 격렬하게 부정하고 비판하면서도 자처해서 향유하고 있는 이 세계를 향한 애증의 수사이기도 한 것이다.

2. 90년대, 그 영욕의 숲 너머

십 수년 전 함성호 시인은 한 인터뷰에서 시를 왜 쓰느냐는 다소 상투적인 질문에 이렇게 답한다. "세상을 바꾸려고요." 또 다른 인터뷰에서는 이렇게 부연한다. "스물일곱에 1980년대의 복잡한 현실에서 탈피하기 위해 시인의 길에 들어섰다." 다소 80년대적인 이 답변들은 함성호 시의 지점을 명확하게 겨누고 있다. 90년대 시인인 함성호에게 있어 시의 거처는 개인보다는 여전히 집단과 현실이었던 것이다.

90년대 문학의 헤아릴 수 없는 특성들 가운데 함성호의 시는 자리하고 있다. 일반적으로 7,80년대의 시에 집단적 언어의 성격이 암묵적으로 잠재해 있었다면, 90년대 시에는 독자적 개인의 미학적 반동과 새로운 욕망을 추구하는 목소리가 활발했다. 90년대 문학이 7,80년대 문학과 반드시 대비되어야 하는 건 아님에도 불구하고 앞시대 문학의 강력한 자장 때문에 90년대 문학은 운명적으로 그에 비교되지 않을 수 없는 당위성을 거치게 마련이다. 그리고 그 가운데에 함성호가 있다.

이 지점에서 함성호의 시는 어떤 집단적 이념 혹은 현실인식을 배광으로 지니고 있는가? 90년대 들어 정치적 상상력이 약화되고 소서사적 삶의 언어들이 확장되면서 시의 미학적 자율성이 비교적 조금 더 자유롭게 실험되기 시작하는데, 함성호의 언어는 다소 다른 궤적으로 나아간다. 즉 그는 자본주의의 탐욕과 반문명적 재앙으로 쌓아올려진 작금의 성전聖殿을 성마르게 야유하는 언어들로 육박해 들어간다. 특히, 56억 7천만 년 후에라도 돌아오기만 한다면 이 세계를 구원할 절대자 미륵을 기다리겠다는 역설적 비장함, 천박하고 기름진 현실세계를 역사상 유래 없는 탐미주의적 공간 '타즈마할'에 비유해 '화려한 유적지遺蹟地'라고 명명한 것은 모두 이 세계가 맞닥뜨릴 두려운 예후에 대한 장엄한 전주곡이다.

이런 점에서 함성호의 시는 90년대의 어느 한 자리로 흘러들어온 시가 아니다. 열어젖히고 들어선 시에 가깝다. 그의 산문적이고 요설적인 어법은 가끔 언어가 의미를 흘러넘쳐 과잉되기도 한다는 혐의를 받기도 하지만, 동시에 언어와 의미의 부조화를 감당해내는 능력 또한 지닌다. 그것은 80년대와 90년의 경계에 선 그가 80년대적 시의 정신과 90년대적 시의 육체를 지니고 있기 때문에 가능한 것이다. 90년대적 육체를 가진 그는 대중적 시선과의 접속을 시도하고 시각적인 영상매체의 위력을 인정하며 도시적 일상성에 익숙할 뿐 아니라 새로운 시대와 세대가 요구하는 매혹적인 코드를 읽어낸다. 그리고 그것을 80년대의 문제의식과 거칠고 격하게 잇는다. 그의 시에서 비판과 부정의 대상이 시에 가시적으로 드러나는 현대문명에 국한된 것만이 아님은 잠재되어 있는 내용의 스펙트럼들로 드러난다.

하여, 함성호는 80년대와 90년대라는 시대를 불문하고 시의 불온성을 주장한다. 이 불온성은 60년대에 김수영이 주장한 불온성과 흡사하다. 예술의 전위성, 새로움, 자유, 그리고 기성 체제와 규범에 순응하지 않는 의지들이다. 그는 동시대의 최근 일부 시인들을 '새롭지만 불온하지 않은 새로운 세대의 시인들'이라고 규정하면서 "시는 불온해야 한다. 불온하지 않은 시는 존재할 이유가 없다. 제도와 규범적 삶에 흠집을 내지 못하는 시는 일기에 불과하다"「새로운, 그러나 불온하지 않은」(산문)고 일갈한다. 이 '불온성'이 정치적 맥락의 협의를 넘어 예술에 대한 정의를 의미하는 것일지라도 '세상을 바꾸려고' 시를 쓰는 함성호에게 이는 개인보다는 집단적 현실을 상정하는 신념과도 같다.

함성호 시의 언어는 작파하고 박살내기를 지속해왔다. 하지만 그것이 과장이나 포즈로 느껴지지 않는 것은 그의 언어에 절박한 간구와 간절함이 깃들어 있기 때문이다. 그래서 함성호의 시세계를 하나의 형상으로 떠올릴 때 그것은 바벨탑 같기도 하고 프랙탈을 닮기도 했다. 그는 수십억 년의 고독을 지고 "이 화려한 유적지"「이 화려한 유적지」이자 "이발소 그림 같은 세상"「붕괴직전」이며 "모든 환각과 약물의 성전"「聖 타즈마할」인 폐허와 영욕의 숲을 "B급의 진정성"「에드우드」을 다해 관통해오고 있는 것이다.

3. 보라, 이 아름다운 폐허! 시 「신은 주사위 놀이를 즐기는 중이다」 중에서

함성호의 시집 세 권 『56억 7천만 년의 고독』, 『聖 타즈마할』, 『너무 아름다운 병』은 '이 아름다운 폐허'가 증거하는 '위증의 세계'를 밝히는 세 권의 주석서와도 같다. 게다가 시인은 시에 내재된 방대한 지식과 자신의 지적인 사유를 담은 각주脚註를 정리해 「주—바벨탑에서의 하룻밤」과 「괴로움—註」이라는 제목의 시로 시집 말미에 수록하기도 한다.

비판이나 부정이 단선적일 때에는 그것이 그다지 비극적이지 않지만, 함성호의 시에 드러나는 문명과 현실에 대한 비판과 부정은 비극적이다. 문명의 야만성과 현실의 폭력성을 알면서도 그 매혹 또한 알고 향유하고 있으며, 종국에는 그에 내재된 반문명적 허위를 드러내야 하는 것까지 그의 운명이기 때문이다.

그럼에도 "소돔과 고모라"라는 타락한 현실과 "내 손주박 안에서 넘치는 바다"라는 순수한 서정 공간이 그의 시에 동시에 공존한다고 해도 그것이 상투적으로 느껴지지 않는다. 두 세계가 도식적으로 대립되고 있는 것처럼 일견 읽히기도 하나, 그것이 일종의 문제제기 및 대안의 도식성을 갖지는 않기 때문이다. 이는 시인이 이미 세기말의 참상과 풍경을 이미 충분히 부려놓았기 때문이기도 하지만, 훼손되지 않은 원초적 세계를 끌어와 향수와 회귀욕망을 불러일으키는 것이 희망이 될 수 없음 또한 예고하고 있기 때문이다.

물론, 자본과 욕망으로 칠갑을 한 이 문명세계를 버리고 처음 혹은 그 이전의 세계로 돌아가자고 천진하게 외칠 수 없는 것이 함성호만의 딜레마는 아니다. 지금 이 세계가 설령 소돔과 고모라일지라도 이 또한 "피로 쌓아올린 우리 젊은 날의 성전"인 것이다. 함성호는 첫 시집 첫 시에서 우리가 살아온 시간이 "참으로 오랜 눈가림의 세월"이자 "공습경보의 세월"이었다고 선언한다.

> 감사합니다 감사합니다 영욕의 우거진 숲은 만장하신 여러분의 뒤꿈치에서 끝나 있습니다 참으로 오랜 눈가림의 세월이었습니다 어제는 두꺼운 구름을 동반한 기압골의 영향으로 대낮이 흡사 한밤중과 같았습니다 그 어둠에 쌍심지를 켜고 달려오신 그대들의 절망에 다시 한번 동조합니다 우리들의 이성은 상승하는 아드레날린의 분투 속에서 잠들고 마지막 고백는 우리들의 몫입니다 이것은 예십니다 더러는 만신창이의 몸으로 또 더러는 풍지박산난 폐허에서 새로이 일어선 그대들의 부활은 눈물 없이 들을 수 없는 생생한 실화였습니다 그대들 먼 옛날의 구전하는 신화 속에서 딴은 세렴에 걸린 햇살과 같이
>
> —「비와 바람 속에서」 중에서

이 시는 80년대를 벗어나 막 시작된 90년대의 서막을 알리는 시이기도 하다. 90년대를 시작하면서 시인은 새로운 시대의 도래를 기대했던 것처럼 보인다. "감사합니다"를 연거푸 외며 "새로이 일어선 그대들의 부활"을 향해 찬사를 보낸다. "눈가림의 세월", "영욕", "절망", "고배", "만신창이", "풍지박산난 폐허", "똥물", "독약", "자멸", "화형", "환멸", "군화발", "공습경보" 등 80년대를 환기하는 어휘들을 거침없이 쏟으면서 그 악몽이 "여러분의 뒤꿈치에서 끝나 있다"고 격앙한다. 새로 부활한 "대낮과 신화와 햇살"이라는 눈물겨운 실화가 또 다른 비극을 잉태하고 있으리라고는.

90년대 들어 정치적 맥락과 함의가 사라진 곳에 이제 물질과 자본으로

부추겨진 쾌락과 탐욕과 부박한 삶이 들끓고, 생의 격조란 사라진 지 오래이며, 끊이지 않는 소음 속에 도시는 늘 공사 중이다. "맹신이 아니라 광신"을 겪은 시인은 "모든 문은 비상구"「비둘기는 왜 도시를 떠나지 않는가」라고 탄식한다. 비상구란 재난에 대비해 만들어놓은 탈출구이니 모든 문이 비상구라는 것은 이곳의 현실이 위험과 재해로 가득할 뿐임을 의미한다. 시인은 이곳에서 도착적 혹은 기형적으로 증식하는 욕망의 세태를 읽으며 썩는지도 모른 채 썩어 들어가고 있는 난공불락의 세계를 본다. 난전亂廛이 된 '서울'을 바라보는 낭패감 속에서 "서울의 도시 전체를 재계획하는 꿈"을 꾸며 건축사회학 연작시를 발표하고, "게르니카"의 참상을 기억으로 다시 불러들이며, 구원자 미륵의 도래를 간절히 희구한다.

21세기는 우리를, 마약과 동성애와 근친상간과 싸운
바보스러운 세대라고 기록할 것이다
聖과 俗과 천국과 지옥의 잠속에서
나는 그대를 추모하지 않는다
(…중략…)
권태롭듯이 아버지가 실내 낚시터에서 돌아오지 않고
형은 노래방에서 하루종일 살았습니다
寂寞江山 ㅡ, 오늘은 비가 징벌의 연대기처럼 내려
萬花方暢의 정원에서 식구들은
내 머리에 자라 있는 무성한 숲을 보고 놀라
시퍼런 낫을 들고 쳤지마는요 나는 늘 시원했습니다
나도 뜨겁거나 차지 않은 것들은 모두

내 입 밖으로 뱉아버리겠습니다
당신의 그 지루한 기다림만큼
아무것도 제시할 수 없는 이 위증의 세계에서
나도 그댈 겁나게 기다립니다
당신은 오래 꽃과 비의 정원에서 서계세요
나는 넘치는 술잔을 들고 삼독번뇌의 바람을 기다리지요

—「56억 7천만 년의 고독」 중에서

미륵님은 무얼 보시나요? (…중략…) 프레스기에 짤려나간 오른손 검지와 식지의 동떨어진 의지의 떨림을 미륵님은 56억 7천만년 동안 그 견고한 청동 갑주 속에 고이고이 묻어두실 작정이신가봐요

—「행복한 미륵님」 중에서

56억 7천만 년 후에나 오리라는 절대자 미륵을 믿는 마음은 어떤 것일까. 그 비현실적인 시간은 절박하기도 하고 허무하기도 하여 차마 헤아려 볼 수도 없는 시간이지만, 이 무지막지한 현실을 구원하기 위해 오기만 한다면 시인은 그를 기다려보기로 한다. 진정한 "악과 지옥"에 눈감고 역사가 금지한 고작 "마약, 동성애, 근친상간"을 악과 지옥으로 규정하고 싸우는 비루함이 좌절스럽기 때문이다. 21세기는 진짜 지옥과 악을 버려둔 채 엉뚱한 것들과 싸운 우리를 "바보스러운 세대"라고 기록할 것이라며 자조할지라도, "프레스기에 짤려나간 손가락" 앞에서 여전히 침묵하는 이 끔찍한 세계 앞에서 구원을 구하며 언젠가처럼 그는 묵묵히 다시 선다.

위의 시 「56억 7천만 년의 고독」에서 종결어미의 어조는 일관되지 않

다. 시의 전반부는 평서문이고 후반부는 경어체인데 비장한 어조로 현실을 고발하다가 절대자에 대한 탄식으로 이어진다. 불우한 가족사가 현대사를 상징하는 낯익은 비유 속에, 무능하고 무력한 아버지와 형은 여전히 죽은 공간에 가둬져 있고 가족들은 내 머리 위에 자라나는 무성한 숲에 경악해 시퍼런 낫을 휘두른다. 하지만 머릿속에 푸르고 무성하게 자라는 사유의 숲을 지니고 미지근한 것을 거부하며 뜨겁고 찬 것만 삼키려는 화자는 돌올한 의지로 끝내 이 21세기의 탕아들인 우리를 구원할 존재와 마주서서 삼독번뇌를 감행한다.

그가 이 끔찍한 고독에 마주서야 하는 이유는 이곳이 여전히 "게르니카"이기 때문이다. 인간적인 삶이 여전히 불가능한 곳이기 때문이다. 무자비한 폭력으로 폐허가 되었던 게르니카가 우리의 현대사(특히 광주)와 자주 유비되는 이유 그대로이다. 「게르니카」 말미에서 화자는 "아들아 참으로 징그러운 세월이었잖느냐 너무 오래 기다렸다 미륵의 번한 세상. 살아서만 돌아오너라, 살아서만"이라고 간절하게 간구하지만, 아들은 이어서 답한다. "대검이 내 배를 갈랐어요 어머니."

대검이 가른 배 위로 젖과 꿀이 흐르는 금세기의 도착적인 현실에서 시인은 기성의 권력과 체제에 맞서 테러리즘을 옹호하기에 이른다. 그는 차라리 "모든 테러리즘은 아름답다"「우리들의 살인백화점」고, "모든 사랑은 테러리즘"이라고 되뇐다. 폭력 아래 방치되기를 거부하고 목적을 향해 조직적으로 반항과 폭력을 행사할 수 있는 테러리즘이야말로 오히려 사랑이라고, 차라리 아름답다고 탄식하는 것이다. 인간다운 삶의 가치가 무엇인가 끊임없이 묻는 시인에게 이 현실은 통로도 출구도 없는 "비좁고 긴 골목"「비좁고 긴 골목」, "미친 개새끼들의 수렁이자 시궁창"「쓰레기의 사막」일 뿐이다.

어디에 있는지 말하라 아직도 비좁고 긴 골목이다 어두운 그늘을 따라 흘러가는 당신의 몸과 빛, 그렇다면 나는 어디에 있는가? 누가 불러도 대답하지 말고, 누가 손을 내밀어도 마주 잡지 마라 천천히 천천히, 돌아올 수 없는 그 길과 몸을 두고 두렵고 어두운 빛 속으로 걸어가라 빛은 차갑고 그리움보다 더 시린 추위가 당신을 찾아올 것이다. 당신이 눈물 흘리던 천지간에서 그 빛에 다가갈 때까지, 내가 셋을 세게 되면 당신은 죽는다, 하나 / 둘 / 셋

—「비좁고 긴 골목」 중에서

한국은 수렁입니다 문학은 가망 없습니다 지식은 썩은 시궁창에서 즐거운 지렁이처럼 변명을 일삼고 있습니다...... 모두가 미친 개새끼들이 되어가고 있습니다. 새로운 경제적 토양 위에서 다시 시작하고 싶은 모던한 욕망이, 한국의 문학을 선진국형으로 만들어갑니다. (…중략…) 쓰레기는 문명이니까요, 어쩌면 삶이, 그런 죽음이 곧 악취고, 쓰레기장으로 가지 않는 것들은 모두 부도덕합니다 복원된 유적이나 전통 같은 것들 말이지요

—「쓰레기의 사막」 중에서

함성호의 언어는 어느 순간 섬망譫妄에 가까워진다. 의미의 질서와 시적 문법을 교란하는 언술로 치달으면서 언어의 발목에 추를 달 듯 장황한 각주를 붙이거나 건조한 그림들을 끼워 넣는 언어의 바벨탑이 되어간다. "쓰레기"는 문명의 증거이므로 쓰레기장으로 가지 않는 것들은 오히려 모던하지도 않고 선진국형도 아닌 부도덕한 것들이라는 궤변을 펴고, 이 끝모를 "비좁고 긴 골목" 같은 삶에서 우리는 누가 불러도 대답하지 않고 누가 손 내밀어도 마주 잡지 않고 그저 차갑고 시린 "어두운 그늘"로 함께 흘러들어

갈 뿐이라고 냉소한다. 문학은 썩은 시궁창 속에서 변명이나 일삼는 가망 없는 쓰레기일 뿐, "내가 셋을 세면 당신은 죽는"데 '나'는 이미 "하나 / 둘 / 셋"을 모두 세어버렸다.

시인의 이 같은 고투는 '건축사회학'을 부제로 단 일련의 작품들에서 절정에 이른다. 이 시들은 건축(물)을 통해 자본주의적 욕망을 가장 추악하고 적나라하게 드러낸다. 함성호는 건축이야말로 신과 귀족 계급이 무너지자마자 '민중을 위하여'를 가장 먼저 부르짖었지만 또 어떤 예술보다 먼저 자본이나 기술의 진보와 결탁하고 자본의 대중성과 결탁해왔다는 생리를 알고 있다. 그는 이 시대 인식의 구체적인 지점 혹은 좌표를 건축에서 읽어나가기 시작한다.

> 교육학과 의학으로 무장한 선교사들이 식민지의 터를 닦기 위해 선발대로 상륙했다 초기에는 기존의 한옥과 바실리칸 형식을 절충하는 얄팍한 기교도 보이면서. 중남미 식민 체제의 강화는 순 카톨릭 교회의 덕이다.
>
> —「미션 스쿨—건축사회학」 중에서

> 욕구의 끓는 기름과 조갈의 불화살을 쏴
> 끊임없이 당신을 상품화하고
> 끊임없이 당신을 당신이 소비하도록
> 구애한다
> "여러분은 지금 롯데 월드로 가시는 전철을……"
>
> —「잠실롯데월드—건축사회학」 중에서

현대건축사는… 정치적 신념의… 시녀가 아니면, 천재적인… 건축가들의 환상일뿐… 정치와, 환상, …(모든 예술은 무엇인가에 복무하고)…오, 현대는… 불결해라, 나는… 모오든 것을, 파괴한다

—「근대 건축은 왜 망했는가—건축사회학」 중에서

63빌딩은 거대한 남근 숭배의 신앙이다 올림픽을 앞둔 1988년 이전의 한국인들은 어떤 종류의 번식을 바랐을까 소유의 확대를? 자본의 증식을? 섹스의 강화를, 煩雜을, 어차피 자본주의의 탄생 자체가 리비도적 충동의 산물이라면 저 황금빛의 연출은 충분히 암시적이다

—「63빌딩—건축사회학」 중에서

(최고의 건축은 아무것도 건축하지 않는 것이라니까요?) 서울은 꼬리 아홉 달린 여우의 조화 같애요 저 청상과부의 아름다운 그림자를 주의하세요

서울은 광난다 —누가 이렇게 밤새 서울을 닦아놓았나

번쩍번쩍합니다, 수입 완제품인 서울

—「서울, 서울, 서울—건축사회학」 중에서

이 건축사회학의 연작시에는 한국의 근현대사가 시각적인 건축물이나 공간적 개념으로 기록되어 있다. 근대화의 산물인 '미션스쿨'은 일종의 제국주의적 포상품과 같으며, '롯데월드'는 욕망의 끓는 기름과 향락의 불화살을 쏘아 상품화와 소비를 반복하게 하는 팬시상품이고, 번쩍거리는 황금덩어리 '63빌딩'은 자본과 욕망의 번식을 위압적인 남근처럼 휘두르는 건축물이다. 무엇보다 추악한 것은 '서울'이다. 서울은 로마의 폭군인 네로조

차 다시 불질러버리고 싶게 만드는 참혹한 공간이다. "추잡한 거리, 비대한 공룡의 비늘 같은 마천루들, 거대 자본의 충실한 개들이 계획한, 재벌과 신의 사제들의 소유인, 섹스의 무자비한 충동과 네온으로 반짝이는 교회의 첨탑"으로 홍청거리는 서울은 천박한 자본주의의 "수입 완제품"이다. 시인은 이 건축물들에서 침략과 약탈의 역사뿐 아니라 식민적 종속의 흔적, 소비적 욕망의 배설, 이 모든 정치적 맥락과 배후를 읽어낸다.

함성호의 일관된 화두가 문명과 건축임은 분명하다. 시인에게 건축은 그냥 건축이 아니다. "인간이 살 수 있는 조건이 바로 건축"이다. '인간이 살 수 있는 조건', 그것은 시가 존재해야 하는 이유와 흡사하다. 인간적 삶의 조건에 끔찍한 뿌리를 내리고 있는 건축물들을 향한 시인의 목소리는 도저하다. 그는 이제 무위자연조차 인공적이라는 것을 알고 있기에 섣불리 자연을 예찬하지 않으며, "자연을 부정하고 인공을 예찬하는 위대한 허무주의자"「聖타즈마할」라고 자인한다. "최고의 건축은 아무것도 건축하지 않는 것"이라고 역설하기도 한다. 하지만 그래서 더욱더, "끊임없는 상품화 / 끊임없는 소비"를 부추기며 무의식 속에 거짓 욕망을 추동하는 것들을 향해 진저리를 친다. 이것이 그가 건축공학보다 '파괴공학'에 대해 더 섬세하고, 건설보다 해체에 더 마음을 쓰며, 문명보다 자연을 향해 더 곧추서는 이유다.

물론 시인은 "욕망이야말로 우리의 순리"「슬픈 육신」임을 알고 있다. 욕망이 없는 삶이란 삶이 아니거니와, 욕망은 그 자체로도 가장 강력한 매혹의 대상이자 문명과 문화를 고무하는 잠재력이기 때문이다. 그러나 천박한 자본에 의해 부추겨지고 자본으로 배설되고 자본으로 소비될 뿐인 비루한 욕망의 순환 앞에서 인간이 스스로 주체적인 존재가 될 수 있다고 믿는 것이 오만임을 또한 안다. 대중을 마비시키는 현란한 욕망의 세례 속에서 그 뒤에 맞닥뜨릴 혼돈과 상실감을 예견해 일상적인 욕망을 거부하고 길항하기란 쉬운 일이 아님 또한 잘 알고 있다. 문명의 이름으로 욕망을 생산하고 또 그 욕망을 소비하면서 건축이 오히려 인간의 삶을 피폐하게 하고 타락하게 하는 역학을 자초하고 있음을 자학하고 반성하지 않을 수 없는 것이다.

시인이 저어하고 경계하는 문명의 반문명화, 그 반대편에는 '어머니'가 있고 '바다'가 있다. 이 상징들이 그다지 새로워 보이지 않을 수는 있겠지만 함성호에게 어머니와 바다는 타락한 반문명과 대척적인 세계이자 가장 건강한 상징이다. "어머님, 세상 바람 소리에 잠 못 들겠어요"「流民」라고, "엄마, 김칫국에 밥 말아 한상 잘 차려주세요"「내 손주박 안에서 넘치는 바다」라고, "어머니 젖은 행주처럼 조그맣게 쭈그리고 앉아 식은 밥 다아 잡수신다"「식은 밥」라고, "창호지에 이름을 적어 밥을 싸 빌며 던지던 바다가 그 안에 있었다"「활이 내주고 간 구멍」라고, "봄내, 거기서 나는 죽어도 좋았다"「봄내, 거기서 나는 죽어도 좋았다」라고 말할 때, 반문명에 대해 예민한 그의 의식이 절실하게 환기된다. 물론 그의 시에서 어머니와 바다를 절실히 그리워하는 것은 불안한 그림자를 지닌다. 물질과 문명의 자본주의로 점철된 이 기름진 세계 속에서 어머니와 자연이라는 존재 시원의 것들을 그리워하는 것이 진통제가 되어주긴 해도, 그는 끝내 가속을 멈추지 않는 이 문명에 발 디뎌서길 선택할 것이기 때문이다.

함성호는 "나는 죽어도 시를 위한 순교는 못 하겠다"「시여 트림을 하자」고 말하면서 "지금도 혁명이란 말에 전율을 느끼는 사람이 있을라구요"「엘리베이터-대화」라고 자조한다. 하지만 그는 어떤 시인보다도 "혁명"과 "순교"에 대해 무의식적 강박을 갖고 있다. '화려한 유적지'이자 '잔인한 숲'이며 '타지마할'인 이곳을 저주하면서도 늘 매혹되고, 한편 지독하게 사랑하기에 분열되는 것은 그 때문이다.

나는 친자본주의자이다 타락에 의해 빚어진 육신을 슬퍼하지 말지어다 진정한 아웃사이더는 역사가 기억하지 못하는 아웃사이더이다 (…중략…) 하여, 나는 숲을 배반했다 나는 자연을 부정하고 인간을 예찬하는 위대한 허무주의자이다 저 도시의 불빛을 보라 살인과 근친상간과 약물중독의 나의 성 타즈마할 나는 죽을 때까지 신의 말씀과 싸울 것이다 오해하지 마시길 이곳은 생명의 장소가 아니라 죽음의 장소이자 모든 환각과 약물의 성전이다 거대한 벽이 하얗게 사라지고 몸이 말로 화하는 상사의 기둥 사이에서 빛을 보게 되리라

—「聖 타즈마할」 중에서

우리의 문명은 언젠가는
저 길 위의 소실점을 향해 소멸해갈 것이다
(…중략…)
이제 미래의 기억마저 저장하게 된
오, 이 화려한 유적지를 산보하는
호모 사피엔스 사피엔스

—「이 화려한 유적지」 중에서

현대건축은 에덴 동산에서 이룩되는 것이 아니라
소돔과 고모라에서 이루어진다.

고., 적는다

맑은 밤하늘보다 더 아름다운 것이 도시의 야경이다
마천루의 골격과 피부, 미세한 신경다발처럼 엉켜있는
고가도로와 지하철의 흐름들

속도는 순결하다
어떻게 우리가 이 보석같은 강물 위를 흘러
사랑의 집에 이르지 않을 수 있겠는가?

하여, 소금기둥으로 변해버린다 해도
이곳을 돌아보지 않을 수 없으리라

—「잔인한 숲」 중에서

시인의 고뇌가 절실하게 다가오는 것은 그가 이 세계에 대한 애증을 감추지 않기 때문이다. 이는 "돌아보지 않을 수 없으리라" 그리고 "빛을 보게 되리라"처럼 마음속의 다짐을 뜻하는 종결어미인 "-리라"로 재차 반복된다. 시인은 이 도시를 성적으로 타락하고 도덕적으로 문란했던 소돔과 고모라 같다고 섬뜩해 하면서도, 야경의 불빛을 아름다운 혈관처럼 바라보고 신경 다발같이 엉킨 고가도로와 지하철을 순결하게 생각하며 반짝이며 흐르는 밤의 강물을 보석처럼 바라본다. "아름다운 폐허"인 이 도시는 스스로 악의 의지 없이 악을 행사하게 되는, 그래서 순수하고 잔인한 숲이고 화려한 유적지인 것이다. 시인에게 이곳은 죄책감을 느끼면서도 즐기는, 누리면서도 불안한, 일종의 영원한 길티플레져 같은 곳이다.

그래서 이곳은 '타즈마할'로 비유된다. 타즈마할은 사랑하는 왕비를 잃은 왕이 그녀를 위해 화려하고 아름다운 건축물을 짓고 그 영원한 아름다움을 지키기 위해 이를 지은 장인들의 손목을 모두 잘라버린, 이른바 당착적인 탐미주의 건축물이다. 사랑이라는 미명 아래 권력과 폭력성을 잠재하고 있는 "비루한 지옥"이자 "해골의 유적지"이며 "죽음의 장소"이고 "환각과 약물의 성전"인 이곳, 시인은 "마약의 길을 따라 모두 이곳에 오라"고 위악적으로 포교하거나, "이곳을 돌아보지 않을 수 없으리라"고 자탄하지 않을 수 없다.

함성호에게는 자학하는 나르시시스트의 면모가 있다. 서울을 번제물로 바칠지라도 이 환각과 약물의 성전을 구원해달라고 제를 올리는 강직한 사제의 모습도 있다. 난공불락의 현실, 혼돈 속의 질서라기보다 혼돈과 질서가 엉켜 있는 카오스모스chaosmos의 세계, 시인은 이 난공불락과 카오스모스의 성전聖殿 앞에서 성전聖戰을 겨뤄야 하는 사도와 닮았다. 그는 "전사여 이것은 성전이다"「게르니카」라고 외치며 "매일매일의 순결함으로 부활하며 황도를 홀로 가는 태양"「타르쵸」처럼 이 현실을 목도하고 있다.

4. 이 가혹이 나의 사랑이다 시 「가혹한 풍경」 중에서

그럼에도 불구하고, 함성호 시의 절창은 연애시와 사랑시 혹은 그 어법들에 있다. 그의 80년대의 시적 정신과 90년대의 시적 육체의 언어로 포괄되는 그의 시는 모두 이 절절하고 징글맞은 사랑의 단근單根에서 시작된다. 이 사랑은 그에게 56억 7천만 년이라도 기다리겠다는 신앙 같은 것이기도 하지만 무엇보다 남녀상열지사의 사랑이 지닌 속성과 생리를 더 뚜렷이 지니고 있다.

> 네가 죽어도 나는 죽지 않으리라 우리의 옛 맹세를 저버리지만 그때는 진실했으니, 쓰면 뱉고 달면 삼키는 거지 꽃이 피는 날엔 목련꽃 담 밑에서 서성이고, 꽃이 질 땐 붉은 꽃나무 우거진 그늘로 옮겨가지 거기에서 나는 너의 애절을 통한할 뿐 아는 새로운 사랑의 가지에서 잠시 머물 뿐이니 이 잔인에 대해서 나는 아무 죄 없으니 마음이 일어나고 사라지는 걸, 배고파서 먹었으니 어쩔 수 없었으니, 남아일언이라도 나는 말과 행동이 다르니 단지, 변치 말자던 약속에는 절절했으니 나는 새로운 욕망에 사로잡힌 거지 운명이라고 해도 잡놈이라고 해도 나는, 지금, 순간 속에 있네 그대의 장구한 약속도 벌써 나는 잊었다네 그러나 모든 꽃들이 시든다고 해도 모든 진리가 인생의 덧없음을 속삭인다 해도 나는 말하고 싶네, 사랑한다고 사랑한다고 …… 속절없이, 어찌할 수 없이
>
> ―「낙화유수」 전문

그의 시에는 '순간'이라는 어휘가 자주 등장한다. "나는 항상 그 순간에 매혹당했다"「에드우드」 "난 새로운 욕망에 사로잡힌 거지 순간 속에서 찰나에 취해"「Jabir, Geber, gibberish, 미친 이론가」, 위의 시에서도 시인은 사랑의 본질을 "나는, 지금, 순간 속에 있네"라고 쓴다. "순간순간에 진실"한 것 혹은 "완벽한 일회성의 광기"는, 사랑이 영원히 지속되지는 않는다는 진리와 "그대의 장구한 약속"이 지닌 깨지기 쉬운 불안을 적시하기에, 치명적이지만 가혹하고 정직한 사랑의 생리다. 그래서 이 시들에는 '바다'가 아닌 '사막'이 자주 등장하며, 요설보다 침묵이 잦다. 불모의 사막을 빌어 시인은 사랑

의 갈망과 황막함을 표현한다. 그는 "속으로 노래를 부르고, 가슴 깊은 곳에서 부르고, 말하기 위해 침묵하고 목이 쉬고", 마침내 "사랑을 말하기 위해 천 개의 단어를 사막에 심"「레몬트리」는다.

시 「낙화유수」에서 "네가 죽어도 나는 죽지 않으리라"는 선언은 사랑이 균열되는 첫 쓰라린 징후다. 네가 죽으면 나도 따라 죽겠다는 사랑의 옛 맹세는 사라지고 이제 오히려 "쓰면 뱉고 달면 삼키는 거"라며 몸을 돌린다. 마음이 처음 피어나던 그때는 희고 순결한 목련꽃 담 밑에서 서성이던 그이지만 마음이 지자 붉은 꽃나무 우거진 그늘로 옮겨 앉는다. 사람이 아니라 사랑이 제 스스로 움직여가는 이 "잔인"한 정황에는 애절도 통한도 무력하다. "새로운 욕망에 사로잡힌" 그 순결하고 매혹적인 광기의 순간은 어느 누구도 어쩔 수 없다는 것임을 잘 알고 있기 때문이다.

지금 사로잡힌 이 욕망도 "순간"의 마력이 지나가면 사라져갈 것이다. 어쩌면 내가 아닌 네가 다른 새로운 욕망에 사로잡히는 그 "순간"을 두 손 놓고 바라봐야 할지도 모른다. 하지만 그래도, 사랑 앞에서 다시 "속절없이, 어찌할 수 없이" 사랑을 고백하게 되는 마성, 이것이 바로 잔인한 사랑의 속성이다. 그리고, 순간이지만 영원인 것, 그리고 "순간"뿐이었다는 신기루보다 그 순간 '절절했던 진실'이야말로 사랑의 항구성일 것이다.

> 그대를 사랑한다는 것
> 내 손에 피를 묻히고야 말겠다는 것
>
> —「욕된 숲」 중에서

> 아아, 살아 있다는 것을

허나 너의 사랑을
끓는 솥 가운데에 전신을 데인, 火傷을,
나는 문 여닫는 소리에도 온몸이 아픔을
그 아픔을 불치로 알아 살아감을
너는 모를……

—「사랑, —불치의」 중에서

이 사랑이 끝나기 전에 죽고 싶다는 것은
그녀의 말이다
내가 그 말을 슬픔으로 이루게 한다
나는 먹는 나는 사유를 먹는 것이다
이것을 먹는 자는 내가 유일하다
나는 지상에 도착한 최초의 빛을 본 자이다
이 유일함에 대하여 나는 말한다
내 사랑 때문에 나는 시든다

—「유일한 자」 중에서

그의 시에서 사랑은 폭력과 근사치다. 격렬하고 가혹하고 세다. 사랑할수록 폭력적이 되어가는 것, 사랑하는 만큼 폭력성은 파멸에 가까워진다. "사랑한다는 그 깊은 절망"「정선아리랑」 때문에 시인은 손에 피를 묻히고 온몸에 화상을 입는다. 사랑의 비등점은 그에게 유독 높고 통어할 수 없는 폭력성은 자해에 가깝다. 시인은 사랑의 완벽한 순간 혹은 찰나에 다다르기 위해 갈망하지만, 사랑은 충족되는 그 순간 미끄러지는 욕망이며 사랑의 완벽한 순간이란 실은 존재하지 않는 에로스의 경지일 뿐이다. 그도 그것을 잘 알고 있다.

다른 사람을 통해 실현될 수 없는 그의 사랑은 이제 자기 안의 싸움 즉 "내전內戰"이 된다. 그가 갈급하는 사랑은 내가 너를 먹고 내가 너에게 먹히는, 이토록 갈망하는 내가 너이고 네가 나인, 그래서 내 속에서 네 입술이 열리는 그런 "REBIS"의 사랑이다. 이 완벽한 하나됨의 열망은 그의 시에서 '게이'와 '호모'의 상상으로 동일화되거나 자기 자신과 싸우는 "내전" 혹은 "내가 씹은 내 붉은 입술에서 / 선홍색의 피가 오한처럼 스밀 때 / 내 이는 나를 먹고 싶은 것"「내전과 게이」이라는 극단적인 자기애로 상상된다. 그의 사랑은 괴색壞色에 가까운, 즉 어떤 빛깔도 아니지만 어떤 빛깔도 되는 욕망과 갈등과 욕정이 뒤섞인 색이다.

이 사랑의 치열함과 가혹함이 그로 하여금 멈추지 못하고 끊임없이 내달리게 한다. 다른 존재를 사랑할 때에도 자기 자신을 탐할 때에도, 그리고 이 세계를 애증하며 현실을 비판하고 자본주의를 향해 언어의 칼을 겨눌 때에도, 함성호는 이 가혹한 사랑으로 대상을 부여안고 뒤흔들고 뛰어든다. 차고 넘치는 감성, 동시에 지적인 고투로 그는 가혹한 사랑의 연애시를 쓴다. 그리고 이것이 바로, '이 아름다운 폐허'를 향한 그의 '가혹한 사랑'의 언어이다.

5. 너와 나의, 너무 아름다운 병

하여, 세계가 병들어도 나는 너무 건강하다
가교 위에서 타오르는 어지러운 발자국들처럼
사람들은 두터운 기압골모양 우울한 내 백골을 밟고 간다

—「나의 전체는 누군가를 기다린다」 중에서

휘청, 발목이 잘려나간 것처럼
한없이 무너지고 싶다
밥 먹어
너의 아름다운 병도 밥을 먹어야지

—「너무 아름다운 병」 중에서

병든 것에 익숙해져 있을 때, 병들지 않은 것들은 심지어 가증스럽거나 무력해 보인다. 병을 깊게 앓는 것이야말로 자기 존재의 증거인데다 너와 내가 함께 앓는 이 "너무 아름다운 병"은 시의 몫이기도 하기 때문이다. 시인은 "세계가 병들어도 나는 너무 건강하다"고 말하지만 물론 반어이자 역설이다. 그렇지 않고는 그의 "백골"이 두터운 기압골처럼 우울할 리 없고 "발목이 잘려나간" 듯 무너지고 싶을 리 없다.

함성호는 이 아름다운 병으로부터 궤주하지 않는다. "나의 문학은 말에 대한 사랑이 아니라 말에 대한 환멸"이라고 말하면서도 기꺼이 환멸을 앓는다. 물론 그는 요철이 많은 시인이며 평명한 시인은 아니다. 90년대 시

인들의 계주에서 맨 처음 달리기 시작한 시인이지만 80년대적 시적 인식에서 자유롭지 않은, 아니 한 발은 늘 그곳을 딛고 있는 시인이다. 현실에 대한 거부와 저항이라는 시적 태도를 90년대의 자본주의적 현실에 대한 맹공격으로 내딛었지만, 동시에 이 현실 안에 끓고 있는 문제들, 가령 전쟁, 인종, 성적 소수자, 식민성, 혁명, 매판자본, 여러 편견과 차별 등에 대해 어떤 시인보다 예민하다.

그는 지금 이곳을 난공불락의 시정, 코스모스와 카오스가 뒤엉킨 반문명적 세계로 인식한다. 그리고 이 세계에 가득 찬 "이 광기와, 냉혹한 아름다움의 비밀을 / 이 차가운 공유의 역설을 / 존재하지 않지만 가득 차 있는 이것"「아스가르드의 화석」을 시로 옮기는 데 골몰한다. 시간적 공간적 상상은 광활하나 그는 늘 "순간"에 집착하는데, "무한은 간절하지만 낡은 흑백 꿈일 뿐이며 무한 반복은 유한의 파생상품일 뿐"이기 때문이다. 그는 현실세계의 유한한 이 절실한 "순간"들을 향해 가장 지독하고 가혹한 사랑을 바친다.

함성호는 「더 낮은 예술가, 더 넓은 공공미술」이라는 글에서, 거리로 나온 '공공미술'이란 일반 대중도 미술을 향유하게 하려는 의도를 가진 일종의 '전시장 미술'의 연장이 아니라, 미술이 소수전문가가 생각하는 그런 것이 아니라는 주장 즉 미술의 기존 정의 대한 반발이자 재정의를 시도하는 운동이라고 말한다. 이는 그의 시적 태도에서도 여실히 드러난다.

함성호의 시는 홍미진진하나 매우 현학적이며, 현실세계를 향해 대단히 지성적인 태도를 갖지만 동시에 간절한 연애시가 압권이다. 즉 그는 소수 전문가들을 위한 '전시장 미술' 같은 시를 부정하지만 그렇다고 대중적으로 향유되는 시를 쓰는 것에 목적을 두지는 않는다. 시에 불쑥불쑥 도형과 그림을 넣고, 가족의 호적등본을 싣고, 영화의 엔딩크레딧을 올리고, 성전환 수술 사진을 싣고, 우체국의 경조 약호를 옮겨오고, 시를 활자 밖으로 불러내 공연을 하기도 한다. 즉 "시는 말이 불가능해지는 지점에서 시작된다"는 자신의 말을 실천하면서 '공공미술'과 같은 시, 다시 말해 시에 대한 재정의를 시도하는 시들을 시도하고 있는 것이다. 이 흥미진진한 시도는 80년대적 시의 정신과 90년대적 시의 육체가 혼효된 함성호 시의 가장 독보적이고 건축적인, 새로운 시의 지도地圖라고 할 수 있을 것이다.

사랑의 숨결과 생명의 근원

안도현론

문 복 희

1. 나무 같은 시인

안도현은 나무의 시인이다. 그의 시 속에 많은 나무가 소재로 등장하기도 하지만 화자로서의 시인도 나무이고, 현실의 시인도 스스로 나무가 되어 있다. 그래서 나는 감히 그를 나무처럼 살고 나무같이 서있는 시인이며 이미 나무가 된 시인이라고 말하고 싶다. 나무는 사랑의 숨결과 함께 호흡하는 생명의 기둥이다. 나무의 생명성은 사랑과 조화의 세계로 연결되며 안도현의 시세계를 구축하는 하나의 중심축으로 작용하고 있다. 인간의 가장 보편적이면서도 깊은 감정의 영역을 관통하는 원초적 정서는 사랑이다. 사랑은 인간 정서의 가장 오래된 양상이며 시적 서정의 원천이다. 그의 시의 핵심 가치는 이러한 사랑의 정서를 그만의 독특한 상상력을 통해 신선한 시적 공간으로 바꾸어 놓는다는 점이다. 그의 시 속에는 맑은 사랑의 아름다움과 생명에 대한 소중성이 시적 통찰을 통해 새롭게 담겨져 있다. "없는 것을 발명發明하지 말고, 있는 것을 발견發見하라"고 그가 산문에 쓴 것처럼 그는 누구나 보고 있지만 알아차리지 못하는 사실을 망원경보다는 현미경으로 찾아내고 있다. 늘 가까이 접하면서도 간과하고 마는 일상의 사물에서 사랑의 의미와 생명성을 발견하여 새로운 언어의 그릇에 잔잔한 감동으로 담아내고 있다. 안도현은 시 속에서 인간과 자연이 조화와 상생을 통해 어떻게 사랑의 세계를 실현해가고 있는지를 보여주고 있으며, 시인 스스로 나무가 되거나 또 다른 자연이 되어 자연과 인간의 삶이 동화될 수 있음을 시도한다는 점에서 의미를 지닌다.

시는 예전부터 자연을 즐겨 소재로 삼아왔고 자연과 인간의 동화를 꿈꾸어왔다. 따라서 시인의 상상력은 자연과 인간 탐구에 활발히 작용하여 생명에 대한 성찰과 사랑의 시선으로 자연과 인간의 관계를 형상화해 왔다. 1990년대 시의 한 갈래인 자연 탐구의 시들은 전시대의 인간 중심주의에 대한 반성의 맥락에서 파생되어 자연 사랑과 생명의 소중성을 기본 축으로 삼고 전개되었다. 즉, 1980년대는 역사의식과 현실의식에서 자아를 탐색하였다면 1990년대는 다양한 유형의 시적 가능성을 확보해간 시대이다. 소훈덕이 그의 석사논문에서 지적하였듯이 이 시기는 고도의 산업화로 인한 환경 파괴, 자연 훼손 등으로 자연, 생명이 본격적인 화두로 등장하였다. 시인들은 자연 안에서 자아를 찾고, 더 나아가 우주적 자아를 만들어가기 시작하였다. 자연에서 살아있는 생명을 찾아내며 풀 한 포기, 나무 한 그루도 인간과 같은 생명임을 인식하였다.

1980~90년대를 지나면서 많은 시편들을 엮어냈고 지금까지도 왕성한 작품 활동을 하고 있는 안도현은 1981년 「낙동강」이 『대구매일신문』에, 1984년 「서울로 가는 전봉준」이 『동아일보』에 당선되면서 본격적인 시작 활동을 하게 된다. 첫 시집 『서울로 가는 전봉준』 이후 1989년 『모닥불』, 1991년 『그대에게 가고 싶다』, 1994년 『외롭고 높고 쓸쓸한』, 1997년 『그리운 여우』, 1999년 『바닷가 우체국』, 2001년 『아무것도 아닌 것에 대하여』, 2004년 『너에게 가려고 강을 만들었다』 등의 시집 출간 외에 『연어』, 『관계』, 『짜장면』과 같은 어른을 위한 동화와 『한겨레』에 연재했던 산문 모음집 『시와 연애하는 법』 등 활발한 작품 활동을 하고 있다.

특히 1990년대 안도현의 시편들은 오랜 해직 생활을 끝낸 후 내면의 성찰에 뿌리를 두고 섬세한 묘사와 자연 의식으로 자연과 생명의 존재 가치를 인정하며 자연과 인간의 유기적 관계를 형상화하고 있다. 이러한 특징을 바탕으로 그의 시가 가지고 있는 의미와 시적 가치를 밝히는데 중점을 두고 글을 전개하고자 한다. 그의 시 속에 중심 소재로 다양하게 등장하는 나무들이 그의 시적 통찰력을 통해 자연과 인간의 균형 관계를 어떻게 유지하며 문학적 성과를 거두고 있는지를 1990년대의 시편들을 대상으로 탐구하고자 한다.

2. 사랑의 숨결과 생명의 근원

안도현 시의 도처에 산재해 있는 나무들을 만나게 되면 그가 궁극적으로 갈망하는 세계가 무엇인지 짐작할 수 있으며 가장 본원적인 삶의 원형 공간이 그 배경이라는 것을 알 수 있게 된다. 나무는 심리학적으로 인간 심성의 정신적 에너지이며 생명력, 지향성을 상징한다. 칼 융Jung. C. G.은 나무의 이미지를 모성성, 여성성으로 보았다. 또한 융은 나무란 전체성의 상징이며 인간의 마음속에 존재하는, 분열된 마음을 하나로 통일할 수 있는 정신 현상의 원동력, 또는 그렇게 해서 이루어진 전일全一의 경지를 자기 자신이라고 했다. 신화나 민담에서 발견되는 나무의 상징적 특성을 『한국문화상징사전』에서는 생명, 세계의 축, 죽음과 재생, 모성적 속성과 남성적 생산성, 지혜, 회생 등으로 설명하고 있다.

나무는 생물 중에서 가장 오래 살고 그 몸의 덩치가 크기 때문에 인류는 그것을 외경하고 인간과 환경을 돕는 존재로 인정해왔다. 그만큼 나무는 인류를 돕고 사랑해 온 것이 사실이다. 나무는 이런 의미에서 인간에게 외경의 존재이며 사랑의 존재로 인식되었다. 나무는 겨울이 되어도 지상부가 죽지 않고 성장해 나가며 나이테를 만들어간다. 나무는 곧 자기 자신 또는 본연의 자기 성장이다. 출생, 갈등, 고통, 시련, 그리고 이의 극복과 성장, 새로운 재생을 향한 전환, 이러한 것은 자기 성장의 과정을 상징적으로 표현한 것이다. 천지의 자연물 중에 유독 나무가 우리에게 천상과 지상을 연결시켜주는 상징으로 형상화된 것은 나무에 대한 한민족의 정서적 배경이 오래되었음을 시사하는 것이다. 이처럼 상징적인 나무는 단군 신화에서 환웅이 처음 하늘에서 그 아래로 내려왔다고 하는 신령한 나무神檀樹와 맥락이 닿는 신의 통로이다.

이러한 우리의 정서는 고구려 고분 벽화에도 신령하고 환상적인 신수神樹가 등장하는 것과 무관하지 않으며 그림, 고분 외에도 나무를 노래한 시가가 많음을 보면 알 수 있다. 고전 문학에 있어서의 나무의 상징성은 조선 건국 초기의 악장 『용비어천가』에서 물과 함께 나타난다. “뿌리 깊은 나무는 바람에 아니 움직일새. 꽃 좋고 열매 많나니 / 샘이 깊은 물은 가뭄에 아니 그칠새”에서처럼 나무와 물은 자손의 번성과 국가의 발전을 상징한다. 나무의 속성인 풍요와 생산 능력에 대한 묘사는 민담이나 전설에서 많이 나타난다. 이처럼 나무는 시 속에서 소재적인 기능뿐만 아니라 자연친화적 성향을 가지며 생명의 원천으로 형상화되고 있다.

안도현의 시에 나타나는 나무도 그의 풍부한 시적 상상력을 통해 다양한 존재로 표면화 된다. 생명의 원천으로 인간의 삶에 모태가 되기도 하고, 인간이 닮고자하는 대상으로 나타나기도 하며, 갖가지 자연물과 어울리면서 인간의 품으로 들어와 인간과 자연의 융합을 추구하기도 한다. 결국 인간은 인간끼리만 사는 세상이 아니라 인간과 자연이 더불어 살아야 한다는 것을 강조하고 있다. 자연에 대한 그의 시적 인식은 나무로부터 출발하여 꽃, 강, 눈 등 온갖 크고 작은 자연물들과 어울리며 서로를 보듬고 사랑하는 따뜻한 세계를 만들어간다. 이는 곧 자연과 자연, 인간과 인간, 인간과 자연의 사랑으로 확대되어 함께 사는 조화와 균형의 세계로 나아간다. 이러한 맥락에서 다음 시편들은 나무의 상징적 특성과 깊은 사랑의 세계를 뚜렷이 보여주고 있다.

> 비가 오나 눈이 오나 사시사철 나무가 버티는 것은
> 귀뺨을 폭풍한테 얻어맞으면서
> 이러저리 머리채를 잡힌 채 전전긍긍하면서도
> 기어이, 버티는 것은

자기자신을 위해서가 아니라
버티는 것을
이제 막 꼼지락꼼지락 잎을 내밀기 시작하는 어린 나무들에게
보여주어야 하기 때문이다
그래야 훗날 이 세상을 나무의 퍼덕거림으로 가득 채울 수 있기 때문이다
최대한 버티는 게 나무의 교육관이다
낮은 곳을 내려다볼 줄 아는 것,
가는 데까지 가 보는 삶이
아름답다는 것을 온몸으로 가르쳐주며
나무는 버틴다

나무라고 왜 가지가지 신경통을 모르겠으며
잎사귀마다 서러움으로 울컥일 때가 왜 없었겠는가
죽어버릴 테야
하루에도 몇 번씩 고개 휘저어 보던 날도 있었을 것이다
트럭을 탄 벌목꾼들이 당도하기 전에
그냥 푹, 고꾸라져도 좋을 것을
죽은 듯이 쓰러져 이미 몸 한쪽이 썩어가고 있다는 듯이
아무짝에도 쓸모없는 나무라는 듯이 코를 처박고
엎드려 있어도 될 것을 나무는
한사코 서서, 나무는 버틴다
체제에 맞서 제일 잘 버티는 놈이
제일 먼저 눈밖에 나는 것,

그리하여 나무는
결국은 전생애를 톱날의 아구 같은 이빨에 맡기고 마는데,

여기서 나무의 생은 끝장났다네, 저도 별 수 없지, 하고 속단해서는 안 된다
끌려가면서도 나무는 버틴다
버텼기 때문에 나무는 저를 싣고 가는 트럭보다 길다
제재소에서 토막 토막으로 잘리면서 나무는
뎅구르르르 나뒹굴며
이제 신의주까지 기차를 나르는
버팀목이 될 거야, 한다
나무는 버틴다

—「나무」 전문

위 작품은 나무의 생명으로서의 본성과 이를 통해 인간의 사랑에 대한 근원적 원리를 노래하고 있다. 인간을 비롯한 지구상의 모든 생물과 자연적 요소, 그리고 물리적은 힘은 서로 뗄 수 없는 의존 관계를 맺고 있는데 이 유기적 총체로서의 생명은 인간과 자연을 등식화하는 우주적 생명이다. 여기서 나무가 생명의 지속과 보전을 위해 땅에 뿌리를 내리고 버티는 것은 곧 어려운 생활 속에서도 살아남기 위해 견디는 인간의 모습과 등식화되고 있다. 그러나 '비가 오나 눈이 오나 나무가 버티는 것은 자기 자신을 위해서가 아니라 어린 나무'를 위해서다. 이것은 비바람에도 참고 견뎌내는 버팀의 미학이다. 시인은 구체적인 나무의 속성을 통해 자신을 선명하게 보여주고 있다.

안도현 시집 『외롭고 높고 쓸쓸한』의 해설에서 이성욱도 이와 같은 맥락으로 나무에 대해 설명하고 있다.

「나무」를 보면 시인은 나무를 빌려 자신을 논하고 있다. 시인은 나무를 보며 '왜 가지가지 신경통을 모르겠으며'라는 생각을 하게 된다. 그 가지가지의 신경통은 고달프고 누추한 일상의 잔가지들일 수 있다. 우리네 삶에서도 문제는 항상 이런 잔가지일 수 있다. 굵고 표나는 삶을 지향한다고 믿는 삶을 피곤하게 만드는 일상의 잔가지 같은 것들, 그러나 그것은 우리가 애써서 챙기지 않으면 안 되는 것들임에도 불구하고 그것을 경시한 채 삶의 진면목을 다 아는 듯이 행세한 자신과 우리의 논리를 시인은 다시 생각하고 있다. 그러나 나무는 가지가지 신경통의 번다함과 귀찮음을 묵묵히 받아들이면서도 자신을 버팀목으로 키워가는 굵은 과정을 가는바, 시인은 그 나무를 다시 그리고 달리 보면서 우리를 환기시키고 있다.

최대한 버티는 것이 나무의 교육관이고 삶의 철학이다. 그러나 이 버팀의 미학은 나를 위한 이기적인 사랑에서 나오는 것이 아니라 남을 위한 이타적인 사랑을 바탕으로 하고 있다. 나무의 자연 현상과 인간의 감정이 서로 교감하며 나무는 '세상을 나무의 퍼덕거림으로' 채울 수 있을 때까지 버틸 것을 강조한다. 아울러 나무는 낮은 곳을 내려다보는 것이 아름다운 삶이라고 온몸으로 가르쳐주고 있다. 나무와 하나가 된 인간은 이제 현실의 아픔도 초월하는 상태까지 고양되며 더 나아가 인간 자신이 낮은 곳으로 내려가는 것이다. 낮은 곳으로 내려감으로 인해 나무와 인간은 한층 더 숭고한 사랑을 내포하게 된다. 이것이 자연과 인간이 보여주는 사랑의 근원적인 원리이다. 나무가 가지고 있는 이러한 버팀의 미학은 그의 시 「모과나무」에서도 찾아볼 수 있다.

> 모과나무는 한사코 서서 비를 맞는
> 빗물이 어깨를 적시고 팔뚝을 적시고 아랫도리까지
> 번들거리며 흘러도 피할 생각도 하지 않고
> 비를 맞는다, 모과나무
> 저놈이 도대체 왜 저러나?
> 갈아입을 팬티도 없는 것이 무얼 믿고 저러나?
> 나는 처마 밑에서 비 그치기를 기다리고 있다가
> 모과나무, 그가 가늘디가는 가지 끝으로
> 푸른 모과 몇 개를 움켜쥐고 있는 것을 보았다
> 끝까지, 바로 그것, 그 푸른 것만 아니었다면
> 그도 벌써 처마 밑으로 뛰어 들어왔을 것이다

—「모과나무」 전문

모과나무는 한사코 서서 비를 맞는다. 비를 피하는 것이 아니라 갈아입을 팬티도 없는데 대책 없이 비를 맞는다. 빗물이 아랫도리까지 흘러도 한 치의 흔들림 없이 꼿꼿하게 버티는 나무는 비 그치기를 기다리는 나에게 버팀의 미학을 온몸으로 보여준다. 모과나무가 버티는 이유는 푸른 모과 몇 개를 지켜야한다는 생명사랑 때문이다. 모과 열매를 움켜쥐기 위하여 비를 피하지 않고 버티는 나무의 속성은 모성성의 상징적 모습으로 나타난다. 모과 열매를 지키기 위한 생명나무로서 비를 맞으며 버티는 것이다.

엘리아데M. Eliade는 세계의 축으로서의 나무를 궁극적으로 절대적 현실과 불멸의 관념에 이어지는 영원성, 풍요, 창조의 표현으로 보았다. 나무의 열매는 생명력의 상징으로 자손의 번성, 생산성, 풍요의 힘을 표현하고 있으며 모과나무가 버팀의 미학으로 보여주고자 하는 것은 모성성을 지닌 생명나무의 모습이다. 결국 온몸으로 비를 맞는 모과나무를 통해 인간의 지극한 모성애를 형상화하고 있다.

안도현의 시적 상상력은 인간의 삶에 뿌리를 둔 현실로서의 자연물인 나무에 모성적인 사랑을 담아 고결하고 숭고한 사랑으로 만들어내고 있다. 시인은 그가 만나는 일상의 사물과 자연들을 따스함으로 바라보며 관심과 사랑으로 다가간다. 그의 시편에 등장하는 소재로서의 나무들만 보더라도 우리가 일상에서 자주 만나는 나무들이다. 늘 우리 주변에 서 있지만 그냥 지나치고 마는 나무들이 그의 시적 대상이 될 때는 신선한 모습으로 재창조된다.

참나무 자작나무 마른 잎사귀를 밟으며
첫눈이 내립니다
첫눈이 내리는 날은
왠지 그대가 올 것 같아
나는 겨울 숲에 한 그루 나무로 서서
그대를 기다립니다
그대를 알고부터
나는 기다리는 일이 즐거워졌습니다
이 계절에서 저 계절을 기다리는

헐벗은 나무들도 모두
그래서 사랑에 빠진 것이겠지요

—「겨울 숲에서」 중에서

시적 자아는 한 그루의 나무로 서서 묵묵히 그대를 기다리고 있다. 겨울 숲에 헐벗은 나무들도 사랑에 빠져 이 계절에서 저 계절을 기다린다. 아무 불평 없이 오히려 즐거움으로 기다리고 있는 나무와 나, 그들에게 사랑은 기다림이다. 참나무 자작나무처럼 첫눈이 내리는 날은 그 자신이 나무가 되어 그대를 기다린다. 시인 자신의 생활과 모습을 나무의 이미지를 통해 노래하고 있다. 그의 시에는 우리 주변에서 쉽게 만날 수 있는 많은 나무들이 구체적인 시적 대상이 되고 있다. 그의 시편들 속에 얼마나 많은 나무들이 골고루 등장하고 있는지 놀랍기도 하고, 한편 그의 삶 속에 나무의 이미지가 자연스럽게 용해되어 있음을 볼 때 나무처럼 살아온 그의 삶의 단면이 투영되었음을 알 수 있다. 그의 나무 관련 시편들을 보면 그는 참나무, 자작나무만이 아니라 봄에 연애하러 나온 물푸레나무, 흰눈을 뒤집어 쓴 매화나무, 푸른 소나무, 왕벚나무, 단풍나무, 측백나무, 은행나무, 오동나무, 미루나무, 은사시나무, 산벚나무, 감나무 등 다양한 나무의 이미지를 그려내고 있다.

내가 자작나무를 그리워하는 것은 자작나무가 하얗기 때문이고
자작나무가 하얀 것은 자작나무숲에서 일하는 사람들이
때 묻지 않은 심성을 가졌기 때문이라고

친구여, 따뜻한 남쪽에서 제대로 사는 삶이란
뭐니뭐니해도 자작나무를 찾아가는 일
자작나무숲에 너와 내가 한 그루 자작나무로 서서
더 큰 자작나무숲을 이루는 일이다
그러면 먼 나라에서 온 사람들이 우리를 보고 깜짝 놀라겠지
어라, 자작나무들이 꼭 흰 옷 입은 사람 같네, 하면서

—「자작나무를 찾아서」 중에서

저 도시를 활보하는 인간들을 뽑아내고
거기에다 자작나무를 걸어가게 한다면
자작나무의 눈을 닮고
자작나무의 귀를 닮은
아이를 낳으리
(…중략…)
그런데 만약에
저 숲을 이룬 자작나무를 베어내고
거기에다 인간을 한 그루씩 옮겨 심는다면
지구가, 푸른 지구가 온통
공동묘지 되고 말겠지

—「자작나무의 입장을 옹호하는 노래」 중에서

시인은 "내가 자작나무를 그리워하는 것은 흰옷 입은 사람처럼 하얗기 때문이고, 때 묻지 않은 심성을 가졌기 때문이"라고 고백한다. 그는 인간들

이 만든 인공적인 도시 공간에서 인간들을 뽑아내고 그 자리에 푸른 생명을 담은 자작나무를 대신 옮겨 심고 싶은 것이다. 그리하여 너와 내가 한 그루의 자작나무로 서서 더 큰 숲을 이루고 마침내 자작나무의 눈과 귀를 닮은 아이를 낳고 싶은 것이다. 결국 시인은 버리지 말아야 할 인간 본연의 심성을 나무를 통해 찾아내고 그것을 지키고 싶은 그의 소망을 시작품에 담은 것이다. 만약 숲을 이룬 자작나무를 베어내고 인간을 거기에다 옮겨 심는다면 지구는 온통 죽음의 공간인 공동묘지가 되고 만다. 그의 시에서 나무는 단순한 식물이 아니다. 나무는 곧 생명의 근원이며 푸른 지구를 만들어가는 자연 공간의 출발지이다. 자작나무를 닮은 아이를 낳고 싶은 소망은 모성애의 발현이며, 시인은 이 땅이 생명의 터전이 되어 인간과 자연이 더불어 살아가기를 바라고 있는 것이다.

"안도현의 시는 생태시를 써 보겠다는 의식 없이 그냥 한편의 순정한 시로서 창작되었음이 틀림없다. 그러나 생명에 대한 드맑은 서정성 때문에 생태시로서의 창작 의도를 가지고 쓴 다른 사람들의 시보다 더 큰 감동을 줄 뿐 아니라 생태 문제에 대해서도 더 높은 단계의 의식을 우리들에게 전해준다"는 이승원의 말이 그의 시의 이러한 특징을 뒷받침해 주고 있다. 또한 시인은 자작나무처럼 때 묻지 않은 인간의 모습을 꿈꾸고 있다. 그가 「내 마음의 자작나무」라는 그의 산문에서 자작나무는 "뭔가 품격이 높은 고매한 나무처럼 느껴지더라"고 표현한 것처럼 그는 나무에게도 인격을 부여하고, 그 생명성과 숭고한 사랑을 시세계에 그대로 응축해 놓았다. 이러한 생명 사랑의 정서는 나무를 시적 대상으로 한 다음 시편들에서 의미의 확대와 함께 나무의 속성을 좀더 넓혀주고 있다.

저 물푸레나무 어린 새순도
이 봄에 연애 한번 하러 나오는가 싶다
물푸레나무 바라보는 동안
온 몸이 아흐 가려워지는
나도, 살맛 나는 물푸레나무 되고 싶다

—「저 물푸레나무 어린 새순도」 중에서

흰 눈 뒤집어쓴 매화나무 마른 가지가
부르르 몸을 흔듭니다

—「겨울편지」 중에서

측백나무 울타리에 내려앉는 참새떼,
가까이 가도 날아가지 않는다
고마워라
나를 측백나무 한 그루쯤으로 여기는

—「측백나무가 되어」 중에서

봄비는
왕벚나무 가지에 자꾸 입을 갖다댄다
왕벚나무 가지 속에 숨은
꽃망울을 빨아내려고

—「봄비」 중에서

소나무 푸른 것은
우리 동네 앞산
우리 동네 앞산은
소쩍새를 키운다네

—「산에 대하여」 중에서

위의 시 「측백나무가 되어」에서 나무가 가진 생명의 속성은 그 의미가 확대되어 가까이 있는 주변의 존재에 대한 사랑의 의미와 연결되며 나무의 다른 속성을 이끌어낸다. 사람이 가까이 가도 날아가지 않는 참새떼는 나를 측백나무로 여기고 있다. 나를 자연의 한 부분으로 여기고 있는 새는 나무의 생명성을 넘어 자연과 가까워진 나를 받아들이고 있다. 새와 측백나무와 나는 어느새 등식화되고 자연과 자연, 자연과 인간이 서로의 존재를 인정하며 고마워하면서 더불어 지내는 풍경이다. 측백나무는 그의 시적 공간에서 사랑의 매개체가 되고 있다. 나무의 이미지는 사랑을 형상화하기 위하여 활용되고 있다. 주변의 존재이던 참새는 내가 나무가 되었을 때 비로소 가까이 가도 두려워하지 않고 날아가지 않는 사랑의 새로 바뀌어진다. 인간이 측백나무라는 자연물로 변이될 때 자연의 일부로 받아들여지는 것이다.

시인은 각자의 모습을 존중하면서도 더불어 사는 인간의 모습을 기대하며 나무들이 각자 따로 서서 숲을 이루듯이 나무의 속성을 본받고 싶은 것이다. 나무들이 다른 자연물과 함께하며 숲을 이루고 산을 만들어 가듯 인간들도 나무의 모습을 배우기를 권유하고 있다. 봄에 연애 한 번 하러 나온 물푸레나무의 어린 새순처럼 살맛나는 물푸레나무가 되고 싶은 나는 어느 겨울 흰눈을 뒤집어 쓴 매화나무가 되어 서있다. 흰눈과 조화를 이루는 매화나무는 또 다른 시적 공간에서 왕벚나무가 되어 꽃망울에 자꾸 입을 갖다 대는 봄비를 만나 사랑을 나눈다. 시인은 이제 봄비와 왕벚나무, 흰눈과 매화나무의 관계를 통해 다른 자연물과 조화를 이루며 살아가는 나무의 속성에 눈길이 닿는다. 위의 시 「산에 대하여」에서는 소나무가 모여 동네 앞산이 되고 마침내 앞산은 소쩍새를 키우는 사랑의 공간으로 확대된다. 그의 시적 공간에서 자연물들은 서로가 서로를 위해 존재하는 조화와 사랑의 관계를 구축하고 있다.

시인은 자연과 자연, 자연과 인간의 관계에서 나무와 나무뿐 아니라 모든 생명체와의 조화를 주장한다. 서로 다른 생명체를 평등하게 다루되 그들이 가진 특성을 고려하여 조화와 균형의 관계를 권장한다. 개와 고양이가 다르고 고등동물과 곤충이 다르듯 물푸레나무와 왕벚나무, 매화나무의 차별성을 인정하며 다른 생명체들과의 조화 속에서 그의 시세계를 사랑의 공간으로 확대해가고 있다. 다음 시편들에서도 나무와 다른 생명체와의 관계가 그의 시세계를 포용과 조화의 세계로 이끌어 가고 있다.

> 너 보고 싶은 마음 눌러 죽여야겠다고
> 가을산 중턱에서 찬비를 맞네
> 오도 가도 못하고 주저앉지도 못하고
> 너하고 나 사이에 속수무책 내리는
> 빗소리 몸으로 받고 서 있는 동안
> 이것 봐, 이것 봐 몸이 벌겋게 달아오르네
> 단풍나무 혼자서 온몸 벌겋게 달아오르네

—「단풍나무 한 그루」 전문

둘러봐도, 팔짱 끼고 세상은 끄떡없는데
나 혼자 왜 이렇게 이마가 뜨거워지는가
나는 왜 안절부절 못하고 서서
마치 몸살 끝에 돋는 寒氣처럼 서서
어쩌자고 빨갛게 달아오르는가
너 앞에서, 나는 타오르고 싶은가
너를 닮고 싶다고
고백하다가 확, 불이 붙어 불기둥이 되고 싶은가
가을날 후미진 골짜기마다 살 타는 냄새 맑게 풀어놓고
서러운 뼈만 남고 싶은가
너 앞에서는 왜 순정파가 되지 못하여 안달복달인가
나는 왜 세상에 갇혀 자책의 눈물 뒤집어쓰고 있는가
너는 대체 무엇인가
나는 왜 네가 되고 싶은가

—「단풍나무」 전문

주인 내외는 어디 일 나갔나?
사립문은 열려 있고
기울어진 울타리 위에는
호박덩굴이 마음껏 달릴 듯하더니
잠시, 멈춰 하늘을 만지고 있고
마당에는 쉬고 있는 경운기 한 대
삽 두 자루, 빈 경유통 하나

툇마루 끝에는 걸레가 하얗게 말라가고 있고

나는 좀 기다릴 요량으로 뒤뜰로 가본다
오동나무가 한 그루 서 있고
오동나무 그늘 아래
낯선 객이 왔는데도 짖지 않는
잠든 똥개 한 마리
햇살이 그 주변에서
아차, 하고 짐짓 뒤로 물러서는 것이 보이고

—「혼자 사는 집」 중에서

남대천 상류 물푸레나무 속에는
연어떼가 나무를 타고
철버덩거리며 거슬러 오르는 소리가 들린다
나무가 세차게 흔들리는 것은 바로 그 때문이다
물푸레나무 가지 끝에 알을 낳으려고
연어는 알을 낳은 뒤에 죽으려고
죽은 뒤에는 이듬해 봄 물푸레나무 가지 끝에
수천 개 연초록 이파리의 눈을 매달려고
연어는 떼지어 나무를 타고 오른다
나뭇가지가 강줄기를 빼닮은 것도 바로 그 때문이다

—「강과 연어와 물푸레나무의 관계」 중에서

시인은 제1회 시와시학상 특집 『끝까지 싸우는 시인』에서 "환경운동이나 녹색 운동을 이끌어 가고 있는 적극적인 자연주의자는 아니지만, 차라리 인간을 위한 모든 운동을 폐기하고 쑥부쟁이의 입장에서, 느티나무의 입장에서, 물고기의 입장에서 세상을 보고 싶다"고 고백한다. 그는 자연과 인간이 하나의 전체 안에서 공존하기를 원한다. 인간과 생존 방식이 다르고 생존 공간이 다를지라도 생명체라는 그 존재 자체를 존중하고 생명의 가치를 소중히 여긴다. 시인은 단풍나무를 보며 몸이 벌겋게 달아오르는 너를 닮고 싶다고 고백한다. 내가 단풍나무에게 영향을 주는 것이 아니라 나무가 나에게 영향을 주고 있다. 너와 나 사이에 속수무책 내리는 비를 온몸으로 맞으며 타오르는 단풍나무는 나와 같은 공간에 서 있는 존재이다. 나와 가을비와 단풍나무는 각자 따로따로 존재하지만 나와 나무는 하나가 되기를 원한다. 이 시적 공간에서 나와 가을비와 단풍나무는 그 어느 것 하나만이 배경이 되는 것이 아니라 나무는 나에게, 나는 나무에게 서로의 배경이 되고 서로의 존재를 인정하며 공존하고 있다. 안도현이 『연어』에서 "이 세상을 위해 존재하지 않는 사물은 하나도 없다. (…중략…) 존재한다는 것은 나 아닌 것들의 배경이 된다는 뜻"이고 "내가 여기 있음으로 해서 너의 배경이 되는 것"이며 "우리는 누구나 우리 아닌 것의 배경이 될 수 있다"고 한 말을 통해 충분히 이해할 수 있다. 가을 산에서 비를 맞는 나와 단풍나무는 빗소리를 몸으로 받고 서 있는 동안 이미 서로 닮아져서 함께 달아오르고 있다. 이것은 자연과 인간이 서로가 서로를 위해 존재하는 조화와 공존의 관계를 보여주는 것이다.

이러한 모습은 그의 시 「혼자 사는 집」에도 잘 드러나 있다. 사립문은 열려 있고, 기울어진 울타리 위에 호박 덩굴과 마당에 쉬고 있는 경운기,

삽 두 자루, 빈 경유통, 툇마루의 걸레 등은 뒤뜰의 오동나무와 함께 시적 배경이 되고 있다. 아울러 오동나무 그늘 아래 잠든 똥개 한 마리는 평화로운 시골 정취를 조화와 공존의 세계로 이끌어가는 존재이다. 낯선 객이 와도 짖지 않는 똥개는 오동나무 그늘 안에서 평화와 안식을 누리며 순화된 세계를 보여주는 중요한 배경이 되고 있다. 시인 자신이 그의 시 「그 드물다는 굳고 정한 갈매나무라는 나무」에서 "나무가 나무인 것은 그늘을 가졌기 때문이라"고 말하고 있듯이 나무의 속성을 성찰의 의미까지 확대하고 있다. 나무를 더욱 나무답게 해주는 그늘은 인간과 자연에게 사랑의 공간, 안식의 공간을 제공해 주는 곳이며, 자연과 인간이 교감할 수 있는 포용의 공간이다. 그래서 그는 "살아서 큰 그늘 펼치던 나이 많은 나무가 / 쓰러질 때 / 가장 큰 소리를 낸다"는 그의 시 「부음訃音」에서도 그늘의 내면적 의미를 강조하고 있다. 작품 「혼자 사는 집」에서 시인은 오동나무를 중심으로 똥개, 호박 등 다른 생명체와 사물들이 유기적 관계를 통해 따뜻하고 조화롭게 사는 풍경을 그려내고 있다.

이러한 정서는 그의 시 「강과 연어와 물푸레나무의 관계」에서 확대되어 나타난다. 이 시의 중심 소재로 등장하는 물푸레나무는 생명의 근원이 되고 있다. 남대천 상류에 서 있는 물푸레나무는 연어와의 상생 관계를 통해 나무의 속성을 그대로 보여주고 있다. 물푸레나무 속에는 연어 떼가 나무를 타고 거슬러 오르는 소리가 들린다. 연어들은 물푸레나무 가지 끝에 알을 낳으려고 떼지어 나무를 타고 오른다. 나무를 신의 일부처럼 연어를 받아들이며 상생과 포용의 세계관을 보여주고 있다. 시인은 작은 생명체 하나에도 귀를 기울이는 물푸레나무처럼 서 있는 존재들이며 상생과 포용하는 마음을 시적 공간에 설치해 놓고 인간도 그에 동참하기를 바란다.

나무를 소재로 하는 또 다른 시 「바람이 부는 까닭은」에서 "바람이 부는 까닭은 / 미루나무 한 그루 때문이다 / (…중략…) / 세상을 흔들고 싶거든 / 자기 자신을 먼저 흔들 줄 알아야 한다"는 화자의 말은 나무와 바람과 함께 나 자신이 먼저 흔들려야 세상이 흔들린다는 의미이다.

"산서면사무소 앞 / 아름드리 은행나무 두 그루가 / 어느날 / 크게 몸을 흔들자 / 은행 알들이 우두두두 쏟아져 내렸다 / 그게 너무 보기 좋아서 / 모두들 한참씩 바라보았다"는 그의 시 「은행나무」에서도 면사무소 앞에 은행나무가 서 있고 몸을 흔드는 은행나무에서 쏟아지는 은행 알들을 바라보는 사람들의 보기 좋은 모습이 배경이 되고 있다. 은행나무가 몸을 흔들 때마다 은행 알이 쏟아지는 광경은 그것을 바라보는 사람들에게 열매가 주는 풍요로운 생산성과 환희로 다가온다. 시인은 면사무소 앞에 서 있는 은행나무의 외재적 환경과 나무가 가지고 있는 내재적 속성을 함께 담아서 인간과 자연의 친밀한 관계를 묘사하고 있다.

"이 세상 끝까지 푸르자던 / 그 맹서를 // 하얗게 뒤집고 / 돌아서는 은사시나무 // 은사시나무 잎사귀한테 / 바람은 들키고 말았다"는 그의 시 「바람 부는 날」에서 은사시나무에게 인간의 성찰과 근본적 반성을 내면에 담아놓고, 푸르자던 맹서를 뒤집고 돌아서는 나무와 바람의 입장에서 고백하고 있다. 그의 시에서 만나는 나무들은 나무 개체로서만이 아니라 다른 생명체나 사물들과 유기적 관계를 형성하며 생명성, 모성성과 함께 사랑과 조화의 세계로 시적 공간을 구축해간다. 시인은 자연과 자연, 인간과 자연, 인간과 인간이 조화와 균형을 이루며 더불어 살아가기를 바란다. 그러한 삶의 방식에 친밀하게 다가오는 시적 대상으로 그는 다양한 나무들을 택하고, 그 나무의 생명성으로부터 출발하여 사랑의 시세계를 아름답게 펼쳐가고 있다.

3. 상생과 조화

안도현의 시에서 보여주는 나무는 다양하다. 자신의 몸을 꼬아서라도 사랑하는 사람에게 가고자 하는 등나무, 버팀의 미학을 드러내는 자작나무, 모성애를 보여주는 모과나무, 풍요로운 열매로 인간과 동화되는 은행나무, 자신의 희생을 통해 사랑을 표현하는 나무, 세상에 혼자가 아님을 느끼게 해주는 나무, 자연과 인간이 함께 어우러져 순리대로 살기를 바라는 나무, 가을비를 맞으며 달아오르는 단풍나무, 따뜻한 사랑으로 다른 생명체를 포용하는 관용의 나무, 간격을 둔 각자의 자리에서 다른 사물의 배경이 되어주는 나무, 상생적 사랑을 하는 조화의 나무, 아픔과 고통을 견디는 인고의 나무, 작은 생명체와 서로 도우며 긍정적 자세를 취하는 나무, 인간과 자연이 더불어 사는 우주 공간을 만들어가는 나무 등 그의 시는 다채로운 나무의 사랑을 보이고 있다. 사랑은 인간만이 하는 것이 아니라 자연을 통한 사랑, 자연이 인간에게 주는 사랑, 자연과 인간이 함께하는 사랑이 있음을 그는 시적 공간에 그리고 있다.

그의 시 「덜컹거리는 사과나무」에서도 생명 탄생과 그 소중성을 "사과나무에서 사과 꼭지를 따는 소리 / 가위로 탯줄 자르는 소리 / 으앙, 하고 사과가 허공을 떼밀어내는 소리"로 표현하고 있으며, 내면에는 자식에 대한 부모의 사랑을 담아 자연을 통해서 인간의 사랑을 보여주고 있다.

시인이 일관되게 추구하는 사랑의 세계는 생명의 소중성과 기쁨이 넘치는 자연 세계이며 조화와 균형을 통한 교감의 세계이다. 그의 시는 인간이 자연을 지배하거나 파괴하는 것이 아니라 인간과 인간, 인간과 자연, 모든 만물이 서로가 서로를 살려주고 균형을 이루는 조화의 세계를 만들어 가고 있다.

90년대 그가 발표한 시작들에서 보여주는 이러한 시세계는 최근의 시작들에서 더 구체적으로 인간과 자연의 관계를 현실 속에서 찾아내고 있으며, 단순한 생명 사상에 국한되지 않고 인간의 소중성과 모든 사물에 대한 사랑의 단계로 열어가고 있음을 알 수 있다. 앞으로 본질적인 사랑의 가치와 생명의 소중성을 우리에게 더욱 찬란한 감동으로 보여주리라 기대하며, 시간이 흐를수록 나무와 나무가 모여 각종 생물들이 더불어 사는 무성한 숲이 되듯이, 그의 시작품들이 멋진 숲을 이루어 우리에게 대량의 산소를 공급하는 공기정화기의 기능과 안락한 쉼터의 역할을 풍성히 하리라 믿는다.

산책자의 몽상과 희미한 지도

이문재론

한수영

1. 길에 대한 오래된 몽상

숲속으로 난 두 갈래 길을 두고 머뭇거리는 낯익은 풍경이 말해주듯이, 길은 문학의 오래되고도 익숙한 취향이다. 시인들은 항상 길 위에 있거나 길을 그리워했는데, 80년대에서 90년대를 지나 새로운 세기의 고개를 넘어오면서 그토록 자명해 보였던 큰 길들이 점멸하듯 사라지자 걸어온 길, 가야할 길, 가지 못한 길에 대한 온갖 탄식이 길 위에 가득했다. 그 와중에도 멈추지 않고 길을 걸으며 "함부로 길을 나서 길 너머를 그리워 한 죄"를 숙명으로 등짐지고 고단한 "도보고행승"을 자처한 시인이 이문재이다.

『내 젖은 구두 벗어 해에게 보여줄 때』1988, 『산책시편』1993, 『마음의 오지』1999, 『제국호텔』2004, 이 네 권의 시집은 이러한 길의 기록이다. 「미래와의 불화」『마음의 오지』에서 시인은 "'옛집 지붕'에서 방랑과 그리움의 고장을 지나, 세속 도시의 복판을 어슬렁거리다가, 문득 '농업박물관'을 발견했다"고 고백한다. 시인의 고백이 어쩐지 낯설지 않은 것은 고향의 옛집, 아버지, 태양, 무덤, 지하철, 농업박물관, 제국호텔 등, 시에서 나타난 길의 이정표들이 고향을 잃고 도시의 언저리를 전전해온 동시대인들의 여정과도 자연스럽게 겹쳐지기 때문일 것이다.

이미 잊혔기에 흐릿해진 옛 지도를 품고, 그리고 아직 잘 보이지 않아 희미하기만 한 미래의 지도를 더듬으며 시인은 어떻게 길을 또 나서고 있는가?

2. 젖은 구두의 시대 – 태양의 길

첫 시집인 『내 젖은 구두 벗어 해에게 보여줄 때』에는 '길'이라는 시어가 유달리도 빈번하게 등장한다. 길을 사유하는 많은 문학작품들이 그렇듯이 이 시집에서도 길의 출발점에는 고향의 '옛집'이 있다. 「우리가 살던 옛집 지붕」에서 집은 '바람'이나 '시간'으로 상징되는 바깥세상 변화에 맞서서, 모든 흔들림을 구심적으로 수렴해내면서 생명을 지키는 모태로 자리한다.

이처럼 '집'이 '길'들의 원형적 고향이기에, 집에서 뻗어나갈 길의 행방 역시 전형적인 성장담의 여정을 예상하게 한다. 하지만 옛집이 구체적인 질감으로 그려진 반면, 정작 옛집을 나선 후의 '길'들은 매우 모호하다. '길'을 둘러싸고 밝음과 어둠, 젖음과 메마름, 시간과 공간 등에 대한 원형적 상징들이 어지럽게 얽혀있는 데다가, 시의 호흡도 길고 무거우며 자주 잠언풍의 문구가 섞여 들어가 시어와 시어 사이를 더욱 성기게 하기 때문이다. 또 길의 걷는 주체도 추상화되어 있다. '나'는 "길 위에서 죽지 않을 / 도보고행승은 얼마나 아름다운가"「검은 돛배」라고 생각하며 "이렇게 걷지 않으면 마른 길에도 몹쓸 풀 우거지지 않겠는가"「길」라면서 걷는 것에 강박적인 의욕을 보이지만, 정작 왜 어디를 향해 길을 가고 있는지는 쉽게 드러나지 않는다.

"두껍고 질긴 역마살"「돌은 움직이지 않으려고 얼마나 애쓰는 것일까」 때문에 길을 걷는 것이라고 스스로를 위로하며 고행승을 자처한 시인의 걷기는 계속되는데, 길은 목마른 낙타가 걷는 사막이 되기도 하며「낙타의 꿈」 "저녁마다 피 흘리고 / 상처를 말리러"「시간의 책」 올라가는 언덕이 되기도 한다. 때로 길이 끊어지기도 하지만 화자는 끊어진 배를 타고 강이나 바다로 나아가 물 위에 새로운 길을 이어내기도 하면서 걷기를 멈추지 않는다.

그런데 "아침, 저녁, 황혼, 태양, 그림자, 물, 돌, 강, 바다, 둥글다, 나무, 새, 모래" 등의 주요 시어들이 보여주듯이, 길 위에서 만난 대상들은 물, 불, 대지, 공기 같은 세계를 구성하는 원초적인 물질의 변주항에 가깝다. 이처럼 길은 현실의 세계로 뻗어나간 것이 아니라, 신화적 상상력을 바탕으로 하고 자연의 영원성과 같은 원형적 상징 체계에 기대어 있다.

"우리가 좀 더 태양 가까이로 갈 수 있다면"「백색교회 1」에서 보듯이 옛집에서 시작된 길이 궁극적으로 도달하고 싶은 곳은 하늘의 불인 "태양"이다. 가장 높고 가장 밝으며 가장 바른 것의 상징인 태양이 길의 최종적인 목적지로 정해짐으로써, 길은 일반적인 성장담의 테두리를 훌쩍 뛰어 넘어 보다 높은 윤리적 자기 검열의 과정을 상징하게 된다.

나는 바다 위에서
유일한 그림자인 나의 그림자를 내려다 본다 나의 작은 배를
벗어나는 그림자는 물에 빠져 죽고 나의 작은
그림자는 나의 작은 배 위에만 남아 있다 왜 나는
태양과 그림자의 사이에 있어야 하는가

—「물 위의 집」 중에서

누추한 자신의
그림자를 어둠에 슬그머니 넘겨주는 습관
나의 서쪽과 사람의 서편은 늘 빛나가 있고
홍건한 노을, 놀빛
하루는 그렇게 타버려야
어두워지나 보다 그런 순간이면
슬그머니 부끄러워진다
(…중략…)
그림자 있던 자리가 쑤셔온다

—「다시 황혼병」 중에서

태양을 향해 길을 걷는 동안 자아는 그림자로부터 자유롭지 못하다. 그림자는 태양을 보며 길을 걷고 있는 한, 떨어질 수 없는 동반자이다. 그림자는 길을 걷는 자가 느끼는 피로와 막막함이며, 태양에 다다르고 싶으나 태양만큼 높은 곳에서 빛날 수 없는 땅 위에 존재가 감당해야 하는 숙명적인 어두움이다. 그래서 화자는 땅 위의 어디에 있든지 그림자와 함께 해야

하며 바다 위에서조차 태양과 그림자 사이에 있어야한다. 그리고 태양이 저물었을 때 비로소 그림자에서 자유로워질 수 있다. 하지만 저물어 가는 시간 앞에서 사라져가는 그림자를 보며 화자는 도리어 부끄러움을 느낀다. 태양을 향한 길 걷기를 자처한 화자에게 부끄러운 것은 그림자 자체가 아니라, 그림자를 부인하고 은폐하는 일이기 때문이다.

그림자는 태양을 지향하는 자아가 겪는 윤리적 고투의 징표이다. 그림자가 있는 한 화자는 길을 부지런히 걷고 있는 것이다. 태양은 그림자를 통해서 길을 걷는 자를 역설적으로 독려하고 있다.

태양 속에 나의 무덤이 있다
유리창 가에서 세월의 부끄러운 길목마다
깃대를 세우고 깃발이 다시
힘껏 펄럭이기를 바라는
하염없는 시간
(…중략…)
하루 종일 태양을 바라보며 살아있는
나는 태양 속에 무덤하나
만들고

—「여름의 평일」 중에서

길의 시작에 옛집이 있었다면 길의 끝에는 태양 속의 무덤이 있다. 무덤이란 죽음이 아니라 태양의 길을 완주해내고 싶은 강렬한 생의 의지를 의미할 것이다. 여기서 주목해야 할 것은 죽음에 비견할 만큼 강한 길에 대한 욕망이다. 이는 한 점 부끄러움 없는 윤리적 순결성에 대한 갈구이며 일생을 걸고 그것을 지켜내겠다는 청년다운 패기이기도 하다.

부끄러운 자리마다 멈추어서 한 점 티끌도 없이 부끄러움을 씻어내고 다시 깃발을 휘날리고자 하는 꿈은 지사적 전통이 강렬한 한국 서정시에서 결코 낯선 것이 아니다. 다만 80년대를 돌아 나오는 길모퉁이에서 보여준 태양을 향한 자못 삼엄하기까지 한 구도의 자세는 아주 오래된 청춘의 흔적을 마주한듯해서 특별한 감회를 불러일으킨다. 상징과 추상의 세계를 가로질러 얻어낸 결벽증적인 청춘의 편력은 차후의 한국시에서는 매우 낯선 길이 되기 때문이다.

태양의 길은 이처럼 순결하고 높은 정신을 연마하는 치열한 윤리적 탐색의 여정이다. 때로 이 윤리는 "태양은 / 남쪽에서 나를 바라보고 있었다. 나는 손뼉을 쳤고 / 손뼉 사이에서 순결한 비둘기들이 날아올랐다"「나는 불을 가진다」에서 순결한 비상의 이미지로, 때로는 "햇빛에 이 더러움 말려 / 물방울로 증발할 수 있을까"「녹색의 책」에서처럼 가벼운 기화의 이미지로 드러난다.

첫 번째 시집의 표제에도 올라가 있는 '젖은 구두'는 태양의 길을 걷는 자아의 총화이다. 젖은 구두는 성실하게 길을 걸어온 자의 피로이며 고뇌의 무게를 의미한다. 하지만 구두가 젖도록 걸어야 순결한 비상도 꿈꿀 수 있기에 젖은 구두는 태양 앞에서 당당하다. 태양이 있어야 그림자가 길게 드리워지는 것처럼, 젖은 구두가 있는 한 태양의 길은 여전히 진행형이다.

3. 산책자의 시대 – 발효의 길

그림자, 젖은 구두, 태양 등으로 상징되는 윤리적인 자기 탐색에서 현실의 길로 한 발 비껴 나오는 과정이 『산책시편』에서 『마음의 오지』로 이어지는 90년대의 작품들이다. "그러고 보니 나는 밖으로 나가고 싶은 것이다. 문명의 밖으로, 마음의 밖으로, 종교의 밖으로, 신념의 밖으로, 지식의 밖으로, 예감의 밖으로"「미래와의 불화」라는 시인의 말에서 보듯이 이 시기에 이르러 윤리적 자기 탐색은 '밖'이라는 명확한 방향을 획득하게 된다. '안'이 태양과 같은 절대적 가치와 맞서는 강렬한 자의식으로 장전된 영역이라면, '바깥'은 엄숙한 고행자의 길에서는 볼 수 없었던 삶의 다양한 국면이고 일상의 틈새이다.

바깥으로 난 길은 어슬렁거리는 '산책'을 통해 발견된다. 산책은 방향이나 목적에 매어있지 않은 자유로운 걷기이며, 관찰과 응시를 동반하는 밀도 높은 사유의 시간이다. 산책은 주변적이고 산발적이며 비생산적이다. 그래서 산책은 "쓸쓸하고", "무기력하기도" 하지만 바깥을 찾기 위한 필요불가결한 선택이기도 하다. 젖은 구두의 걷기가 내적 성찰이라는 점에서는 '산책'과 유사하지만, 이것에는 태양이라는 목적지가 있기에 직선적 전진이라는 속성에서 결코 자유로울 수 없다. 즉 젖은 구두와 태양의 길이 마음, 신념, 종교 안의 길이라면, 거기서 적극적으로 벗어남으로써, 비로소 '바깥'은 열리게 된다.

이곳에선 아무도 걷지를 않습니다

내쳐 달리거나 길바닥 위에서
쓰러질 뿐입니다

이 도시는 느슨한 산책을 아주
싫어하는 모양입니다 산책은 아니
산책만이 두 눈과 귀를 열어준다는 비밀을
이 도시는 알고 있는 것이겠지요

—「마지막 느림보—산책시 3」 중에서

내가 길의 밖일 때
너는 길이었다
내가 꽃을 퍼부어대는 가로수일 때
너는 내달려가는 길, 아니
그 위의 바퀴 같은 것이었으니

오히려 길 밖이 넓다
길 아닌 것이 오히려 더 넓고 넓다

—「길 밖에서」 중에서

질주하는 도시의 주변을 어슬렁거리는 「마지막 느림보」의 화자는 거대 도시와 아케이드를 하릴없이 서성이며 도시의 현란한 속도와 파편화된 인간 군상의 비극을 응시하는 벤야민의 산책자와 그대로 겹쳐진다. 도시의 길에서 내달리는 바퀴의 속도로는 길가의 풍경을 전혀 볼 수 없다. 앞으로

만 달려나가는 것은 곧 눈과 귀를 잃어버리는 일이 된다. 하지만 산책자는 길 바깥의 가로수를 볼 수 있다. 눈부신 꽃잎이 사방으로 흩날리면서 가로수는 수많은 길들을 공중에 열어놓는다. 길 바깥은 바퀴가 질주하는 외줄기의 '길'과는 다른 세계이다. 분분히 흩어지는 꽃잎들이 만들어내는 작은 길들은 넓고 넓은 새로운 세계의 이정표가 된다.

안과 밖은 '도시'와 '주변', '질주'와 '산책', '빠름'과 '게으름' 식으로 이항 대립되는데, 도시는 술 냄새가 풍기는 지하철의 공중 변소, 미국제 농약, 전광판의 광고, 스파트 뉴스, 교통체증, 막힌 엘리베이터, 산성눈, 오존강 등 속도와 잡음, 악취, 그리고 각종 위협으로 몸살을 앓는 곳이다. 또한 컴퓨터의 커서나 신호등과 같은 깜빡거리는 문명의 이기들은 "무시로 깜빡거리며 기다림, 기다림인 것들을 변질"「저 깜빡이는 것들」시켜 버린다. 이것들은 도시를 조종하며 느슨한 산책의 시간을 게으르다고 질타한다.

그러므로 도시의 바깥으로 가는 것은 도시가 상징하는 모든 문명과 권력의 폐해에서 벗어나 새로운 눈과 귀를 열어가는 방법이다. "산책을 잃으면 마음을 잃은 것 / 저녁을 빼앗기면 몸까지 빼앗긴 것"「저녁산책」이며, 산책자에게 걷기는 "도시에서 밀려나오는 길"「길」이 됨으로써, 산책은 도시로 상징되는 세기말의 속도와 넘쳐나는 물질의 세계로부터 빠져나와 '반 도시'라는 구체적 장소와 방향을 찾게 된다.

거미로 하여금 저 거미줄을 만들게 하는
힘은 그리움이다

거미로 하여금 거미줄을 몸 밖

바람의 갈피 속으로 내밀게 하는 힘은 이미
기다림을 넘어선 미움이다 하지만
그 증오는 잘 정리되어 있는 것이어서
고요하고 아름답기까지 하다

팽팽하지 않은 기다림은 벌써
그 기다림에 진 것, 져버리고 만 것

터질 듯한 적막이다
나는 너를 잘 알고 있다

—「거미줄」 전문

탱탱한 종소리 따라나가던
여린 종소리 되돌아와
종 아래 항아리로 들어간다
저 옅은 고임이 있어
다음날 종소리 눈뜨리라
종 밑에 묻힌 저 독이 더 큰 종
종소리 그래서 그윽할 터

—「마음의 오지」 중에서

산책의 길에서 화자는 작고 미세한 사물들과 조우한다. 산책의 길에서 얻은 시들은 형식적으로도 매우 간결해지는데, 태양의 길에서 줄곧 나타나던 무거운 잠언적인 목소리가 가시면서, 시가 짧아지고 시선 또한 매우 정밀해진다. 공중에 내걸린 투명한 거미줄이나, 종 아래 묻힌 항아리는 태양만을 바라보던 시절에는 결코 발견될 수 없는 미세한 세계이다.

거미는 이 마음의 바깥에서 발견한 작고 아름다운 생명체이다. 거미는 몸 밖으로 힘겹게 줄을 뽑아내어, 자기만의 길을 만든다. 거미줄은 직선적이지 않아 꺾이고 이어지면서도 허공에 견고한 기하학적인 길을 걸어놓는다. 한 올 한 올 투명한 길에는 먹이를 기다리는 거미의 기다림과 집념이 새겨져 있고, 거미줄에 걸려 죽어가는 작은 생명들의 증오도 걸려있다. 거미줄은 생명의 길이면서 동시에 죽음의 길이기에 삶에 대한 팽팽한 그리움으로 장전되어 있다. 거미가 자신의 몸으로 만들어낸 작은 길에는 이처럼 삶과 죽음이 치열하게 대결하고 있다.

거미가 공중에 그리움의 길을 걸어두었다면 범종은 종 밑에 소리의 길을 숨기고 있다. 명통鳴洞이라고 하여, 전통적으로 범종의 아래쪽에는 항아리를 두거나 땅을 움푹 파서 종소리가 멀리 공명할 수 있도록 울림의 공간을 확보해 두었다고 한다. 종 아래쪽에 감추어진 깊고 어두운 소리의 길이야 말로 범종의 청명한 종소리가 태양을 향해 더 멀리 높게 퍼져나갈 수 있게 하는 힘이 된다.

공중에 내걸린 거미의 길도 종 아래 숨겨진 소리의 길도, 길 바깥으로 나선 산책자만이 볼 수 있는 길이다. 한 자 한 자 마음을 담은 '편지'가 오가는 길 역시 즉흥적이고 순간적으로 모든 것을 해결하는 기술문명과는 다른 특별한 시간의 영역에 속해 있다. 사나흘을 걸려서 전달되는 편지 안에는 숙성된 그리움과 애틋함이 담겨 있을 것이다

아름다운 산책은 우체국에 있었습니다
나에게서 그대에게로 편지는
사나흘을 혼자서 걸어가곤 했지요
그건 발효의 시간이었댔습니다
가는 편지와 받아볼 편지는
우리들 사이에 푸른 강을 흐르게 했고요

—「푸른 곰팡이—산책시 1」

「푸른 곰팡이」에서 보듯이 산책의 핵심은 느리게 흐르는 시간 속에서 무엇인가를 발효시키는 데 있다. 산책은 시간을 두고 천천히 사람과 사람을 이어내며 잃어버린 소중한 것들을 불러내고 되살리는 시간이다. "썩어서 없어지지 않는" 비닐로 가득 차 있고 "추락에 더욱 가속도가 붙는" 도시의 메커니즘이 미치지 못하는 곳에서, 게으른 산책자는 푸른곰팡이의 시간을 획득할 수 있다.

발효의 시간에서 얻어낸 빼어난 작품 중의 하나가 「明器」인데, 이 시에서는 화자는 자신을 무덤 속의 한 조각 그릇으로 치환해서 바라본다. 산책자가 '바라보는 자'에서 '보이는 자'로 전환됨으로써 산책은 궁극적으로 자아를 탐구하고 발효시키는 자기성숙의 시간이 된다. 화자는 과거와 현재와 미래를 두루 바라보면서 "나는 고생해서 늦게 / 아주 늦게 / 가고 싶다 / 가장 오래 된 길에 들어 (…중략…) / 사람은 돌아가고 / 미래는 돌아온다 / 사람은 미래의 작은 부장품"「明器」이라고 말한다. 사람은 이미 가버렸지만 무덤의 부장품인 빈 그릇은 오랜 시간을 축적한 채로 미래에 전해진다. 이처럼 과거는 항상 오래된 미래일 수밖에 없기에, 긴 시간을 깊이 사유하며 현재와 과거와 미래를 연속적으로 살아내고자 하는 것이다.

자본의 성채인 세속도시의 한복판에서 산책자는 바깥을 바라보며 느리게 걷고 오래 바라본다. 어두운 무덤 안에서 길고 긴 시간을 견디며 기다리고 있는 그릇처럼, 산책자는 폭주하는 문명을 고생스럽게 견디면서 시간을 발효시킨다. "게으른 사람만이 아름다울 수 있다. 아플 만큼 한번 게을러야 한다"「게으른 사람은 아름답다」는 낙천적인 명제는 미래와의 심각한 불화를 고민하는 사람이 느끼는 무거운 책임감의 고백이기도 하다.

4. 흙과 몸의 시대—탈주의 길

『마음의 오지』1999에서 『제국 호텔』2004에 이르는 여정에서 눈에 띄는 것은 '농업'과 '제국'이라는 두 개의 화두이다. 산책은 "무기력한 부사성副詞性"에서 나오는 에너지로 "추악한 세기말 혹은 세기 초의 급소를 발견하고 싶은 것"「자서」이라고 시인을 말한다. 느슨한 해찰 같은 산책은 자본과 권력의 성채에서 자아를 지키는 방법이며 동시에 길항하는 방법이기 하다. 그 길항은 구체적으로는 두 방향으로 나타난다. 하나는 적극적으로 자연의 생명원리와 연대하여 생태적 네트워크를 구축하는 길이며, 또 하나는 자본의 권력 안에 모든 것을 감금해버리는 제국의 폭력적인 네트워크에서 벗어나려는 길이다. 제국으로 상징되는 현대 문명은 생명 본연의 에너지를 감금하고 생명을 자연의 질서로부터 차단시킨다. '알몸'은 옷과 몸이라는 제도에 갇혀 있으며, '밀알'은 박물관에 전시되어 이미 화석이 되어 버렸다.

시간이 햇빛을 섞어 문지르는 오전이면
옷 벗어 알몸이고 싶어
몸 벗어 알이고만 싶어서
활짝 몸을 여는데 열어놓는데
不惑보다 더 큰 고문은 없었구나

—「간지럼」 중에서

농업박물관 앞뜰
나는 쪼그리고 앉아 우리 밀 어린 싹을
하염없이 바라다보았다
농업박물관에 전시된 우리 밀
우리 밀, 내가 지나온 시절
똥짐 지던 그 시절이
미래가 되고 말았다
우리밀, 아 오래된 미래

나는 울었다

—「농업박물관 소식—우리 밀 어린 싹」 중에서

'알'이나 '밀알'은 생명을 담고 있는 응축된 태양이다. 몸을 활짝 열어 모든 속박을 벗어버리고 알이 되고 싶은 꿈은 문명의 매트릭스에서 탈주하여 자연 본연의 생명력을 회복하고자 하는 것이다. 햇살은 자연의 기억을 되살려주어 불감의 몸과 자연의 연대를 촉구한다. 알—알몸—태양은 생태적 네트워크의 새로운 꿈을 제시한다. 그러나 현실에서 이 꿈은 작동하기 힘들다 '농업박물관'은 생태적 삶이 이미 현실에서 이미 폐기 처분되어 화석처럼 진열된 곳이다. 과거에서 물려받은 삶의 지혜를 잘 보존해서 다음 세대에 물려주어야만 미래의 삶이 가능하다. 그런 의미에서 밀알로 상징되는 전통적인 삶의 지혜와 에너지는 오래된 미래가 된다. 그러나 밀알은 숨 쉬지 못하는 박제로 남아 있다. 농업박물관은 화려하고 소란한 문명에 이면에 대한 어두운 응시이며, 질주하는 이 문명으로는 도무지 미래를 준비할 수 없다는 비극적인 성찰이기도 하다.

아무리 생각해도 나는 이 도시와 어울리지 않는다

표고 45미터에서 잠자고, 지하철을 한 시간 타고 도심으로 나와서 지상21층에서 일하다, 점심 때는 대개 29층 구내식당에서 밥 먹고, 저녁에는 간혹 지하 생맥주집에 들렀다가 곧장 지하철을 타고 집으로 간다 (…중략…)

지상으로부터 버림받은 지, 땅으로부터 추방당한 지 벌써 집 년여

그 어느 날도 그날이 되지 않으려고 완강하게 버티고 있다.

—「그날이 어느 날—고독한 산책자의 몽상」 중에서

저 낙엽들은 뿌리로 내려가 실뿌리를 만나지 못하고 매립지로 실려가겠지요. 그런데 어디 낙엽만 그런 걸까요, 이번 가을만 그런 걸까요, 뿌리로, 흙으로 돌아가지 못하는 나무의 전생, 혹은 후생들이 찬비 내리는 보도블록에 착, 달라붙어 있습니다.

농업 박물관 앞, 깨진 보도 블록 한 장을 들어내고 젖은 낙엽 한 장을 집어넣

어주었습니다. 작은 장례였던 것이지요. 그리고 지금 당신의 이름을 부르는 것인데, 나는, 여기가 어딘지를 모르겠습니다, 모르겠는 것입니다

—「농업박물관 소식—거리에 낙엽」 중에서

땅에서 추방당한 채 빌딩과 지하철을 전전하며 살아가는 도시인과, 흙으로 돌아가지 못하고 보도블록에 붙어있는 낙엽은 자연의 네트워크에서 단절되어 있다는 점에서 매우 유사하다. 계량화되고 규격화된 도시적 삶은 인간의 몸과 마음을 점점 빼앗아가기에 미래는 불안하고 어둡기만 하다. 낙엽을 흙으로 돌려보내는 장례를 치르는 행위는 단절된 생명의 네트워크를 회복하고자 하는 간절한 기원이다.

'농업'은 땅과 인간이 서로 기대어 사는 생태적 삶의 양식을 의미한다. "아, 언제 『토지』 풋고추 같은 아름다운 음식을 반길 수 있을까요, 언제 먹거리들의 고향과 그것이 지나온 길이 투명해질까요"「농업박물관 소식—식탁에서 길을 묻다」라는 탄식처럼 농업은 생명의 건강한 순환과 소통을 회복하고, 몸과 흙을 연결하는 생태적 길에 대한 은유이기도 하다.

이 시기에 이르러 초기시부터 지속되는 결벽에 가까운 윤리적인 감수성은 정치 사회적 상상력과 보다 적극적으로 결합하게 된다. 인간의 욕망을 생산하고 통제하는 자본의 전지구적 권력체제에 대한 비판은 '제국'이라는 화두를 중심으로 본격적으로 제시된다.

프런트에서 왼쪽으로 이십 미터를 가면 스타벅스
오른쪽으로 다시 백오십 미터를 더 가면 맥도널드다
아침을 먹고 다시 돌아와 이메일을 연다

돈에서 건강, 여행에서 포르노까지 스팸, 스팸, 스팸
언제나 접속되어 있는 e－인간들

—「제국호텔—서부전선 이상 없다」 중에서

화면 밖은 풍경의 바깥
전원이 곧 삶이다
제국발전소에 연결되어 있지 않은
시민은 시민이, 아니 생명체가 아니다
아직도 전원으로부터 망명을 시도하는 자들이 있다니
식염수로 제복 상의를 세탁했다

—「제국호텔—더이상 빌어올 미래가 없다」 중에서

제국호텔은 스타벅스와 맥도널드 사이에 있으며, 모든 사람은 제국의 시스템에 접속되어 있다. 제국의 권력 안에서는 사람들은 자기 삶의 주인이 되지 못하고 제국이 제공한 호텔에서 투숙객이 되어 살아갈 뿐이다. 제국의 미시 권력은 일상의 세세한 틈까지 작동하고 있기에 어느 순간에도 그 감시에서 자유로울 수는 없어, 출구를 찾지 못한 사람들은 서로 부대낄 뿐이다. 그래서 제국호텔은 투숙객에게는 살벌한 전쟁터가 되지만 권력자의 입장에서는 항상 '이상 없다고' 주장되는 곳이다. 서부전선에서의 일상이란 제국의 발전소에서 공급하는 전원이 들어오는 순간 움직이기 시작하는 장난감 병정들의 놀이터와 같다.

난 도망가는 법 터득했다

집 떠날 필요 없다
파워 오프 —
가만히 앉아서 모든 전원을 끌 것

고개 들어 먼산 바라보니
만산홍엽
빨갛게 불을 켠 나뭇잎들이
전원을 내리고 있다
(…중략…)
밖의 전원은
더 오래 끈 채로 두자
지금 땅 위는 겨울
몸의 안쪽도 혹한
파워오프 —
꺼놓고 기다리자

—「만산홍엽 —고독한 산책자의 몽상」 중에서

마침내 언플러그드
빈틈없는 어둠
꿈 없는 잠
나는 탈주에 성공한 것이다

—「비박」 중에서

흙에서 분리된 몸을 자연으로 귀환시키기 위해서 시인이 선택한 방법은 먼저 제국의 네트워크로부터 스스로 단절되는 일이다. “파워오프”, “언플러그드”는 “더 이상 빌어올 미래가 없는” 제국 발전소의 전원을 아예 꺼버림으로써, 자본의 논리와 체계로부터 망명하려는 행위이다. 그 망명지는 만산홍엽이 깊어지면 혹한이 몰아닥치고 어둠이 밝음을 준비하는 곳, 즉 어떠한 인위적 기획과 지배도 없이 자연의 원형적인 순환이 살아있는 곳이다. “내가 꿈꾸는 농업이 전원주택이나 주말농장 같은 것으로 비치치는 않을까”「미래와의 불화」하는 우려나, “생태학적 문제의식, 생태학적 상상력은 저 제국 혹은 국가를 관통하지 않는 한 비현실적인 미래학이 따름”「젊은 시인상, 수상소감」이라는 말은 시인의 생태적 꿈에 실려 있는 현실의 무게를 짐작하게 한다.

파워오프나 언플러그드라는 말에는 고독한 산책자의 아나키즘적인 욕망이 배어있는데, 이 욕망은 탈주를 꿈꾸는 동시대의 많은 사람들의 것이기도 하다. 그래서 ‘농업’은 운명적으로 ‘제국’과 강렬하게 맞닿아 있다. 농업과 제국 사이의 영토에서 산책자들의 길은 고단하게 뻗어나갈 것이다.

5. 불화不和와 불화佛畵 사이의 희미한 지도

이문재 시인의 문장은 쉽게 읽히는 편은 아니다. “언어와 언어 사이가 성기다”는 혹자의 지적처럼 전체적으로 호흡이 길어지고 이미지가 복잡하게 반복되면서 산문적 의미가 모호해지는 경우가 있다. 그의 시에는 언어

유희와 같은 시어사용도 자주 눈에 띈다.

저문 비에 젖게 하며
가문비 나무 숲 속

—「저문비」 중에서

되새떼 오갈 때 절골 토굴들의
隊伍는 大悟를 이루는가

—「되새떼」 중에서

나는 俗里에 있고
친구는 俗離에 있다

—「그렇다고 기린이 왜가리를 좋아할 리 없다」 중에서

유사음이나 동음을 이용한 위와 같은 시어의 배치는 리듬상의 즐거움으로 시를 유쾌하게 해주기도 하지만, 의미의 간격을 멀리 떨어트려 놓기도 한다. "저문비"와 "가문비"는 의미적으로 가볍게 비껴나가면서도 음상이 재치 있게 부딪치는 경우이고, "隊伍"와 "大悟"는 무거움과 가벼움에 대한 여러 가지 상반되는 상상을 불러일으키는가 하면, "俗里"와 "俗離"는 시어들이 서로 반대편을 향해 달려 나가는 양상이다. 언어유희라는 측면에서 이러한 시어의 배치가 그다지 효율적으로 기능하고 있는 것 같지는 않다. 따라서 이것을 언어유희라고 보는 것은 전혀 이문재적이지 않다. 오히려 젖은 구두의 시대에서부터 쉬지 않고 길을 걸어온 사람이 느꼈을 상반되는 충동과 피로, 현기증의 흔적이라고 보는 것이 더 적절할 것이다. 이때 비로소 시어와 시어 사이의 성긴 공간에서 희미한 지도가 떠오른다.

> 나와 무수한 나의 불화
> 불화끼리의 불화, 불화, 불, 화, 저
> 이 모든 불화들이, 그런데
> 아, 佛畵
> 만다라가 아닐 것인가
>
> —「겨울 부석사」 중에서

속리俗里와 속리俗離처럼, 하나의 말이 금방 등을 맞대고 반대의 길로 서로 멀어지고 말듯이, 한줄기 길에는 무수한 불화不和가 서로 다른 방향을 보고 있다. 그림자와 태양의 불화, 길 안과 바깥의 불화, 과거와 미래의 불화, 농업과 제국의 불화. 그리고 나와 무수한 나의 불화. 그러나 사라진 길은 항상 불화하는 두 개의 이정표 사이에서 다시 만들어지기 마련이다. 불화不和의 길이 이어지고 이어져 삶을 만들어 가기에, 불화는 아주 먼 길을 돌아 삶의 만다라佛畵를 그려낸다. 찬란한 불화佛畵의 길은 희미한 지도에도 작은 불을 밝혀줄 것이다.

소비사회를 견디는 자기모멸의 시쓰기

장정일론

김은희

1. 일상을 투시하는 '불온한 시선'

80년대에 이르러 한국 현대시는 내용과 형식에 있어 급격한 변화를 겪게 되었다. 급속한 산업화 과정에서 은폐되었던 한국 사회의 모순들이 우리 시에 스며들어 뚜렷한 징후로 표출되었기 때문이다. 젊은 시인들은 기존의 관습화된 사고에서 탈피하여 주변적이고, 일상적인 것에 관심을 기울이며, 부조리한 삶의 현실에서 벗어나고자 했다. 특히 황지우, 박남철 등은 강한 현실 인식을 기반으로 전통적인 시 형식이 가지는 폐쇄성에 반발하여 '해체시'의 등장을 알렸다. 이와 같은 흐름 속에서 장정일은 80년대 후반의 소비사회와 그 문화에 주목한다. 황지우나 박용철이 시의 형식의 파괴나 시각적인 해체에 관심을 기울인 것과는 달리 장정일은 희곡, 시나리오, 영화감상문 등의 장르해체에 집중하여 괄목할만한 성과를 보이고 있다.

장정일은 1982년 박기영을 만나 시를 배우기 시작해 첫 시집『햄버거에 대한 명상』1987으로 김수영문학상을 수상함으로써 시단에 큰 반향을 일으켰다. 서영채는 현금의 문학적 상황에서 장정일의 존재는 돌연변이와도 같다고 한다. 시인으로 출발하여 극작가로 또 소설가로 변신해 왔으며, 정규적인 교육과정을 거치지 않고 문학에 뛰어든 장정일의 특이한 이력은 그만의 개성으로 발휘되어 독창적인 작가정신을 구축했다고 평가하고 있다.

정치적 억압과 물질적 풍요의 경계에 선 시대에서, 장정일은 우리의 일상적인 삶을 날카롭게 투시하지만, 도시적인 감수성으로 섬세하게 풀어낸다. 그는 때로는 간담이 서늘해질 정도로 매섭게, 때로는 배꼽이 빠지도록 위트 있게 새로운 세대들이 마주한 현실을 직시한다. 장정일의 시는 80년대 후반의 자본주의 사회를 살아가는 현대인들의 내면을 해부하고 이를 독특한 실험정신을 바탕으로 형상화함으로써, 90년대 문학의 새로운 가능성을 제시하고 있는 것이다.

이 글에서는 장정일 시의 해체적 경향을 중점적으로 다루었던 기존 논의에서 벗어나, 소비사회의 특성과 이에 대한 대응으로써의 시쓰기에 중심을 두고 그의 시세계를 규명하여 시적 의의를 밝히고자 한다.

2. '백화점 왕국'에서 살아가기

후기 산업사회에서 한국 현대시는 도시화와 미디어의 발달, 포스트모더니즘의 부상으로 다양한 시적 환경을 확보하게 되었다. 시인들은 일상적인 소재와 대중문화에 관심을 기울이면서 우리 시의 저변을 넓혀 갔다. 하지만 자본주의 사회의 이면에서는 물질적 풍요로 인한 극심한 개인주의와 물신주의를 초래하는 등 많은 부작용이 표출되었다. 특히 한국사회는 올바른 가치관이 정립되지 못한 채 급속한 발전을 이루었기 때문에 이로 인한 혼란이 가중되었다. 이러한 징후들은 80년대와 90년대 현대시에 그대로 투영되게 된다.

장 보드리야르에 의하면, 거대화된 소비사회에서는 사물이 소비되는 것이 아니라 기호가 소비된다. 사람들은 사물을 소비한다고 생각하지만 정작 소비되는 것은 기호나 이미지일 뿐이다. 소비사회에서는 사물 자체에 가치를 부여한다. 그리고 소비사회가 존재하기 위해서는 사물은 끊임없이 파괴되고 다시 생산되어야 한다. 소비에 대한 정의는 소모, 즉 생산적인 낭비로 나타나게 된다. 즉 이러한 물신숭배적 논리가 바로 소비의 이데올로기인 것이다.

소비사회를 대표하는 곳은 바로 '백화점'이다. 백화점은 사전적 의미로는 여러 가지 상품을 진열 · 판매하는 대규모의 현대식 종합 소매점이지만, 소비를 부추기고 과소비를 미덕으로 여기는 소비사회를 뒷받침하는 강력한 지지대가 된다. 장정일은 소비사회를 '백화점 왕국'으로 형상화시킨다.

살아 있다는 까닭 외에 생업이라는 수식어는
우리에게 어떤 의미를 부여하는 것인지.
밀대와 빗자루가 작은 내 생활의 가게를 쓸고 있을 때
쳐들어오는 것이다. 허벅지에 꿀을 가득 묻힌 벌떼같이
낮게 웅웅거리며 황금색 상호로 번뜩이는
왕국의 차들이 오는 것이다. 어디선가 이루어진
거대한 공업으로부터 그러나 철저히 은폐된
공업이 자신 스스로를 판매하기 위해
여섯 대의 차를 나누어 타고 사방의
길 끝에서 길을 끌고 몰려온다. 그렇다 여기 이 도시의 한쪽을
제일 먼저 흔들어 깨우는 것은 태양이 아니라
신선한 우유를 만재한 냉동트럭 밀려드는 상품트럭
그리고 도시를 도시답게 만드는 것 또한
넓직하고 쾌적한 녹지대가 아니라
우뚝우뚝 솟아오른 현대식 상가인 것이다.

—「백화점 왕국」 중에서

위 시에서 "백화점"은 "거대한 벌집"으로 비유되는데 이는 "일벌"들에 의해 유지되는 왕국이다. "일벌"들이 모은 "꿀"은 자연의 "꿀"이 아니라 산업화된 공정에서 생산된 가공된 "꿀"이다. 그 "꿀", 즉 상품들은 "백화점 왕국"으로 들어가는 "왕국의 차", 즉 "냉동트럭", "상품트럭"으로 운반되어진다. 하지만 그 "왕국"은 실체를 모르는 "어디선가 이루어진", "철저히 은폐된" 기표일 뿐이다. 자본주의 사회에서 가치 있게 여겨지는 것은 상품이므로,

이를 "판매"하는 것은 "왕국"의 주된 목표가 된다. 또한 "백화점"은 소비사회의 이미지와 기호를 판매하는 곳이며, 사람들에게 환상을 심어주는 소비의 장이다. 소비사회는 그 자체가 바로 "백화점 왕국"인 것이다. 도시를 "깨우는 것은 태양이 아니라" 상품을 운송하는 "트럭"이고, 도시는 현대인들을 위한 "쾌적한 녹지대"나 아니라, 상품을 위한 "현대식 상가"가 된다. 도시는 상품을 위한 커다란 "백화점"이 되는 셈이다.

> 교사생활 7년. 나에게 남겨진 청춘의 주식은 없어요. 가진 것이라곤 24평 아파트 한 채와 피에르 가르뎅, 샤넬, 이브 생 로랑, 구치, 레브론, 와코루, 죠다쉬, 미즈노, 그리고 소니 수상기 세트와 맨 우드 엠프, 식탁 위에는 헤네시 한 병이 놓여 있죠. 자신을 가짜인지 이류품인지 의심하기는 싫어요. 내가 가진 것은 모두 오리지날이고 메이커니까요. 나는 그런 것들을 도깨비 시장에서 구입하거나 외국상사에 근무하는 친구에게 부탁하지요. 기분이 우울할 때 나의 고독을 달래 주는 것은 쇼핑뿐이죠. 물건을 사는 사람의 반 수 이상은 정말 필요하기 때문이 아니라 외롭기 때문에 필요하다고 느끼는 것이죠. 혼자 있음의 불안을 상품을 사는 순간 잊을 수 있거든요. 특히 처량한 비가 내리는 날이면 의례히 백화점의 눈부신 유리 진열대 사이를 나는 어항 속의 금붕어처럼 뽀금거리고 다니죠. 반짝거리는 유리 진열대는 나에게 신데렐라가 신었던 유리구두처럼 희망과 꿈을 주지요. 한 순간의 즐거움을 주는 구매는 즐거워요. 나는 내 존재의 일부를 백화점에서 조각조각 사 맞추어요.
>
> —「프로이트식 치료를 받는 여교사 · 6」 전문

위의 시는 '백화점 왕국'에 의존하는 현대인들의 지독한 초상이다. "교사"인 시적 화자에게 삶은 부동산이나 주식으로 환원된다. 그녀가 선호하는 브랜드들은 이미지일 뿐이고, 그 브랜드들의 상품을 사는 것은 허위의식 때문이다. 사물은 파노플리Panoplie 세트나 콜렉션Collection으로 조직되는데, 소비자들은 필요에 의해서 사물을 구입하는 것이 아니라, 전체적인 의미 속에서 사물의 세트를 갖추기 위해서 소비하게 되는 것이다. 더불어 소비자들은 파노플리를 이루는 상품을 구매하면, 그것을 소비할 것이라고 여겨지는 집단에 자신도 소속된다는 환상을 갖게 된다. 이것이 보드리야르가 지적하는 파노플리 효과Effet de panoplie이다. 시적 화자는 상품의 구매를 통해 집단에 소속된다는 위안을 받게 되는 것이다. 그녀는 상품의 기능을 믿는 것이 아니라, 그것의 이미지 즉 "메이커"를 믿기 때문에, "고독을 달래주는" 쇼핑으로 외로움을 채우고, 한 순간의 즐거움을 신봉한다. 결국 그녀는 "백화점"에서의 "구매"를 통해 존재를 완성하기에 이른다.

> 옛날에 나는 금이나 꿈에 대하여 명상했다
> 아주 단단하거나 투명한 무엇들에 대하여
> 그러나 나는 이제 물렁물렁한 것들에 대하여도 명상하련다
>
> 오늘 내가 해보일 명상은 햄버거를 만드는 일이다
> 아무나 손쉽게, 많은 재료를 들이지 않고 간단히 만들 수 있는 명상
> 그러면서도 맛이 좋고 영양이 듬뿍 든 명상
> 어쩌자고 우리가 〈햄버거를 만들어 먹는 족속〉 가운데서
> 빠질 수 있겠는가?
>
> —「햄버거에 대한 명상—가정요리서로 쓸 수 있게 만들어진 시」 중에서

현대인들에게 "햄버거"는 미국식 자본주의의 상징이면서 패스트 푸드, 인스턴트 식품으로써 편리함과 간편함이 생명인 음식이다. 또한 "햄버거"는 "금이나 꿈", "아주 단단하거나 투명한 무엇들"이 아닌 "물렁물렁한 것들"에 속한다. "금이나 꿈"처럼 가치 있거나 형이상학적인 것이 아니라, 실재하는 구체적인 사물인 것이다. "명상"은 정신적인 행위이고 인내를 요하는 것이지만, "햄버거에 대한 명상"은 "손쉽게" "간단히 만들 수 있는" 새로운 방법의 명상이다. 소비사회에서는 관념적인 것마저도 상품으로 대체할 수 있게 된 것이다. 그리고 이 시는 "가정 요리서"로 쓰일 수 있도록 "맛이 좋고 영양 많은 미국식 간식"인 "햄버거"를 만드는 데 그 목적이 있기 때문에 시의 상품화 가능성을 제시하면서 기존의 시 형식에서 탈피하여 장르해체적인 모습을 보여주고 있다. 소비사회에서 '햄버거'를 먹고, '코카콜라'를 마시며 '티브이'를 보는 현대인들의 모습「햄버거 먹는 남자」은 소비사회를 살아가는 삶의 한 단면인 동시에 몰개성적이고 물질적인 현대인들에 대한 날카로운 풍자가 된다.

사내는 추리극장이 싫다. 국내 소식이
싫고 운동경기가 싫고 문제의 외화가
싫다. 안 본다. 그리고 방송출연하는
많은 다른 여인들이 역겹다. 나는 그녀만을 본다.
여덟 시 반의 그녀를 기다린다. 보시겠읍니까
15초 동안 그녀는 샴푸회사를 위해
광고하지요. 보시겠읍니까

그녀는 인사를 잘한다. 안녕하셔요
그녀는 미소띠며 속삭인다
파란 물방울 무늬 잠옷을 입고
그녀는 머리를 감아 보인다. 무지개를 실은
동글동글한 거품이 티브이 화면을 완전히
메운다. 그러면 샴푸의 요정이 속삭이는 거지
새로 나온 샴푸, 당신이 결정한 샴푸라고
향기가 좋은 샴푸, 세계인이 함께 쓰는 샴푸
아마 당신은 사랑에 빠질 거예요
라고 속삭이는 것이지

—「샴푸의 요정」 중에서

광고는 소비사회에서 가장 주목할 만한 매스 미디어이다. 소비의 논리는 기호의 조작으로 정의되기 때문이다. 보드리야르의 『소비의 사회』에서는 광고를 개별적인 사물에 대해 말하면서 실질적으로는 모든 사물을 예찬하고, 개별적인 사물 및 상표를 통해서 총체로서의 사물, 사물과 상표의 총화로서의 세계에 대해 말하는 것이라고 설명한다. 광고는 총체로서의 소비자임을 꾸며대고 메시지 속에, 특히 메시지 그 자체와 코드 속에 처음부터 잠복해 있는 공범 및 공모의 관계를 통해서 소비자를 부족의 성원 같은 존재로 만들어버린다. 즉 광고는 기호와 이미지와 담론을 소비에 제공하고 있는 것이다.

광고는 거짓말로 욕망을 만들어내고 소비를 부추기고 있다. 현대인들은 조작된 이미지를 진실이라고 믿어버린다. 위 시의 시적 화자는 "추리극장",

"국내 소식", "운동경기", "외화"를 거부하고 "여덟 시 반"에 "15초 동안"의 "샴푸의 요정"을 기다린다. 그리고 광고에 나오는 "샴푸의 요정"을 하나의 인격체로 보고 사랑에 빠진다. 이것은 시청자의 의지가 아닌 광고에 의해 의도된 결과이다. 화자는 현실을 회피하고, 허구인 광고에 종속된 것이다. 모델이 TV광고에 등장함으로써 인간은 상품 가치로 전락하였고, 이를 시청하는 현대인들의 주체성은 거세되었다. 물건뿐만이 아니니라 인간까지도 상품이 되어 소비되고, 시장에서 가격과 등급이 매겨지는 것이다. 모든 것이 상품인 세상에서는 광고는 최상의 명령인 셈이다. 소비사회 광고 회사의 상업 논리에 종속된 현대인은 나약한 존재일 뿐이다.

> 이번 가을에 유행할,
> 가을 옷이 나왔다,
> 담쟁이 넝쿨잎이 붉게 물들기도 전,
> 가을 옷이 나왔다,
> 이제 막 인쇄소를 빠져나온,
> 최신,
> 숙녀잡지에,
> 올해 가을 옷이 소개된다,
> (…중략…)
> 비서실 최양 같을 거야,
> 부잣집 외동딸 같을 거야,
> 공주 같을 거야,
> 가을 옷이 나왔다,

언니 나 저 옷 입고 싶어,
네 달치 월급과 야근 수당이면 될 거야,
안 될까,
파스 하이드라지드는 먹지 않을 테야,
가을 옷이 나왔어,
봄날,
고향언덕에 피던 진달래 같아,
최신 디자인이야,
언니,
가을 옷이 나왔어,
가을 옷을 입고 싶어,

—「가을 옷」 중에서

위의 시는 현대인들이 상품을 필요에 의해서가 아니라 이미지와 기호를 소비하기 위해서 구매한다는 것을 여실히 보여준다. 사람들은 사물의 기능보다 사회적 이미지를 소비하는 것이다. 가을호 여성지에 실린 "가을 옷"에 대한 내용들이 나열되어 있는 이 시는 이미지와 기호가 삶을 지배하는 모습을 보여준다. 시적 화자는 가을이 되기 전에 잡지의 광고를 보고 구매를 결정한다. 하지만 "한달치 월급과 야근 수당"을 털어 "가을 옷"을 사서 입으면 "비서실 최양", "부잣집 외동딸" 같이 될 수 있다는 가난한 여공의 믿음은 "같을 거야"와 같은 불확실한 표현을 통해 실현될 수 없는 어리석은 희망일 뿐임이 밝혀진다. "고향언덕에 피던 진달래" 같고 "최신 디자인"을 지닌 "가을 옷"은 현실적으로는 존재할 수 없다. 화자는 이미지가 현실을 지배하고, 상품이 자신을 표현해준다는 헛된 환상에 빠진 것이다.

> 녀석의 하숙방 벽에는 리바이스 청바지 정장이 걸려있고
> 책상 위에는 쓰다만 사립대 영문과 리포트가 있고 영한사전이 있고
> 재털이엔 필터만 남은 캔트 꽁초가 있고 씹다 버린 셀렘이 있고
> 서랍 안에는 묶은 플레이보이가 숨겨져 있고
> 방 모서리에는 파이오니아 엠프가 모셔져 있고
> 레코드 꽂이에는 레오나드 코헨, 죤 레논, 에릭 크랩튼이 꽂혀 있고
> 방바닥엔 음악감상실에서 얻은 최신 빌보드 차트가 팽개쳐 있고
> 쓰레기통엔 코카콜라와 죠니 워커 빈 병이 쑤셔박혀 있고
> 그 하숙방에,
> 녀석은 혼곤히 취해 대자로 누워 있고
> ………………
> ………………
> 죽었는지 살았는지, 꼼짝도 않고
>
> —「하숙」 전문

> 나 대낮에 여우에 홀린 듯이 따라갔네
> 어느덧 그녀의 흰 다리는 버스를 타고 강을 건너
> 공동묘지 같은 변두리 아파트 단지로 들어섰네
> 나 대낮에 꼬리 감춘 여우가 사는 듯한
> 그녀의 어둑한 아파트 구멍으로 따라들어갔네
> 그 동네는 바로 내가 사는 동네

바로 내가 사는 아파트!
그녀는 나의 호실 맞은 편에 살고 있었고
문을 열고 들어서며 경계하듯 나를 쳐다봤다
나 대낮에 꿈길인 듯 따라갔네
낯선 그녀의 희고 아름다운 다리를

—「아파트 묘지」 중에서

누가 죽음을 싸다하는가
죽음은 싸지가 않다
살아생전 온갖 상품의 구매자였던 당신
당신이 죽으면
당신은 두 눈을 감고
마지막 구매를 해야 한다.

—「구매자」 중에서

현대인들의 삶은 기호들의 집합이 다름 아니다. 서구문물로 가득한 영문과 대학생 "녀석"의 방에서는 "리바이스 청바지", "캔트 꽁초", "셀렘", "플레이보이" 등이 있고 이것은 "녀석"의 생활을 표현해준다. 그는 서구문화를 숭배하고 사물에 종속되어 버려, "혼곤히 취해 대자로 누워 있고", "죽었는지 살았는지, 꼼짝도 않"는 상태가 되어 버린 것이다. 방 안에 있는 사물들의 상표를 줄줄이 언급함으로써 사물들이 소비의 대상인 동시에 주체를 구성하고 있음을 알 수 있다. 소비사회에서 무기력하고 자의식이 결여된 현대인들의 무기력한 모습이 형상화되고 있는 것이다.

「아파트 묘지」의 "나"는 무의미하고 권태로운 삶 속에서 "희고 아름다운 다리"에 끌려 그녀를 따라 갔지만, 그녀가 맞은 편에 살고 있는 여자임을 확인하게 된다. "그녀"의 성적 매력은 시적 화자에게 일상에 새로운 환기를 불러 일으켜주지만, 결국 시적 화자는 또 하나의 무관심과 단절감을 확인하고 일상의 공허만 느낄 뿐이다. 소비사회 속에서 도시인들은 서로 의사소통하지 못하고 불신하고 두려워한다. 사람과 사람 간의 소통이 없는 공간인 아파트는 묘지가 되는 것이다.

결국 현대인들은 「구매자」에서처럼 죽어서까지 "마지막 구매"를 해야 하는 구매의 노예가 되는 것이다. 죽고 나서도 "목욕비", "관값", "협정 운임비", "무덤 판 값", "호곡비", "차비", "관리비", "꽃값" 등 마지막 구매들이 남아 있다. 이는 죽고 나서도 소비와 떨어질 수 없고, 대가를 지불해야 하는 물질주의 사회의 비극적인 단상을 보여준다.

소비사회에서 우리 세대들은 삶의 진정성이 사라진, 신뢰가 밑받침되는 '약속'들이 더 이상 필요치 않고, 열정이 무화된 '우연에 바쳐진' 세대다「약속 없는 세대」. 또한 전 세대들의 관념적인 투쟁이 빠져나간 빈 껍데기, 즉 '망명 세대'가 되는 것이다「텅 빈 껍질」. 미래와 지켜야할 가치가 없고 허무한 세대에게 희망은 불투명하다.

장정일은 이러한 사회의 일원으로서 소비사회의 일상을 신선한 시각으로 파헤친다. 하지만 그는 적극적으로 대항하지 않고 삐딱하지만 위트 있는 시선으로 관조한다. 그리고 오히려 회피하는 자세를 보인다. 이러한 그의 대응 태도는 그의 자전적 경험에 기인한다. 「개인기록」에 의하면, 장정일은 아버지가 너무 싫었기 때문에 늘 책 속으로 필사의 도피를 했고, 결벽증이 생겼다고 고백하고 있다. 또한 그는 '여호와의 증인'을 종교로 가짐으로써 고등학교에 진학하지 않았고, 소년범으로 대구교도소에서 복역을 하게 되는데, 교도소에서 조직과 제도라는 더 큰 '아버지'를 경험하게 된다. 장정일에게 '아버지'는 현실, 즉 생활을 의미한다. 즉 '아버지'로부터의 도피는 억압된 현실로부터의 탈주를 의미한다. 장정일은 '아버지'란 이름에 대항하기보다는 감수하면서 도망가고자 하는 모습을 보인다.

> 한 사나이가 있다. 그는 도망중이었다.
> 한 사나이는 새침한 여자와 만난다 그녀는
> 예뻤고 그녀는 귀여웠고 도망중이었고
> 사나이는 그녀가 좋다. 한 남자가
> 한 여자를 사랑할 때, 사내는 매일
> 구두를 반짝거리게 닦지요 붉은 장미를
> 사지요 비오는 공원에서 기다리지요.
> 그러던 어느 날 사내는 그녀에게
> 구혼을 한다. 그들은 결혼을 하고 신접
> 살림을 차린다. 그 살림은 도망중이었다.
>
> —「도망중」 중에서

> 거짓 웃음이 거품치네
> 노린내 투성이인 너, 아메리칸
> 맥도날드가 잔뜩 팽창해지고 거대해진
> 다리를 들고 목구멍 깊숙이 쳐들어올 때
> 웃으며 당신의 전신으로 내 식도와 내장과 항문까지

꽉 채울 때. 왼손으로 내 귓볼을 간지르며 자신에게
아빠, 라고 불러 주렴 속삭일 때. 그래
불러 주고 말고. 아빠, 아빠 사랑하는 내…에라잇
아빠 아빠 아무에게나 펠라치오를 시키는 버릇없고 건방진 후레자식!
I'm sick of your insane demands!

—「아빠」 중에서

「도망중」에 등장하는 사내, 아내, 개, 아이 모두는 도망 중인 상황이다. 하지만 도망은 그의 내면적인 탐색이다. 그는 아버지로부터 자기자신의 책임으로부터 도망친다. 이러한 탈주 의식은 현재의 삶에 대한 부정에 기반한다. 그는 불안하고 비루한 삶에 도망으로 대응함으로써 세대에 대한 책임을 회피하고 있다.

「아빠」에서 자본주의와 "아빠"는 같은 이름이 되고, "아메리칸 맥도날드"는 어느새 우리 사회의 법질서가 된다. "아빠"는 지배의 이데올로기인 것이다. 시적 화자는 이러한 세계의 "거짓 웃음"에 거부반응을 보인다. "식도와 내장과 항문까지" 점령하는 이들의 강압성은 '아버지'에 대한 극단적인 혐오의 감정과 맞닿아 있다. 하지만 시적 화자는 거부할 수 없는 "아빠"의 핏줄이므로 이미 그 속성이 내재되어 있기 때문에 완전히 부정할 수는 없다. 거부하려고 했으나, 이미 체화되어버린 자신을 깨닫는 것이다. 장정일의 '도망'은 무기력하지만 어쩔 수 없는 선택인 셈이다. 이러한 부조리한 상황은 허무의식과 연결되어 시와 글쓰기에 대한 반성과 회의를 불러일으킨다.

3. '조롱받는 시인'의 시쓰기

포스트모더니즘에 이르러 시와 다른 예술 장르 사이에 경계가 불분명해지고 문학의 위기가 대두됨에 따라 시 자체에 대한 반성과 문제의식이 제기되는데 이러한 경향은 메타시로 표현된다. 이승훈에 의하면, 메타시는 '시에 관한 시쓰기'라는 일종의 장르 혼합, 또는 패러디의 한 양상으로 정의된다. 메타시는 이 시대에 시란 무엇이며, 시인이란 어떤 존재인가에 대해 모색하기 때문에 자의식적이며, 자기비판적이다.

따라서 메타시는 현대시의 새로운 가능성으로 90년대 시문학의 중요한 쟁점이 된다. 시인은 시와 현실의 경계에서 비평가의 입장에 서서, 시인, 독자, 시쓰기 과정을 대상으로 시를 부정하기 위해 시를 쓰게 된다. 장정일에게 시작詩作은 자기모멸의 행위가 되는 것이다.

어제 저녁, 나를 주제로 시를 쓰면서
그녀는 나에게 모욕을 가했다.
이해할 수 없다. 이해 할 수 없다고 운을 맞추어 가며
그녀는 나를 우스꽝스러운 동성연애자로 각색했다.
험프리 보가트에게 빠지다니, 빠진다는 표현은
얼마나 잘 숨기어진 외설인가?

나는 그녀가 이해 할 수 없다고 말 할 수
있는 것이 놀랍다. 이해할 수 없다니?

나는 그녀가 풀려고 애쓰는 퍼즐 게임을
도무지 이해 할 수 없다. 그리고 매일 저녁
그녀가 읽어주는 실비아 플라스를
나는 이해할 수 없다

(…중략…)

아무래도 그녀는 미쳤다.
원고지 앞에 멍청히 쭈그리고 앉아 중얼거리는
아내는 미쳤다. 제발 현실을 직시하라구
할 때마다. 몽상가들이 꿈꾸는 것은 바로
현실입니다. 제발, 할 때마다
몽상가들이 꿈꾸는 것은 현실입니다.

―「실비아 플라스에게 빠진 여자」 중에서

위 시는 부부 간의 소통이 단절된 현대인들의 한 단면 속에 '시쓰기'에 대한 고민을 보여준다. 미국 여류시인 "실비아 플라스"에게 빠져 시를 쓰는 "아내"와 미국의 영화배우인 "험프리 보가트"에게 빠져 지내는 남편이 서로에 대해 이야기한다. 작품의 시적 화자는 남편이지만 "아내"의 입장에서도 서술되고 "그녀"의 시쓰기가 작품의 중요한 모티브가 된다. 시인인 "그녀"가 쓰고, 지우고, 고쳐 쓰는 행위는 남편에 의해 모욕 받는다. 남편은 시를 쓰는 "아내"의 몽상이 그들의 소통에 방해가 되는 행위라고 생각하기 때문이다. 하지만 "험프리 보가트"에 빠져 있는 남편의 무심함 역시 배타성을 가지는 것이다. 사실 "그녀"가 시를 쓰는 것은 현실과 동떨어진 것이 아닌 소통하려고자 하는 열망의 표현이다. 그녀는 시작의 과정을 독자들에게 보이고, 자신이 독자로서 수정 퇴고함으로써 몽상의 현실화를 이루려했지만 남편과의 소통은 좌절되고 만다.

> 길안에 갔다.
> 길안이 아름다워 나는 울었다.
> 길안에 어둠이 내렸다.
> 길안에 택시가 보이지 않는다.
> 길안 바깥에서 나는 기다리고 있을 사람들 생각을 한다.
> 길안이 불편해진다.
> 길안이 내 모든 약속을 퍼지르고 앉았다.
> 길안이 불안하다.

> 연을 띄우고, 잠시 멈춘다. 이 어조로 쓰는 거야,
> 독하게 마음먹는다. 누가 뭐라건 말건
> 이런 생각을 한다. 우표를 모으는 우표수집가가
> 자신의 스토크 북 속에 우표를 수집해 두는
> 일같이, 시쓰기 또한 내 가슴 속에
> 시를 모아 두는 일일 것! 새로운 시를 쓰고 싶은
> 열망은 우표수집가가 자신의 스토크 북 속에
> 없는 볼리비아산 나비 우표를 간직하고 싶어하는
> 그 열망 이상의 것에 다름 아닐 것이다. 우표

수집가가 아무리 구하기 어려운 귀한 우표를 구해
간직했다한들, 그 때문에 세상이 바뀌지 않듯
시인이 아무리 좋은 시를 쓴들, 또한 세계는 변함
없는 것. 우표수집가와 시인 가운데 어느 쪽이 더
위대한가, 우열을 가릴 수 없을 때 우리는 우표수집가의
그, 성취의 기쁨을 위해 시를 써야 한다. 이렇게
밑도 끝도 없는 생각을 하곤, 나는 다시 타자기를
두드려 갔다.

—「길안에서의 택시잡기」 중에서

'시쓰기'에 대한 장정일의 고민은 창작의 과정까지 적나라하게 보여주기까지에 이른다. 위 시는 「길안에서의 택시잡기」란 제목의 시를 쓰는 과정을 서술한 메타시이다. 여과된 글쓰기가 아니고, 작품의 구상 과정, 시작 과정뿐만 아니라 퇴고의 과정까지 쓰여져 있다. 들여쓰기한 부분은 길안에서의 시적 세계이고, 다른 부분은 현실 세계에 속한다. 시인은 도시에서 시를 쓰고 있고, 시적 화자는 길안에서 택시를 잡고 있다. 또한 길안은 안동 근교의 면소재지이지만 길의 안內이라는 의미를 환기시킨다.

여기서 시인은 전지적 작가가 되어 시 속의 화자까지 조정하고 있다. 시인은 시쓰기에 대해 반문하며 글쓰기에 대해 반성과 성찰을 한다. 그리고 창작의 과정 속에 자아가 수시로 개입하며 시의 불완전성을 부각시키며 자기부정과 모멸의 모습을 보이고 있다. 화자는 "자신의 스토크 북" 속에 우표를 수집해두는 일을 "시쓰기"에 비유하면서 가슴 속에 시를 모아두는 일이 우표 수집과 같다고 역설한다. "시쓰기"와 "우표 수집" 모두 추상적인

가치를 향한 것이다. 결국 일상과 시 사이를 두 텍스트로 나눠어 "시쓰기"의 현실적인 의미에 대해 반문해 보는 것이다.

시로 덮힌 한 권의 책
아무런 쓸모없는, 주식시세나
운동경기에 대하여, 한 줄의 주말방송프로도
소개되지 않은 이따위 엉터리의.
또는, 너무 뻣뻣하여 화장지로조차
쓸 수 없는 재생불능의 종이 뭉치.
무엇보다도, 전혀 달콤하지 않은 그 점이
내 마음에 들지 않는다.

(…중략…)

시인과 시인이 맞붙어 싸우는 이
암호부를 이해하기 위해 우리는 얼마나 두터운
안경을 맞추어야 할까. 그리고 얼마나
마음 멍청하면 사게 되는 것이냐, 아무리 찾아도
  국립극장 초대권 하나 붙어 있지 않은
  이 한 권의 책을. 놔 둬 버리지
  서점의 제일 높은 판매대에 꽂혀
  먼지가 만지도록 그냥, 놔 둬 버리지.
  제일 아래쪽 밀대가 지나다니며

까맣게 구정물이 먹도록. 구석을 찾아
이리저리 천대받도록 그렇게 놔 둬
버리지. 이 따위, 엉터리의

—「시집」 중에서

위 시에서 "시집"은 자본주의의 상징인 "주식"에 대비하여 "아무런 쓸모없는", "뻣뻣하여", "재생불능의", "전혀 달콤하지 않은", "엉터리의" 것이다. "시집"은 "시인"인 시적 화자에도 마음에 들지 않는다. 게다가 시적 화자는 "얼마나 마음 멍청하면 사게 되는" 것이냐면서 냉소적인 시선으로 "시집"을 멸시하고 있다. "그냥, 놔 둬 버리지", "까맣게 구정물이 먹도록", "이리저리 천대받도록", "놔 둬버리지" 같은 시어로 "시집"을 학대한다. 실용적인 가치를 중시하는 소비사회에서 "시집"은 극단적으로 비하되고 있는 것이다. 이러한 시에 대한 고민은 시인 자신에 대한 모색으로 이어진다.

기겁한 장정일 시인, 그는
빨리 도망가야겠다고 급히 옷을 챙겨 입었다.
그러다가 좋은 싯귀가 떠올라
흰 종이를 타자기에 끼우고 이렇게 두들겼다

월부수금원이 온다.
나는 죽음을 월부로 샀다.
월부수금원이 무섭다!

—「조롱받는 시인」 중에서

위 시에서는 "장정일 시인"이 월부금을 못 내서 도망가는 와중에 시구가 떠올라 타자기를 두드리는 아이러니적 상황을 연출되고 있다. 소비사회에서 돈이 없어 물건값을 지불하지 못하는 "시인"은 환영받지 못하는 존재이다. 책을 팔지 못해 돈을 벌지 못하는 "시인"의 불안한 상황은 월부 수금원을 "죽음"을 알리러 온 저승사자로 과대망상하게 만든다. 장정일은 자신을 객관화하고 "기겁한 장정일 시인"을 직접적으로 드러냄으로써 시인으로서의 자기 자신을 비하하고 모멸하고 있다.

나는 손을 뻗쳐 머리맡에 있던 녹음기의 리플레이 버튼을 눌렀다. 그리고 잠시후, 스톱 버튼을 누르고, 플레이 버튼을 눌렀다…… 끝내! 그래, 이, 뻔뻔한 자식아, 누가, 널, 개새끼라고 부름 좋겠니? 네가 개새끼니, 개새끼야? 나는 스톱 버튼을 눌렀다. 담배를 한 대 피워 물었다. 날더러 개새끼라고? 천만에 나는 한국에서 제일 가는 테크니션 시인이다! 플레이 버튼을 눌렀다. 민지 어머님, 저는, 시인입니닷! 오냐, 개새끼야! 스톱 버튼을 눌렀다. 또 개새끼라고 하시네. 주먹으로 벽을 한번 꽝, 치고서 나는 다시 플레이 버튼을 누른다. 시인은 뭐 말라비틀어진 시인이냐? 스톱 버튼을 누른다. 그리고, 웃는다. 사실 시인들이 조금 비틀어지긴 비틀어졌지. 그 말이 맞다. 물을 한 모금 마시고 플레이 버튼을 눌렀다. 시인은 법도 없냐. 법도 없어! 나는 자리에서 튕기듯 일어나 스톱 버튼과 리플레이 버튼을 몇 초간 순간을 두고 바꾸어 눌렀다간 다시 플레이 버튼을 누른다. 시인은 법도 없냐, 법도 없어! 다시 반복한다. 시인은 법도 없냐, 법도 없어! …… 아아 내가 잘못했다. 되는 대로 지껄이지 말자. 큰일난다.

—「진흙 위의 싸움」 중에서

위 시는 지연이 어머님과 시인의 대화 내용이 녹음된 상황이다. 시인은 지연이 어머님의 딸 지연이를 "민지"로 불렀다는 이유로 모욕을 당하게 된다. 시적 화자는 "리플레이 버튼", "플레이 버튼", "스톱 버튼"의 조정을 통해 자신의 위치를 자조한다. "플레이 버튼"과 "스톱 버튼"의 사이의 시간 동안 시적 화자는 시인으로서 자신의 존재에 대해, 자신의 행동에 대해 생각해보고, 반응한다. 계속되는 "개새끼"란 욕설에 처음에는 "주먹으로 벽을 한번 쾅" 치는 등 저항하는 모습을 보였으나, "말라비틀어진 시인"이라고 조롱하는 어머님에게 시적 화자는 "시인들이 조금 비틀어지긴 비틀어졌지"라고 인정하는 듯한 모습을 보인다. 그러더니 지연 어머님이 "법"을 운운하자 자신의 잘못을 인정하고 "되는 대로 지껄이지 말자"라는 굴욕적인 모습을 보인다. 시인으로서의 자의식이 충만했다면 모욕에 대해 격렬하게 반응하고 부정하는 모습을 보여야 했을 것이다. 하지만 시적 화자는 오히려 자기비판적인 모습을 보인다. 장정일에게 시쓰기에 대한 자의식은 회의적이고 부정적인 것이다.

> 내 소원은? ─매독에 걸려 천천히 죽는 것!
> 그러니까…… 그…… 매독은…… 매문…… 이렀다!
>
> ─「서울에서 보낸 3주일」 중에서

장정일은 마침내 "소원이 매독에 걸려 천천히 죽는 것"이라며 자기모멸의 극단을 보여준다. 그는 자신을 최악의 고통의 상황으로 몰아가며, "매독", 즉 성병을 문학을 파는 행위로 인한 병으로 규정한다. 소비사회를 견디기 위해 문학을 팔아 돈을 버는 것은 그에게는 참을 수 없는 고역이다.

결국 "매문賣文"으로써 병에 걸려 자신을 학대하는 행위는 문학에 대한 처절한 자기반성인 것이다. 이러한 그의 자기모멸은 시의 진정성에 대한 자아성찰과 자기부정의 결과이다. 그는 아버지가 내면화되어 있는 자기 자신을 반성하고, 비하함으로써 소비사회에서 삶의 의미를 찾으려 한다. 물신화된 거대소비사회에서 시쓰기는 의미 있는 선택인가, 시가 해결해줄 수 있는 것은 무엇인가에 대한 그의 끊임없는 탐색은 장르에 대한 진지한 고민으로 확대되어 그를 소설가로 변모하게 만든다.

4. 어느 '실험주의자'의 행보

『햄버거에 대한 명상』의 첫 장에 쓰인 "세상의 시집은 모두 다 유고시집이지요"라는 장정일의 말은 지금의 그의 행보를 짐작할 수 있게 한다. 그는 91년 이후 더 이상 시를 쓰지 않고 있다. 인터뷰에 의하면, 장정일은 경제적인 필요와 극적 구성과 구체성의 추구를 위해 시에서 소설로 장르를 이동하게 되었다고 한다. 그리고 시를 못 쓰는 것은 능력 부족이며, 문학은 원래 천재가 하는 것인데 "나는 재능이 없으면서도 죽어라 노력해서 시집 두 권은 건진 것"이라고 자기비하적인 태도를 보인다.

장정일은 진실이 조작되는 소비사회 이면의 은폐된 일상의 치부를 참신한 시각으로 위트 있게 형상화한 '실험주의자'이다. 자아를 잃고 소비사회에서 표류하는 도시인과 시쓰기에 대한 진지한 탐색을 그린 그의 시는 이념이 사라져버린 90년대적 현실의 반영이자 부정의 모습이다. 일각에서는 전통 시문법으로부터 해방된 그의 시의 자유로움에는 사회의식이 부재되었다고 하면서 폄하하지만, 장정일은 단순한 현실 인식 이상의 복합적인 시의 가능성과 새로운 미학을 제시했다는데 더 큰 의미가 있다.

장정일의 시는 90년대 시의 다양한 변화와 메타시를 예견하고 시사에서도 독보적인 시적 자취를 남기고 있다. 그는 1980년대의 정치적인 성향의 시적 흐름에서 1990년대의 다양한 변화를 이끄는 중심에 서 있는 것이다. 그의 소설 창작 역시 시작詩作의 연장선상에 있다. 장정일의 파격과 실험정신이 소설에서도 뚜렷한 성과를 거두고 있기 때문이다. 그의 예민하고 불온한 시선이 바라보는 일상과 자기반영성이 소설이나 희곡에서도 의미 있는 결과를 남길 수 있도록 주목해야 한다. 그의 다양한 문학적 행보는 비상을 위한 부정의 도정인 것이다.

제2부 | 문화와 전위 |

대중문화 1세대의 문화 몽유록

유하론

김용희

1. 90년대 대중문화, 습격 사건

지난 90년대는 기존의 거대한 신념들이 무너지는 시절이었다. 역사철학의 아우라가 사라진 거점에서 체험의 특수화는 더 이상 글쓰기의 진정성을 담보할 수 없게 되었다. 자본주의의 일상에서 길어 올린 새로운 상상력이 '유희'나 '일상', '일탈', '위반', '전복'이란 키워드를 내장한 채 표면 위에 부상하기 시작했다. 이와 같은 전복은 자유의 가능성을 함축하면서 정치적 미학적 함의를 지니는 것이기도 했는데 이는 자기복제로서의 메타성, 일상성의 복원, 타 텍스트를 텍스트화하는 상호텍스트성, 타 장르의 텍스트영화, 그림, 음악, 신화 등에서 영상 이미지를 베껴오는 매체간 차용 등으로 나타나기도 했다. 허구와 실제의 서열 인식 체계가 흔들리게 되자 기존 계몽주의나 강력한 리얼리즘의 실존적 정황은 진부한 고전의 유물로 느껴지기도 했다. 영상 매체문화의 보편화로 리얼리티와 판타지의 구분이 사라지고 나르시시즘적 퍼스넬리티가 자연스러운 것으로 받아들여지게 되자 한국 문학은 달라진 사회 조건 속에서 또 다른 방법적 우회를 생각하게 된다. 이미 있던 것에 대한 조합적 합성상호텍스트성이든 방법적 변형패러디이든 간에 변주를 시도하게 된다.

이와 같은 변주의 저변에는 80년대와 확연히 구분되는 사회과학적 틀이 새로운 인식론적 패러다임으로 놓여 있다. 가치 다원주의라는 개념으로 널리 유포된 '포스트', '탈현대' 이론이 우리 사회에 광범위하게 번져나갔다. 이분법적 분석의 틀이 아닌 '잠재적 적대들의 다양성'을 인정하는 복합적이고 중층적인 형태는 일상 속에 깊숙히 침입해 들어와 이것이 단순한 현상적인 것이라기보다 어떤 본질적인 인식론적 함의를 지니고 있음을 보여주었다.

이 인식은 90년대 시에 있어서 하나의 인식론적 배경을 이룬다. 90년대의 관심은 일상의 욕망이나 몸 시학, 생태학적 환경문제, 신서정 등으로 나타난다. 도시적 '일상시'들은 도시적 삶을 기저로 한 일반적인 물질 문명비판의 경향을, '문학 대중화' 경향은 대중매체와 영상언어에 대한 적극적인 수용과 대체로, 상업화에 대한 반성이라 특징으로 나타나기 시작한다.

새롭게 바뀐 개인 주체의 귀환, 매체 변화 가능성을 알려준 이로 기억될 만한 이가 유하다. 유하가 1989년 『武林일기』를 가지고 한국문단에 처음 얼굴을 내미었을 때 복제기술시대 새로운 예술생비자의 출현을 예고하게 했다. 이후 『바람부는 날에는 압구정동에 가자』1991, 『세상의 모든 저녁』1993, 『세운상가 키드의 사랑』1995, 『나의 사랑은 나비처럼 가벼웠다』1999, 『천일야화』2000 시집을 낸다. 유하의 시세계는 도시적 일상에 대한 환멸의 기록이며 대중문화 시대 복제예술의 새로운 징후라 할 만하다.

유하 시는 일상과 무의식까지 파고드는 자본주의 권력 움직임에 도시 게릴라처럼 그물망을 해체하고 전복하는 요설적인 말의 행진을 보여준다. 그의 언어는 대량 소비사회의 복제 기술이 낳은 또 하나의 풍자적 요설로 가득 차있다. 유하 시의 매력은 대중문화가 갖는 도시적 의미를 추적하고 그것이 우리가 먹고 마시는 공기며 우리의 자연임을 보여준다는 데 있다. 농경사회에서 자연물에 빗대어 현실을 노래하듯이 유하는 우리의 자연인 도시문명과 문화의 스크린에 빗대어 현실을 풍유한다.

유하의 시가 파격적인 요설과 패러디적 풍자, 사회비판적 키치시로 선명하게 인식되는 것은 유하가 문학적으로 소외되어 왔던 대중문화를 처음으로 시에 등록시킨 시인이기 때문이다. 유하의 사회비판적 풍자가 최승호의 문명 비판에 비해 훨씬 흥미로운 점은 대량소비사회가 내장한 욕망과 자본주의적 전략 언어를 '전유'하는 '유희적' 패러디와 재기발랄한 가벼움을 지니기 때문이다. 이 지점이 대중문화 텍스트를 전유하면서 도시 문명에 일정한 거리를 두고 계몽적 비판과 반성을 드러내는 오규원과 분리되는 지점이다. 일찍이 김현이 유하를 두고 "키치 중독자이자 키치 반성자"라고 진단한 것은 그의 시가 가지는 대중문화 환각과 환멸의 이중성을 두고 한 말이다. 그의 시가 단순한 근대이성의 계몽적 자아를 벗어나 대중문화 복제시대를 살아가는 키치중독자로서의 이중적 욕망을 드러내는 것은 결국 자본주의 욕망의 음험한 배후와 진실을 드러내는 것과 상통한다. 이러한 지점이 유하 시가 자본복제 시대를 살아가는 우리에게 각별하게 다가오는 이유일 것이다.

2. 대중문화 중독자와 복제된 욕망

유하는 만화, 광고, 영화, 포르노 소설 / 시, 무협소설 / 시 등 키치의 문화를 키치적 방식으로 읽고 다시 그것에서 현실을 읽어낸다. 뿐만 아니라 프로레슬링「프로레슬링은 쑈다!」, 포르노 영화「파리 에마」 등 삼류문화와 빠삐용, 벤허, 마지막 황제, 로보캅 등 대중영화를 읽어내면서 그 속에 음화처럼 서려 있는 현실에 대해 반성한다. 반성을 가능하게 하는 것은 무림이 곧 현실세계라는 간단한 인식에서다. 비수가 날고 강호의 고수들이 득실대는 중원무림의 삶에 자연스럽게 현실의 풍경들이 와서 풍유적 언어로 겹쳐진다.

> 웅! 살기가…!
> 핑핑 비수가 날아오고, 잽싸게 주인공 외팔이가 몸을 날려
> 내려선 곳은 소림사의 잔디밭, 아차차
> 〈잔디에 들어가지 마시오〉 하얀 푯말이 그대로 화면에 비친
> 웃지 못할 국적 불명 무술 영화
> 싸구려 제작비에 재미는 시시껄렁해도 어눌한 영상 속에 걸핏하면 나오는, 〈하산해도 좋느니라〉
> 깊은 산중 사부님의 쩌렁쩌렁한 말 한마디 속에서
> 문득 심오한 철학적 의미를 발견한다
> (…중략…)
> 피아노 단기완성!
> 대입 미술 2개월 책임지도

돈만 내면 즉석에서 흔쾌히 모든 걸 전수해주는,

오늘날의 화끈한 싸부님 싸부님들

—「돌아온 외팔이」 중에서

현실과 무협지의 장면이 몽타주로 겹쳐진다. 무협지 주인공 외팔이가 "몸을 날려 / 내려선 곳은 소림사의 잔디밭"이 아니라 "〈잔디에 들어가지 마시오〉"라는 하얀 푯말이 화면에 비치는 잔디밭, 중국무협의 외팔이와 한국어 팻말이 겹쳐지는 싸구려 영상 속에서 싸구려 키치의 가짜 환각이 가득하다.

시인은 "가는 곳마다 똘마니들이 찌럭찌럭 건드리지만 / 끝끝내 검을 뽑지 않는 외팔이"에 비하여 "아무 때나 발랄하게 하산하여 아무 때나 칼을 뽑아 드"는 현실의 제자여러분을 비웃는다. 시인은 황당무계한 삼류 무협영화에서 백발성성한 사부 말씀의 속뜻 깊음을 오히려 되새긴다. 고수가 되기 위해 삼년간의 불때기, 삼년간 마당 쓸기를 하는 무협영화에 비하여 모든 것들을 단시간에 금전의 논리로 해결하는 현실 속의 사부들에 대하여 가열찬 삿대질을 해댄다. "피아노 단기완성! / 대입 미술 2개월 책임지도", "오늘날의 화끈한 싸부님"들은 "돈만 내면 즉석에서 흔쾌히" 모든 것을 전수한다.

사실 무림의 삼류대학 개방에서 만나

사년간 소화자처럼 죽엽청만 마시며 취권을 배웠던 신세였지만,

그도 나도 한땐, 소림 대학의 견고한 나한진을 뚫기 위해

수십만냥 들여가며 무공과외도 했고

내공을 몇갑자씩 증진시켜준다는 비급도 여러권 읽었다

—「무협지 작가와의 대화」 중에서

시인은 무협지의 언어를 전유하여 풍자적 언어로 바꾸어 놓는다. 현실에 대한 풍자와 아이러니한 현실에 대한 패러디는 복제시대, 후기 산업사회 재생산방식에 대응하는 문학적 양식이다. 과거 원전들의 고유성과 관습적 규범들을 고의로 파괴하는 문학적 '전략'이며 문제적 복제 형식이다. 이렇게 하여 유하의 시는 뻔한 이야기를 뻔하지 않게 비틀고 신화를 조작, 패러디하는 또 다른 복제의 전수자가 된다. 유하 시의 매력은 이와 같은 중첩된 이야기의 겹침, 상상의 이야기 공간과 현실 공간의 겹침, 그 속에 놓이는 긴장에 있다.

여기서 흥미로운 점은 유하가 그 베끼기의 원전을 키치에서 찾고 있다는 점이다. 그는 삼류포르노 영화를 즐기며 청계천 리어카의 빨간 마분지 책들과 이소룡의 무협영화를 좋아하는 키치문화의 소비자이며 중독자이다. 키치는 대량 생산과 소비의 시대에 조악한 아마추어 모작과 같은 '이발소 그림' 같은 것이지만 전통적인 고급 예술이 지배 계급의 점유물인 동시에 지배 도구로 이용된다는 것을 알 때 그것은 고착화된 모더니즘의 관념을 파괴하는 파괴적 실험의 힘으로 작용한다고 할 수 있다. 유하가 보는 현실의 세계는 "진실은 없"「세운상가 키드의 사랑 2」고, "오직 후끼• 된 진실만이 눈앞에 어른거"리는 세상이다. 몸의 내부에는 "어두운 욕망의 벌집이 웅웅대고" 시인은 "내 욕망의 허기가 세운상가를 번창시켰다"고 말한다. 욕망의 환한 불빛 속에서, 모든 것이 복제가능한 (진실마저) 후끼의 현실 속에서 시

• 중고 제품을 새것처럼 조작하는 기술을 가리키는 은어.

인은 또 다른 후끼의 방식으로 시를 쓴다.

> 나는 유리창에 베라의 스펠링을 써본다 vera; 진실
>
> 누가 태풍에 진실이라는 이름을 붙였을까
>
> (…중략…)
>
> 베라라는 이름의 파괴자는 너무도 많은 게 아닐까
>
> 어릴 적 인기 만화영화 〈요괴인간〉의 주인공 이름도 베라였어, 나는 사람이 되고 싶다 벰 베라 베로! 난 일제 만화영화에 죽어라 열광하며 자라났지
>
> ―「태풍속보」 중에서

시인은 vera가 진실이라는 의미를 지니고 있다고 말하면서 동시에 그것이 태풍의 이름이며 일본 만화영화 속 요괴인간의 이름임을 유추해낸다. 진실이면서 파괴자이고 동시에 인간이 되고 싶어 하는 요괴인간인 베라. 시인은 진실의 가면을 쓴 파괴자와 요괴의 얼굴을 태풍의 이름과 겹쳐 읽어 낸다. "베라"는 요괴의 이름이자 진실의 기원이자 태풍의 이름이기도 하다는 것. 요괴와 인간, 만화와 현실, 태풍과 진실, 이 후끼된 현실 속에서 어쩌면 진실은 파괴자[태풍]일지도 모른다라는("베라라는 이름의 파괴자는 너무도 많은 게 아닐까"), 혹은 "나는 사람이 되고 싶다 벰 베라 베로!"를 외치는 요귀인간이 진정한 '베라[진실]'일지도 모른다는 어떤 미혹에 빠진다. 현실과 허구는 서로 섞여있으며 이미지는 또 다른 현실[리얼리티]을 잉태하는 시원지이다. 이미지와 현실은 서로의 꼬리를 물고 있는 뱀처럼 서로를 품고 서로를 껴안고 있는 도플 갱어인지도 모른다.

현실을 풍자해 내기 위하여 시인은 키치에서 과거와 현재의 많은 이름

들진추하, 룰라의 김지현, 소니 롤린스, 비틀즈을 복제해 온다. 그것은 시 속에서 새롭게 복제된 현실로서의 기표들이다. 키치는 그 인생의 팔 할을 키워낸 생육의 아버지이며 또 그가 넘어서야할 욕망의 아버지이기도 하다.

> 나는 미국판 마분지 소설
> 휴먼 다이제스트로 영어를 공부했고
> 해적판 레코드에서조차 지워진 금지곡만을 애창했다
> 나의 영토였던 동시 상영관의 찌린내와, 부루라이또 요코하마
> 양아치, 학교의 개구멍과 세운상가의 하꼬방,
> 난 모든 종류의 위반을 사랑했고
> 버려진 욕설과 은어만을 사랑했다
> (…중략…)
> 나의 뇌수는 온통 세상이 버린 쓰레기의 즙,
> 몽상의 청계천으로 출렁대고
> 쓸모없는 영혼이여, (…중략…)
> 나는 부유하는 육체의 세운상가
> 곰팡이를 반성하지 않는 곰팡이,
> 그리하여 곰팡이꽃의 극치를 향해가는 영혼
>
> —「세운상가 키드의 사랑 3」 중에서

시인은 교과서로 제도화 정전화된 지식들을 비웃듯 금지된 대중문화의 모든 것이 학습지식의 근원지였다고 말한다. 미국판 성인물로 영어를 공부하고 금지곡을 애창곡으로 삼고 학교의 모든 개구멍과 위반과 욕설과 은어

만을 사랑했다고 뇌까린다. 이와 같은 청년 반항의 코드는 하위문화의 극치를 보여준다. 시인은 이성 중심 계몽주의자의 준엄한 제도권을 비웃으며 권력장으로 가득한 학교와 대중 주류문화의 현실을 풍자한다. 노골적 반체제 의식은 자유로운 청년 반항 문화를 드러내면서도 세속욕망의 순수한 소비자인 육체 욕망에 대한 탐닉과 위악적 반성을 동시적으로 도모한다. 즉 하수도 문화의 실체로서 불 밝힌 세운 상가 불빛, 바람이 불고 있는 즐거운 세속 도시인 압구정동, 시인은 육체의 욕망을 거부하면서 동시에 그것에 매혹된다. 욕망과 환멸의 이중적 충돌이 시인 욕망 안에서 함께 부딪친다. 곰팡이는 썩는 부패의 상징이지만 그러나 그것을 꽃피워 보려는 위반과 금지의 극치를 시도한다. "나"는 세상의 쓰레기, 그 극치를 향한 "곰팡이 꽃", 자본주의 나무로 개화해 간다. 시인은 욕망이 점멸點滅하는(on / off를 반복하는) 매혹적인 욕망의 운명을 사는 것이다.

3. 문화 엘리티즘와 스노비즘

"학교를 저주하며 모든 금지된 것을 열망하는" 유하의 일탈은 일종의 청년 하위문화의 움직임과 연계되어 있다. 그것은 사회적 검열에 대한 거부, 새로운 장르에 대한 열망과 관계한다. 일탈에 의한 차별화된 정체성을 가지려 하는 그것은 위계와 규율로 이루어진 제도에 대한 적극적 저항과 자유의 의미를 지닌다. "교과서 갈피"에 포르노 사진을 숨기고 야외 전축으로 "비틀즈 해적판"을 목이 쉬도록 부르는 것은 외부체계에 대한 '정치적'

실천의 의미를 지닌다. 청년 하위문화의 주체들은 일상적 거리문화의 이단자로서 전통적인 도덕주의와 윤리의식을 온몸으로 거부하는 스타일의 실천을 보여준다.

그러나 한편으로 유하가 보여주는 키치적 방식에 의한 키치에 대한 부정은 '문화적 엘리트주의'의 범주에 속한다 할 수 있다.

> 소니 롤린스, 뉴욕의 한 강가에서
> 밤이면 삶에 취해 색소폰을 불던 사내
> 쿨재즈라든가, 하드밥
> 그래, 인생의 반은 120%의 cool한 영혼,
> 나머지는 격정적인 하드밥의 육체
>
> —「재즈 0」 중에서

> 재즈 아티스트 쳇 베이커는
> 빌딩 위에서 투신 자살했다더군
> 마이 풀리시 하트,
> 그렇다고 재즈 같은 삶이 완성되었을까
>
> —「재즈 4」 중에서

삶의 저항으로서 록이나 재즈에 대한 경도는 약물 과다복용이나 자살로 삶을 마감한 가수들의 몽환적인 삶에 대한 시뮬라크르라 할 수 있다. 유하가 듣는 재즈에는 삶에 대한 허무와 퇴폐적 삶의 재현을 이루려는 중산층 소부르주아의 모습이 깃들어 있다. 사실 청년문화의 양아치의 모습에는 계급성이 엄존한다. 유하는 단골 비디오에서 테이프 반납 독촉 전화를 받고 방바닥을 뒹굴며 백수로서 허송세월을 보내는「阿庫正傳, 또는 허송세월」 양아치지만 그는 적어도 외국잡지를 뒤적이며 청소년기의 불온성을 만끽하고 음악에서 자신의 심미적 기호재즈를 선택하고 구성할 수 있는 능력을 가진 자이다. 그는 자신이 좋아하는 뮤지션소니 롤린스, 쳇 베이커을 선택하고 어릴 때부터 대중문화의 곳곳을 탐사하는「문희—고창 극장을 추억함」, 「보리쌀로 세운 시네마 천국」 중산층 문화소비자이다.

중산층 부르주아 청년문화로서의 유하의 모습은 분명 댄디즘의 문화적 귀족주의를 표출한다. 중산계급의 낭만주의는 변증법적으로 일상성과 결합되면서 그러한 심리상태를 쾌적함에 대한 기호로 승화시킨다. 백인 음악에 대항하는 소음으로서 흑인 재즈 음악은 유하에 와서 자기미학의 정체성, 소수의 문화 엘리티즘의 과정과 결합한다. 키치와 스노비즘이 연결되는 부분이 이 부분이다. 백인지배문화에 저항하는 흑인정신은 백인들에 의해 복제되고 다시 한국에서 재복제되는 과정을 통해 흑인의 정체성을 유린한다. 또한 재즈는 록이나 힙합처럼 상업적 목적에서 상품화됨에 따라 전복적, 대항문화적 충동을 박탈당하고 만다. 사이키델릭 록이든 재즈든 어떤 것이든 대중음악이 되는 순간 텍스트화되고 대중화의 시간, 계보 공간을 가지게 됨으로써 여피족의 엘리티즘, 키치화되는 운명을 맞게 된다. (재즈는 텔레비전 광고음악과 광고 카피에 의해 일차적으로 평준화의 운명을 맞게 된다.) 재즈는 사물의 아름다움이 문제되는 것이 아니라 차이 표시능력이 문제되는 것이다. 이것이 바로 사회적 기호이다. 재즈는 소수의 여피족에 의해 소비되는 고급품 내지 스노비즘의 표징이 된다. 신세대들도 '자신들의 차별성을 강조하기 위한 기호'로 재즈를 받아들임으로써 재즈는 다시 차이표시

기호로서 키치화된다. 이렇게 볼 때 유하의 재즈에 대한 탐닉 또한 문화 엘리티즘의 한 방식, 문화적 자본을 부단히 갱신하는 댄디한 낭만적 중산계급의 청년문화를 노정한다.

4. 대중문화 1세대와 추억의 문제

대중문화에 대한 환각 · 환멸, 중산계급 문화 엘리티즘에 놓여있는 유하 시가 어떤 따뜻함을 가지고 있다면 그의 시가 낭만적 실존을 추구하기 때문이다. 유하 시가 대중문화 중에서 향수, '추억'의 문제에 집착하는 것은 끝없이 소멸, 생성되는 욕망의 변주 속에서도 자신의 근원성을 찾고자 하는 주체의 자기동일성 확보 때문이다. 그것은 댄디적 양상, 즉 순간순간의 삶에 충실하려는 유희와 권태와 풍자를 즐기지만 동시에 대중문화와 모던에 자기 실존을 연결시켜 미학화하려는 이중적 욕망이기도 하다. (자본주의 부르주아 사회에 대한 혐오가 댄디의 출현을 낳았고 댄디는 그들의 사회적 부적응과 예술적 자부심을 나타내는 상징적 징표가 된다.) 유하는 도시 문화의 향수자이자 부적응자이자 자기 자신을 미학화하려는 낭만적 실존의 모더니스트이다. 이 모든 것은 결국 자기 자신 동일성을 확보하려는 정체성의 팽팽한 고투와 관계하는 바. 시인은 지나가 버린 것, 소멸된 것들에 대한 추억을 추억하기 시작한다.

한때 유행했던 것들

통기타와 포크송, 올디스 벗 구디스
리칭과 진추하, 박원웅과 함께
서금옥이 이브의 연가 아드리느를 위한 발라드
해도 잠든 밤하늘에 나는 못난이……

몸 또한 유행가를 닮아 있다는 생각,
지나간 유행가에도
한때 환희의 절정이 있었겠지?
그래, 그 '한때'라는 의미가
모든 종류의 유행가를 구원하고 있는지도 몰라

몸 안에 격렬하게 머무르는 그 무엇,
유행가는 어느 순간 사라짐으로써 자신을 완성하지
그러니까 한창 유행될 때
소멸과 정답게 악수하자구

—「재즈 5」 중에서

추억은 몸을 통해 기억되고 몸으로 인식되는 기억 저장침을 가지고 있다. 몸은 욕망의 집이며 동시에 기억과 상처의 집이기도 하다. 유년과 청소년기에 애창한 유행가들은 성인이 되어도 '몸' 속에 남아 "한때"의 절정을 감지하게 한다. 그것은 몸의 울림에서 저절로 (그 몸은 즉자적이다) 울려나오는 '실감'이며 "칭얼거리는 엄살"「당신」이다. "몸 안에 격렬하게 머무르는 그 무엇"인 유행가는 눈부신 청년기의 황홀과 격렬함과 상처를 추억하게 한다. "통기타와 포크송, 올디스 벗 구디스, 리칭과 진추하, 박원웅과 함께……" 몸을 격렬하게 하는 것들. 유행과 유행가는 어느 순간 사라짐으로써 자신을 완성하는 소멸의 형식이다. 그것은 소멸됨으로써 비로소 완성되고 이후 '몸'을 통해 추억된다. 시인은 노래한다. "몸 있을 때, / 부디 서로 서로를 愛唱해주길 바래".

유하는 그의 산문집•에서 70년대 초중반에 청소년기를 보낸 이들을 '대중문화 1세대'라 부르고 70년대에 청년기를 보낸 이들을 '이소룡 세대'라 명명한다. 무엇보다 이 당시가 대중문화의 스펙터클이 본격적으로 전파되고 그의 세대가 그것에 감염된 1세대라는 점 때문이다. 유하는 70년대 문화적 감수성을 '계몽사'의 세계명작 동화와 만화책, 흑백 티브이, 동시 상영관, 세운상가 등에서 찾고 있다.

물론 '대중문화 1세대'라는 특정한 세대적 명명은 세대론이라는 범주론의 한계를 환기시킨다. 세대론은 자기 세대의 경험을 특권화하는 폭력적 정당화의 전략이면서 동일한 세대 안에 산포된 차이를 하나의 동일성으로 환원시켜 버리는 논리이다. 세대론적 감수성이 실재한다는 사실과 그 세대에 포함된 개체들이 세대의식을 공유한다는 것은 별개의 문제일 수 있다. 그럼에도 문화적 체험을 근거로 세대의식이라는 집단적 정체성을 상정할 수 있으며 집단적 감수성을 공유할 수 있다는 점에서 세대론을 단순한 허위의식으로 폄하하기에는 부적절하다. 세대론의 위험을 전제하면서도 "왜 대중문화1세대인가"라는 질문은 유효하다는 사실이다. 이들은 한국 역사와 문화사에서 중요한 매듭점이 될 수 있다. 이를테면 1970년대는 급격하게 티브이의 보급이 확산되었고 그와 함께 대중문화가 빠른 속도로 일상생활

• 『이소룡 세대에 바친다』, 문학동네, 1995.

에서 유행하기 시작하던 시절이다. 이들은 삶과 대중문화의 경계가 무너지면서 대중문화가 생활이 되기 시작하던 시절을 청소년기에 보낸 세대이다.

1960년대는 전 세계의 변혁운동이 분출하던 시절이었다. 1960년대 미국은 미국 역사상 가장 혁명적인 시기를 거쳐 오게 되는데 마틴 루터 킹의 흑인 인권운동, 베트남 전쟁에 대한 반전데모, 히피문화로서의 반문명운동, 여성운동 등이 그것이다. 거기에 짐 모리슨, 제니스 조플린, 지미 헨드릭스의 격렬한 록과 우디 거스리, 밥 딜런, 피터 폴 앤 메리, 존 바이에즈의 포크 등이 보태지고 록 페스티벌인 우드스탁 등 격렬한 변화와 혁명적 기류•가 소용돌이치고 있었다. 이와 같은 기류는 1970년대 한국 박정희 정권의 유신독재와 긴급조치의 삼엄함 그리고 국민총화와 사회 건전풍토 조성이라는 공구호 속에서 오히려 자유와 허무와 저항이라는 청년문화의 상징들로 받아들여졌다. 청바지, 통기타, 생맥주는 당시 세계적으로 유행한 청년문화의 세대적 상징이었다. 영화 〈바보들의 행진〉하길종에 나오는 장발과 스트리킹은 현실적 폭압 속에서 청춘의 무기력함과 희극적 허무를 드러내는 기표였다. 1970년대 포크계열의 노래가 유행하고 중국 무협영화, 헐리우드 영화가 대거 유입되고 『스포츠신문』, 『일간스포츠』 등을 통한 스포츠 대중화와 『선데이서울』, 『플레이보이』, 여성잡지 등에서 성적 호기심과 지식(?)이 음성적으로 대중적으로 유포된다.

이와 같은 대중문화 첫 유입의 수혜자는 1970년대 청소년기를 보낸 한국의 386들이다. 이들은 대중문화 1세대이다. 이들에게 대중문화는 세속의 판타지이자 문화 정체성의 근원지이다.

• 이성욱, 『쇼쇼쇼—김추자, 선데이서울 게다가 긴급조치』, 생각의나무, 2004.

극장에 갔다. 쑈는 나의 인생 금자누나 손을 잡고
트위스트 김의 격렬한 트위스트, 쓰리보이 신선삼의 원맨쑈가
요깡과 쓰리미, 치클민트껌 냄새와 뒤섞여,
내 가슴에 지워지지 않을 어둠의 무늬 하나 남겼다
금자누난 신선삼 땜에 상사병을 얻어 며칠씩이나
점빵 문을 닫았지 문희를 알기 전의 내 꿈이란 고작
아이스케키 공장을 차리거나 짜장면 집으로 장가가는 것,

문희의 서늘한 큰 눈에 눈물이 흐르면, 이미
내 앞의 어둠은 나만의 것이 아니었다 사람들은
어둠이 나누어준 슬픔의 그림자를 한쪽씩 떼어먹으며,
그녀의 투명한 눈물 방울 안에 서로를 가두었다
비 내리는 고모령에서 그녀가 끓이던 찡한 김치찌개,
쑈하는 사람들이 시치미 뚝 떼고 저 푸른 천막 뒤에 숨어
움직이는 게 영화야, 금자누나가 가르쳐주었으므로
나는 영화가 끝날 때면, 스크린 뒤로 달려가 그녀를 찾곤 했다
나는 문희가 늘 극장의 푸른 스크린 뒤에 살고 있을 거라
굳게 믿었다,

—「문희—고창 극장을 추억함」 중에서

추억이란 이야기를 만들어내는 곳이고 이야기는 존재의 자의식과 연결되어 있는 생의 매혹적인 지점이다. 시인은 유년기 고향 극장에서 "트위스트 김"의 격렬한 트위스트, "쓰리보이 신선삼의 원맨쑈" 그리고 먹을거리로

서 "요깡과 쓰리미,• 치클민트 껌 냄새"를 기억해 낸다. 유년의 고창 극장은 유하가 대중문화 중독자가 될 수밖에 없던 태생적 근원성을 드러내는 지점이다. 추억은 언제나 '그리움'과 낭만성으로 채색되는 법, 시인은 대중문화가 일반화되던 1970년대 한국의 대중문화의 한 풍속도를 보여준다. 어린 화자는 문희가 보고 싶어 "푸른 천막 뒤에 숨어 / 움직이는 게 영화야" 라는 금자누나의 말을 믿고 영화가 끝날 때 "스크린 뒤로 달려가 그녀를 찾곤 했다". 유년의 순진성은 여전히 스크린이 가지는 사기성에도 불구하고 가짜 현실의 매혹으로 남아 영화에 대한 끝없는 욕망의 "보리쌀"을 들어 올리게 한다. (유년기 때 유하는 보리쌀을 극장비 대신에 내고 극장에 들어갔다.) 스크린의 현실이 또 하나의 시뮬라크르였지만 1970년대를 유년으로 보낸 대중문화 1세대에게 '문희'•• 가 나오던 영화는 몸에 바코드처럼 인식되어 유년의 문화 충격과 노스탤지어의 몽타주로 남는다.

유하 시를 대중문화 비판적 인식과 함께 낭만적 실존으로 기억하게 하는 또 하나의 공간은 유년의 고향공간으로 명명되는 '하나대'다.

> 참새 지저귐만 징허게 시끌맞다
> 흙빛으로 썩어가는 바람 이엉 학간집
> 일곱 딸년 웃음 강그러지던 그 자리도
> 참새 짹짹이는 소리만 왼종일
> 정허게 시끌맞다

—「겨울 하나대」 중에서

• 오징어의 사투리.
•• 한국 대중영화 초기 최고의 여배우.

그의 하나대 시편들「할머니 넘서밭」, 「어머니」, 「고향」은 도시적 풍자와 문명 비판에도 불구하고 사물과 동일시되는 정서 융합의 서정시적 면모를 확연히 보여준다. 그러나 하나대 시편은 그가 노래하는 압구정동 욕망에 대해 대척점에 놓이는 관념의 공간일 뿐 기실 어떤 진정성도 가지지 못한다. 하나대 시편은 막연히 심정적으로만 오늘의 문명을 거부하는 관념의 상징이다. 시인은 갖가지 욕망을 벗어던지고 조용히 식물적 세계에 파묻혀 지내기를 꿈꾸지만 진정으로 세속 도시의 비속성과, 번잡함, 또는 욕망으로부터 자유롭지 못하다. '하나대 시편'은 어느 평자의 말대로 모더니즘 시적 태도에 전통적인 시 이념의 결합을 보여준다. 그런 점에서 '하나대 시편'은 앞 시대의 시편들과 비교할 때 새로울 것이 없는, 어떤 개성도 드러나지 않는 시라 할 수 있다.

그런데 시인은 이렇게 말을 한다. "「바람부는 날이면 압구정동에 가야 한다」류의 도시시와 「정글어가는 하나대를 바라보며」의 소위 서정시편들이 나의 시적 내면에서는 하나로 보인다."

그렇다면 시인 서정의 동일성을 회복시킬 공간으로서 '하나대'는 압구정동이며 압구정동이 '하나대'일 수 있다. 하여 자아의 균열 속에서 시인은 추억이라는 이름으로 과거를 불러온다. 그것은 구체화된 관념으로서의 '하나대'들이다. 사랑의 스잔나 진추하, 밤을 잊은 그대에서, 졸업의 눈물, 금성 트랜지스터 라디오, 폴 모리아, 질리오라 친케티, 사이몬&가펑클, 모리스 앨버트「진추하, 라디오의 나날」 등은 물신화와 기호화의 세례 속에서 시인의 자기 동일성을 회복시키는 또 하나의 '하나대'이다. 추억한다는 것은 기억하는 것만으로 과거의 것을 현재의 시간에서 살게 하고 뽑힌 뿌리의 근원을 찾게 한다.

이처럼 시인이 꿈꾸는 '하나대'는 과거에 대한 추억이라는 점에서 압구정동과 구별되는 공간의 개념이지만 동시에 현재 · 기억이라는 시간의 연속선상에 놓이는 또 다른 욕망의 근원이기도 하다.

5. 90년대 대중문화의 일상성과 문화 발견

90년대 시들은 사소한 자아의 사소한 일상 속에 침입해 온 권태와 미세한 자본 권력에 대한 악전고투와 환멸의 기록들이다. 함성호의 시와 함민복의 시, 진이정의 시와 유하의 여러 시편들. 재치문답 같은 순간적인 기지와 탄력성 있는 상상력은 자본주의적 현실을 적나라하게 시적 형식과 언어로 드러낸다. 언어들은 속도 위주의 자본주의적 행보를 닮아 있다. 어떻게 보면 깊은 내면 성찰이 결여된 단순히 발 빠른 감각적인 현실만을 포착하는 것이 아닌가 하는 비판도 듣는다. 일상적 현실을 몽타주적 풍경으로 시에 도입하는 방식은 얼핏 시적 진정성을 의심하게 만들기도 한다. 그러나 새로운 현실 응전력에 있어서 새로운 시적 언어의 가능성은 유효한 것임에는 틀림없다.

유하는 90년대의 다원화된 삶이 우리의 일상에 침투하고 있다는 사실을 새로운 시 언어의 가능성으로 보여준다. 언어유희와 문명에 대한 풍자와 아이러니, 키치적인 시어쓰기를 한다는 점에서 뒷골목 문화의 재즈적 자유분방한 글쓰기를 보여준다. 유하는 도시적 문명에 대한 혐오와 환멸 속에서 '하나대'를 꿈꿈으로써 자연으로의 회귀와 정신적 시원의 지대를 이야기하고 있다. 하지만 여전히 그는 도시로 돌아오고 있으며 또 도시를 떠날 수 없다. 그는 도시의 제도권교육에서 학습한 엘리트 문화청년이다. 유하는 도시를 저주하고 문명에 침을 뱉지만 결국 도시로 돌아와 다시 도시 문명의 욕망들에 유혹당하고 동시에 비판하는 키치 중독자이다. 우우거리며 어깨를 껄렁하게 거들먹거리고 도시의 음침한 냄새에 끙끙거리며 욕설을 해대는 도시의 늑대이다.

그는 대중문화를 비판하면서도 도시 속에 숨겨져 있는 창조적 에너지를 발견하려 하는 도시의 재담꾼이다. 도시의 틈새에서 음험한 문명의 추악함을 반성하고 전복하면서 새로운 욕망과 일상의 힘을 일구어내려 한다. 유하 시가 갖는 매력은 소비대중문화의 가장 유쾌한 풍자이며 통쾌한 아이러니라는 데 있다.

시인가, 성적 스펙터클인가

김언희론

엄경희

1. 섹슈얼리티의 변혁과 엽기 텍스트

성 체험이란 가장 사적인 것이기 때문에 예전부터 그것을 보여주거나 혹은 말하는 것이 금기시되어 왔다. 성에 대한 금기를 지속적으로 견지해 올 수 있었던 요인에는 종교적 금욕주의뿐 아니라 인간을 이성적 존재로 규정짓는 도그마의 역할이 컸다. 기존의 세계관은 여타의 다른 생명체와 인간을 구분 짓는 가장 확실한 종차 개념으로 줄곧 이성을 신봉해왔다. 그러나 이성이 욕망을 제어하고 세계를 질서화할 수 있는 인간 정신의 가장 위대한 힘이라는 믿음은 후기산업사회에 접어들면서 흔들리기 시작한다. 이성 중심적 사고가 후기산업사회의 다양한 문제들을 근원적으로 해결할 수 없다는 회의감에 따라 인간에게 부여되었던 이전의 신뢰와 가치는 삼엄한 검문의 대상이 된 것이다.

이처럼 이성에 대한 회의감과 더불어 그간 억압되어 왔던 '신체'의 의미를 강조하고 있는 것이 현대 사회의 문화 특징 가운데 하나이다. 이성 중심적 사회에서 억압되고 도구화되었던 신체는 한낱 정신의 그릇이 아니라 삶의 의미를 생성해내는 보다 직접적인 진리의 현현 방식으로 의미화된다. 이러한 현상 속에서 보다 솔직하고 대담한 몸의 언어는 그간 은폐되어 왔던 존재성을 폭로함으로써 밀담으로서의 성을 공론화한다.

성의 공론화는 한편 기존의 섹슈얼리티의 구조적 변화에 따른 것이기도 하다. 친족관계나 출산, 결혼 등으로부터 끊어져 나온 조형적 섹슈얼리티plastic sexuality는 성의 개방을 촉진했을 뿐 아니라 도착과 변태, 엽기로 치부되었던 것들, 그리고 호모섹슈얼이나 레즈비언 등 비정상적인 관계로 치부되었던 것들을 다원주의라는 새로운 영역으로 대체시켰다. 이러한 사회적 분위기 속에서 성에 관한 공공연한 탐색은 이제 어색한 일이 아니라 일상의 한 범주로 자리 잡고 있다. 그 양상은 페티시즘fetishism적 경향에서부터 인간의 근원성을 묻는 실존적 맥락에 이르기까지 다양한 수준으로 전개되고 있다. 예를 들어 대중문화 곳곳에 침투해 있는 성적 스펙터클spectacle이 상품 미학의 기수로서 자본 시장의 중요한 에너지원이 되고 있음은 물론이요, 예술의 영역에서도 성은 중요한 소재거리일 뿐만 아니라 시대 의식을 표출할 수 있는 중요한 상징물로 부상하고 있는 것이다.

우리 시에서 성담론은 특히 여성 시인들의 작품을 통해서 빈번하게 드러나는데, 김혜순, 김승희, 고정희, 최승자 등은 각각 독자성을 지니면서 한편으로는 자신들의 삶과 고통을 신체 언어를 매개로 드러내고 있다는 점을 공유한다. 이들은 기존의 섹슈얼리티에 저항하거나 사회적 금기를 위반함으로써 우리 시대의 새로운 어머니로서, 때로는 악녀나 마녀로서의 역할을 당당하게 수행해내고 있는 전복적 사고의 소유자들이다. 여성시가 보여주고 있는 성담론은 사회적 관계 속에서 여성의 정체성을 물음하는 페미니즘 운동과의 강한 연대성을 띠고 확산된 것이면서, 동시에 이리가레이Irigaray의 지적처럼 생리, 출산, 수유와 같은 몸의 변화를 직접 경험해야하는 여성들이 남성들에 비해 '접촉'에 의한 촉각 중심적 육체적 텍스트에 더 본질적으로 밀착되어 있기 때문에 나타나는 것이기도 하다.

그러나 시 양식을 통해서 표출되고 있는 성담론이나 성을 모티브로 한 특정 주제가 모두 진정한 의미를 생산해내고 있는 것은 아니다. 때로 과도하게 성을 남용하거나 왜곡시킴으로써 오로지 생물학적 존재로 인간을 가차 없이 폄하시키거나 혹은 인간의 삶의 구조를 지나치게 단순화시키는 병적 징후가 발견되기도 한다. 김언희의 시가 그 대표적인 경우이다. 김언희의 시는 거의 대부분이 거리낌없이 노출된 육체적 텍스트라 할 수 있다. 그의 첫 번째 시집 『트렁크』1995와 두 번째 시집 『말라죽은 앵두나무 아래 잠자는 저 여자』2000에 파종된 언어들은 유래 없을 만큼 과격하게 신체를 사실화할 뿐 아니라 인간의 육체가 지닌 아름다움을 철저히 배제한다. 그리고 구강, 항문, 성기만으로 인간의 신체를 축소시킴으로써 인간의 존재론적 의미를 비천한 영역에 감금시킨다. 일반인들의 온건한 상상과 기대감을 가차 없이 뭉개버리고 피와 고름, 정액과 타액, 그리고 똥으로 질척이는 타자와의 관계를 그려내고 있는 김언희의 시세계는 섬뜩하고 음란하며, 기괴하고 추하다.

이와 같은 김언희의 시를 대하는 독자는 보상케Bosanquet가 말한 "감상자의 약점"을 여지없이 경험하게 된다. 보상케는 추란 난해한 미를 간직하고 있는데 그것은 기실 복잡하게 얽혀 있음과 더불어 많은 감상자들이 지속할 수 없는 강한 정서적 긴장을 유발하기 때문이며, 대상이 관습적으로 존재하는 믿음을 따르지 않기 때문이라고 설명한다. 이러한 감상자의 의식성은 약점인가 아니면 당연한 것인가의 여부는 차치하고 김언희의 시가 서정시에 대한 기대지평뿐 아니라 일반인들의 도덕적 가치와 강하게 충돌하고 있는 것만은 사실이다. 불편하기 그지없는 과장과 왜곡으로 시인은 독자의 친숙한 현실을 맹렬히 파괴함으로써 독자로 하여금 분노, 경멸, 모욕, 공포, 불쾌, 불안, 역겨움 등의 심리에 시달리도록 유도한다. 이는 때로 그의 시로부터 방어적 태도를 취하도록 하는 데까지 나아가기도 한다.

김언희 시에서 독자로 하여금 극도의 부정적 감정을 일으키게 하는 요인은 일차적으로 시적 의미보다는 시의 표면을 덮고 있는 엽기적 이미지들이다. 이질적인 것들을 혼합하거나 충돌시키는 방식을 통해서 시인은 비인간화된 신체의 카니발을 연출하고 있는데, 예를 들어 "말랑말랑한 이빨로 / 내 머리를 씹는, 옴쭉 / 옴쭉 나를 / 삼키는 구멍"「황혼이 질 때면」, "낡아빠진 침대 스프링이 / 저 혼자 삐걱이며 자위를 하고"「HOTEL ON HORIZON」, "코스모스 꽃잎 하나 당겨본다…… 질겨빠진 고무줄의 음순"「비디오 가을」, "활짝 핀 종이 개나리들이 / 바싹 마른 음핵을 / 침을 묻혀가며 문질러대는 대낮의 오나니"「저, 옐로우 하우스」, "귀 떨어지고 / 코 떨어지고 / 혀 떨어지고 // 자지가 / 대가리에 옮겨붙은 놈"「이따만한」, "자궁의 목구멍에 아버지가 걸려 있다 / 하수구에 걸린 슬리퍼처럼"「가족극장, 삭망朔望」 등에서 보이는 이질적 이미지의 비정상적인 결합은 혐오스럽고 불결한 성 이미지로 독자를 자극한다.

불일치, 소름끼침, 경악스러움, 섬뜩함, 불길함을 유발시키는 김언희 시의 낯설음은 곧바로 그로테스크Grotesque 미학과 만나게 되는데 그러나 그의 시에는 그로테스크 미학의 핵심이 되는 유머와 그 유머가 생성시키는 탄력의 묘미가 결여되어 있다. "속창 빠진 나를 / 하느님 / 꽈리 / 부시네" 「꽈리 부시네」, "침과 거품으로 뒤덮인 시의 돼지 주둥이" 「0시의 부에노스 아이레스」, "나비가 날아간다…… 좆이 / 덜렁덜렁한다" 「봄은 똥밭이네」, "내 머리 속을 털 난 구름이 되어 지나가는 / 노 브라 노 팬티의 / 시" 「털 난 구름」 등 간혹 당혹스러운 농담이 발견되기도 하지만, 그의 시에서 이러한 농담과 희화적 이미지는 곧바로 공포의 용광로 속에 녹아버리고 말기 때문에 어떤 해방감을 주기보다는 대부분의 경우 공포감을 더욱 증폭시키는 역할로서의 의미가 더 강하다. 공포의 용광로 속에 끓고 있는 이미지들은 삶에 대한 깊이 있는 통찰로 이어지지 못하고 인간은 다만 서로가 지옥은 만들어내는 욕망의 고깃덩이라는 단순한 의미만을 반복 생산할 뿐이다. 이처럼 기괴한 이미지들이 은폐하고 있는 의미의 허방이 그의 시를 실패로 이끄는 가장 큰 요인이기도 하다. 따라서 주로 기괴한 공포감과 그를 통해 인간적 유대를 비인간적 차원으로 전이시키고 있는 김언희의 시는 부조리한 삶과 맞서는 전위적 그로테스크라기보다 기괴함만을 탐닉하는 엽기 텍스트라 할 수 있다.

엽기는 현대인들의 권태적 심리를 가장 잘 드러내고 있는 문화 현상 가운데 하나이다. 충격적이고 자극적인 그리고 새로운 것을 생산하고 소비하려는 후기산업사회의 병적 욕구는 기괴한 이미지에 사로잡히길 좋아한다. 그렇기 때문에 현대인들에게 엽기는 기괴한 것이라기보다 흥미롭고 즐거운 것이라는 긍정적 의미로 사용되기도 한다. 영화, 만화, 포르노그라피 등에 이미 널리 유포되어 있는 엽기는 키치가 과거의 다양한 양식을 모방, 위조하여 통속적인 싸구려 문화를 대량 생산한 것과 마찬가지로 대중적 취향과 야합된 또 하나의 문화 목록이다. 엽기적 상품들은 권태에 빠져 있는 대중을 현혹시키고 광적인 정서로 몰아넣음과 동시에 대중의 기호를 유도하고 조작해낸다. 요즘 엽기 사이트가 폭발적인 인기를 끌고 있는 이유도 이 때문이다.

김언희의 시 또한 이러한 문화 현상 가운데 일부로 보인다. 왜냐하면 그가 엽기 텍스트를 통해서 그려내고 있는 기괴한 세계의 이면을 뒤져보면 '폭력적 세계는 숙명적인 것이다'라는 실체가 없는 추상성과 마주치게 되기 때문이다. 또한 그의 시에는 그러한 세계에 대한 무비판적 사고가 팽배해 있을 뿐만 아니라, 인간을 다만 욕망의 고깃덩어리로 축소시키는 포르노그라피적 환상의 그늘이 드리워져 있기 때문이다. 그의 시는 잔혹하고 야만적인 세계를 기상천외한 이미지로 그려내고 있지만 그것이 함축하고 있는 의미는 기실 단순하기 그지없다. 그런 의미에서 김언희의 시는 공허한 현대인들에게 매혹적 스펙터클을 제공해 온 천박한 자본주의자들의 생산품과 닮아있다.

2. 에로스의 죽음, 독백으로서의 몸

김언희 시에 가장 많이 등장하는 인물은 주체할 수 없는 '욕망의 고깃덩이'들이다. 그 욕망의 고깃덩이들은 일차적으로 성적 행위에 몰입되어 있는 성 중독자이거나 색광의 얼굴을 하고 있다. 그들은 배고픔의 신에게 붙들린 에릭직톤처럼 거대한 허기증을 몸속에 담고 있는 강박적 존재들이다. 중독에 의한 강박행동이란 의지력으로 멈출 수 있는 것이 아니기 때문에 자기 통제나 자율이 불가능한 상태 속에서 이루어진다. 김언희의 시에 등장하는 색광들 역시 오로지 '한다'라는 동사에 예속되어 있는 오토머신적 인간들이다.

> 한다
> 한시간이고
> 두시간이고한다
> 물을먹어가며한다
> 하품을해가며꾸벅꾸벅
> 졸아가며한다
> 한다깜빡
> 굴러떨어질뻔하면서그는
> 그가왜하는지
> 모른다무엇
> 과,하고있는지도
> 부르르진저리를치면서그가
> 한다무릎과팔꿈치가벗겨지면서이제는
> 목을졸라버리고싶지도
> 않으면서,한다
> 한다밤새도록걸어서다니는침대위에서
> 칠십네바늘이나꿰맨그가

죽다살아난그가

한다한다

한다천번이넘는

—「한다」 전문

'무릎과팔꿈치가벗겨지면서', '죽다살아난그가', '왜하는지', '무엇 / 과,하고있는지도' 모르면서 '한다'. '그'의 이러한 행동은 과도하다는 인상을 넘어서 공포스럽기까지 하다. 그것은 '그'가 비인간적인 느낌으로 형상화되어 있기 때문이다. 더 정확히 말해 '그'에게는 몸 이외의 것은 존재하지 않는다. 인간의 본질적 요소인 사유라든가 감정이라든가 하는 것들이 '그'에게는 없다. '한다'의 맹목성을 반복하는 기괴한 에너지의 덩어리, 그것은 인간도 동물도 아닌 괴물이다. 이때 띄어쓰기가 고의적으로 배제되어 있는 이 시의 빠른 리듬은 '한다'라는 동사의 주체를 물리적 감각의 층위로 육체화한다.

광기적인 집착과 자기 파괴적 몰입 속에서 '그'는 왜 하는지 무엇과 하는지 모른다. 그에게는 행동의 의미성과 행동을 유발시키는 대상성이 진공상태로 비어있는 것이다. 이러한 그의 행위는 육체와 정신의 상호작용에 의해 이루어지는 '에로스'와는 거리가 멀다. 에로스가 지향하는 육체와 정신의 통합 방식은 무엇보다 대상의 가치나 의미를 강조한다. 그것은 간단하게 말해 누구를 사랑한다는 감정의 충일성과 관계된다. 그런 면에서 에로스는 대화적 관계 방식이다. 반면 이 시에서 '그'의 행위는 대화적인 것이 아니라 독백적이다. 성性 독백은 대상과의 접촉과 그 접촉이 파생시키는 의미에는 관심이 없다. 오직 자신의 욕망을 실현시키는 데 목적이 있다. 따라서 '그'의 상대는 사물 이상의 의미를 갖지 못한다. 시인은 '그'의 성적 상대를 시의 표면에서 아예 지워버린다. 이처럼 대상에 대해 무관심한 성 독백은 그 자체로 상대에게는 가학적이며 폭력적인 것이다. 우리가 일반적으로 말하는 포르노그라피는 에로스적 대화를 제거한 채 성 독백으로 가득한 육체의 이미지로 이루어진다. 그런 의미에서 이 시의 기저는 포르노그라피적 상상력과 긴밀한 관련을 갖는다.

김언희의 포르노그라피 속에 가장 많이 등장하는 색광은 '아버지'이다. '그'라는 이름을 '아버지'라는 이름으로 바꾸면서 김언희는 보다 복잡한 의미망 속에서 자신의 시를 읽어 줄 것을 간접적으로 요구한다. 왜냐하면 익명의 '그'와는 달리 '아버지'는 결코 '나'와 무관할 수 없는 존재이며 '뿌리'와 관련된 원형성을 함의하기 때문이다. 그런데 그런 아버지가 그의 시에서는 무지막지한 성 탐닉자로 등장하고 있는 것이다.

거울 속의
아버지, 새빨간
패티큐어를 하고, 아이,
꽃만 보면 소름이 져요, 허리를
꼬는 아버지, 과부가
된 아버지,
생리중인 아버지,
시뻘건 아버지의 음부, 아버지의
질, 하룻밤에 여든여덟 체위로
내 남자와

하는,

빗자루 손잡이와 그짓을 하고, 자동차 뒷자리에서 스무켤레의 구두와 하고, 유리상자 속에서 왕뱀과 동거를 하는,

아버지이, 아버지의 목청으로 부르르 나를
부르는 아버지

—「가족극장, 과부가 된 아버지」 전문

이러한 시를 우리는, 아니 우리의 정서는 어떻게 받아들여야 하는가? 남성 동성애자인 패곳faggot으로서의 아버지, 색광으로서의 아버지, 여자의 몸을 한 기괴한 아버지. 이러한 '아버지'를 탐욕에 눈이 먼 권력자로, 혹은 남성 이데올로기의 문화적 상징으로 해석하고, '아버지'는 이 시대에 탄핵해야 마땅할 존재라 생각하며 텍스트를 덮으면 되는가? 이 시를 자세히 읽어보면 그렇지 않다. 그의 '아버지'가 문화적 상징으로서의 '아버지'라면 문화적으로 억압되었던 '어머니'가 대응을 이루어야 하는데, 그러한 맥락은 별로 드러나 있지 않다. 뿐만 아니라 이 시에서 '새빨간 페티큐어', '생리', '시뻘건 음부' 등 여성적 이미지와 관련된 시어들 또한 음란함을 불러일으키는 장치로 사용되고 있다. 여기에는 아버지로 대변되는 남성뿐만 아니라 여성에 대한 혐오감도 함께 내포해 있는 것이다. 따라서 김언희의 시는 여성 대 남성의 문제가 아니다.

이를 통해 볼 때 김언희의 시에 반복적으로 등장하는 '아버지'는 권위의 주체도 검열관으로서의 억압자도 아니다. 다만 '색광'일 따름이다. '빗자루

손잡이와 그짓을 하고, 자동차 뒷자리에서 스무켤레의 구두와 하고, 유리 상자 속에서 왕뱀과 동거를 하는' 아버지는 어떠한 것도 가리지 않는 광적인 성 중독자며 성 독백자인 것이다. 그리고 그 색광의 모습은 「가족극장, 나에게 벌레를 먹이는」, 「가족극장, 코 없는 콧구멍으로」, 「가족극장, 삭망朔望」 등의 시에서 하나같이 시적 화자(딸)와의 성적 관계를 통해 구체화된다. '딸'을 겁탈하는 '아버지'의 모습 역시 여성을 억압하는 문화적 상징으로 반복 오인하게 하는 요인이기도 한데, 김언희의 시에 자주 등장하는 '딸' 또한 '아버지'와 동일하게 폭력적인 인물이다.

여기서 또 하나 생각해 볼 것은 '색광'을 대변하는 '아버지'라는 이름이 「아버지」, 「HOTEL ON HORIZON」, 「아버지, 아버지」, 「아버지의 자장가」, 「벗겨내주소서」, 「가족극장, 문고리」 등 많은 시에서 자주 반복됨으로써 그 아버지가 친족관계의 아버지로 읽혀지기까지 한다는 점이다. 특히 '가족 극장'이라는 제목 하에 등장하는 아버지를 통해서 시인은 가족의 일원으로서 '아버지'를 강조하기도 한다. 이러한 의도적 장치는 언어의 지시적 기능으로부터 자유로울 수 없는 독자를 고스란히 모독하는 효과를 얻어낸다. 하나의 단어가 일정한 시적 구조 속에서 전혀 다른 이차적 의미를 생산해 내기도 하지만, 그러나 언어가 가지고 있는 지시성을 완전히 벗어날 수 없음 또한 사실이다. 김언희의 시에서 동일 단어의 반복 작용은 지시적 의미를 환기함과 동시에 그것을 더 강하게 고착시키는 역할을 하기 때문에 독자는 색광과 아버지를 동일시해야하는 불쾌한 감정에 빠지게 되는 것이다. 포르노그라피가 아름답기 때문에 사람의 시선을 끌어들이는 것이 아니듯이, 이러한 혼란은 적어도 독자에게 충격을 주어 그의 시선을 사로잡는데 성공할 수 있는 것으로 보인다.

김언희의 시에서 아버지에 비해 아주 적은 횟수로 등장하지만 '어머니' 또한 아버지와 별반 다를 바 없는 색광으로 그려진다.

살진 어머니가
천천히
벽 위를 기어 내려오시네, 어머니는 결코
서두르시는 법이 없네, 어마어마한
어머니의 둔부, (누가
이 궁둥이의
음탕한
움직임을 거역할 수 있을까), 나는
어머니하고
해야
하네, 구불텅거리는
뱀의 침대 위에서 어머니하고,
사백 살 먹은 어머니의
네 개나 되는 위를
채워주어야 하네,
마흔 개나
되는 음부를
채워주어야만 하네

—「가족극장, 살진 어머니」 전문

네 개나 되는 위와 마흔 개나 되는 음부를 가진 '어머니'는 우리의 의식 속에 각인되어 있는 보편의 어머니 상을 압살해버린다. 이 시에 등장하는 어머니는 대식가이며, 끊임없이 색을 밝히는 매음녀이다. 김언희의 다른 시 「가족극장, 중절되지 않는」에서도 "탯줄에 매달려 어머니 쪼록쪼록 나를 / 빨아먹는다 내가 / 쭈글쭈글해진다"와 같은 구절을 발견할 수 있다. '나'는 그러한 어머니의 무시무시한 욕망의 먹이로서 어머니하고 해야하는, 아니 해줘야하는 예속적 존재이다. '나'라는 존재의 의사나 감정과 무관하게 어머니의 욕망을 채워주어야 한다는 강압적 상황은 독백적 관계 양태를 그대로 드러낸다. 그렇기 때문에 앞서 살펴본 '그'나 '아버지'와 마찬가지로 '어머니'에게 접촉의 의미나 접촉의 대상은 문제가 되지 않는다. 중요한 것은 욕망을 채우는 일이다. 이러한 '어머니'의 모습이 상징하고 있는 것처럼 김언희의 시에는 근원으로서의 아니마에 대한 몽상이 완전히 제거되어 있다.

「가족극장, 살진 어머니」에서처럼 강요된 근친 섹스가 김언희 시에서는 매우 큰 비중을 차지한다. 근친상간, 특히 부모와 자식 간의 성교는 모든 성적 행위 가운데 가장 완강하게 금기시되고 있는 부분이다. 굳이 오이디푸스의 비극을 끌어들이지 않더라도 그것은 상상만으로도 죄를 짓는 기분을 들게 한다. 그렇다면 이와 같은 근친상간의 독백적 스펙터클을 반복적으로 연출하고 있는 김언희의 의도는 무엇인가? 그는 인간의 본질을 '욕망'으로 파악한다. 삼인칭으로서 '그'뿐만 아니라 '나'의 뿌리인 '아버지'와 '어머니'까지 모든 인간은 근원적으로 욕망의 덩어리인 것이다. 이러한 맥락에서 본다면 '욕망'의 태반 속에서 생겨난 '나' 또한 다름 아닌 욕망의 덩어리일 수밖에 없다. 여기에는 '한다'라는 동사 이외의 것을 전혀 인정하지 않으려는 부정적이고도 숙명적인 인간관이 자리 잡고 있다.

따라서 '한다'라는 동사는 '싸우다'와 동일한 의미이며, 이는 싸움이 삶의 필연적 전제라는 논리를 만들어낸다. 김언희의 또 다른 시 「태어나보니」에서 "육회와 수육 / 창창한 / 肉切機의 세월이 기다리고 있다고 // 정다운 갈고리 아버지 / 나를 꿰어 들고 / 계셨어요"라는 고백을 볼 수 있는데 이는 부조리한 세계가 '나'와의 관계에 의해 만들어진 것이 아니라 숙명적으로 전제된 것임을 나타낸다. 그런데 인간은 이 세계에서 다만 '食肉'으로 태어나고 존재한다는 숙명론적 인식은 막연하고도 추상적인 관념성을 드러낼 뿐만 아니라 세계의 복잡성을 아주 단순화시켜버리는 것이기도 하다. 즉 폭력을 생산해내는 권력의 다양성을 인정하지 않음으로써 세계에 대한 비판 의식을 원천적으로 봉쇄하고 있는 것이다. 그러나 과연 세계의 모든 악을 인간의 본질로 환원시킬 수 있는가. 특정 개체가 갖게 되는 막연한 숙명론은 어쩔 수 없는 것이기도 하지만 독자의 입장에서는 적어도 그것이 '진실'인가 아니면 개인사가 만들어낸 사적 관념에 불과한 것인가 생각해 보지 않을 수 없다. 인간의 위대성이나 가능성을 애초부터 포기하고 있는 김언희의 관념적 구도는 세계에 대한 새로운 해석을 불가능하게 하며, 따라서 창조적 주체의 능동성을 소거시킨다. 그에게 진보적 삶에 대한 믿음은 허위일 뿐이다. 그의 시가 무비판적이고 무반성적인 채 인간 군상의 잔인한 드라마를 끊임없이 반복하는 이유도 여기에 있다. 이처럼 극단적 비관론 속에는 독백하는 몸만이 존재할 수밖에 없으며 인류가 오랫동안 지향해 왔던 에로스는 질식할 수밖에 없다.

3. 폭력의 순환성

욕망의 덩어리로 인간을 인식할 때 그들의 관계를 상징적으로 드러내는 성이 추악한 폭력의 양상으로 귀결되는 것은 당연한 논리이다. 이때의 성, 혹은 타자와의 접촉이나 관계 방식은 일방적으로 주관화될 수밖에 없다. 그렇기 때문에 객관으로서의 대상은 주관을 실현시키기 위한 도구적 가치 이상일 수 없다. 접촉 대상의 육체는 훼손되거나 해체됨으로써 상대의 물리적 힘의 작용력을 드러낸다.

너는 나를 뿌려진 나를 밟고 간다 즈려밟는 발이 내 몸속에 푹푹 빠진다 오오 진달래 꽃빛으로 뭉그러진 살이 네 발에 엉겨붙는다 황황히 너는 발을 뽑는다 한쪽 발이 더 깊이 박힌다 뿌려진 눈 뿌려진 코 뿌려진 입으로 밟힌 꽃의 내장이 비그러져 나온다

오오 나, 보기 역겨워

역겨운 역겨운 역겨운 노래를 부른다 눈구멍 콧구멍 귓구멍으로 내장을 몰고

오오, 영변 약산

얼굴이 있어야 할 자리에
구두 한 짝이 박혀 있다

염통이 있어야 할 자리에

구두 한 짝이 박혀 있다

—「역겨운, 역겨운, 역겨운 노래」 전문

금방 알 수 있듯이 이 시는 김소월의 「진달래꽃」을 패러디하고 있는 작품이다. 「진달래꽃」의 처연함 위에 시인은 '역겨운 노래'를 덮어씌운다. '진달래꽃'을 즈려밟힌 '나'의 신체로 전이시킴으로써 님에 대한 애절함이나 그리움보다는 훼손된 육체의 추한 몰골을 강조함과 동시에 고전적 사랑의 방식을 아름다움이라고 여겨왔던 믿음을 와해시킨다. 따라서 '님'은 더 이상 눈물 흘리며 보내야하는 흠모의 대상이 아니라 '나'를 짓밟는 가해자인 것이다. 즉 이 시인이 강조하고 있는 것은 '진달래꽃'으로 승화된 이별의 슬픔이 아니라 '님'의 폭력성인 것이다. 이때 죽처럼 엉겨있는 신체에 박혀있는 '구두 한 짝'은 '너'의 발길질을 물질화함과 동시에 '너'의 부재를 가시화하는 이미지로써 비천하게 전락해버린 너와 나의 관계를 증명해주는 상징물이다.

이 시에서처럼 김언희의 시에 등장하는 타자는 행복한 동반자가 아니라 언제나 폭력적 존재로 의미화된다. 예를 들어 "의자였는데 / 내가앉으니도마였다 / 베개였는데 / 내가베니작두였다"「의자였는데」라든가 "얼음톱밥에 / 삶은 피를 끼얹어 먹는 팥빙수"「얼음여자」와 같은 구절이 환기하는 잔혹한 삶의 구도가 이를 말해준다. 그런데 더 중요한 것은 시적 화자로 등장하는 '버림받은 자' 또한 때론 박해자의 잔인한 얼굴로 등장한다는 것이다. 즉 세계와 타자는 폭력적 가해자이고 '나'는 폭력의 희생자라는 도식을 김언희는 거부한다. 그의 시에 나타나는 시적 화자는 폭력의 희생자이면서 동시에 폭력의 막강한 행사자이기도 하다. 「겸상」은 그런 의미에서 「역겨운, 역겨운, 역겨운 노래」와 대응되는 작품이라 할 수 있다.

더운 밥 한 그릇 잘 먹고 온 사람에게
쉰밥 한 그릇 권한다
밥상보 둘러쓰고
저 혼자 쉬어터진 쉰밥 한 그릇 자꾸 권한다
쉬어터진 밥알과 밥알 사이 실곰팡이 허이옇게 늘어지는
손가락 사이가 쩍쩍 들어붙는 희미한 옛사랑의 그림자 한 그릇
꾸역꾸역 권한다
둘이 먹다 하나가 죽어도 모른다고
냉장고 속에서 막 꺼낸 얼음밥 한 그릇 또 권한다
밥주발 가장자리 말라붙어 찌르는 회한의 밥풀
남김없이 긁어 먹자고 둘이
먹다가 하나가
죽자고 죽은 줄도 모르고
마주앉아 썩어가자고

'희미한 옛사랑의 그림자'라는 표현에서 감지할 수 있듯이 이 시는 버림받은 자의 미련과 증오의 감정을 '쉰밥', '얼음밥'으로 비유하고 있는데 여기서의 밥먹이기는 버린 자를 학대하는 행위로 볼 수 있다. 이 시 또한 서정주의 「春窮」을 패러디 한 작품으로 보여지는데 서정주는 「春窮」에서 '보름을 굶은 아이'의 결핍을 '보름을 더 굶은 아이', '또 보름을 더 굶은 아

이'로 증폭시켜감과 동시에 이를 극복해 가는 정신적 힘의 작용을 '밥상을 받은 듯', '겸상한 양', '인제는 다 먹고 난' 등으로 비례화하고 있다. 이러한 대비는 빈곤과 굶주림을 풍요로 뒤바꿔 놓으려는 서정주의 지향을 드러낸다. 반면 이 시는 타자에 대한 보살핌과 애정으로서의 밥먹이기가 아니라 상대를 고문하는 밥먹이기라 할 수 있다. 밥먹이기는 곧 '배 터져 죽이기'라는 폭력적 상황을 만들어냄으로써 풍요가 아닌 결핍의 아이러니로 치닫고 있는 것이다. 이는 버림받음이라는 결핍을 더 큰 결핍으로 몰고 가려는 파괴적 심리를 내포한다. 김언희의 상상력은 이처럼 삶의 부정적 요인들을 극복해 가려는 정신의 힘보다는 그것과 함께 자멸하고자 하는 인간의 파괴적 심리에 기반해 있다.

김언희 시에서 이와 같은 순환적 폭력은 독백하는 몸의 '욕망 채우기'로 거듭 회귀한다. 즉 폭력과 '욕망 채우기'는 등가의 의미인 것이다. 가장 극단적인 몸의 독백이 '하다'의 몰입이며, 그것은 그의 시에서 '먹다'와 동일어로 사용되기도 한다. 「아버지의 자장가」는 그러한 작품들 가운데서도 가장 잔혹함을 보여주는 예라 할 수 있다.

이리 온 내 딸아
네 두 눈이 어여쁘구나
먹음직스럽구나
요리 중엔
어린 양의 눈알요리가 일품이라더구나

잘 먹었다 착한 딸아

후벼 먹힌 눈구멍엔 금작화를
심어보고 싶구나 피고름이 질컥여
물 줄 필요 없으니, 거
좋잖니……

어디 보자, 꽃핀 딸아
콧구멍 귓구멍 숨구멍에도 꽃을
꽂아주마 아기작 아기작 걸어 다니는
살아 있는 꽃다발
사랑스럽구나

이리 온, 내 딸아
아버지의 바다로 가자
일렁거리는 저 거대한 물침대에
너를 눕혀주마
아버지의 바다에, 널
잠재워주마

이 시에서도 김언희 특유의 '질척거림'은 정서와 감각을 자극함으로써 독자를 견딜 수 없는 공포 속으로 밀어 넣는다. '아버지'의 부드럽고 섬뜩한 어조 속에서 자행되는 이 살해 장면은 그야말로 엽기적이다. '금작화'의 악마적 이미지는 파헤쳐진 육체와 대비를 이루면서, 이미 생명을 박탈당한 육체를 더욱 비생명적인 것으로 전경화foregrounding한다. 이와 같이 이질적 이미지의 충돌에 의해 발생하는 부조리함은 '아버지'의 야만적 가학성을 폭로하는 데 기여한다. 그리고 여기서 '거대한 물침대'는 '먹다'라는 행위가 '잠재우다', '水葬하다'로 이행해 감을 뜻하기도 하지만, 이는 '아버지'의 욕망이 식욕에서 성욕으로 전치되고 있음을 암시하기도 한다.

'먹다', '먹히다'에 의한 타자와의 관계 방식은 인간 존재의 의미를 '음식'과 등가의 것으로 치환시킨다. 따라서 인간은 그것이 주체이든 타자이든 관계없이 모두가 먹고 먹히는 욕망의 덩어리로 의미화될 수 있다. 이는 김언희 시에서 반복적으로 나타나는 양상인데 특히 性的 모티브를 끌어오고 있는 시에서 더욱 지배적으로 드러난다. "당신의 음경에 꼬치 꿰인 채 / 뜨거운 전기오븐 속을 / 빙글빙글빙글 / 영겁회귀 / 돌고 돌께요 간도 / 쓸개도 없이"「늙은 창녀의 노래 2」, "마늘 대신 쑥 대신 당신 / 당신을 집어넣고 / 통째 우겨넣고 / 끓는 기름의 고요 / 속으로 투신하고 싶어"「늙은 창녀의 노래 1」, "탱탱한 비닐 정조막을 덮어쓰고 / 비늘 친 알몸으로 당신의 / 식욕을 기다린다"「거두절미」 등이 그 예이다. 이처럼 성적 대상을 음식으로 비유하는 발상은 속담과 속언에서 자주 발견되는 아주 보편적인 은유 방식이라 할 수 있다. 이러한 비유의 방식은 인간의 가치를 조금도 인정하지 않는, 그럼으로써 인간 존재를 비하하려는 의식의 소산이다. 즉 육체의 극단적인 물신화가 음식으로 표현되고 있는 것이다.

「아버지의 자장가」에서 보여지는 것과 같은 폭력적 아버지의 모습이 김언희 시에서 매우 빈번히 반복되기 때문에 독자는 자칫 '나'를 아버지의 희생물로만 오해할 소지가 있다. 그러나 그의 시에서 폭력의 양상은 언제나 상호적이다. 아버지가 '나'에게 가해자이듯 '나' 또한 한 욕망의 덩어리로서 아버지를 가해한다. 그리고 그 잔인함의 정도도 비슷하다.

이리 와요 아버지 내 음부를 하나 나눠드릴게 아니면 하나 만들어드릴까 아버지 정교한 수제품으로 아버지 웃으세요 아버지 아버지의 첫날밤 침대맡에는 일곱 어머니의 창자로 짠 화환이 붉디 푸르게 걸려 있잖아요 벗으세요 아버지 밀봉된 아버지 쇠가죽처럼 질겨빠진 아버지의 처녀막을 찢어드릴게 손잡이 달린 나의 성기로 아버지 아주 죽여드릴게 몇 번이고 아버지 깊숙이 손잡이까지 깊숙이 아버지 심장이 갈래갈래 터져버리는 황홀경을 아버지 절정을 아버지 비명의 레이스 비명의 프릴 비명의 란제리로 밤단장한 아버지 처년 척하는 아버지 그래봤자 아버진 갈보예요 사지를 버르적거리며 경련하는 아버지 좋으세요 아버지 아버지로부터 아버지를 뿌리째 파드릴게

—「가족극장, 이리와요 아버지」 전문

앞서 「가족극장, 과부가 된 아버지」에서 보았듯이 '딸'로 등장하는 김언희의 시적 자아가 아버지를 매질하는 방식은 아버지를 여자로 만들어버리는 것이다. '정교한 수제품'으로 만들어진 '쇠가죽처럼 질겨빠진' 처녀막'을 가진 아버지는 처녀가 아닌 갈보이며, 위선적이고 기만적인 존재이다. 그 '아버지'의 근성을 뿌리째 뽑기 위해 '나'는 '음부'가 아닌 '손잡이 달린' 딜도[•]로 전환된다. 여기서 주목해야 할 것은 '아버지'를 증오하는 시적 자아가 아버지적인 신체와 근성으로 되돌아가고 있다는 점이다. '나'는 아버지를 죽이기 위해 다시 아버지가 되고 있는 것이다. 즉 '나' 또한 '처녀'의 순수성으로 아버지에게 대응하는 것이 아니라 '나'를 가학했던 아버지의 방식으로 대응하고 있는 것이다. 찢어드릴게, 죽여드릴게, 뿌리째 파드릴게 등의 동사로 증폭해 가는 '나'의 가학성은 아버지의 위선을 탄핵하고 공격

• dildo : 대용 남근

하는 것이면서 동시에 '내'가 아버지를 닮아 가는 과정이기도 하다. "내가, 아버지의 / 아가리에 / 똥을 / 쌀 / 차례죠……"「가족극장, 문고리」, "쥐덫 속에 / 아버지를 / 기르고 꼬리를 / 자르고 웃었어"「가족극장, 쥐덫 속에」와 같은 구절에서도 '아버지'와 닮아있는 가학 충동을 발견할 수 있다.

김언희의 시에 등장하는 인물들은 모두가 폭력적이다. 즉 모두가 상대를 먹어야하는 욕망의 덩어리이며, 이 욕망의 덩어리들은 끊임없는 투쟁의 관계를 통해서 자신의 삶을 구축해 가는 부정적 인물들이라 할 수 있다. 가학과 피학만이 악순환 하는 지옥의 드라마 속에는 출구가 없다. 서로를 매질하는 '가족'이 있을 뿐이다.

4. 배설의 추학

욕망은 근원적으로 소비와 친족적이다. 거대한 결핍으로 비어있는 신체는 끊임없이 '나' 아닌 것으로 '나'를 채워가야 한다. 이러한 과정이 폭력의 악순환을 만들어낸다면, 이 악순환 속에서 만들어지는 또 하나의 욕망은 '배설'이다. 따라서 '먹다'와 '싸다'는 한통속인 것이다. 김언희의 시가 욕망의 덩어리로서 인간 존재를 규정하고 있다면 그 존재들이 배설의 생리를 탐닉하게 되는 것 또한 당연한 귀결이기도 하다. 김언희의 시에는 '하다'나 '먹다'뿐 아니라 '싸다'를 반복하는 인물 또한 빈번하게 등장한다.

장바구니를 들고 오늘은 또 무엇을

똥으로 만들어줄까
미나리 상추 쑥갓
바지락 피조개
펄펄 뛰는 저 도다리란 놈을 똥으로
만들어버려……?
항문을 쩝쩝 다시며 지나가는
과일전 좌판 위에
황도 백도 천도 복숭들
등천하는 저 향기를 구린내로
저 신선한 과육들을
똥으로 만들어버리는 무서운
분뇨의 회로 나를
거치면 모든 것은 왜
심지어 당신, 심지어
하느님까지, 내게서
나오는 것은
왜 모조리

—「왜, 모조리」 전문

모든 것을 '똥'으로 만들어버리는 혐오스러운 존재로서 '나'는 위대한 정신의 창조자로서의 인간과는 전혀 다른 차원의 존재론을 생성해낸다. '항문'이나 '분뇨의 회로'로 표현되고 있는 '나'에 대한 환유들은 '나'로부터 인간 존재에게 부여되었던 긍정적 가치를 일시에 제거해버린다. 여기서 영장

류로서의 위엄이란 찾아볼 수 없다. 김언희는 다른 시에서도 "나는 방약무인한 구린내로 나의 있음을 진동시킨다"「홍도야」, "내 인생은……더러움 위에 찍힌…… 똥의 방점……"「똥의 방점」 등으로 자신의 존재감을 표방하고 있다. 이와 더불어 음식물을 분뇨의 형태로 만들 듯이 이 시의 시적 자아는 '당신'이나 '하느님'까지 모조리 '똥'으로 만들어버리는 사유 구조를 가지고 있다. 예를 들어 그의 시에 나오는 '미륵'이나 '성당', '아버지'는 하나같이 쾌락의 노예가 된 색마로 표현되고 있는데 이러한 신성모독의 상상력이야말로 도도한 권위와 위엄을 단번에 '똥'으로 만들어버리는 사유의 틀이라 할 수 있다. 따라서 '나'는 육체를 통해서 뿐 아니라 정신을 통해서도 분뇨를 생산해내는 자이다. 자신의 존재 의미를 함의하는 '시쓰기'에 대해 스스로 더럽고 모욕적인 언사를 마구 해대는 김언희의 자기 비하적 포즈는 이러한 분뇨적 상상력에 의해 발현된 것이다.

1

누가 내 시에 마요네즈를 발랐지? 누가 내 시에 대고 수음을 한 거야? 세상은 사랑하는 사람의 오래된 시체 같다고? 환장할 개떼들이, 미쳐버린 시간이 누런 이빨을 드러내는데, 공수병 걸린 시는 세상에서 가장 더러운 구녁에서 나온다고? 침이 질질 흐르는 네 년의 열세번째 구녁에서? 손도끼로 하나하나 찍어 만든, 그 구녁에서?

—「누가 내 시에 마요네즈를 발랐지?」 중에서

여기서 '시'는 '음식'과 '성기'로 은유되고 있다. 즉 '시'는 고귀한 정신의 산물이 아니라 마요네즈를 발라먹거나 수음을 하는 가장 원초적인 욕망의 대상물인 것이다. 이러한 은유는 영혼이나 정신의 등가체로서의 시의 가치를 먹어치우거나 해버려야 하는 육체적 욕망의 대상으로 전환시킨다. 이 일회성은 '똥'으로 무가치하게 탈바꿈하는 모든 사물들의 운명처럼 시 또한 '똥'이 될 수도 있다는 논리를 만들어낸다. 이는 그가 시어로 자주 사용하는 껌이나 모나리자 화장지와 같은 일회적 사물들과 시가 별로 다를 게 없다는 의식과 연관된다. 시는 영혼의 언어로서 영원히 지상에 남는다는 믿음을 뒤흔들어 놓음으로써 시인은 자신의 언어의 현존성을, 즉 '지금 여기'에 존재하는 살아있는 몸으로서의 시를 부각시키고 있는 것이다. 그렇기 때문에 그의 시는 '자궁'이 아니라 지극히 사실적인 '세상에서 가장 더러운 구녁'에서 나온다. 특히 김언희의 시에서 '구녁'은 질, 항문, 입, 음부 등을 포괄하는 시어로서 이들 모두의 기능을 하나로 응집시키고 있는 이미지이다. 따라서 그가 말하는 구녁은 먹고 배설하는 생물학의 총화이며, 인간의 내부에 소용돌이치는 욕망의 근원적 회로이다. 그는 이를 통해 자신의 시가 더없이 불결한 육체의 자식임을 선언하고 있는 것이다. 「0시의 부에노스아이레스」, 「밀롱가 1」, 「털 난 구름」, 「벌레 먹은 장미」, 「시」 등에 나오는 "시의 돼지 주둥이", "추잡한추잡한추잡한 시", "노브라 노 팬티의 / 시", "벌레먹은 시", "내, 구더기의 영혼" 등의 표현은 모두 「누가 내 시에 마요네즈를 발랐지?」와 동일한 인식을 드러내준다.

자신의 존엄성을 주저 없이 박탈해버리고 스스로를 생물학적 존재로 규정해버리는 이러한 솔직성은 관념적 존재가 아닌 리얼한 세계와 맞닥뜨려 있는 생생한 육체로서의 인간의 초상을 그려낸다. 그러나 이와 같은 인간의 초상이 인간 존재에 대한 깊이 있는 고뇌와 성찰을 바탕으로 하고 있는가에 대해서는 매우 회의적이다. 왜냐하면 「왜 모조리?」에서 볼 수 있듯이 시적 자아는 분뇨의 생산자로서의 자신의 욕망에 집중되어 있기 때문이다 '항문을 쩝쩝다시며 지나가는' 행위는 왜 모든 것이 '똥'이 되어야만 하는가에 대한 사유보다는 무엇을 똥으로 만들까 하는 유희와 탐닉을 더 우선적으로 드러낸다. 그렇기 때문에 김언희의 존재론이 표방하고 있는 자학적 성향은 위험한 것이다. 자학이 자신에 대한 진지한 성찰로 이어지지 않는다면 그것은 개인적 유희나 병적 징후로 남게 되기 때문이다.

그리고 김언희가 '하다'와 '먹다', '싸다'를 통해서 보여주고 있는 인간론과 성담론은 인간의 몸을 성기, 구강, 항문으로 국한하고 있다는 점에서 이는 억압된 신체의 해방과 확장을 구가하는 오늘날의 탈근대적 입장에서의 신체 탐구와는 차이를 갖는다. 섬뜩하고도 과격한 포르노그라피를 연출하고 있음에도 불구하고 김언희는 기독교와 부르주아의 노동윤리가 만들어낸 성기 중심의 섹슈얼리티를 그대로 답습하고 있는 것이다. 기독교의 엄격한 계율과 부르주아적 노동윤리가 만들어낸 금욕주의는 낭비를 악덕으로 이데올리기화함으로써 인간의 몸을 오로지 성기로 축소시켜버린다. 그것은 생산을 위한 도구로 몸을 통제하기 위한 전략이다. 아이러니컬하게도 김언희의 구강, 항문, 성기로 축소된 몸의 논리 또한 억압과 통제에 대한 저항이 아니라 오히려 그것이 숙명인 것처럼 인간 존재를 더욱 고착시키는 역할을 하고 있는 것이다. 따라서 그의 시가 보여주고 있는 엽기적 기괴함은 독자에게 일시적 충격을 줄 수 있을지 몰라도 기존 이념을 공격하기에는 무기력하다.

지나친 이성주의가 인간 존재의 자연성을 은폐시킴으로서 자기기만에 빠지게 되는 위험을 가지고 있었던 것과 마찬가지로 지나치게 생물학적 측면에서 인간 존재의 의미를 규정하는 것 또한 위험하기 그지없다. 둘 다 총체성을 잃어버린 극단의 존재 규정인 것이다. 생물학적 인간론이 과거에 사상된 존재의 의미를 찾아내는 것은 의미 있는 일이긴 하나 김언희와 같은 존재론은 인간 존재의 가치를 너무 좁은 영역에 국한시키려는 또 하나의 편협한 시각이라 할 수 있다. 그런 의미에서 한없이 비천하고 왜소한 존재로서 인간의 모습을 부각시키고, 모든 것을 '똥'으로 환언시키는 김언희의 무비판적 상상력은 부분으로 전체를 설명하려는 과장이며, 그 과장은 기 드보르Guy Debord가 말한 "스펙터클적 소외"를 야기시킴으로써 우리의 의식을 진정한 삶의 의미감으로부터 떼어놓는다.

5. 반성적 취미 혁신을 위하여

일찍이 청년 해겔주의자의 한 사람으로서 『醜의 미학』1853을 간행했던 로젠크란츠K. Rosenkranz는 생리적으로나 도덕적으로 타락한 시대에 조화로운 미가 더 이상 아무 것도 말해주지 않기 때문에 극도로 이질적이고 역겨운 것들의 혼합된 감각을 사람들이 좋아하게 된다고 피력한 바 있다. 그가 비록 미와 결합되지 못한 독립된 추를 부정하고는 있지만 이는 추한 것들이 갖는 가치와 의미를 미의 개념으로부터 배제하지 않는다는 점에서 취미의 확장을 가능케 해준 선취적 관점이라 할 수 있다. 이처럼 추에 대한 탐구와 추가 예술적일 수 있는가 하는 물음은 이 시대의 미학을 설명하는 데 대단히 중요한 역할을 하리라 생각한다. 우리가 미의 그늘에 묻어두었던 추함이 그 어느 때보다도 새로운 가치를 표방함으로써 관습적 미개념을 전복시키고 있기 때문이다. 예를 들어 엽기와 키치, 극단적 잔혹성, 음란함, 역겨운 유머 등이 부조화와 부적절함 속에 서로 뒤얽혀 있음을 다양한 문학 장르를 통해서 곧잘 발견하게 된다.

이러한 예술 양상은 참된 관념이나 도덕적 명증성만으로 미를 설명하고자 하는 고전주의적 관점의 편협성을 거부한다. 뿐만 아니라 절대적 진리나 이념에 예술적 기의를 단의성의 세계로 종합하고자 했던 헤겔의 이상론 또한 거부한다. 기의보다는 기표의 자율성과 다성성을 강조하는 오늘날 아리스토텔레스가 결함이나 추의 자리에 놓았던 것들—그의 경우 특히 희극—그리고 헤겔이 불완전하다고 간주했던 것들이 다원주의적 세계관 속에서 기존 질서에 대한 저항, 혹은 위반과 탄핵을 위한 전략이 되고 있는 것이다. 그런 의미에서 미를 미적 가치라는 말로 수정하고 있는 제롬 스톨니쯔Jerome Stolnitz가 그의 저서 『미학과 비평철학』에서 "미적 가치라는 명칭이 추한 예술을 포함한다면, 추는 반대되는 것이 아니라 오히려 넓은 의미의 미의 일종이다"라고 한 말은 온당한 것이다.

그러나 현대 예술에 수용된 모든 추가 예술적, 미학적 가치를 갖는가 하는 반성적 물음은 예술의 건강성을 위해서 불가피하다. 굳이 추함을 빌어 삶을 이야기할 수밖에 없다면 그 추의 이면에는 어떤 의미감이 반드시 존재해야 한다. 추함이 다만 독자를 현혹시키기 위함이라면 이는 진정한 예술이라 할 수 없다. 특히 요즘처럼 추함과 새로움이 결탁되어 있는 문화 풍토에서는 더욱 더 그러하다. 새롭다는 사실은 호기심과 유혹의 심리를 되찌름으로써 고착된 삶을 동요시킨다. 그러나 그것만으로는 부족하다. 그것이 기존의 질서에 대한 반성을 야기시키는 계기가 되지 못한다면 진정한 새로움이라 할 수 없다. 따라서 모든 새로움은 옹호되어야 하는가, 혹은 모든 새로움은 가치 있는 것인가에 대한 비판적 성찰은 하나의 새로움을 진리로 정초시키는 과정에서 반드시 병립되어야 하는 변증적 통과의례이다.

산업화의 말기적 사고 가운데 하나인 더 이상 새로움을 창조하는 것은 불가능하다는 음울한 시대 인식은 오히려 새로움으로 어필해야 한다는 강박심리를 부추겨 센세이션한 소재 사냥으로 문학인을 몰아넣거나, 위장과 둔갑의 방술에 뛰어난 무수한 아류와 추종자를 양산해냄으로써 그들을 진정한 문학 정신으로부터 멀어지게 만드는 풍조를 낳고 있다. 이렇게 새로움이나 실험성을 전략화하는 문학적 행위들은 간혹 표면적으로 드러난 것과는 달리 전위성을 상실한 채 문학을 유희화하거나 문학의 영토를 오히려 협소화시키는 데 일조하고 있는 것이다. 병적으로 해체와 탈주에 온통 문학의 존재론적 의미를 부여하려는 태도 또한 이러한 현상을 부추기는 것 가운데 하나이다. 따라서 우리 문학 속에 '탈주'의 철학을 가장한 채 잠입해오고 있는 수많은 스펙터클들에 대해 좀더 깊이 있는 성찰이 요구되는 때이다. 그것들은 모두 마치 낡은 도덕과 윤리를 탄핵하려는 듯한 위협적 몸짓으로 다가온다. 그러나 진정 전복적 사유를 보여주고 있는 것은 그리 흔치 않다. 엽기와 키치로 세간의 이목을 현혹시키는 스펙터클이 난무하는 시대에 특히 추한 것이, 더 정확히 말해 추함으로써 자극적인 것이 모두 니체의 말을 빌자면 "예술로써 도덕화에 대항"이 아님을 강조하고 싶다.

세기말의 음화陰畵를 그리는 블루 랩소디

남진우론

김진희

1. 미끄러지는 현실, 관념과 환상의 언어

1990년대 중·후반 세기말 담론은 1980년대 이념이 탈각된 자리, 소비자본주의의 허황한 이미지와 결합되면서 묵시록적이고 암울한 전망을 만들어내었다. 즉 80년대와는 달리 주체 스스로의 삶에 대한 내면적인 죽음에서 비롯된 죽음의식은 현란한 소비문화의 이면에 놓인 허무와 절망의 색채를 데카당하게 내비치었다. 이런 의미에서 남진우 시인은 1990년대의 문화의식과 가장 잘 어울리는 시인이라 할 수 있다. 그는 이념의 공백을 대체한 세기말의 묵시록적 비전을 내면화하는 한편 다양한 매체를 통해 재현된 문화대중음악, 영화, 비디오, 문학 작품 등를 적극적으로 수용하면서 이를 자신의 텍스트에 감각적으로 재현해내었다. 그는 죽음과 재와 시체가 유영遊泳하는 그로테스크한 이미지를 통해 20세기 근대의 종말과 세기말의식의 우울한 음화陰畵를 표현하고자 했다.

남진우 시인은 1981년 동아일보 신춘문예를 통해 시인 활동을 시작했으며, 1983년에는 중앙일보 신춘문예를 통해 평론가로도 등단했다. 1980년대는 '시운동' 동인으로 활동했는데, 당시 바슐라르의 상상력과 언어에 심취해 있었던 '시운동'의 경향은 현재까지도 남진우 시인을 이해하는 주요한 주제의식이기도 하다. 그는 1990년 『깊은 곳에 그물을』 이후 『죽은 자를 위한 기도』1996, 『깊은 곳에 그물을 드리우라』1997, 『타오르는 책』2000, 『새벽 세시의 사자 한 마리』2006를 출간했다. 이 시집들 중 『죽은 자를 위한 기도』와 『타오르는 책』이 1990년대의 정서를 가장 잘 표현하고 있다고 할 수 있다.

남진우의 시를 통시적으로 읽어 보면 시세계의 특성은 크게 변하지 않고 주요 이미지와 의미들이 지속적으로 변주되고 있는 것으로 보인다. 남진우의 시세계에는 초현실, 환상, 신비, 몽상 등의 수식어가 붙어 왔다. 이런 수식어의 핵심에는 그의 시가 현실 그 자체에 대해 말하려하기 보다 현실을 경험하는 나, 현실적 나에 가리워진 나, 현실과 대비되는 나 등에 대한 고민이 전제되어 있다. 그의 언어는 분명 현실을 자꾸 미끄러뜨리는 특성을 지니고 있다. 꿈과 환상으로 직조된 그의 시는 비현실의 이미지를 재현한다. 그러나 시인이 정교하게 부려놓은 언어의 뒤채임 속에는 현실의 문법이 존재한다. 특히 삶이 주는 공포와 불안감, 가늠할 수 없는 미지의 존재들, 온갖 욕망과 유혹을 감지하는 시인의 언어 속에는 삶과 현실이 있다. 다만 남진우 시인이 반복적으로 지시적 의미들을 소거함으로써 그의 시는 비현실적인 의미로 기표화된다.

남진우 시인의 초기시 세계는 삶의 의지, 또는 정령과 영혼의 역동성 등으로 분석, 평가된 바 있다. 이런 이해에는 1980년대라는 역사적 시 · 공간에 대한 시인의 아픔과 고민이 전제되어 있는 것으로 보인다. 등단작인 「로트레아몽 백작의 방황과 좌절에 관한 일곱 개의 노트 혹은 절망 연습」에 대해 시인은 젊은 날의 우울과 방황, 낭만과 좌절, 동경과 환멸 등이 혼숙하고 있는 작품이라고 했다. 우울하고 고독한 청춘의 나날과 그 초상을 로트레아몽이라는 동물적인 이미지의 인물에 투사하고 있는 이 작품에서 그는 젊음에게 허락되지 않는 삶의 기운, 혹은 바람에 대해 절망하면서도 한편으론 살아야겠다고 다짐한다. 그즈음 시인에게 인식되는 삶이란 열쇠도 없이 헛되이 기어가는 것「열쇠도 없이 헛되이」이며, 두드려도 북은 울리지 않고 흔들어도 소리 나지 않는 종으로 비유된다「門 밖에서」. 오지 않는 예언자를 새벽까지 기다리며 흰옷 입은 여인들의 노래를 들어야 하는 시적 현실은 1980년대의 암울한 역사적 시 · 공간을 환기시킨다.

> 핥아라 표범이여
> 오직 내 가슴 찬란한 심장만 남아
> 온 대지를 환히 불 밝히도록 이른 아침
> 황금빛 태양으로 떠오를 수 있도록
>
> —「성찬식」 중에서

> 그렇다 불꽃은 내 밖에 있다
> 여기 이렇게 불꽃은 타오르며 스스로의

있음을 알린다 그러나 불꽃 속에
누가 있어 나를 바라보고
나는 여기서 그를 바라본다
불꽃 밖의 나와 불꽃 속의 그가
만나 하나가 되지 않는 한
나는 불꽃일 수 없다

—「나는 불꽃을 바라본다」 중에서

그리고 두 눈을 태양에 고정시킨 채
불을 빨아들인다 내 혈관을 타고
흘러드는 불꽃들

—「불새」 중에서

이런 의미에서 초기시에는 현실에 대한 절망과 그로 인한 현실에 대한 비극적 인식과 함께 이를 초월하려는 낭만적, 상징적 비유들이 등장하고 있음에 주목할 수 있는데, 특히 불꽃의 비유는 바슐라르 상상력을 바탕으로 하는 존재의 역동성과 상승의 의지가 함축된 상징이면서 한편으론 현실을 극복하는 상징적 상상이기도 하다. 이처럼 초기시에서 보이는 강렬한 상징, 현실을 초월한 관념성, 낭만적 환상성 등은 이후의 시작詩作을 이루는 중요한 시적 원리이자 시의식의 근원이다.

2. 황혼에서 새벽까지

남진우의 시는 공포스럽고 그로테스크한 감각을 일깨운다. 주로 어두운 시간을 배경으로 펼쳐지는 그의 시 안에는 화장터와 시체, 박살난 머리통, 전기톱을 든 살인마들, 시커먼 저수지의 개들이 존재한다. 이처럼 끊임없이 죽음의 이미지를 환기시키면서 인생의 막다른 골목을 표현하는 그의 시는, 불현듯 찾아 올 죽음을 기다리는 '흑색 시'로 상상되기도 한다「나는 흑색 소설만을 읽는다」. 시인의 이런 상상은 주로 하루가 저무는 시간과 공간에서 시작하여 새벽의 시간까지 이어진다. 이런 시 · 공간에 대한 애착은 초기시부터 지속되어 온 것이다. 그는 저물녘을 사랑하는 시인이다. 시세계를 관통하는 이런 의식은 몽상과 환상이 자유롭게 유영하는 상상의 시 · 공간에 대한 지향과 맞물려 있다. 사물의 윤곽이 어슴푸레해지고, 모든 존재들이 겹쳐지는 이런 시간은 어떤 의미에서 존재가 새로운 질료로 전환되면서 또 다른 존재로 생성되는 시간이기도 하다.

"저녁이 왔으므로 포근한 어둠을 덮고 더욱 깊이 캄캄한 지층 아래로 가라앉아야 한다"「저무는 숲의 노래」며 초기시부터 저물녘의 아늑함과 포근함을 노래하던 시인에게 저무는 시간은 점차로 삶의 조건이자, 혹은 삶 자체로 인식되는 것으로 보인다.

> 땅거미가 다가온다
> 한뼘 한뼘 남은 햇살을 지우며
> 사방에서 옥죄어오는 땅거미의 그물

땅거미가 친친 온몸을 휘감고 내 안으로 기어들어온다

—「땅거미 속으로 저무는 풍경」 중에서

놀던 아이들 다 돌아간 다음의 텅 빈 공원 같은
내 마음엔 하루 종일 부우연 먼지만 쌓이고……
소리없이 사그라드는 저녁빛에 잠겨
나 어디선가 들려오는 울먹임에 귀기울이네……
부서진 꿈들……

—「저녁빛」 중에서

저물녘의 어스름에 잠긴, 스산한 풍경을 떠올리길 좋아하는 시인은『죽은 자를 위한 기도』 자서 아스라한 빛과 검은 어둠이 교차하는 그 순간을 온 몸으로 체감하고 있다. 위의 시들에서 어두워지는 빛은, 땅거미로 쌓이고, 옥죄어오고, 잠기면서 시인의 몸과 함께 하강한다. 태양이 빛나는 정오의 시간이 상승의 시간이고, 생의 에너지가 충만한 시간이라면 황혼의 시간은 하강하고 침몰하는 존재들의 시간이다. 시인 역시 사그라지는 빛 안에서 부서진 꿈으로 울먹이며 저무는 풍경 안에 잠겨 있다.

남진우 시인이 이처럼 한 낮의 시간보다 저무는 시간을 좋아하는 이유는 왜일까. 해가 지면서 사람들은 일상의 시 · 공간으로부터 탈출하기 시작한다. 아침에서 해가 지기 전까지 일상의 공간에서 일상적 삶들이 영위된다면, 황혼에서 새벽의 시간은 공적 시간이 아니라 전혀 개인적이며 은밀한 시간이다. 모든 환상적인 문학 작품 안에서 대부분의 사건은 황혼에서부터 밤과 새벽 사이에 일어난다. 쿠엔틴 타란티노 감독의 「황혼에서 새벽까지」가 인간과 괴물, 뱀파이어가 공존하며 환상과 유희의 그로테스크한 공간을 만들어내었듯이 황혼의 문을 여는 순간 시인은 일상과는 전혀 다른 세계로 들어간다. 이런 측면에서 보자면 남진우의 시 역시 일상을 벗어난 비현실적인 층위에서의 경험을 창조하고자 할 때, 황혼에서 새벽까지의 시간은 비일상적 존재들을 창조하는 새로운 시간이다.

그러기에 시인은 빛이 사라지고 난 후 어둠의 시간에 오히려 깨어난다. 그리고 읽을 수 없는 표정으로 자신의 앞에 펼쳐진 저녁의 페이지를 넘기며 검은 글자들을 상상한다「저무는 거리에서」. 이런 비일상적인 상상은 그의 시를 그로테스크하며, 공포스럽게 읽히게 한다. 특히 1990년대 그의 시에는 죽음에 대한 사유가 두드러지게 나타난다. 죽음이 자라나고, 죽음이 속삭이는 밤을 상상하고 있는데, 이는 죽음으로 비유된 우리의 삶에 대한 이야기이다. 이런 의미에서 남진우 시인이 문제시 하는 것은 결국 현재 우리의 생 자체의 진정성 혹은 생명성이다. 1980년대 오규원 시인이 「죽음에 대한 우화」에서 일상을 살아가는 우리들 대신 죽음을 주인공으로 삼고 있었다면 남진우 시인은 아이러니를 지나 그로테스크의 용법을 통해 훨씬 더 충격적으로 죽음이 만연한 삶에 관해 이야기한다. 일반적으로 그로테스크 용법은 세계의 질서가 괴기스러운 힘에 의해 무너짐을 보여주는데 사용된다. 남진우 시인은 소비 자본주의가 부려놓은 현란하고 풍요로운 풍경들 이면에 삶과 그 진정성에 관해 사유할 수 없도록 만드는 어떤 죽음의 권력이 놓여 있음에 대한 통찰을 보여주는 것이다.

이 밤
대지 밑 죽은 자들이 웅얼거리는 소리가

내 잠을 깨운다

(…중략…)

죽은 자들로 가득 찬 몸을 일으켜
창가로 걸어가보면 멀리 밤하늘에 떠 있는
차가운 달의 심장

대지 저 밑에서
죽은 자들의 손톱과 머리칼이 소리없이 자라듯
나는 이 밤
그들의 말이 두근대는 심장을 지그시 누르고
어둠 저편에서 나를 지켜보고 있는 누군가의 눈빛을
막막히 마주보고 있다

—「죽은 자를 위한 기도」 중에서

시체들
시체들
시체들의 속삭임 속에서 잠든다
시체에서 새어나온 썩은 물이 귓속으로 흘러들어와
몸 속의 피를 검푸르게 물들이는 밤

—「살아 있는 시체들의 밤」 중에서

시인은 현실 속에 만연한 죽음의 이미지를 불러낸다. 그의 눈에는 세상의 모든 움직임들이 죽음의 옷을 걸치고 서서히 종말을 향해 가는 것으로 파악된다. 흔히 지구의 종말을 다루고 있는 영화에서나 봄직한 재의 나날들, 어둠과 뿌연 연기가 자욱한 장면이 연출되고 있는 시에서는 죽음의 냄새가 느껴진다. 유명한 좀비 호러 영화인 〈살아 있는 시체들의 밤Night Of The Living Dead〉1968, 1990의 제목을 차용하고 있는 위의 시는 죽음과 동거하는 삶, 죽음과 삶 그 어느 것이라 말할 수 없는 삶을 이미지화한다.

세상의 끝은 종말의 긴 장옷인 재와 매연을 입고 우리에게 이렇게 다가오는 것일까. "내가 가는 어느 곳이든 / 내가 만지는 그 무엇이든 다 / 재가 되어 버"「어느 싸움의 기록」리는 비극적 상황을 견디며 시인이 그의 수첩에 남겨야 하는 것은 이제 죽음과 재의 기록들뿐인가.

재 속에서
시커먼 입이 울부짖는다
시커먼 손이 팔다리가 엉켜서 꿈틀거린다
상처의 벌어진 틈에서 계속 쏟아져 나오는 재
재의 핏방울이 사방에 튀어
시커먼 얼룩을 남긴다
벙어리가 된 채 사람들은 묵묵히 재를 씹어먹는다

—「재의 수첩」 중에서

죽은 자들에 대한 상상은 현실에서의 죽음을 일깨운다. 죽은 이들이 활보하는 밤, 살아 있는 시체들의 밤에 어둠저편에서 늘 나를 지켜보고 있는 눈빛을 마주해야 하는 것이 우리의 현실이라는 생각은 삶에 대한 불안과 그로테스크적 감각을 환기시킨다. "죽음은 내 눈을 감기고 / 내 입을 틀어 막고 가냘픈 숨결을 마저 불어" 끈다. 철저하게 삶의 현존을 구속하는 죽음이라는 존재「멀리 먼 곳에서」. 이처럼 소멸과 죽음과 어둠 위에서, 존재성을 상실한 여기의 삶을 응시하는 시인의 태도에서 허무주의를 읽을 수 있다.

황혼을 지나고 깊은 밤이 새벽으로 가는 시 · 공간에서 시인은 또 다른 자신의 자아를 상상한다.

지금 목마른 사자 한 마리 내 방문 앞에 와 있다

어둠에 잠긴 사방
시계 똑닥거리는 소리
잠자리에 누운 내 심장에 와 부딪치고
창 가득히 밀려온 밤하늘엔 별 하나 없다

아득히 먼 사막의 길을 걸어 사자 한 마리
내 방문 앞까지 왔다
내 가슴의 샘에 머리를 처박고
긴 밤 물을 마시기 위해

짧은 잠에서 깨어나 문득 눈을 뜬 깊은 밤
돌아보면 아무도 없는 허허벌판의 텅 빈 방
불어오는 바람에 흩날리는 사자의 갈기가

내 얼굴을 간지럽힌다

—「새벽 세시의 사자 한 마리」 중에서

새벽 세시에 시인은 갑자기 깨어나 사자 한 마리를 맞이한다. 사자는 시인의 내면에 도사리고 있는 또 하나의 자아, 무의식적 자아로 심연에 자리하고 있는 야성, 광기, 원초적 생명력 등을 의미하는 것으로 읽을 수 있다. 융Jung C. G.에 의하면 사자는 무의식 속의 잠재적인 격정이나 무의식에 의해 삼켜지는 존재의 위험성을 의미한다. 시인이 자신의 무의식을 들여다 볼 수 있는 시간은 일상적인 삶의 터전이 되는 낮의 시간이 아니라 별 하나의 불빛도 없는 캄캄하고 깊은 새벽이다. 이런 시간에 야성은 어슬렁거리고 나타난다. 그러나 사자는 시인의 의식 속에서 사라지는 하나의 풍경으로만 남는다. 그것은 그리워하지만 결코 찾아질 수 없는 인간 내면의 무의식이다. 이성적이고 현실적인 의식 세계에 속하는 자아에게 밀쳐진 무의식 속의 자아를 통해 시인은 생의 기운을 얻으려 하지만 자아는 분열될 수밖에 없다. 시원始原의 생명력을 잃어버린 인간, 이것이 시인이 놓인 현실이다.

이처럼 '모든 길 끝엔 파헤쳐진 무덤이 기다린다는' 죽음의식의 심연에는 삶에 대한 불안과 공포가 내재해 있다. 불에 탄 눈먼 아이의 고함소리나 범죄나 유혹이 들끓는 거리, 황량한 광장의 폐허 도시 등은 음울한 현실을 환기시킨다. 또한 시인에겐 열대야에 지친 일상과 가난했던 추억의 한 장면 역시 악어떼와 들소떼가 출몰하는 폭력적 시간으로 기억된다. 시에 나타나는 과거, 현실, 미래의 시간들은 늘 공포감에 차 있고, 그것은 죽음의식을 향해 있다. 따라서 공포와 죽음을 경험하고 시화詩化하는 언어의 이면에는 현실에 대한 두려움과 불안감이 내재해 있음이 감지되며, 한편으론 이런 죽음 같은 현실에 대응하는 방법은 소멸과 죽음밖에 없다는 비장한 역설이 느껴진다.

3. 모래바람 속, 달이 몰락하고 있네

어둠과 죽음, 소멸의 세계에 관해 사색하는 남진우 시인은 밤에서 새벽으로 이어지는 시간에 일상적 자아와는 다른, 심연에 자리 잡은 무의식 속의 자아를 만난다. 이 자아는 모래사나이로 이미지화된다.

> 밤이 오면
> 모래 사나이가 온다네
> 스르륵스르륵 모래 흘러내리는 소리를 내며
> 조용히 방안으로 스며들어 온다네
> 내 잠자리 여기저기에 모래를 흘리며
> 그는 내게 잠들라 잠들라 속삭인다네
>
> —「모래 사나이」 중에서

위의 시 앞 부분에서 시인은 Roy Orbison의 〈In Dreams〉라는 노래의 가사를 인용하고 있다. 눈을 감고서 새벽이 오기 전까지 신비로운 밤 시간을 유영하는 노래의 주인공은 바로 황혼에서 새벽을 사는 시인을 닮아 있다. (I close my eyes, then I drift away, into the magic night~) 시인은 이들 주인공들을 모래인간과 겹쳐 놓는다. 그의 시에 자주 등장하는 모래의 이미지는 그의 자아의식과 연관된다. 시인은 "나는 다 잊어버렸다 바람의 질서와 / 구름의 질서 그리고 파도의 질서를 따라 / 나는 흘러가고 흘러올 뿐"「나그네는 길에서 쉬기도 한다」이라며 자신의 형태를 무정형으로 만든다. 규정할 수 없는 무수한 형체를 통해 시인은 고정된 삶, 단일한 자아, 혹은 생으로부터 자유로워지기도 하지만 한편으로 모래는 그 무한함과 셀 수 없음이 삶의 무게로 재현되기도 한다.

관을 지고 세 개의 강을 건너 모래바람 부는 이 땅에 온 내가 죽어가는 곳 역시 모래바람 속이다. 즉 삶이란 모래에 파묻혀 모래바람 속을 사는 것이며, 모래 자체가 삶이다. "죽고 난 다음에도 내가 가야할 길은 한이 없어 / 다시 / 누런 해와 함께 일어난 나는 / 모래바람 속으로 관을 끌고 떠"「나그네는 길에서 쉬지 않는다」나야 하는 인간에게 모래는 삶의 근원이자 조건으로 드러난다. 아베 코보의 소설 「모래여자」에서 주인공이 끊임없이 쌓이는 모래를 퍼내는 일이 실존과 생존의 조건이요, 그 자체였듯이 모래는 이런 덧없는 삶 자체이자 무게이다. 모래 속에 조여지고, 지워질 수 없기에 우리는 모래를 의미로 메우고, 그 무게를 다시 덜어낸다.

> 모래비가 내 발목을 적시고 무릎을 적시고
> 끝내 목 위로 차오르며 나를 덮는다
>
> 아, 나는 이렇게 모래 속에서 지워져간다

—「모래구름 아래서」 중에서

모래알들이 내 몸속을 굴러다니며
저희들끼리 노는 동안 나는 모래 속에 편히 파묻혀
나를 데려다 준 길을 떠올렸다 그 길은
다시 온 길을 되돌아가 어느 누구의 꿈을 찾아갔을까
그가 다시 이 사막으로 데려올 이는 누구일까
하며 잠자는 동안 누군가 저 모래 위에서 흐느끼는 소리가 들렸다

모래를 헤치고 나오자
둥근 달 아래 그녀가 울고 있었다

—「어머니」 중에서

이런 것이 삶이라는 인식에 다다르면서 시인은 삶과 시쓰기의 기원에 대해 사유한다. 자신이 떠나온 길은 어디이며, 사막 같은 삶은 어디에서 비롯하는가. 남진우 시에서 여성, 혹은 모성에 대한 상상은 이런 문제의식과 연관되면서 우물이나 달 등의 비유로 표현된다. 그는 마른 우물 밑바닥에 홀로 빛나는 것을 내려다보면서「꿈」 기꺼이 자신의 내면세계로 깊고 어두운 공간을 받아들인다.

깊은 밤
그물을 내려 마른 뼈를 거두어라
하얗게 씻기고 바랜 뼈들이
어둠 속에서 서서히 떠오르리라

――사망의 골짜기에 흩어진 저 숱한 뼈들의 외침

—「다시, 깊은 곳에 그물을」 중에서

항아리 속으로 들어간다
머리부터 처박고 온몸을 밀어넣는다
캄캄한 항아리 속 미끈거리는 어둠을 헤치고
서서히 저 바닥없는 바닥을 향해 내려간다

—「항아리에 대한 단상」 중에서

깊은 심연에 대한 상상은 초기시부터 남진우 시인의 언어가 탄생하는 중요한 근원이다. 그는 첫 시집에서 "깊은 곳에 그물을 드리우라"「깊은 곳에 그물을」고 자신과 독자에게 주문한다. 어쩌면 내면 저 깊숙한 곳에 의식의 그물을 드리울 때 진정한 상상의 언어를 거두어드릴 수 있는지 모른다. 깊이를 간직한 그 공간은 작품에서 항아리, 달, 어머니, 사막 등의 이미지들과 함께 그의 의식과 언어가 시작되고, 또 귀의歸依하는 지점이다. 그 공간은 컴컴하고 바닥과 끝을 알 수 없는 둥근 미지의 공간이기도 하다. 이런 공간에 대한 상상은 다시 우물에 대한 꿈을 낳는다. '우물'이란 일반적 상징으로 자신에 대한 성찰을 매개하는 공간이며, 물이 차오르는 생성의 공간이기도 하다. 그러나 남진우의 시에 등장하는 우물은 텅 비어 있거나 상처입은 자의 긴 신음만 새어나오는 죽음의 공간이다.

내 언제 저 우물에서 단물을 길어
잠들지 못하고 헤매다니는 영혼들을 축여주었던가

길은 우물을 맴돌며 가기 박힌 돌 한조각에도 다가가 볼을 부비고
오래 비어 있는 그 속을 들여다보지만
마른 우물에선 상처입은 자의 긴 신음만 새어나올 뿐

—「길과 우물」 중에서

따라서 푸른 물이 사라진 텅 빈 우물을 깨닫는 그는 "이제 누가 내 속에 / 제 얼굴을 비춰 볼 것인가"라고 고통스럽게 되뇐다「석양」. 증발, 건조, 메마름, 목마름 등, 시에 자주 나타나는 이런 이미지들은 시인이 물과 습기를 그리워하고 있음을 보여준다.

그런데 이처럼 우물에 푸른 물이 차올라, 나를 비추고, 타인을 비출 수 있을 때 그것은 물빛을 담은 달을 닮는다. 하여 "숲 가운데 나는 누워 있다 푸른 / 잎과 줄기의 벽으로 가로막힌 밤하늘 / 달은 조심스레 단지를 기울여 / 내 입술에 투명한 젖을 붓는다 / 내 포근한 잠속으로 스며드는 달빛 "「한여름의 밤의 꿈」을 꿈꿀 수 있다. 물빛을 머금을 때 폐허의 달, 죽음의 항아리, 불모의 여성성은 죽음의식을 넘어설 수 있기 때문이다.

그러나 남진우 시인은 죽음의 달, 불모의 달을 꿈꾼다. 그 존재는 탄생이 아니라 죽음의 인력引力을 생성하며 몰락하고 있다.

밤하늘에 둥근 유골단지가 떠 있다
유골단지에서 뼛가루가 쏟아져나와 사방에 흩날린다
아우성치듯 봄밤의 거리를 떠도는 꽃가루들

박하향기 나는 달빛을 마시면

몸 속에 꽃가루가 들어찬다 숨쉬는 것조차 힘겨운 이 밤
내 죽음을 예고하는 꽃가루의 소용돌이
밤하늘 여기저기 상처처럼 입벌리고 있는 묘혈들이
저마다 푸르스름한 빛을 뿜어낸다

죽음의 힘으로
한사코 자신을 밝히는 저 목마른 존재들
달빛을 다 퍼내고 난 뒤
유골단지는 텅 빈다

—「달」 전문

달은 차고 기울었다가 사라지는 천체로서 그 삶은 생성, 탄생, 죽음의 보편적 법칙을 따른다. 또한 스스로의 운명을 따르면서 그 자신의 본체로부터 재생한다. 따라서 달은 영원회귀라는, 영원히 반복하는 주기성으로 인해 생의 리듬을 가진 전체로 파악된다. 그러나 시인이 달에서 읽어내려는 것은 생명력이 아니라 소멸이며 자궁이 아니라 무덤이다. 달은 유골단지로 변해 있다. 지상의 어두운 존재들을 비추어 주던 달빛은 오히려 지상의 존재들에게 죽음의 빛으로 내려앉는다. 유골단지 속의 뼛가루는 봄밤의 꽃가루처럼 자신이 뿌리내릴 죽음의 터전을 찾는다. 미친듯이 혹은 아우성치며 꽃가루와 박하향기의 유혹으로 다가오는 죽음의 힘이 존재를 살게 한다. 이처럼 죽음을 통해 삶이 강화되는 역설의 미학이 남진우 시가 가진 전위적 특성이다.

4. 말의 죽음, 단 하나의 진실

1990년대 남진우 시인의 무의식의 심연에는 분명 죽음과 소멸에의 욕망이 자리 잡고 있는데, 이것은 '단 하나의 진실'을 찾고자 하는 근대적 주체의 욕망 좌절과 맞닿아 있다. 따라서 이는 주체를 지지해 오던 절대적 진리의 해체를 동반한다. 남진우 시인이 새로운 문화현상으로 대면한 것 역시 책이나 혹은 문자가 더 이상 진리를 생산하는 절대적인 매체가 아니라는 현실에 대한 인식이었다「간빙기의 지상에서」.

> 캄캄한 거울에 너는 비춰지지 않는다
> 네가 중얼거린 말들만 거울 표면에 어른거리며
> 부우연 입김으로 번져나가려 애쓸 뿐
> 검은 머리카락으로 뒤덮인 너는
> 서서히 쪼그라들어 한낱 실뭉치로 변해간다
>
> …… 벽에 거울이 걸린 아득한 복도 저편
> 둥근 실뭉치들이 굴러다니며 즐겁게 놀고 있다
>
> —「복도의 끝, 거울이 걸린」 중에서

보르헤스의 소설처럼 거울에 비추어 끊임없이 파생되는 기호와 의미의 아득한 미로, 혹은 「천일야화」처럼 끊임없이 유예되는 의미의 실뭉치들은 시인의 그물을 빠져나간다. 때문에 "그 옛날 난 타오르는 책을 읽었네 / 펼치는 순간 불이 붙어 읽어나가는 동안 / 재가 되어버리는 책을"「타오르는 책」 기억하는 시인에게 1990년대는 식어버리고, 죽은 말들의 감옥인지 모른다. 이런 의미에서 남진우 시인의 1990년대 시작詩作은 근대의 종언을 가장 극적으로 알리는 세기말 시인의 음울한 노래이다. 그러나 여전히 말의 죽음을 믿지 않고, 시의 경전을 믿는 자들이 살아간다. 시인과 함께 단 하나의 진실을 찾고자 '도서관 유령'이 되어…….

고양이가 있는 몇 개의 풍경

황인숙론

이기성

1. 고양이 발생론

첫 시집 『새는 하늘을 자유롭게 풀어놓고』1988에서 『슬픔이 나를 깨운다』1990, 『우리는 철새처럼 만났다』1994, 『나의 침울한, 소중한 이여』1998, 『자명한 산책』2003, 『리스본行 야간열차』2007에 이르기까지 6권의 시집을 발간한 황인숙은 우리 시단에서 가장 독특한 언어감각을 보여주는 시인이다. 그녀는 자신의 감각에 포착된 모든 사물들을 발랄하게 변주하는 감각의 공명통을 가졌다. 예민한 감각을 통해 세계와 공명하면서 현실의 억압을 가볍게 뛰어넘는 언어의 탄성은 '용수철'처럼 솟구치며 현실의 중력장 너머로 날아간다. 황인숙의 시적 언어의 발랄함은 그녀의 페르소나라 할 수 있는 고양이의 시선을 통해서 세계의 풍경과 만나게 된다. 그녀의 고양이는 현실과 초월, 삶과 죽음, 빛과 어둠의 간극을 응시하는 시선으로 자신의 존재를 드러낸다. 현실과 환상의 경계를 걷는 나른한 고양이의 걸음은 순간을 향해 도약하는 몸을 감추고 있다. 느린 듯 빠르고 신중한 듯 경쾌한 그녀-고양이의 보폭에는 일상적 삶에 은폐된 균열을 포착하는 시선의 폭발적 에너지가 응축되어 있는 것이다.

황인숙의 시쓰기는 날카로운 발톱의 감각을 부드러움 속에 감춘 고양이의 육체를 닮아 있다. 그녀의 시적 언어는 현재의 중력으로부터 일탈을 꿈꾸는 부드러운 몽상의 언어이자, 현실의 이면을 가차 없이 꿰뚫어 보는 냉정하고 날선 언어이다. 이렇듯 냉정과 열정이 공존하는 황인숙 시의 매혹은 고답적 언어의 기율을 깨뜨리는 고양이의 매혹적인 율동과 더불어 태어난다. 권태와 우울로 가득 찬 현실 속에서, 고양이와 같은 집중된 눈으로 삶의 풍경과 그 이면을 응시하는 그녀의 시적 시선은 어두운 운명과 맞서는 자의 고독과 자긍심으로 빛난다. 이제 고양이가 있는 몇 개의 풍경을 더듬어, 황인숙의 시가 풀어놓는 존재와 운명의 선율을 따라 가 보기로 하자.

2. 몽상가-고양이, 들판에서 도약하다

고양이는 가볍게 공중으로 도약하는 몽상가이다. 그의 몽상은 대지의 우울한 중력 위를 떠도는 공기처럼 가볍고 경쾌하다. 공기의 물질성으로 채워진 고양이의 몸은 무거운 육체의 구속을 벗어던지고 무중력의 상상 지대 속으로 스며든다. 이 가벼움과 명랑한 도약은 경쾌한 리듬과 어우러져 황인숙 시의 독특한 풍경을 빚어낸다.

이 다음에 나는 고양이로 태어나리라.
윤기 잘잘 흐르는 까망 얼룩 고양이로
태어나리라
(…중략…)

훌쩍 뛰어올라 깊이 웅크리리라.
내 잠자리는 달빛을 받아
은은히 빛나겠지.
혹은 거센 바람과 함께 찬 비가
빈 벌판을 쏘다닐지도 모르지.
그래도 난 털끝 하나 적시지 않을걸.
나는 꿈을 꾸리라.
놓친 참새를 쫓아
밝은 들판을 내닫는 꿈을.

—「나는 고양이로 태어나리라」 중에서

이 시에서 시인은 고양이의 경쾌하고 발랄한 어조를 통해 일상의 지평을 벗어나고자 하는 욕망을 드러낸다. '윤기 잘잘 흐르는 까망 얼룩 고양이'는, 현실의 진창에 더럽혀지지 않은 자아의 욕망을 투사한 존재이다. 고양이는 현실을 지배하는 중력으로부터 가볍게 '튀어 올라' 자신만의 공간인

'벌판'으로 나간다. 그곳에 '거센 바람', '찬 비'의 차가운 물질성의 침입을 허락지 않는 내적 공간을 구축하는 것이다. 비와 바람에 '털 끝 하나 적시지 않겠다'는 선언은, 세계와 맞서서 자아의 내면을 보존하고자 하는 의지의 표현이다.

이렇듯 현실을 벗어나 상상의 공간인 벌판 속으로 출분한 고양이는 생존을 위해서 참새를 잡는 존재가 아니다. 생존과 포획의 논리가 지배하는 현실의 담장을 넘어 온 고양이는 참새들과 벌이는 놀이에 도취되어 있다. 물질적 관계로부터 해방된 순수한 기쁨으로 가득 찬 이 유희는, 현실을 지배하는 생존의 법칙을 넘어 자유로운 정신의 세계를 열어가는 도약이다. 이렇게 고양이는 생존과 유희, 이성과 도취의 경계를 초월하는 시적 비상의 토포스topos에 거처를 마련한다. 세계의 시간에 털끝 하나 적시지 않는 고양이는 몽상의 시공간에 거주함으로써, 삶의 비속함과 결별하고자 하는 시인의 욕망을 비추고 있다. 이러한 꿈꾸기는 세계와 절연된 단독자로서의 자기 확인의 욕구에서 비롯된다. 그것은 "오, 이 세상 것이 아닌 마음, / 조금씩 열려 펴지는 문. / 빠져나갈 시간은 바로 지금이에요"「황혼」에서 보듯, 현실로부터 '빠져나가는' 시간의 틈새를 사유하는 일이다. 권태로운 지속으로 채워진 현실의 표면에서 내밀하게 드러나는 균열은, '이 세상의 것이 아닌 마음'에서 발현하는 탈주에의 욕망이 가속화 되는 순간, 다른 시간을 향해 열린 문이 된다.

여기서 주목할 것은 고양이의 몽상과 탈주의 발원지가 바로 시인이 놓인 척박한 현실이라는 점이다. 몽상의 경이는 대지의 불모성과 짝을 이루고, 도약의 순간성은 일상의 권태와 나란히 간다. 도약을 꿈꾸는 존재는 어둠과 고통이 지배하는 삶에 구속된 자의 무거움을 함께 거느리고 있다.

세상은 결코
결코 변치 않는다.
늙어빠진 지구.
군내나는 지구. 싫증나는 지구.
떠날 순 없다. 갈 곳도 없다

—「당신들의 문제아」 중에서

바람이여.
내일의 새벽바람이여.
거리의 구토.
이 거리의 행려의 구토.
오늘을 날려 보내다오.
눈을 뜨면 링반데룽.
이 저주를
벗어날 길을 가르쳐다오.

—「링반데룽」 중에서

위의 시에서 시인은 권태로 채워진 싫증나는 삶을 변화시키고자 하는 욕망을 보여준다. 누추하고 관성화된 세계를 환기하는 '늙어빠진 지구'는 자아를 가두고 있는 감옥이다. 이 늙은 지구에 붙들린 삶의 공허와 권태는 '링반데룽'과 같이 반복되는 현실에 포획된 존재의 고통을 환기한다. 시인에게 벗어날 수 없는 현실의 중력은 고통스런 악몽으로 다가온다. 시 「아무 불도 켜지 않았다」『나의 침울한, 소중한 이여』에서는, "고통만스럽고 진실은 없다 / 비천한 삶이다"와 같이 삶에 대한 환멸을 전면적으로 노출한다. 스스로의 삶을 '비천하다'고 느끼는 고통으로부터 벗어나고자 하는 의지는 이탈을 꿈꾸는 행위로 가시화된다. 시에서 비천한 일상으로부터 벗어나고자 하는 의지는 자신이 놓인 '지구'를 돌리는 행위로 표현된다. 이 거대한 지구는 시인의 프로메테우스적 의지와 열정으로 인해 '돌아가기' 시작한다. 이렇듯 스스로 능동적 삶의 주체가 되고자 하는 욕망은 황인숙의 시적 열정을 추동하는 근원적 힘이다.

보라, 하늘을.
아무에게도 엿보이지 않고
아무도 엿보지 않는다.
새는 코를 막고 솟아오른다.
얏호, 함성을 지르며
자유의 섬뜩한 덫을 끌며
팅! 팅! 팅!
시퍼런 용수철을
튕긴다.

—「새는 하늘을 자유롭게 풀어놓고」 전문

이 시에서 황인숙은 현실의 권태와 절망으로부터 벗어나 '자유'를 향한 도약을 선언한다. 영토화된 삶의 중력에 대한 저항은 탈주의 에너지로 발산되는데, 그것은 '용수철'처럼 튀어오르는 탄성에 의해 추동되고 있다. 이러한 비상을 통해서 시인은 "아무에게도 엿보이지 않고 / 아무도 엿보지 않는" 완전한 자율적 주체로서 탄생한다. 포획된 삶의 가치체계와 기꺼이 단절을 선언하는 이 구절은 '시퍼런', '섬뜩한' 등의 부사어와 더불어 결연하고 냉정한 의지의 언어로 발화된다.

황인숙의 시에서 주목되는 것은 이러한 비상의 속도감을 완성시키는 데 부사성의 언어들이 효과적으로 사용되고 있다는 점이다. '덫', '용수철'의 금속성은 '팅! 팅! 팅!'의 파열음과 겹쳐지면서 비천한 삶과 단호하게 결별하는 주체화의 과정을 완성해 낸다. '팅'의 울림은 지상에서 공중을 향해 터져 나가듯 자신을 던져 올리는 강렬한 힘을 쏟아낸다. 이렇듯 부사성의 언어를 통해 새로운 감각을 구축하는 시쓰기는 그녀만의 미학을 구축한다. 구문에 대한 종속성이 상대적으로 약한 부사의 자율성을 최대한 보장함으로써, 의미의 지시성을 비껴선 지점에 독특한 감각의 지대를 열어주는 것이다.

이러한 감각화의 문제는 황인숙의 시쓰기에서 중요한 방법론으로 기능한다. 현실로부터의 탈주를 꿈꾸는 시쓰기는 생생한 삶의 순간과 마주 서서 그것을 자신만의 언어로 감각화 하는 작업이다. 일차적으로 그것은 관습화된 세계를 감싸고 있는 각질을 벗어던지고 세계와 직접 대면하는 일이다.

> 그런데, 어디 있는가, 날것들이여.
> 내 뭉실한 삶이
> 거친 이를 가진 입이 되어
> 쩍 벌어진다.
> 질겅질겅 씹고 싶은 날것들이여.
> 꿀꺽 삼키고 싶은 날것들이여.

꿀꺽꿀꺽 삼켜 구토하고

배 앓고 싶은 날것들이여.

열이 활활 나는 삶의 손바닥으로

나를 후려쳐다오. 날것들!

—「열이 활활 나는 삶의 손바닥으로」 중에서

이 시에서 시인은 생생한 삶의 감각을 회복하기 위한 몸부림을 보여준다. '날것'의 삶에 대한 기대는 세계와의 직접적인 접촉을 욕망하는 데서 비롯된다. 삶에 대한 그녀의 더운 욕망은 '질겅질겅' 씹어대는 거대한 '입'으로 표상되는 탐식 혹은 폭식의 이미지로 표상된다. 이렇듯 그녀는 '뭉실한 삶'의 무감각을 씹고, 구토하고, 배를 앓고, 삼켜지는 '고통'을 열망하는 매저키즘적 욕망으로 전치시킨다. 이러한 고통의 감각이 현실에 포박되어 가사假死 상태에 놓인 자아를 깨어나게 하는 것이기 때문이다. 이러한 폭력의 상호작용을 통해서 시인은 자아와 세계의 가상적 관계를 깨뜨리고 뜨거운 감각이 발화되기를 열망하고 있다.

황인숙의 시에서 폭식으로 상징되는 감각적 팽창은 '날것'의 세계에 닿아가고자 하는 의지에서 발현된다. 그녀의 고양이는 '저주'처럼 자신을 붙들어 매는 삶의 구속으로부터 벗어나고자 하는 이러한 열망에서 탄생한다. 고양이는 진부한 현실과 권태로부터 이탈하고자 하는 욕망과 자유를 향한 열망을 체현하는 사물이다. 고양이의 가벼운 몽상의 이면에는 날카로운 이빨로 삶의 표면을 찢어내고자 하는 수성獸性의 감각이 자리하고 있다. 이러한 고양이-되기는 일상적 삶을 전복하는 하나의 사건으로 이해된다. 진부한 삶의 각질을 깨뜨리고 생생한 삶의 감각을 회복하려는 시적 열망은 몽상가—고양이의 내부에서 강렬한 에너지로 타오른다.

3. 고아—고양이, 죽음을 쓰다듬다

황인숙은 일상의 풍경 속을 주유하는 산책자이다. 그녀는 고양이처럼 구석진 안뜰을 지나 해방촌의 구불구불한 길들을 따라가기도 하고, 어두운 시장 골목의 풍경 속으로 걸어가기도 한다. 이 버려지고 소외된 삶의 그늘은 독특하고 경쾌한 리듬의 박음질을 통해 선명한 시적 풍경으로 태어난다. 황인숙의 시가 탄주하는 언어의 율동감은 수직의 담장 위를 걷는 고양이의 응집된 시선에서 얻어진다. "그녀는 빗방울들을 / 꽉 움켜쥐듯 바라봤다"「病棟의 비」에서와 같이 대상을 포착하는 시선의 격렬함과 집요함은 세계의 이면을 파고들어 죽음의 깊은 심연에 가 닿는다.

죽은 고양이를 보았다
이파리 하나 남지 않은 은행나무 아래
다리를 뻗고
잠이 든 것 같았다.
그 털들이 엉겨 있지 않았더라면
바람과 구두가
그렇게 딱딱하지 않았더라면
좀더 오래 들여다보았을 것이다

나는 깜짝 놀라서 눈을 돌렸다.
그러자
모든 집들이 눈을 떴다.
길 건너 숲속은 캄캄했다.

그가 몸을 끌고 온 거리.
그 몸의 공포와 무게.
남산을 코앞에 두고
숨을 멈칫거리게 한
빛과 속도의 피대줄 같은—
죽어버린 고양이에게는 그 모든 게
아무래도 좋을 것이다.

—「죽음 위의 산책」 중에서

시인은 산책길에서 우연히 죽은 고양이를 보게 된다. 이파리 하나 남지 않은 은행나무 아래 놓인 죽은 고양이의 섬뜩한 이미지는 삶에 잠복해 있던 죽음의 출현을 보여준다. 일상의 이면에 은폐되었던 죽음이 즉물적으로 출현하는 순간, 그녀를 둘러싼 세계는 전혀 새로운 표정을 띠기 시작한다. 세계의 풍경이 변화하는 순간의 감각은 '모든 집들이 눈을 뜨는' 공포스런 사건으로 표현된다. 죽은 고양이가 만들어내는 이 낯설음은 죽음이라는 타자가 그녀에게 보내는 전언이다. 친숙한 산책길에 놓인 고양이—시체에서 시인이 느끼는 이 낯설음uncanny의 감각은 자신의 죽음과 맞닥뜨린 존재의 공포에 다름 아니다.

그런데 흥미로운 것은 이 시에서 죽음을 대하는 시인의 태도가 단순한 두려움 속에 머무르지 않는다는 점이다. 시인에게 죽음이란 육체와 시간의 결박에서 풀려나 '태어난 적도 없다는 듯' 새로운 존재로 변신하는 것으로 인식된다. 그러기에 시에서는 죽음과 대면한 자의 고통과 연민의 목소리가 느껴지지 않는다. 오히려 "죽어버린 고양이에게는 그 모든 게 / 아무래도 좋을 것이다"라는 구절을 통해서 자신에게 닥쳐올 죽음을 미리 본 자의 여유가 드러난다. 무거운 몸을 끌고 걸어온 노역의 삶이 오히려 '공포와 무게'로 감지되고, 죽음은 '아무래도 좋은' 체념으로 현실의 무게를 벗어나는 사건이 되는 것이다.

이렇게 황인숙은 세계를 바라보는 산책자의 시선을 통해서 삶 속에 자리한 낯선 타자—죽음을 발견하고, 그 죽음과 대면함으로써 세계에 대한 새로운 인식을 열어간다.

그들은
축축하고 추운 긴 복도다.
파리한 물고기 같은 달을 향해
기울어져 있다.
한구석에 새끼 고양이 한 마리가 묶여 있다.
발을 멈추고 쓰다듬자
요요처럼 내 손에 탁탁 붙는 새끼 고양이여.
그들은 멀거니 본다.
새끼 고양이 혹은 내 손길을.
항상 비껴선 복도여.

도무지 손길에 익숙하지 못한 존재여.

아무 손길 닿지 않는 새끼 고양이들의 복도여.

—「고아원」 전문

세계와 자신을 연결해주던 탯줄이 끊어진 채 버려진 '고아'들은 삶의 온기로부터 배제된 존재들이다. 안온한 삶의 공간으로부터 떨어져 나온 고아들은, '비껴선 복도'의 어두운 저편에서 아무 손길도 닿지 않은 고양이처럼 떨고 있는 존재의 고독을 환기시킨다. 지상의 버려진 존재들이 모여 있는 그늘진 복도는, 타자와의 교감을 상실한 채 고독한 어둠만을 '멀거니 바라보는' 절망으로 가득 차 있다. 그리하여 모성과 생명의 상징인 '달'을 향해 기울어지는 그들의 욕망은 '파리한 물고기 같은'이라는 수식어 앞에서 곧바로 사그라지고 만다. 이렇게 고아들은 세계와의 연관성을 상실한 존재들의 숙명적 고립감과 축축한 절망감에서 쉽게 빠져나오지 못한다.

황인숙은 세상을 어둡고 차가운 복도로 인식하면서, 그 속에 놓인 고아—존재들에 대한 연민의 눈길을 보낸다. 본질적 삶으로부터 추방된 존재들은 모두 근원적 고독 속에 던져진 고아라고 할 수 있다. 다시 말해 이 세계는 하나의 거대한 고아원이며, 고독과 절망으로 가득 찬 고아의 이미지는 단절과 고립 속에 놓인 자아의 모습과 겹쳐진다. 이렇게 시인은 현실로부터 배제되고 소외된 존재들과 자아의 연속성을 발견한다. 이러한 내적 공감은 타자로서의 세계와 시인 사이에 깊은 교감과 소통의 길을 틔운다. 이제 고통 받는 고아들의 얼굴은 이 낯선 타자에 대한 환대의 요구로서 시인 앞에 던져진다.

단풍 든 나무가 문을 활짝 열어젖히고 있다.
단풍 든 나무가 한없이 붉고, 노랗고, 한없이 환하다.
그지없이 맑고 그지없이 순하고 그지없이 따스하다.
단풍 든 나무가 햇빛을 담쑥 안고 있다.
행복에 겨워 찰랑거리며.

싸늘한 바람이 뒤바람이
햇빛을 켠 단풍나무 주위를 쉴 새 없이 서성인다.
이 벤치 저 벤치에서 남자들이
가랑잎처럼 꼬부리고 잠을 자고 있다.

—「남산, 11월」 중에서

이 시에서는 단풍 든 나무들의 보여주는 환하고 따스한 풍경의 구석에 가랑잎 같은 사내들이 깊은 잠에 빠져 있다. 그들은 찰랑거리는 햇빛의 풍요로움을 누리지 못하고, 꼬부라진 채로 버려져 다가올 싸늘한 바람에 노출되어 있다. 즉 '햇빛을 담쑥 안고 있는' 행복에 겨워 찰랑거리는 단풍잎의 시간은 곧 '싸늘한 바람'이 환기하는 차가운 계절로 이어질 것이며, 화사한 잎들 또한 가랑잎이 되어 어두운 대지로 추락할 것이다. 긴 겨울을 예감하는 '11월'은 존재의 운명적 몰락을 예감하는 시간이며, 사내들은 태아처럼 몸을 꼬부린 채 죽음의 시간 속으로 침잠하고 있다. 돌아갈 집도 없이 세계로부터 추방된 사내들의 '헐벗은 삶'이야말로 존재의 가장 근원적인 모습이라 할 수 있겠다. 이러한 노숙자 사내들을 통해서 드러나는 헐벗은 삶의 맨 얼굴은 죽음이라는 타자가 보내는 전언이자 호소이다. 시인은 잠든 사내들을 통해 다가올 몰락과 차가운 소멸의 징후를 읽어내고 있다.

이 시에서 잠든 사내들을 바라보는 시인의 시선은 건조하기만 하다. 그러나 시적 대상에 대한 감정을 철저하게 배제한 이 메마른 진술 속에 시인은, 남자들의 피로와 노역과 헐벗음을 쓰다듬는 시선을 내장하고 있다. 환한 현실의 이면에 감추어진 그늘과 절망을 감각적으로 인지하는 황인숙의 시쓰기가 세계와 자아의 신체를 관통하는 촉각적 시선에서 태어난다는 점이 주목된다. '담쑥', '환하다', '찰랑거리다' 등 햇빛의 따스함을 감싼 유동적 언어들은 '꼬부리고'라는 시어를 통해서 절단된다. 이러한 촉각적 시선의 내부에서 벌어지는 부드러움과 날카로움, 따스함과 차가움 사이의 충돌은 자아와 타자 사이의 간극을 넘어 세계에 닿아가려는 욕망을 가시화한다. 그것은 햇빛 속에 숨겨진 날카로움을 간파하고 일상의 표면을 관통하여, '버려진 안경, 폐지를 줍는 노인'처럼 아무도 주목하는 않는 외롭고 쓸쓸한 존재들의 모습을 포착하기에 이른다. '잊혀진 공간과 버려진 사물들'에 공명하는 그녀의 시선은 근본적으로 타자에 대한 공감과 연대의 의식에서 비롯된다. "내가 백 번도 천 번도 더 읽은 / 우리 집 앞 골목쟁이"「골목쟁이」에서처럼, 그녀가 바라보는 텅 빈 골목이 환기하는 외로움은, "빛바랜 셔츠, 발목 짧은 바지 / 동남아 남자가 걸어온다"「해방촌」에서처럼 낯선 자의 소외감과 겹쳐지면서 새로운 파장을 만들어낸다.

이렇게 황인숙은 죽은 고양이의 시체, 어두운 고아들, 잠든 사내들이 만들어내는 세계의 우울한 호소를 감각적 열림으로 되받아 쓴다. 세계의 표면을 관통하는 촉각적 시선은, 세계의 슬픔과 공명함으로써 헐벗은 타자의 얼굴에 대한 응답으로서의 시쓰기의 의미를 실현하고 있다.

4. 나르시시스트 ―고양이, 숙명에 홀리다

황인숙은 날카롭지만 섬세한 고양이의 시선으로 타자의 얼굴을 쓰다듬는다. 세계의 그늘을 응시하는 고양이의 시선은 현실의 균열 속에서 타자에 대한 공감을 이끌어내고 연대의 감수성을 발현시킨다. 이것은 나의 외부에서 출현하는 타자에 대한 환대의 시선이자 타자―세계의 부름에 응답하는 윤리적 시선의 출현을 의미한다. 현실의 억압에 대응하여 고유한 내면성을 보존하려는 이러한 시선의 윤리성은 자아의 내면을 응시하는 실존적 시선과 함께 태어난다. 그녀의 시에서 시각이 사물의 깊이를 만나기 위해서 대상을 향해 집중하는 힘이라면 소리의 감각은 응축된 긴장을 풀어놓는 이완의 힘으로 나타난다.

푸드득거리는 건 빗소리
대꾸하지 않아도 상심하지 않는
옹알거림이여, 투덜거림이여, 킬킬거림이여
나는 빗소리 속으로 자맥질한다

―「무언가」 중에서

시인에게 빗소리는 단순한 소리가 아니라 '푸드덕거리는' 생생한 몸짓이자 '옹알거림, 투덜거림, 킬킬거리는' 울림으로 들려온다. 타자의 시선을 의식하지 않고 경계를 자유롭게 넘나드는 이러한 소리들은 언어의 구속을 벗어난 옹알이처럼 자유롭게, 킬킬거리는 웃음소리처럼 편안하게 퍼진다. 그리하여 빗소리의 파장 속으로 자맥질하는 그녀의 몸은 '비 듣는 잠결' 속으로 아득하게 가라앉는다. 이렇듯 언어의 의미망을 넘어선 열린 감각 속에서 자아는 시적 풍경과 하나가 된다. 초기 시부터 황인숙의 시에서 솟아나는 독특한 율동감은 풍경을 텍스트화 하는 시적 언어의 독특한 탄성에서 비롯되었다. 음성적 특질을 강화한 부사성의 언어들이 만들어내는 감각적 리듬감이 그 율동의 진원이다. 그런데 주목할 것은 풍경과 교감하는 언어의 감각적 리듬이 잦아든 곳에서 둔중하고 깊게 울려 퍼지는 어두운 빛깔의 소리들이 자리하고 있다는 점이다. 최근의 시에서 그녀는 이 어두운 파장에 '숙명'이라는 이름을 붙이고 '파두'의 격렬하고 애절한 리듬에 얹어 탄주하고 있다.

눈 밑살에 주름이 쩌억, 가는 듯했다
파두 기타가 검은 옷을 입은 숙명을 이끌었다
숙명은 떨면서 어둠 속으로 사라져갔다
내 영혼은 숙명에 홀렸다

—「파두」 중에서

이 시에서 메마른 육체의 주름 속에 각인된 죽음의 얼굴을 바라보는 시선에는 섬뜩함과 황홀함이 교차한다. 격렬한 검은 빛으로 타오르는 영혼의 흐느낌을 시인은 "눈 밑살에 주름이 쩌억, 가는" 날카로운 순간으로 포착하고 있다. '쩌억'이라는 부사어는 일상의 무감각을 찢어내고 영혼을 파열시키는 순간의 경험을 뜨거운 통증으로 감각화 하고 있다. '파두'의 검은 리듬에 홀린, 이 황홀하고 격렬한 언어는 명랑하고 경쾌한 리듬의 배후에 자리한 심연을 펼쳐 보인다. 그것은 시적 자아를 '시인'이라는 어두운 운명 속으로 끌어당겨 거기 침잠하게 한다. 고독과 슬픔을 발효시킨 파두의 언어는 이 어두운 심연에서 흘러나오는 음악이다.

시에서 고독한 숙명의 리듬은 심연 속에 거주하는 검은 고양이의 이미지로 체현된다. 황인숙이 '고양이'라는 대상에 갖는 근친적 애정은 숙명 속을 걷는 외로운 영혼에 대한 교감에서 비롯된다고 할 수 있다. 그녀의 시에서 시인—고양이—고아—숙명은 계열화를 이루면서 삶의 표면 위를 흘러가는 리듬을 만들어낸다. 그것은 삶의 비천함을 거두어내고, 존재의 심연을 들여다보는 자의 황홀과 절망이 뒤섞인 노래이다. 이렇게 세계로부터 버려진 고아로서의 시인이 운명의 얼굴과 맞닥뜨리는 순간, 고통스럽고 황홀한 언어의 탄성은 최고에 이른다.

밤 유리창에 비친 제 모습을
하염없이 들여다보는 검은 고양이 같다
목에서 가슴, 배까지 털빛은
깜짝 새하얀

버지니아 울프
때로 그녀는 보이지 않고
울음소리만 들린다
항의하듯, 신음하듯, 애소하듯
누가 죽어가는 듯, 미치겠는 듯, 비통한 울음소리
때로 여러 여인네들 그 울음에 휩쓸려

한꺼번에 흐느끼고, 목 놓아 울부짖는다
무슨 일일까? 아, 대체 무슨 일? 저 울음소리!
(저리 딴 데 가 울라고
웬 사람이 버럭 소리 지른다)

보이지 않을 때 그녀는
꿈속에 있는 것과 같다
어떻게 그리로 건너갈까?

—「버지니아 울프」 전문

시인은 유리창에 비친 제 모습을 홀린 듯 바라보는 고양이의 이미지와 비극적 삶을 살다간 버지니아 울프의 이미지를 겹쳐놓는다. 거울에 비친 자신을 바라보는 고양이의 눈은 세계로부터 절연된 고독 속으로 침잠하는 나르시시스트의 이미지를 환기한다. 그의 응축된 시선은 세상으로부터 스스로를 유폐시킨 자의 고독과 서늘한 아름다움으로 채워져 있다. 고양이의 검은 털빛과 '깜짝 새하얀' 빛의 선명한 감각적 대비를 통해서, 시인은 지상의 누추함과 환멸에 차갑게 맞서는 정신의 고립성을 드러낸다. 이것은 세상으로부터 받은 상처와 모멸 속에서도, 자신의 내면을 끝내 포기하지 않고 미학적 성채를 일구어낸 울프의 이미지이기도 하다.

시에서 그녀—고양이의 울음소리는 냉정하고 비천한 세계에 대한 애끓는 호소이자 뜨거운 항의인 비통한 울음으로 퍼져 나온다. 이 절절한 울음은 지상에서 소외되고 고통 받는 존재들의 공명을 이끌어내 장대한 울음의 줄기를 이루면서 흘러간다. 마을의 여인네들이 모두 동참하는 이 통곡의 카니발은 억압된 여성적 존재들이 흘려보내는 해방의 울음이자, 그 수성水性을 통해 세계를 정화하는 신화적 울음이기도 한다. 시인은 '딴 데 가서 울라고' 버럭 튀어나오는 남성 주체의 억압적 목소리를 괄호 속에 가둠으로써 지배권력의 무감함을 통쾌하게 전복하고 있다. 세계를 잠기게 하는 홍건한 울음 속에서 광기의 언어는 숙명의 리듬으로 발효된다. 그리하여 '숙명에 홀린' 그녀의 시선은 고통 속에 침잠하는 대신 그 어둠의 깊이를 응시하는 고양이의 매혹적인 움직임을 따라간다. 초기 시에서 벌판을 가볍게 도약하던 고양이가 이제 죽음의 심연에서 터져 나오는 숙명의 광기를 불태우는 불꽃으로 현현하는 것이다.

그간 황인숙은 고양이의 이미지를 통해서 현실의 누추함에 투항하지 않는 오연한 자아의 이미지를 구축해 왔다. 시인으로서의 그녀의 자아는, 현실과 초월의 경계를 걷는 고양이처럼 긴장과 탄력의 언어 속에서 팽팽해진다. "나는 점점 더 / 부풀어 올라 / 탱탱해졌다 / 오줌으로 가득 찬 / 방광처럼"「파두」에서와 같이, 현실 너머로 도약하기 위해 팽창하는 힘은 육체를 긴장으로 가득 채운다. 그녀의 시어는 이러한 터지기 직전의 응축된 힘의 탄성을 내장하고 있다. 부드러움과 날카로움이 공존하고 집중과 이완이 교차하는 그 순간, 그녀의 자아는 새로운 시간 속으로 터져나간다.

> 어떤 사람이 공연히 나를 사랑한다
> 그러면 막 향기가 난다, 향기가
> 사람이기를 멈춘 내가 장미꽃처럼 피어난다
> 톡, 톡, 톡톡톡, 톡, 톡,
> 지금은 내가

사람이기를 멈추고 쉬는 시간

아는 이 모두를 저버린 시간

—「낮잠」 중에서

이 시에서 시인은 '쉬는' 시간의 틈새 속으로 들어가는 낯선 경험을 한다. 타자의 사랑은 소란스레 붐비는 일상을 중단시키고 '사람이기를 멈춘' 시간 속에서 자아를 '꽃'으로 피어나게 한다. 시인은 자신의 내부에서 분출되는 생동하는 힘을 억제하고 막아내는 대신, '막'이라는 부사를 빌어 터져 나오는 '향기'를 마음껏 발산하고 있다. 향기는 '나'를 '사람'이 아닌 다른 것으로 변화시키는 힘이며, '아는 이'로 이루어진 관습적인 세계를 기꺼이 버리고, 새로운 공간을 향해 도약하도록 하는 힘이다. 향기의 움이 터져 나오는 '톡, 톡'의 율동감은 '쉬는 시간'의 공백 상태에 생명의 리듬감을 부여한다. 이렇게 시인은 내부에서 발산하는 열정을 그대로 노출하는 것이 아니라, '톡톡'이라는 시어의 율동감을 통해 고유한 리듬으로 변주하고 있다. 그 리듬을 타고 사랑의 역동적인 설레임과 유동하는 향기의 흐름이 어우러져 자아가 놓인 현재의 시공간을 무한히 확장시킨다. 검은 숙명의 시간이 환한 향기로 발화되는 것이다.

이 시의 발랄한 리듬감을 떠받치는 것은 내면에서 도도하게 분출되는 고양이의 울음이다. 황인숙은 이러한 울음—향기—사랑을 통해서 현실의 저편, 무한의 시공간으로 넘어가고자 한다. 그녀의 시쓰기는 내면에 응축되었던 울음이 향기로 터져 나와 세계의 경계와 금기를 넘어서는 과정을 보여준다. 동물과 꽃, 사물과 향기의 경계를 허물고 무한성의 지대를 향해 퍼져나가는 순간, 나르시시스트의 숙명을 울려주던 공명통이 낯선 향기로 점화되는 순간, 시인은 새하얀 고양이처럼 눈부신 저편으로 도약한다.

6. 영매靈媒 – 고양이, 세계의 울음을 울다

황인숙의 시에는 여러 마리의 고양이가 공존하고 있다. 몽상의 들판에서 가볍게 뛰노는 고양이들, 음습한 길목에 누워 있는 죽은 고양이들 그리고 거울 속의 제 모습을 보며 날카롭고 홍건하게 통곡하는 고양이들. 황인숙은 고양이가 놓인 풍경 속의 심연을 응시하면서 삶의 주름들을 펼쳐 읽는다. 그녀의 초기 시가 유희하는 고양이의 탄성과 도약의 운동 속에서 세계의 풍경을 새롭게 비추어냈다면, 최근의 시에서는 자신의 운명을 응시하는 나르시시즘적 시선이 전면화 된다. 이러한 고양이의 시선은 유희와 응시의 저편에 놓인 깊은 죽음의 지대를 건져 올린다. 그 검은 심연에서 고요하고도 격렬한 언어의 리듬이 흘러나온다.

황인숙은 고양이의 언어를 통해서, 죽음으로부터 흘러나오는 숙명의 리듬을 탄주하고 있다. 지루한 세계표정을 균열시키고, 삶의 표면을 횡단하는 고양이의 울음은 시쓰기의 고유한 지대를 열어 놓는다. 이러한 고양이의 시쓰기를 통해, 시인 황인숙은 세계의 고통을 대신 울어주는 곡비哭婢이자 언어를 통해 불우한 삶을 치유하는 영매가 된다.

아무것도, 아무도 없는

박상순론

조영희

1. 부재를 말한다는 것

1996년 박상순이 제2회 현대시동인상을 수상했을 때, 현대시동인회는 그의 시에 대해 다음과 같이 적었다.

> 그가 노래하는 것은 한마디로 기댈 곳 없음이며, 이런 태도는 신세대의 미적 특성이며 나아가 이 시대의 문학적 주제인 자아 정체성 혹은 주체 중심성에 대한 회의로 발전한다.•

• 박상순 외, 『제2회 〈현대시동인상〉 수상시집—자네트가 아픈 날』, 문학세계사, 1996, 4면.

사실 자아와 주체에 대한 회의는 작금의 전위적 시인들에게도 유효한 테마일 것이다. 눈여겨 볼 것은, 박상순 시의 시발점이 된다고 언급된 "기댈 곳 없음"이다. '기대다'는 의지할 만한 타자의 존재를 전제하는, 다분히 의존적인 행위다. 단순한 상태나 동작이 아니라 정서적 측면을 강하게 내포한 어휘인 것이다. 그렇다면 "기댈 곳 없음"이란 긴밀한 관계에 대한 욕망과 그것의 좌절로 인한 트라우마 정도가 될 것이다. 이때 박상순 시의 화두가 누군가, 무엇인가의 부재不在임을 짐작하기란 어렵지 않다.

바르트Roland Barthes에 따르면, 부재absence를 말한다는 것은 주체의 자리와 그 사람의 자리가 교환될 수 없음을 단번에 상정한다.• 이를테면, 사랑하는 만큼 사랑받지 못한다는 것. 부재不在, 그것은 남겨진 사람이 말할 수 있는 것이지 떠난 사람으로부터 말해질 수 있는 게 아니다.

이런 상황, '너'의 부재에 대한 현실인식은 박상순 시 전반을 아우르고 있다. 현대시 동인상의 수상소감도 같은 맥락이다. "나는 늘 나하고만 논다. (…중략…) 나는, 나에게 있는 것을 통해서 없는 것을 본다. 있어야 할 없는 것을 구한다." 따라서 이 글은 "있어야 할" 존재의 '없음'에 관한 시인의 행보를 살피는 작업이 될 것이다.

• 롤랑 바르트Roland Barthes, 김희영 역, 『사랑의 단상Fragments d'un discours amoureux』, 문학과지성사, 1991, 27~28면.

2. 거부당한 존재

박상순에게 부재의 기억은 최초의 관계맺음이라 할 수 있는 '가족'으로 거슬러 올라간다. 혈연으로 이루어진 가족은 세계를 인식하고 체험하는 첫 번째 통로가 되며, 개인의 의지로 선택하거나 변경하기가 쉽지 않다는 점에서 확정적이고 불변의 측면이 강하다.

박상순 시에는 할머니, 할아버지 등 다양한 가족 구성원이 등장한다. 그 중 가장 빈번한 것이 아버지와 어머니인데, 이들은 대개 끔찍한 형상을 하고 있다. 무엇보다 화자와의 어떠한 유대紐帶나 친밀감도 찾아보기 어렵다.

> 첫번째 기차가 아버지의 머리를 깨고 지나갔다
> 두번째 기차가 어머니의 배를 가르고 지나갔다
>
> —「빵공장으로 통하는 철도」 중에서

> 나도 가지 끝에 내 아버지의 머리를 꽂아 하늘 높이 들었다. 내가 웃었다. 그가 웃었다.
>
> —「트럼펫을 불어라」 중에서

> 어머니가 생선장수 C를 바라보며
> 경찰관 A에게 말했다
> 내 아들은 아닙니다
>
> —「사랑받지 못하는 너희들에게」 중에서

「빵공장으로 통하는 철도」에서 아버지와 어머니는 "기차" 사고를 당한다. '깨다', '가르다'와 같은 파괴적인 시어는 부모의 사고가 단순한 외상外傷이 아니라 처참하고 치명적인 것임을 암시한다. 반면 「트럼펫을 불어라」는 화자가 "아버지"에게 가하는 폭력이다. "나"는 "가지 끝"에 "아버지의 머리"를 꽂음으로써 그를 죽인다. 그리고 공모자 "그"와 함께 웃는다.

이어지는 시 「사랑받지 못하는 너희들에게」도 부모와의 관계에 대한 유의미한 단초를 제공한다. 흔히 존재의 시원始原으로 여겨지는 "어머니", 그녀는 말한다. "내 아들은 아닙니다." 이 말을 할 때조차 "아들"이 아닌 "생선장수 C"를 보는 어머니. 이 시는 어머니에게조차 거부당한 "너희들"에게 바치는 위로이자 호소로 읽힌다.

이와 같이 원초적 단절의 기억을 지닌 박상순 시의 화자가 가족이 아닌 타인과 맺는 관계는 어떨까. '너'로 지칭되는 연인과의 관계를 제외하면, 그의 시에 등장인물은 그리 많지 않다. 그나마 학창시절의 정황에 한정되어 있고 때로 동물이 중요한 역할을 담당하기도 한다. 그들은 일제히 화자를 따돌리고 조롱한다.

> 새끼 염소가 나를 구경하러 나왔다
> — 저런 새끼 상관마 !
> (…중략…)
> 나는 다시 피난을 갔다
> 누런 송아지가 나를 구경하러 나왔다
> — 너, 100까지 쓸 줄 알아?

—「빵공장으로 통하는 철도로부터 1년 뒤」 중에서

불타는 내 심장을 뚫고 오늘 나의 우상이었던 큰 쥐는 빠져나갔다. 요동치는 내 몸에서 뒷발을 떼며 큰 쥐는 내게 말했다.

— 더러운 자식, 더러운 자식.

—「나는 더럽게 존재한다」 중에서

선생님은 구두를 먹고
아이들은 내 찢어진 반바지와 바구니를
김밥처럼 먹으며

내게 말했다
구두에게 말했다
바구니에게 말했다

— 너, 집에 가!

—「빵공장으로 통하는 철도로부터 6년 뒤」 중에서

「빵공장으로 통하는 철도로부터 1년 뒤」에서 "염소"와 "송아지"는 나를 "구경"나온다. 대상에 대한 존중과 애정이 결여된 채, 그들이 화자에게 던지는 말은 "저런 새끼 상관마!", "너, 100까지 쓸 줄 알아?". 「나는 더럽게 존재한다」도 그렇다. "내 심장"은 불타며 "내 몸"은 요동을 치는데, "우상이었던 큰 쥐"는 말한다. "더러운 자식, 더러운 자식." 한편 「빵공장으로 통하는 철도로부터 6년 뒤」의 배경은 소풍날 야외인 듯하다. 통상 즐거운 연상이 떠오를 법한데, "선생님"과 "아이들"이 화자에게 가하는 행동은 일방적이고 폭력적이다. 그들은 '나'에게, '나'의 그것들에게 말한다. "너, 집에 가!"

이러한 거부의 기억은 "그는 내게 ×표를 그었다 / 내 발목에 / ×표를 그었다"「등뼈 없는 도둑 2」에서 명확해진다. 가족에 이어 선생님, 친구들, 심지어 동물들한테서도 환영받지 못한 화자는 "그"로 상징되는 누군가로부터 유사한 일을 겪는다. 주지하듯 "×표"는 승인과 반대되는, 거절과 탈락의 표지다. 화자인 '나'는 "그"와 관련된 모든 것으로부터, 자신의 의사와 상관없이 퇴장해야 하는 것이다.

> 내 뒤집힌 눈동자는
> 냉장고는
> 나에게 돌아오지 않는다
>
> —「내 마지막 의자」 중에서

> 어디에도 내가 없는
> 내 꿈속에도 내가 없는
> 나의 꿈
>
> —「내가 없는 나의 꿈」 중에서

존재의 거울이 되어 주고 관심과 지지를 보낼 최소한의 관계도 부재한 가운데, 스스로의 초상을 만들어내기란 어쩌면 불가능할지 모른다. 화자에게는 더 이상의 "의자", 즉 잠시의 휴식도 허락되지 않으며, "뒤집힌 눈동자"마저 자신의 것이 아니다「내 마지막 의자」. 그리하여 "나"는, "내 꿈속에도", "어디에도" 없다「내가 없는 나의 꿈」.

3. 실연, 실존의 통증

이러한 화자에게, 연인과의 사랑은 절대적 과제이면서, 또한 그만한 두려움일 수 있다. 인간이 자신의 실존實存을 감지할 수 있는 가장 생생한 순간이 바로, '사랑하는 때'이기 때문이다. 개별자로서 자신의 존재에 대해 자각하는 상태가 '실존'이라면, 질문들이 떠오르게 하고 때로 그것들에 실마리를 제공하는 게 '사랑'일 것이다.

박상순이 천착하는 건 사랑의 어긋남과 불일치, 그 비극성이다. 그의 시에서 평온하고 충만한 합일의 장면은 찾아보기 어렵다. 그중 흔히 '삼각관계'라 칭하는 연애의 구도를 보자.

풀밭에는 양 세 마리
한 마리는 옆을 보고
두 마리는 마주보고
오른쪽 가슴으로
굵은 선이 지나는
그림 찍힌 티셔츠

—「양 세 마리」 중에서

멍이와 망이는 아득히 높은 계단
가운데서 라라라
손뼉 치며 라라라

목발 짚고 라라라

나는 맨 밑에서 또는 맨 위에서

"노란달은 붉은 달"

"붉은 달은 텅 빈 배"

—「멍이와 망이와 달과 나」 중에서

「양 세 마리」에서 "두 마리"는 마주보고 다른 "한 마리"는 옆을 본다. 남겨진 한 마리가 무엇을 보는지는 알 수 없다. 다만 그에게 "가슴으로 / 굵은 선이 지나는" 고독과 소외가 있으리라 추측할 뿐이다. 「멍이와 망이와 달과 나」에서도 함께하는 두 사람과 나머지 한 사람과의 대비가 확실히 드러난다. "멍이"와 "망이"는 계단 "가운데", "나"는 "맨 밑", "맨 위"에 있다. 두 사람의 마음은 "라라라", 혼자인 나의 심정은 "붉은 달"과 "텅 빈 배". 두 사람과 나의 입장은 확실하게 갈린다.

이들 시가 삼각관계의 엇갈림을 다소 동화적인 방식으로 형상화했다면, 「나는 오직 나만을 사랑했다」 연작은 사랑의 전개과정에 대한 일종의 보고서와 같다.

나는 오직 나만을 사랑하는 거대한 웅덩이였다. 웅덩이를 끌고 가는 한 마리 낙타였다. 허공에 내 무덤을 마련해 둔 한줌의 닭털이었다. 바늘을 든 네가 나에게로 다가와, 내 크고 검은 눈동자 속에 주사바늘을 꽂기 전까지.

—「나는 오직 나만을 사랑했다 Ⅰ」 중에서

나는 오직 너만을 사랑했다. 너는 내 한 눈에 바늘을 꽂고 오보에를 불었다.

내 눈 속에 오보에가 담겼다. 바늘이 떨고 …… 너는 나의 목에 황금빛 올가미를 씌웠다. 바늘 뒤에 숨어서 도시락을 먹었다.

—「나는 오직 나만을 사랑했다 II」 중에서

나는 구름을 잃고, 막대를 잃고 빈 통의 주전자도 잃었다. 불타던 눈동자도 잃었다. 누가 내게 다시 황금빛 올가미로 허공의 내 무덤을 돌려줄 수 있는가.

—「나는 오직 나만을 사랑했다 III」 중에서

「나는 오직 나만을 사랑했다 I」는 너를 알기 전의 나, 「나는 오직 나만을 사랑했다 II」는 너를 사랑한 나, 「나는 오직 나만을 사랑했다 III」는 너를 잃은 나를 각각의 내용으로 한다. "웅덩이", "낙타", "닭털"이었던 나에게, 나의 "눈동자" 속에, 너는 "주사바늘"을 꽂았다. 그러곤 목에 "올가미"를 씌웠다. 마침내 나는 모든 걸, "내 무덤"까지 잃었다. "주사바늘"로 시작되어, "황금빛 올가미"를 지나, 사랑은 끝났다.

박상순 시에서 사랑의 결말은 대개 다음과 같다.

마지막 전람회가
끝나는 소리

마라나 ; 가고
나 ; 오고

—「마라나 ; 포르노 만화의 여주인공 [1]」 중에서

대지는 나의 땅
네가 사라지고
내가 사라진다

대지는 나의 땅
나쁜 꽃들이 피고
질 나쁜 나무가 자란다

—「오늘은 발이 시린, 가슴이 작고 어깨가 조금 넓은, 일주일에 한 번쯤은 목소리가 고운, 가을 공기를 좋아하는 그녀를 위한 굽 낮은 구두 속의 해파리」 중에서

그녀가 더 이상 나를 사랑하지 않을 때
내가 더 이상 그녀를 사랑하지 않을 때

그녀가 처음부터 나를 사랑하지 않았을 때
그래도 그녀만을 폭포처럼 사랑했을 때

—「폭포 앞에서」 중에서

그의 시에서 실연失戀의 핵심은 너의 떠남과 사라짐, 더 이상 사랑하지 않음이다. 마지막 전람회가 끝나고, 대지엔 나쁜 꽃이 피는데, 그래도 그녀만을 폭포처럼 사랑하는, 이런 정황은 사랑하는 이가 민감하고 연약한 약자弱者임을 시사한다. 자신을 구두 속의 해파리로, 폭포 앞에 선 나약한 존재로 비유한 것도 같은 맥락이다.

실연, 결별에 대한 시인의 대응은 크게 두 가지로 나뉜다. 하나는 격렬

한 부정과 함께 괴로움의 호소이고, 다른 하나는 관조와 수용의 태도다.

네가 떠날 때
하늘은 비바람이 되고
땅은 내 핏속에서 마구 뒹구는 바위가 되고

기억하라. 내 사랑, 내 욕망, 내 비탄

—「피날레 Finale」 중에서

당신의 가슴에 대못을 박고
구멍을 뚫고, 튼튼한 나사못으로
당신이 가는 길을 막아버린 뒤

—「공구통을 뒤지다가」 중에서

이들 시에서 화자의 내면은 극심한 동요를 보인다. 네가 떠나자, 하늘과 땅도 평소 모습을 잃고, "기억하라"는 외침으로 나의 고통은 정점을 이룬다「피날레 Finale」. 이보다 적극적인 대응이 너의 가슴에 "대못"을 박고, "구멍"을 뚫고, "가는 길"을 막아 버리는 것이다「공구통을 뒤지다가」.

이 외에도 "말도 하기 싫어요. 무조건 다 싫어요."「강원도는 싫어요」라며 대상을 불문한 저항을 보이거나, "식탁 위에 올려놓은 내 손가락들. 잊었어."「식탁 위의 일요일, 벽 속의 소리」 하고 망각을 강조하는 것, "할아버지. 이렇게 다 끝나버릴 수도 있나요."「하늘에는 비행기 땅에는 섹스」라며 거듭해 묻는 것 또한 강경한 부정의 표현에 속한다.

그런가 하면 감정을 절제한 경우도 있다. 다양한 인간군상을 열거한 뒤 "오랫동안 나를 바라보던 사람"으로 끝맺은 「나에게 길이 있었다」, "여름의 공원"과 "텅 빈 길"을 대비시킨 「울지 않는 사람의 눈」, "꽃 봄"이 지난 뒤의 허무를 드러낸 「마라나 ; 포르노 만화의 여주인공 [3]」, "첫 번째", "두 번째", "세 번째"로 사랑의 기억을 회상하는 「일주일에 세 번」 등이 이에 포함된다. 이들 시에서 화자는 과거의 기억을 거듭 불러내어 의미를 부여하고 이를 재구성하지만, 현재에 대한 성찰 및 적극성이 결여되어 있어 다소 자폐적인 성향을 띈다. 너에게 가기 위해, 너를 되찾으려 노력한다기보다 유폐幽閉된 내면으로 칩거蟄居하는 것이다.

이렇듯 시인에게 사랑은 실존이 처한 절박한 도전이면서, 머잖아 실연失戀, 당신의 부재로 귀결되는 고통스런 것이다. 빗방울에 얼굴을 맞아 눈 못 뜨는 것「그녀의 그것이 자꾸 늘어나」, 돌을 먹은 펭귄이 되어 쓰러지는 것「돌이 울고 있었다」, 내 다리를 망치로 때려 박는 것「가을 속으로」, 내 눈동자를 빼가는 것「내가 본 마지막 겨울」, 바늘받이가 되는 것「바늘잎의 별」 등은 사랑이 지닌 무게와 통증을 강렬하게 형상화한 대목들이다.

4. 얼굴을 가리다

관계맺음의 실패가 정신적 트라우마를 안겼다면, 물리적 폭력 상황도 존재한다. 불특정 다수로부터, 때로 화자 자신에 의해 행해지는 '얼굴을 가리는' 행위가 그것이다.

얼굴은 오감五感이 몰려 있는 '특별한' 곳이다. 이와 관련하여 비트겐슈타인Ludwig Wittgenstein은 얼굴이야말로 '몸의 영혼'이며 존재의 '주된 공간'이라 주장한 바 있다. 유대신학에서도 '얼굴을 잃는다'는 개인의 정체성과 사회적인 위상이 죽는 것에 버금간다.•

따라서 얼굴을 덮거나 가린다는 건 일차적으로 시야視野의 박탈이며, 비단 생사生死의 문제 뿐 아니라 인간의 존엄尊嚴과도 연결되는 민감한 행위다. 요컨대 극단적 한계 상황인 것이다.

박상순의 시 「10개의 강아지 인형을 지키는 옷장 속의 인간」에서 그대의 "얼굴"은 "가슴에", "발 아래", "등 뒤에"로 옮겨 다닌다. 그대의 "얼굴"과 "강아지 인형"은 모두 열 개, 밖으로 나가지 못한 '나'는 "얼굴"이 아닌, '인형' 곁에 머문다. "그대의 창백한 얼굴이, 나는, 열 개나 있네요"로 끝맺는 이 글은 '얼굴'이 갖는 위상, 실존적 가치를 집약한 장소로서의 의미를 잘 보여준다.

> 내 얼굴에 두터운 겨울옷을 씌우고
> 포장된 내 몸에 장대를 달아
>
> —「세탁소의 봄」 중에서

> 하수구 속에 밀어넣은 얼굴들
> 내 얼굴들의

• 정화열, 이동수 · 김주환 · 박현모 · 이병택 역, 『몸의 정치와 예술, 그리고 생태학Body Politics, Art and Ecology』, 아카넷, 2005, 33~51면.

울부짖음을 듣는다

—「하수관이 통과하는 거대한 침실」 중에서

마을 사람들이 나의 머리통을 물동이에 처넣고

발길질하였습니다

—「빵공장으로 통하는 철도로부터 4년 뒤」 중에서

내 작은 몸이 수레에서 내려질 때

두레박을 쓴 소년 하나

우물 속에 빠지고

—「구파발」 중에서

"겨울옷", "하수구", "물동이", "두레박"에 의해, "소년"과 "나"의 시야는 어둠 속에 갇힌다. 이는 사람들의 발길질, 장대에 매달기, 하수구 속에 밀어 넣기 등 다분히 폭압적인 사건들과 동시에 발생한다. 그러나 화자의 대응은 "내 얼굴들의 / 울부짖음을 듣는" 것뿐이다「하수관이 통과하는 거대한 침실」. 이처럼 얼굴이 가려지는 행위는 폭력의 현장 곳곳에 자리하여, 구체적 사건으로 제시되고 있다.

여기서 유대계 철학자 레비나스Emmanuel Lévinas의 언급을 상기할 만하다. "얼굴은 위협 앞에 노출되어 있다. 마치 폭력을 저지르도록 우리를 끌어들이는 듯하다. 동시에 얼굴은 우리의 살인을 금지한다."• 그는 인간의 얼굴

• 엠마누엘 레비나스Emmanuel Lévinas, 양명수 역, 『윤리와 무한Ethique et Infini—필립 네모와의 대화』, 다산글방, 2005, 110면.

이 무방비 상태라는 점을 강조하면서, 동시에 얼굴이 살인을 금한다고 말한다. 존재의 마지막 호소, '죽이지 말라'는 애원이 얼굴이라는 것이다. 이를 바꿔 말하면, 얼굴이 가려진 인간은 죽음의 공포 앞에 무기력한, 한낱 몸체에 지나지 않는다.

박상순 시에서 얼굴을 페인트로 칠하는 것「녹색의 소년」, 얼굴 위에 흙더미를 덮는 것「폐허」 등이 이와 통한다. 이들은 매장埋葬의 단계를 연상시키며, 일종의 가사假死 상태라 할 수 있다. 또한 이것은 부재로 인한 불안과 결핍이 화자의 몸으로까지 육박肉薄해오는 것으로 볼 수 있다.

5. 혼자 견디는 생

지지기반과 애정의 대상을 잃고 최소한의 존엄마저 위협받을 때, 인간이 취할 수 있는 선택은 그리 많지 않을 것이다. 이에 대한 시인 박상순의 결론은 '혼자', '홀로'라는 수식어로 정리될 수 있다.

> 현실에 몸을 두고 살기가 외로워 의자 위에 내 몸을 올려놓습니다. 올려놓고 보니 불편한 의자입니다. 그러고 보니 의자도 현실입니다. 이번에는 의자를 몸 위에 올려놓아 봅니다. 무겁습니다. 의자를 내려놓고 나 자신과 맞서보기로 합니다.
>
> —「네가 가는 길이 더 멀고 외로우니」 중에서

> 태양의 빨간색이 초록색, 초록색 그리움을 낳아요. 사막에서는. 나는 쪼끔,

아주 쪼끔 눈물 흘리다 금요일엔 갈 거예요. 금요일에는.

목욕탕에 갈 거예요. 금요일에는.

—「고독의 이미지」 중에서

「네가 가는 길이 더 멀고 외로우니」에서 화자는 "의자"와 독대獨對하고 있다. 의자 위에 앉았다가 몸 위에 그걸 올려놓기도 한다. 외로움을 대하는 그만의 방식이다. 그런가 하면 「고독의 이미지」에서는 "사막"과 "목욕탕"이 언급된다. 이들은 인간이 온전히 홀로 남는 배경으로 작용하여, 주말 직전 "금요일"과 대비를 이룬다.

이렇듯 그의 글은 정서적 차원의 외로움을 넘어, 존재론적 고독을 감내하려는 노력으로 점철되어 있다.

1. 너 혼자 내려갈 수 있겠니

2. 너 혼자 눈물 닦을 수 있겠니

3. 너 혼자 이 자욱한 안개나무의 둘레를 재어볼 수 있겠니

—「너 혼자」 중에서

두 귀에 불을 놓고

소리지르며

나는

혼자 있었다

—「불 켜진 창」 전문

◀는 용감한 전사였다. 아무것도 없었다. 아무것도 못했다. 아무것도 하지 않았다. 숲이 그에게로 다가와 친구가 되고, 먹구름이 그에게 비를 뿌리고, 별들이 그의 밤을 흔들었지만 그는 누구와도 벗이 되지 않았다. ◀는 홀로 그의 아주 작은 두 귀를 가만히 잡고 있었다. 하지만 그는 용감한 전사였다.

—「등뼈 없는 도둑 1」 중에서

내려가는 것, 눈물을 닦는 것, 둘레를 재는 것. 여럿보다는 혼자 해야 어울릴 법한 행동들이다「너 혼자」. 다양한 상상을 불러일으키는 "불 켜진 창" 너머엔, "소리지르며", "혼자"인 내가 있다「불 켜진 창」. "◀"는 아무것도 없었고 아무것도 못했다. 그가 한 일은 "아주 작은 두 귀"를 잡고 있는 것뿐이었다「등뼈 없는 도둑 1」. 이들은 홀로 존재하는 왜소한 인간, 있어야 할 '너'가 없는 상황을 묘사한 것이다.

그러나 부재에 대한 바르트Roland Barthes의 지적은 일종의 발상 전환을 요구한다. 그에 따르면, 행동과 리듬의 생성, 언어의 향연 이면에 부재不在를 견디고 조작하려는 인간의 노력이 존재한다.

부재는 지속되고, 나는 그것을 견디어내야만 한다. 그래서 나는 부재를 조작하려 한다. 시간의 뒤틀림을 왔다 갔다 하는 행동으로 변형시키거나, 리듬을 산출하거나, 언어의 장면을 열고자 한다.•

• 롤랑 바르트Roland Barthes, 김희영 역, 『사랑의 단상Fragments d'un discours amoureux』, 문학과지

'너'의 부재에 맞선 인내와 노력이 다름 아닌 창조의 바탕이라는 바르트의 언급은 박상순 시의 극도의 내향성內向性을 떠올리게 한다. 화자가 고독을 견디는 과정에서, 아래와 같이 유희적인 측면도 발견되기 때문이다.

> 내일은 또 맑답니다. 한 시간 전에 약국에서 왔습니다. 그냥 소화제를 샀지요. 긴말은 하지 않았습니다. 안경을 쓴 약사가 흰 봉투에 넣어 주었습니다. 내일은 연주회에 갈 겁니다.
>
> ―「빵공장으로 통하는 철도로부터 23년 뒤」 중에서

> 백합정원에
> 유모차를 밀고 갔습니다
> 어린 백합들도 참 많았습니다
> 끝입니다
>
> ―「거울에게 전하는 말」 중에서

약국에서 "소화제"를 사고, 내일의 계획에 대해 전하는 그의 말투는 "긴말" 없이 "흰 봉투"를 받아드는 것처럼 무덤덤하다「빵공장으로 통하는 철도로부터 23년 뒤」. "정원"에 "유모차"를 밀고 나가 어린 꽃들을 구경하는 장면도 그렇다. 그는 별 다른 메시지도 없이 자신의 일과를 전하며 "거울에게 전하는 말"이라 이름 붙인다「거울에게 전하는 말」.

그런가 하면, 자기 자신을 멋대로 명명命名하기도 한다. 못생긴 남자, 죽은 개구리를 주머니 가득 넣고 있는 남자「택시」, 한낱 기구일 뿐, 300볼트용

성사, 1991, 30~31면.

연결기「카타르, 세계의 모든 열기 또는 300볼트용 커넥터」, 내 이름은 꿀벌, 레이스가 달린 새하얀 속옷「가수 김윤아」 등이 그 예이다. 꽃 피지 않는 화분, 죽지도 않는 화분「아무것도, 아무것도 보이지 않는」, 미치지도-살지도-태어나지도-않은-내-몸「춤—약속」이라며 자조적으로 언급한 것도 같은 맥락이다.

이상과 같이 박상순 시의 화자는 철저하게 자신만의 세계, 자기만의 시간과 공간을 구축해가고 있다. 이와 관련하여 최승호는 프랑스 시인 앙리 미쇼Henri Michaux와 박상순을 비교하면서, "앙리 미쇼도 자기방어적이었다. 그는 고통스러울 때 초현실적으로 울부짖었다. 그러나 박상순은 울부짖지 않고 어떤 고통을 삼킨 채 조용히 있다."• 고 지적한 바 있다.

내면의 고통이 어떠할지언정, 시인은 가만히, 하릴없이 머물지 않는다. 오히려 그의 시는 혼자인 화자가 만들어 내는 다채로운 몸짓과 언어들로 가득하다. 덤덤하고 무료한 일상을 견디고 채우며 스스로에게 이름 붙여가면서, '내 안의 나'를 발견하고 그걸 가지고 노는 것이다.

2006년 제51회 현대문학상 수상작, 「목화밭 지나서 소년은 가고」는 다음과 같이 끝난다. "너는 아직도 남아 있구나. 목화밭에 있구나." 10년 전, '기댈 곳 없음'으로 주목 받았던 시인은 여전히 남겨진 자, 텅 빈 목화밭을 지키는 자를 노래한다. 자칫 단조로운 것으로 인식될 수 있는 '고독'과 '소외'를 화두로 붙잡고, 참으로 개성 있고 예민한 국면들을 길어 올려 온 시인이 박상순이다.

그는 현대문학상 수상소감에 적고 있다. "너로 인해 나의 청춘은 죽고 너로 인해 나는 혁명이 된다." 그가 혁명을 만드는 방식은 혼자 견디는 것, 홀로 존재하는 것. 비록 아무도, 아무 것도 없다 해도 말이다.

• 박상순, 『마라나, 포르노 만화의 여주인공』, 세계사, 1996, 표사 인용.

피어라, 종이꽃

이선영론

박민영

1. 꿈꾸는 사물들

시인 이선영1964~은 1990년 『현대시학』을 통해 등단했다. 시집으로는 『오, 가엾은 비눗갑들』1992, 『글자 속에 나를 구겨넣는다』1996, 『평범에 바치다』1999, 『일찍 늙으매 꽃꿈』2003 등이 있다. 나는 이 시집들을 차례로 읽으며, 이선영 시세계의 변화 양상을 살펴보고자 한다.

이선영의 시세계는 일상적인 사물들의 어울림에서 시작된다. 첫 시집 『오, 가엾은 비눗갑들』에는 비누와 비눗갑, 도장, 옷, 지하철 정기권, 수건들과 같이 우리가 일상적으로 접하는 사소한 소도구들이 주인공으로 등장하는데, 이들은 시인의 일상에서 선택된 존재들이지만, 시인의 상상력에 의해 변형된 것이 아닌 그 사물 고유의 특성을 간직한 채 스스로의 목소리로 노래하고 있다.

한 예로, 시 「손가락은 한없이 부드러워」에서 시적 화자는 노란 수건이 된다. 노란 수건은 일상의 고달픔과 체험에 대해 담담히 이야기한다. 그 수건이 자신의 대부분의 시간을 함께한 것은 사람들이 아니라 '못'이다. 물론 사람들이 그것을 쓰고 내팽개치고 애무하기도 하지만 그 시간은 일상의 한 부분들이며, 사실 수건은 하루의 대부분을 못에 걸려 지낸다. 수건은 못에게 말한다. "완고한 못이여, 나를 용서하라 / 아니 나를 그냥 내버려 두라." 이를 통해 수건의 존재가 새롭게 부각된다. 사람의 필요에 의해 하나의 도구로서 간주되는 수건이 아닌 수건 스스로 자신의 물적 관계, 다시 말하여 못과의 관계 그리고 자신의 일로서의 사람과의 관계가 형성되는 것이다.

이러한 소도구들의 물적 관계는 시 「잘못 찍힌 도장」에서도 나타난다. 시인은 이 시에서 역시 사물의 사고에 개입하지 않는다. 잘못 찍힌 도장은 종이와 인주와 자신을 움직이는 손의 정체에 대해 궁금해 한다. 그리고 잘못 찍힘의 원인이 자기 자신에게 있음을 알고 괴로워한다.

시인은 사물들을 시의 주인공으로 채택하되, 그 목소리는 사물고유의 관계에서 우러난 객관적 특징을 잃게 하지 않고 있다. 이렇듯 사물의 물적 관계나 물적 현실을 현실 자체로 수용하는 것은 이 시대 삶의 허위를 미적으로 비판하는 행위가 된다. 이러한 세계에서 인간은 사물의 물적인 관계의 일부가 된다. 즉, 사람의 도구로서의 노란 수건 혹은 도장이 아닌 수건을 애무하는 손, 도장을 찍는 손으로 인간의 손은 주체에서 객체로 전환된다. 따라서 그의 시에 나오는 일상의 소도구, 사물들은 인격적 주체성을 잃어버리고 물화되어진 인간의 삶을 상징한다.

그래서 그는 스스로를 자동인형에, 인생을 동전 지갑에, 청춘을 하수구에 비유하기도 하며, 거대한 책상의 삶 앞에서 무기력하게 나이를 먹으며 소멸해 가는 자신의 삶을 보기도 한다.

나는 책상을 부수고 책상을 떠나는 꿈을 꾼다
그러나 나의 몸은, 달아날 수는 없다, 달아나지지 않는다, 달아나서는 안된다, 어차피 이곳은 내가 발을 디딘 구렁이다, 고 말하는 듯하다
반생의 책상을 부수느니 차라리 내 몸은 책상에 헌신하는 편을 택하기로 한다
무너지듯 철퍼덕, 책상을 거부하며 나는 책상 위로 고개를 박는다
사방에 벽이라도 둘러칠 수 있다면!
나는 책상 앞에서 나이를 먹으며 잘게 잘게 부서져 갈 것이다

—「책상 위로 고개를 박다」 중에서

처음 그가 책상 앞에 앉게 되었을 때 "흥분과 기대로 목소리를 높이고 눈을 크게 떴지만", 얼마 가지 않아 시인은 책상의 주인이 아니라 책상의 삶에 그 자신이 편입되었다는 생각을 하게 된다. 그는 책상을 부수고 떠나는 꿈을 꾸지만 막상 그의 몸은 달아날 수 없다. 이미 몸은 펜이나 원고지와 다를 바 없는 책상 위의 사물, 책상의 일부가 되어 버린 것이다. 책상은 그에게 헌신과 숭배를 받으며 절대의 경지에 이른다. 이에 반하여 시인은 더욱 왜소해진다. 그는 책상 위에 고개를 박고 나이를 먹으며 잘게 부서진다. 인간의 삶이 사물에서, 다시 무기물로 전락하는 것이다.

나는 여기에서 프로이트가 말한 '죽음에의 본능'을 떠올린다.

나는 무분별하게 삶을 섭취했다, 삶은 내게
온갖 음식들로 차려진 성찬의 식탁이었으니
나는 그것들을 탐식하기에 분주했다

—「나의 아랫배 이야기」 중에서

지금은 나는 체하도록 먹는다
20세기 동안 늙어 온 세상은 갖은 양념이 다 모여 만들어진 거대한 음식물이고
그 음식을 가리지 않고 먹어대지 않는다면 나는 이 세상의 혀와 식도와 위장 속으로부터 내뱉어질지도 모른다

—「새로운 맛」 중에서

시인의 지칠 줄 모르는 식욕은 물어뜯기고 씹혀지고 삼켜져서 파괴되는 음식물삶과 세상의 '죽음으로의 지향성'과 연계된다. 이러한 죽음의 본능은 이선영 시의 전반에 드리워져 있는 죽음의 그림자를 해명하는 데 중요한 열쇠가 된다.

그는 한여름 오후 장의차가 지나감을 노래하고, 걸맞지 않은 욕망들을 무덤에 묻는다. 가을의 카페 앞에서 불운한 꽃처럼 짓이겨진 벌레들의 시체를 본다. 내리막길에서 흔히 일어나는 청소부들의 죽음을 담담하게, 무심하게 이야기한다. "매일의 신문은 배반당한 청소부들의 죽음을 활자 하치장에 버린다"고「쓰레기차는 청소부를 배반하기도 한다」.

그는 물화된 이 시대의 상황에서 죽음으로 치닫는 본능적인 움직임을 해독해낸 것이다. 이 죽음들은 때로 검은 빛을 동반하고 나타나기도 하는

데, 시인은 그 검은 빛에서 '악마적인 힘'을 발견해낸다. 강함과 단호함, 불굴의 저항력, 전제군주와 같은 신념, 검은 빛이 갖고 있는 이러한 속성들이 이 세상과 시인 자신의 삶에 결핍되어 있다고 느낀다.

악마적인 힘. 시인 내부에서 성장의 가능성을 보이는 악마적 요소. 가령 이런 시—"내 몸의 악마를 하나 선사하지요 / 어때요, / 악마의 덫에 걸리겠어요? / 길고 검은 손톱으로 당신 골통을 뒤져 파먹을 텐데"「당신의 구혼에 대하여」라고 노래하는 말도로르적인 철면피함. 그래서 그는 감히 이렇게 역설한다.

> 그럴 수 있다면, 차라리,
> 나는 검은 색의 아내가 되고 싶다
> 제왕을 닮은 검은 왕자를 낳고 싶다
>
> —「검은 색은 때로 내게 공포를 준다」 중에서

물화된 삶에 굴복하느니 '차라리' 그 물화된 삶의 극치인 검은색의 아내가 됨으로써, 시인 이선영은 그의 악마적인 힘으로 자신의 삶을 지배 할 수 있는 어떤 가능성을 우리에게 시사한다.

2. 서른 다발의 꽃으로

이제 논의의 각도를 보다 개인적이고 주관적인 시인 자신의 내적심상에 맞추어, 그의 작품에 나타난 시의식의 흐름을 따라가 보기로 하자.

서른 살이 되는 그날 아침은 분주하리라
거울 앞에서 새로이 몸단장을 하리라
서른 다발의 꽃과 좋아하는 음악으로
서른번째 생일을 자축하리라

그 첫날 아침엔
스무 살 이후 금지되었던 내 모든 장난들을 풀어놓으리라
무기한 감금되었던 내 모든 죄수들을 방면하리라

아무것도 무서워하지 않으리라
낡아서 마음껏 잡음을 내는 라디오처럼 살리라

낡고 낡아서
더 이상 낡을 수 없어서
이윽고 주인의 손에서 벗어나
한데에 버려지는 물건처럼
비로소 나의 삶을 살아가리라

—「서른 살을 기다리며」 전문

시 「서른 살을 기다리며」는 이선영 시인의 데뷔작 중에 하나로, 그의 대부분의 시편들처럼 쉽게 읽히는 작품에 속한다. 아직 서른 살 미만인 시인

혹은 시적 화자가 몇 년 뒤에 찾아올 서른 살의 생일 아침을 상상하는 것으로 이 시는 시작된다. 꽃과 음악과 몸단장으로 그날 아침을 맞고자하는 그의 기대는 일견 소박한 낭만과 소녀적 감상이 어우러진 것으로 보인다.

2연으로 넘어가면서 서른 살 이후의 계획들이 모습을 드러낸다. 시인은 스무 살 이후 금지되었던 모든 장난을 풀어놓으며, 무기한 감금되었던 그 모든 죄수들을 방면하겠다고 말한다. 여기서 금지되었던 장난과, 감금되었던 죄수는 동격으로 볼 수 있겠다. 그러면 스무 살 이후 그리고 서른 살 이전의 현재까지 시인의 내부에서 이미 다분한 장난기로 금지의 경고를 당한, 또는 벌써 죄를 지어 그 안에 갇혀 있는 죄수는 무엇의 다른 이름인가.

이선영의 시 「내 안에 또 하나의 사람이」를 읽어보면 이 죄수는 시인 자신 안에 갇혀 있는 또 다른 자아의 모습임을 알 수 있다. 이 감금된 자아는 시인의 의지와는 상관없이, 혹은 그의 태도와는 정반대로 "내가 아무 말 아무 표정 없이 앉아 있는 순간에도 / 그는 답답하다고 내 가슴을 두들긴다." 시인의 무표정한 페르소나 뒤에서 "울고 화를 내고 흐느끼고 소리를 지르거나 욕을 해대는" 이 원색적인 자아에 대하여 그는 고백한다. "내가 이 포악한 사람을 가둬두는 것은 / 내가 그보다 강하기 때문이 아니다 / 내가 그를 두려워하기 때문이다." 지금 시인은 그것이 두렵다고 말한다. 그러나 서른 살이 되면 지금껏 두려워하였고 억압하였던 원색적이며 포악한 이 죄수를 방면하겠다고 한다.

"아무것도 무서워하지 않으리라 / 낡아서 마음껏 잡음을 내는 라디오처럼 살리라." 억압된 자아의 방면 이후 그가 선택할 삶의 모습은 낡아서 마음껏 잡음을 내는 라디오처럼 사는 것이다. 그는 서른 살의 나이에 낡은 라디오를 병치시킨다. 낡음과 늙음. 그는 서른 살을 늙음의 나이로 인식한다.

서른 살이 되면 아무것도 두려워하지 않으리라는 선언은 내 안의 죄수를 풀어놓아도 죄의식 없이 자유롭게 살리라는 의미로 해석할 수 있다. 또한 그 말을 뒤집어 보면, 서른 살이 되지 않은 현재는 젊고 아직은 어리기 때문에 포악한 내 안의 자아에 대한 억압과 감금과 죄의식을 지속시키겠다는 의미로 간주할 수 있다. 다시 말하여, 시인이 또 하나의 자아를 억압하는 이유는 현재의 자신을 젊고 어리다고 생각하기 때문이다.

그러면 스스로 젊고 어리다고 생각하는 것과, 자유의지에 대한 공포와 죄의식은 무슨 관계가 있을까. 무엇이 시인의 자유의지에 금지와 감금을 지속시키게 하였으며, 그것들에게 죄수라는 이름을 명명케 하고 두려움을 조장했을까.

이선영의 시에서 자주 전달받게 되곤 하는 두려움의 심리상태는 시 「검은 색은 때로 내게 공포를 준다」에서 집중적으로 표출된다. 이 시는 앞에서도 잠깐 살펴보았거니와, 잠이 깬 방의 '검은 어둠', 모든 장애를 짓밟고 내달리는 '검은 차바퀴', 빈틈없이 감추고 가둬두는 '검은 색의 안정과 평화', 원색의 쾌락과 선부른 희망을 거부하는 '무표정' 등 매우 강렬한 이미지들로 이루어져있다. 그런데 이 시에서 시인에게 공포의 감정을 불러일으키는 몇 개의 이미지들을 조합해보면 검은 색의 자동차를 몰고 다니는 아버지의 모습과 연계된다.

> 집에 들어서면 꼭 그 자리
> 어둠의 한 귀퉁이에 시커멓게 정차해 있는
> 아버지, 고물 자동차

—「자동차와 아버지」 중에서

아버지는 “트레일러에 두 발 들린 자동차처럼 정비공장에 실려 가던 아버지”라는 표현에서처럼 중고차와 동일시되어 연민을 자아내기도 하지만, 결코 당신의 분신을 폐차시키지 않는 고집스러움—매일 밤 집의 한 귀퉁이를 시커멓게 지키고 있는 무표정한 검은 차의 그림자에서, 우리는 연민과 동시에 공포를 읽어낼 수 있다. 다가서는 감정인 연민과 물러서는 감정인 공포. 시인의 아버지에 대한 이중감정은 시 「두 개의 불행한 손목시계에 관하여」에서 '배반'이라는 비극적 종말로 귀결된다.

나는 정착하지 못한다

—「두 개의 불행한 손목시계에 관하여」 중에서

이선영의 시 「두 개의 불행한 손목시계에 관하여」에 따르면, 시인이 세상에 태어나 처음 가진 시계는 아버지가 일본에서 사다준 세이코 시계였다. 그는 그 시계를 중학교 1학년이 되던 열네 살부터 스물일곱 살이 되던 해까지 찼다. 사춘기 소녀에서 성숙한 여성으로 성장한 십여 년의 시간을 아버지가 사다준 시계로 상징되는 '아버지의 시간'에 귀속되어 산 것이다.

그 후 시인은 아버지의 시계를 버린다. 다른 시계가 생겼기 때문이다. 처음에 그는 오랜 세월을 함께 지낸 아버지의 시계와 '새로 내 것이 되려는' 시계 사이에서 고민을 하지만, 결국 아버지의 시간을 배반하고, 사람이 저마다의 다른 시간을 가지고 살아가듯 자신에게 어울리는 새 시계를 선택한다.

그러나 그의 사랑스런 새 시간은 '시간의 파동 위에 얹혀서' 부드럽고 아름다운 음악처럼 흘러가다가, 그 유연한 곡선이 점점 굴곡을 더해가더니 급기야 불안정한 떨림으로 변모된다. 불안의 파동이다. 그래서 그는 새로운 시간에도 정착하지 못하고 미친 듯이 헤매고 다닌다.

> 위험한, 4월의 비는 달콤하다, 나 불안에 떨며
> 미친 사슴처럼 빗속을 헤매었다
>
> ─「4월의 비는 연약한 사슴을 죽입니다」 중에서

이 시의 제목이기도 한 '4월의 비는 연약한 사슴을 죽입니다'는 사슴에게 4월의 비를 강력하게 금지시키는 문구다. 가슴 벅찬 사랑으로 상징되는 4월의 봄비는, 따라서 달콤함과 불안함의 양가감정을 고조시키면서 시인에게 잠재되었던 광기를 불러일으킨다. 그는 두려워 가본 적이 없던 너르고 거친 벌판을 향해 겁 없이 그의 몸을 던진다. 그러나 광기에 의지하여 살아가기엔 그는 너무도 연약하고 어리석고 성급하다. 그래서 그의 폭발된 광기는 한 마리 들뜬 사슴을 죽임으로 끝난다. 그는 아버지의 시간인 금지의 시간에서 겁 없이 자유의 시간을 꿈꾸었지만, 결국 근엄한 아버지 아래 스스로를 연약하고 어리석다고 비하시켜 자기 방어의 페르소나로 다시금 기어가고 만다.

그는 해방을 유예한다. 서른 살이 되면 그 때부터 자유로워지겠다고 한다. 그날 아침, 무표정한 페르소나 뒤의 적나라하고 능동적인 감정들이 방면될 것이다. 그는 거울 앞에서 지금까지의 모습과는 다른 새로운 표정을 위해 몸단장을 할 것이다. 더 이상 어린 아이가 아닌, 낡음으로 늙어가기 시작했을 때 지금까지 그의 삶의 주인인 아버지, 또는 아버지로 상징되는 것들로부터 벗어나 비로소 그는 자유의지를 회복한다.

그러나 지금 그는 서른 살이 되지 않았다. 머지않아 다가올 내면의 성년식의 그날을 위해 그는 정착하지 못하고 "나쁜 꿈속을 배회하고 또 배회한다"「나쁜 꿈」. 나쁜 꿈속에서 꽃을 피워내고, 그리하여 마지막 꽃 한 송이가 활짝 꽃피워낸 그의 시든 육체가 사라지는 날, 그는 자신이 만든 '서른 다발의 꽃으로' 성년을 맞게 될 것이다.

3. 글자의 나무

이선영의 두 번째 시집 『글자 속에 나를 구겨넣는다』는 글자에 대한 새로운 인식의 가능성을 연다. 글자는 더 이상 인간의 도구가 아닌, 글자 그 자체로 의식되고 존재한다는 점에서 첫 시집의 사물들과 연장선상에 있다. 특이한 것은 이미 정과리가 지적했듯이, 이 시집에서 글자는 살아있는 생물이며 복수複數이고, 때에 따라 장소가 된다는 것이다.

글자가 장소가 된 경우를 살펴보자. 시인은 글자 그 자체의 모양으로 마치 도장을 파듯, 종이 위에 한 자 한 자 새긴다. 여기까지 이선영의 글자는 여느 글자와 다름없다. 그런데 시인은 그 글자 속에 자신의 육체를 집어넣는다. 사고가 아닌 육체다. 그 육체는 수천, 수만 가지 글자들로 다시 태어난다. 그리고 새로 만들어진 글자에서 육체는 새로운 집을 짓는다. 이렇게 글자는 육체와 더불어 분열하고 증식하면서 확대 재생산 된다.

그러나 조화롭던 글자와 육체와의 관계는, 육체가 "이 안은 왜 이리 어둡고 갑갑한가?"라는 회의를 하면서부터 서서히 어긋나기 시작한다. 글자 속에 자신을 구겨넣으려는 '나'와, 더 이상 글자라는 좁은 공간에 살지 않으려는 '또 다른 나' 사이의 분열된 욕망의 모습이 전개되는 것이다.

> 그런데 이즈음 내 육체는 "이 안은 왜 이리 어둡고 갑갑한가?"라고 말한다
> 나는 공들여 지은 내 집을 잃을 위기에 처했다
> 늙어 어두워진 도장공처럼
> 나는 지금 끙끙대며 나를 글자 속에 구겨넣으려고 안간힘 쓴다
> 내 커진 몸집의 풍요를 맛본 내 육체가 더 이상 좁은 집에 살려하지 않기에
>
> ―「글자 속에 나를 구겨넣는다」 중에서

육체는 어둡고 갑갑한 글자 안에서 걸어 나와, 글자 밖에서 '당신'을 만나고 세상에 눈뜨게 된다. 글자 밖 세상이 주는 풍요와 풋풋한 공기 속에 그는 어여쁜 당신과 희희낙락하며 세월 가는 줄 모른다. 글자 안에 돌아와 들어앉아도 글자 밖에 두고 온 그 사람이 걱정된다. 글자 밖의 시간과 질서가 그 사람에게 너무 빠르고 강하게 여겨지기 때문이다. 결국 안전한 글자 안에 당신을 가두기로 한다.

> 손으로 그 마음을 잡아둘 수 없는 당신을

글자 속에 꽁꽁 가둬 내가 보고 만질 수 있는 종이 위에 함께 살게 하려고
종이 위에 깨알 같은 글자들을 쓴다
써도 써도 글자 밖으로 비어져 나오는 당신을 쓴다

—「글자 속에 당신을 가둔다」 중에서

글자 속에 당신을 가둔다는 것은 '손으로 그 마음을 잡아둘 수 없는 당신', 즉 육체가 실패한 사랑을 종이 위에 쓴다는 의미다. 그러니까 현실 속에 더 이상의 사랑은 존재하지 않는다. 다만 그 사람이 남기고 간 추억의 편린을 글자로 재구성할 뿐이다. "내 이루지 못한 사랑의 뜨거움으로, 나의 펜은 오늘도 종이를 아프게 한다"「종이를 아프게 하다」.

글자는 곧 당신이 된다. 글자 속에 갇힌 당신은 끊임없이 글자의 밖으로 삐져나오려 하고, 시인은 그것을 막기 위해 글자 치다꺼리를 생의 업으로 삼게 된다. 글자에 대한 인식의 전도는 여기서 일어난다.

이제 글자는 사물이 아니다. 그것은 앞에서도 말했듯이, 생명을 가진 존재가 된다. 게다가, 애인이나 남편이나 자식처럼 끊임없이 희생과 봉사를 요구하는, 관계에서 주도권을 획득하여 군림하는 인격체로 변모한다.

본 적이 없던 글자의 벗은 몸 그의, 자연스럽게 드러내놓은 성기를 본다
글자에게 먹일 쌀알갱이를 씻고 글자의 먹이를 담을 그릇을 닦고 글자가 자는 방을 걸레질하고 그 걸레를 빨아 넌다
구겨진 글자의 매무새를 펴고 더러워진 글자의 속옷을 빨고 글자의 몸을 밀어냈다 당겨 안았다 한다
글자를 사랑하는가? 고 나는 스스로에게 물어본다

사랑한다는 뜨거운 느낌은 없다
글자를 위해 그 무언갈 무릅쓸 수 있는가? 고 스스로에게 물어본다
거기까지는 먼 길 같다
다만 나는 하루하루를 글자의 치다꺼리로 내 생의 업을 삼고 살아간다

—「생업」 전문

나는 위의 시에서, 시인이 느끼게 된 글자와의 관계에 대한 권태로움, 아니 보다 더 근본적으로 '당신'이라는 존재에 대한 절망을 예감한다. 이제 글자를 사랑한다는 뜨거운 느낌은 없다. 그가 글자를 대하는 것은 습관이나 타성일 수도 있고, 의무감이나 연민에서 비롯된 것일 수도 있다. 그는 차라리 글자를, 아니 그 사람을 문장에서 깨끗이 지워버리고 싶을 때가 있다고 한다. 그러나 지워버린 글자는 불현듯 공포와 혐오의 대상으로 변모하여 그를 엄습한다. "징그러워, 내가 사랑했거나 나를 사랑했던 당신, 끝까지는 아니었지, (…중략…) 눈에 띄지 않아 세상에 생겨나지 않은 듯 사라진 줄 알았는데, 오늘 홀연히 내게서 회생한 당신의 시커먼 등, 글자들의 번득이는 발놀림, 이 무슨 끈덕진 악연?"「바퀴벌레」

그가 버린 글자는 홀연히 그 자신에게서 회생한다. 그것도 바퀴벌레나 먼지, 썩은 내 풍기는 암매장된 원혼들로 그의 육체를 병들게 한다. 그래서 시인은 글자 밖에서 상반된 꿈을 꾼다. 폐허가 된 육체 위에서 글자가 견고한 집을 짓기를 바라면서도, 다른 한 편으로는 지긋지긋한 글자를 파기해 버리고 육체만의 홀가분한 길을 떠날 수 있기를. 그가 어긋난 꿈속에서 갈등하는 사이, 마침내 죽은 글자들은 부서지고, 그 위에 새로운 글자의 나무가 뿌리내린다.

글자 밖에서 마지막으로 받은 사랑의 상처를 전리품으로 들고
글자 속으로 돌아오다
귀환하는 두 다리의 떨리는 걸음으로

글자들이 나를 그의 일부로 그의 품에 머무르게 하는 동안 나는

글자의 나무 껍질로 육체를 삼고
글자의 잎으로 옷을 삼으며
글자의 열매를 따먹고
글자의 끈덕진 수액을 분비해내리라

그런데, 글자 밖에서 한 순간 강렬한 햇살로 스며들어온 그대가 내 마음에 난 유리창을 환히 꿰뚫고 들어와 아앗 메마른 글자들이 발 밑에 부서져내려

—「글자 속으로」 전문

글자의 집이 어둡고 갑갑해서 밖의 세상으로 뛰쳐나갔던 시인은, 사랑의 상처를 전리품으로 들고 되돌아온다. 이제 '글자 속으로 나를 구겨넣지' 않아도 된다. 그는 글자들의 일부가 되어, 궁극적으로 글자와 한 몸인 싱싱한 글자나무가 될 것을 노래한다. 글자의 나무 껍질로 육체를 삼고 글자의 잎으로 옷을 삼으며 글자의 열매를 따먹고 글자의 끈덕진 수액을 분비하겠노라고.

먼 여정을 거쳐 시인과 글자는 다시금 한 몸이 되었다. 앞으로 시인은 글자의 나무로서 아름다운 꽃을 피워내게 될 것이다.

4. 평범한, 그러나 행복하지 않은

시집 『평범에 바치다』에는 글자라든가 꽃에 대한 이야기는 거의 나오지 않는다. 대신 아주 일상적인 이야기들, 예를 들어 스스로 읽은 책제목을 되짚어보며 부족한 독서량을 반성한다거나, 나무늘보가 나오는 〈동물의 왕국〉을 어린 딸아이와 시청하고, 남편과 오징어를 구워 먹고, 신 김치를 맛보고, 휴일이면 63빌딩으로 가족 나들이를 가는, 얼마만큼은 지루하고 또 얼마만큼은 그럭저럭 행복해 보이는 이야기들이 실려 있다. 그러면 '그럭저럭 행복해 보인다'는 것은 시를 쓰는 시인에게 과연 행복일까, 불행일까.

시인은 행복이라고 말한다. 이 시집의 후기를 보면 그는 '심지어 행복하게까지 살았다'고 한다.

> 이 시들이 씌여진 요 몇 년 간 나는 평범하게 살았다. 단지 생활의 평범함만이 아니라 나는 어떠한 유의 비범이라거나 일탈을 꿈꾸지 않았다. 꿈꾸려고도.
>
> 평범의 녹을 받아먹으며 나는 그 동안 안전하게, 심지어 행복하게까지 살았다.

평범하게, 안전하게, 심지어 행복하게까지. 시집에 실린 작품들을 쓸 당시를 시인은 이 세 마디의 말로 요약한다. 평범과 안전, 그리고 그에 따른 행복은 어찌 보면 당연하다. '심지어'라는 단어만 없었다면 말이다.

부사어 '심지어' 뒤에는 부정적인 말이 와서 상황이 더욱 나빠졌음을 나타내야 자연스럽다. 예컨대, 기온이 떨어지고, 심지어 눈까지 오기 시작했다. 그는 언성을 높이더니, 심지어 욕설까지 했다, 등.

그 반대의 용례라면 어떨까. 기온이 올라가더니, 심지어 꽃이 피기까지 했다. 그는 언성을 낮추더니, 심지어 칭찬까지 했다. 이것은 어색하다. 무언가 더 큰 불편함이 기다리고 있거나, 폭풍전야와 같은 불길함이 느껴진다.

이선영의 시집 후기에서 느껴지는 불편함의 정서도 이와 같다. 그가 '행복하게까지 살았다'라는 최고의 긍정적인 말을 했음에도 불구하고, 마치 해서는 안 될 일을 저지른 것 같다. '심지어'라는 말 한 마디로 인하여 평범하게 살수록, 그래서 안정될수록 상황은 점점 더 나빠지는 것처럼 보인다. 그러니까 일상 속에서 그럭저럭 행복해 보인다는 것은 어찌 보면 '행복하지 않다'는 것보다 더 안 좋은 상황일수도 있다. 적극적으로 개선하기도 애매한 상태에 익숙해져 불편함이 그대로 고착될 가능성이 높기 때문이다. 평범한 주말의 일상을 노래한 시 한 편을 살펴보자.

> 우리는 63빌딩으로 들어갔다
> 하나둘 모인 얼굴들과 한동안 기분좋은 점심밥을 먹고
> 아이맥스 영화관을 기웃거렸다
> 우리는 배를 타고 싶어했다
> 그러나 밖에는 비가 내리고 있었다
> (…중략…)
> 63층, 하늘 가장 가까운 곳에서 멀리 창밖을 내다보았다
> 우리가 가지 못하는 강이 보였다
> 비는 그치지 않았다

우리는 다시 우리가 있어야 할 아래층으로 내려왔다
조르는 아이에겐 장난감을 사주고
어른들은 쇼핑을 했다
다니다 지치면 앉아 쉴 의자도 있었다
비가 그치지 않았다
우리는 따뜻한 우동 한 그릇과 모밀국수로 저녁끼니를 때웠다
63빌딩에는 없는 것이 없지만
63빌딩은 잘 갖춰진 하나의 세계였지만

그리운 것은 늘 바깥에 있다

—「63빌딩에 갇히다」 중에서

63빌딩은 시에 나와 있듯이, 없는 것 없이 모든 것이 잘 갖춰진 하나의 세계다. 어른들은 쇼핑을 하고 아이들은 장난감을 선물 받는다. 지치면 쉴 수도 있고, 배고프면 먹을 수도 있다. 그럭저럭 만족할 만한 공간이다. 그러나 정말 원하는 것은 그 안에 없으며, 진짜 하고 싶은 것도 할 수 없다.

시인을 포함한 '우리'는 한강에서 유람선을 타고 싶었다. 그러나 비가 내리므로 탈 수가 없다. 아니, 이건 정확한 말이 아니다. 비가 내려도 배는 탈 수 있다. 한강의 유람선은 비가 와도 운행하기 때문이다. 단지 비를 맞으며 아이들을 이끌고 선착장으로 걸어가야 하는 일이 보통일이 아니다. 게다가 그들이 타고자 하는 배는 유람선이 아닌가. 비오는 한강을 유람하는 것이 무슨 의미가 있을까. 그는 자신이 하고 싶은 것이 단지 '배를 타는 일'이 아니라, 한강을 유람하는 일임을 잘 알기에 무턱대고 비를 맞으며 선착장으

로 나서지 않는다.

이러한 행동은 앞에서 살펴본 시 「4월의 비는 연약한 사슴을 죽입니다」에서 죽을 줄 알면서도 빗속으로 뛰어나가는 사슴에 자신을 비유했던 데뷔 당시 시인의 모습과 많이 다르다. 그사이 세월이 흘렀고, 삼십 대 중반을 바라볼 만큼 나이를 먹었고, 무엇보다 아이가 생겼다. 그만큼 현명해지고, 다른 한 편으로는 평범해졌다. 그러나 그렇다고 마음속의 소망까지 완전히 접은 것은 아니다.

이 시에 '비가 내리고 있다'는 구절이 다섯 번이나 반복된 것으로 미루어 시인이 얼마나 오랜 시간 진심으로 비가 그치기를 바랐는지 짐작할 수 있다. 비는 끝내 그치지 않았고, 시인은 '그리운 것은 늘 바깥에 있다'고 담담히 시를 마무리 한다.

그리운 것은 늘 바깥에 있다. 간절한 것, 절실한 것도 지금 여기에 없다. 그립다는 말에는 존재의 부재가 내포되어 있으며, 간절하고 절실하다는 것 역시 결핍의 의미가 들어있다. 그는 내부 공간에 갇힘으로써, 우려했던 대로 그리움과 결핍의 정서를 고착시킨다. 몸은 안에 있지만, 마음은 정말 하고 싶은 그 무엇을 찾아 외부공간을 떠돌고 있는 것이다.

이선영의 시가 시집 『평범에 바치다』에서 두드러지게 보인 변화는 이 시에서처럼 안과 밖의 공간이 대립한다는 것이다. 그리고 두 공간은 다시 시인의 육체와 영혼에 각기 연계된다. 두 번째 시집 『글자 속에 나를 구겨 넣는다』에서만 하더라도 글자를 중심으로 한 안과 밖의 공간은 서로 맞물리고 이어져 그 구분이 명확하지 않았다. 시인은 글자 속에 자신의 육체를 구겨넣으려다가 아예 글자의 일부가 되었다. 몸 역시 마음의 대립개념이 아니었다. 이선영은 인간의 육체 그 자체, 혹은 의미가 아닌 글자 그 자체에 주목하였으며, 딱히 육체와 구별되는 영혼에 대하여 노래하지 않았다. 그러나 이 시집에서는 다르다. 이전에 자주 보였던 '내 안에서 갈등하는 두 개의 자아'는 집 안의 육신과 집 밖의 영혼으로 분리된다.

> 내 육신과 영혼은 다정하게 지내질 못한다
> 이를테면 이렇다
> 집 밖에는 왠지 행복하지 않은 나의 영혼이 있다
> 집 안에는 행복하길 간절히도 바라는 나의 육신이 있다
> 집 밖으로 보퉁이째 내몰린 내 영혼은 집 안에 있는 나의 육신을 목청껏 부르며 나오라 하지만 내 육신은 귀머거리다
> 이미 나는 육신의 뜻을 좇아 나를 푹! 묻었다.
> 별 절실함 없이 아랫도리가, 그러나 힘겹게 뱉어 놓은(그것은 가장 여성적인 행위인 동시에 가장 몰여성적인 행위였다) 아이와
> 아픈 줄도 모르고 그의 갈비뼈를 뚝 떼어 보기좋은 세상 한 거처를 내게 선사해준 남편에게
>
> 내가 묻힌 집 밖에서, 떠돌이들의 거리에서, 나의 행복하지 않은 영혼은 오 힘주어 제 행복하지 않음을 험hum—험hum—허밍하며 다닌다
>
> —「내 육신과 영혼은」 전문

집 밖의 영혼은 행복하지 않다. 집 안의 육신도 행복하길 간절히 바라지만, 행복하지 않다. 집 안은 행복하고 싶었던 그의 불행한 육신이 묻힌 공간이다. 몸으로 연결되는 남편과 아이는 결과적으로 그의 무덤이나 다름없다.

그리고 육신이 묻힌 집의 밖에서 영혼은 불행을 노래하며 떠돈다. 그러니까 불행이라는 것은 역설적이게도 영혼을 노래할 수 있게 하는 힘이 된다.

일상의 평범함 속에서 어떤 유의 비범이나 일탈을 꿈꾸려 하지 않고 "살아 있는 동안에 내 육체가 쉼없이 분비해내는"「머리카락의 詩」 분비물 속, 혹은 "더러움이 진득하게 일궈내는 텃밭에"「새는 날개를 따라 둥지를 비우고」 불평도 없이 뿌리를 박았던 육신. 그리고 "나날의 쳇바퀴가 조용히 내 영혼의 숨통을 조이는"「순장」 그야말로 숨 막히는 일상을 기특하게도 견디고 또 견디었던 시인의 순한 몸은 결국 이렇게 집 안에 묻히는 것으로 사라진다.

시 「헐렁한 옷」 역시 육체의 사라짐에 대하여 노래하고 있다. 시인은 평범함이란 페르소나 뒤에서 자신의 정체성을 숨기다가, 어이없게도 존재 자체를 잃어버린다.

> 헐렁한 옷 속에서 그 동안 나는 속이는 일의 간편함, 세상에 나의 오목과 볼록을 드러내지 않는 일, 에 젖어 있었다
> 그러나 많이 입어 더욱 헐렁해진 옷 속에서 지금
> 느껴지는 어떤 움직임, 질깃하게 짜여지지 못한
> 내 삶의 올이 풀리고 있다!
> 옷을 뒤집어본다, 내가 없다
> 헐렁헐렁한 옷의 안감과 겉감이 있을 뿐이다 처음부터 내가 헐렁한 옷의 안감이었던 것처럼
> 속이고 속은 것이 다 나였다 안심하고 나를 맡겨온 옷의 헐렁함이
> 비뚤거리긴 했지만 수채화 붓자국이었던 나를 뭉개 버렸다
> 어디로 갔을까.

내가 세상과 대적하여 어거지로 입었던 그 헐렁한 옷 속에서
독하게 꽃피워보지도 못한 나는

—「헐렁한 옷」 중에서

이 시집에 유난히 많이 등장하는 '껍데기'나 '빈 껍질'이라는 시어는 바로 이 헐렁한 옷의 변용이다. 세상으로부터 스스로를 보호하기 위하여 껍데기를 쓰고 다녔는데, 어느 날 문득 그것이 빈 껍질이었음을 깨닫는다. 나는 어디로 갔는가. 나는 지금까지 무엇을 숨기고 있었던가. 세상과 대적하여 어거지로 입었던 그 헐렁한 옷 속에서 독하게 꽃 한 번 피워보지도 못한 자신을 성찰하는 시인의 목소리는 깊은 울림을 남긴다.

여기서 시집의 「후기」를 마저 읽어 보자.

그 평범의 양철 지붕을 아프게 두들기는 심상치 않은 빗줄기가 있어 몇 군데 병원을 드나들며 분주히 때우고 수선하는 것이 근래 내가 처한 삶의 곤경이다. 나의 평범에 병색이 비친다. 그간의 평범과의 순탄한 밀월, 그것을 끝낼 때가 되었나 보다.

평범함과의 밀월을 끝내고, 세상에 있는 그대로 자기 자신을 드러내는 일은 곧 자신의 정체성을 회복하는 것이다. 그러면, "선영아 언니 엄마 당신 은지에미야 형님!"「새는 날개를 따라 둥지를 비우고」과 같이 가족이라는 관계 속에서 설정된 그들이 부르는 이름이 아닌, 이선영 자신으로서의 정체성은 무엇일까. 나이가 들면서 점점 평범해지는 자신의 모습을 짐짓 의연하게 받아들이는 것 같으면서도, "단 한 줌 손아귀 안의 이 움켜쥠"「평범에 바치다」

만은 내놓고 싶지 않은 최후의 바로 그것.

당연하지만, 나는 그것이 시라고 생각한다. 저주 받은 땅에서 피울 수 있는 꽃은 시 밖에 없다고, 그는 이성복 시인의 말을 빌려 다음 시집의 후기를 썼다. 독하게 꽃 한 번 피워보지도 못하고 나이든 그가 유일하게 움켜쥐고 있는 시의 꿈. 이선영의 시세계는 이렇게 해서 다음 시집 『일찍 늙으매 꽃꿈』으로 넘어간다.

5. 종이에게 영혼을 팔다

시집 『일찍 늙으매 꽃꿈』에서 시인은 마른 꽃을 보며 세월과 함께 소멸해가는 것들에 대하여 쓸쓸하게 노래한다. "그대에게서 오래 전에 받은 따뜻한 꽃 한송이 // 벽에 거꾸로 매달린 채 하세월 // 사랑은 말라붙은 꽃만 남기고"「마른 꽃」, "영혼이 놓아두고 간 / 시든 꽃잎들은 / 이제 아무데로나 떨어져내릴 것이다"「시든 꽃」. 여기서 마른 꽃과 시든 꽃은 세월 속에서 사그라진 사랑과 꿈, 욕망의 은유다.

세월과 함께 소멸하는 것에 대한 절망은 늙은 몸, 혹은 황폐한 땅에 대한 부정적 인식으로 발전한다.

> 내 안에 들어오면
> 모든 꽃들의 잎은 가시로 변한다

바람이 불면
눈송이나 꽃가루 나뭇잎사귀 아닌
모래와 먼지만 자욱이 날아다닌다

잎을 버리는 꽃들은 제 몸에 날카로운 가시를 꽂고
잎을 버리지 못하는 꽃들은 제 이파리를 부여안은 채 말라 죽곤 한다

내 안의 사막에서 원(怨)을 품고 태어난 그 수많은 가시들이
나의 내장과, 피와, 살,에 닿으며
나의 내장과, 피와, 살,을
찌르고 찔러댄다

내 안에 들어오면
모든 꽃들은 선인장이 된다

—「선인장」 중에서

앞의 시집에서 '독하게 꽃피워보지도 못하고' 늙었다는 시인의 자의식은 자신의 몸을 사막에 비유하는 데까지 이른다. 사막의 불모성은 비옥한 대지와 대조되면서 여성성의 상실을 상징한다. 그 사막에서 원怨을 품고 태어난 수많은 가시들. 불모의 땅에서 말라죽지 않기 위해서는 잎을 버리고 가시를 꽂아야 한다. 이선영의 시에서 선인장은 날카로운 가시로 그의 내장과 살을 찔러대며, 시인의 고통을 자양분으로 독하게 생존한다. 세월 속에서 시들어버린 마른 꽃의 반대편에 선인장이 자리하고 있는 것이다.

선인장과 같은 편에 유도화柳桃花도 있다. "독의 기운이 온몸을 비틀며 퍼져오를 때 더 붉고 화려하게 꽃핀다"「유도화」는 유도화는 말 그대로 '독하게 꽃피워보지도 못하고' 늙었다는 시인의 자의식이 만든 꽃이다. 늙은 몸에서 피워낸 독의 꽃. 소멸을 거부하는 이 불멸의 상징은 "필 줄도 질 줄도 모르는 종이꽃, / 피어 있는 채로 영원히 멎어버린 꽃"「꽃이 피는구나!」인 조화로 변용된다. 여기서 종이로 만든 꽃은 무엇을 상징하는 것일까. 종이꽃은 시 「조로早老의 화몽花夢」에서 구체적인 모습을 드러낸다. 이 시의 제목은 개화기 최초의 여성문인이었던 김명순의 산문시 「조로朝露의 화몽花夢」에서 따왔는데, 이선영은 조로朝露를 조로早老로 바꾸었다. '아침 이슬'을 '일찍 늙음'으로 만들어 버린 것이다.

김명순의 산문시는 1920년 7월 『창조』지에 발표되었으며, 망양초望洋草가 백장미와 홍장미에게 자신의 사랑 이야기를 들려주는 것을 탄실이라는 주인공이 엿듣는 형식으로 전개된다. 망양초가 담홍의 꽃을 탐스럽게 피웠을 때 남호접藍胡蝶이 와서 머무르고 말하기를 후일에 또 올터이니 기다리라고 한다. 그래서 망양초는 10년째 거문고를 타며 남호접을 기다린다. 여기서 망양초는 당시 복잡한 연애사건으로 세인의 관심을 받았던 작가 김명순과 많은 부분이 겹쳐진다. 실제로 김명순은 필명으로 탄실 외에 망양초라는 이름을 쓰기도 했다. 즉 김명순과 탄실과 망양초는 같은 인물인 것이다. 뿐만 아니라, 백장미 홍장미 역시 남호접과 사랑을 나누었던 망양초의 과거 모습이라 볼 수 있다. 이 분신들을 통해 한 신여성의 불행한 삶은 탐미적으로 재현된다. 그러면 이선영 시인은 김명순의 텍스트를 어떻게 해석하고 있을까.

이선영은 작가가 개화기 최초의 여성 문인이었으며, 매우 불행한 말년을 보냈다는 작품 외적인 사실을 염두에 두었을 것이다. 그리고 작품에서 꽃들을 내세워 여성으로서의 정체성을 꽃피움이라고 보고 있으며, 더 이상 꽃을 피우지 못하는 늙은 망양초가 꽃 대신 노래를 부른다는 사실에 주목하였을 것이다. 이선영은 김명순과 같이 망양초를 시의 화자로 삼는다. 그러나 시 앞 부분에 인용한 것처럼 김명순의 망양초가 눈물을 흘리며 비탄의 노래를 부른 것과 달리, 이선영의 망양초는 자신이 담홍의 꽃 대신 '종이꽃'을 피우고 있음을 당당하게 내세운다.

"엇젼지 눈물이 흘늡니다그려. 당신들을 대하매
내가 꼿을 피엿든 때를 회억回憶하여지는구려"
망양초望洋草는 백장미와 홍장미를 갓가히
안치고 그가 졂엇슬 때에 담홍색의 꼿을 피엿슬
때 한 옛적의 니약이를 시작하려 한다.
―김탄실 수필 「조로朝露의 화몽花夢」 중에서

미안하지만, 백장미 홍장미여
나는 날마다 새로 피는 꽃이다
나는 지는 꽃이 아니요
떨어지는 꽃잎도 모른다
누군가 시든 꽃잎을 허옇게 빼물며 나에게 물었다
날마다 다른 빛깔 때론 다른 모양의 꽃잎을 다는 게 귀찮지 않으냐고
그저 웃었을 뿐이지만
나에겐 그 하루 동안이면 끝자락이 처지는 한 철이다

하루가 채 가기도 전에 나는 벌써 나를 새로 그리고 싶어진다
나는 무언가 늘 모자라고 어딘가 늘 고칠 데가 있는 것이다
알아챘는가, 나는 날이 새면 종이에 다시 그려지는 종이꽃이다
나는 늙는 게 싫어서 종이에게 내 영혼을 팔았다
나는 종이 위에서 날마다 조금씩 색깔과 모양을 바꾸며
어제까진 젊고 새로울 것이다
나는 늙지 않고 진행중인, 젊음을 향해 수정중인 꽃이다
백장미 홍장미여,
담홍의 추억도 나는 종이에다 말리련다
멀찌가니 저쯤에 날아가지 않는 남호접 한 마리를 그려 놓어다오

—「조로早老의 화몽花夢」 전문

이선영은 젊었던 한 때 담홍의 꽃을 피우고 시들어, 남은 평생 비탄의 눈물을 흘리며 남호접을 기다리는 망양초가 되기를 거부한다. 그는 늙지 않고 시들지 않는, 날마다 다른 빛깔 때론 다른 모양의 꽃잎을 다는 종이꽃이 되고자 한다. 날이 새면 종이에 다시 그려지는 종이꽃. 시인은 늙는 게 싫어서 종이에게 영혼을 팔았으며, 그래서 그는 종이 위에서 언제까지나 젊고 새로울 것이라고 말한다. 여기서 종이꽃은 시를 상징하며, 나아가 불변하는 예술의 가치를 나타낸다. 사랑도 젊음도 세월 속에서는 소멸한다. 마치 아름다운 꽃이 시들어 버리듯 말이다. 그러나 시는 영원할 수 있다. 사랑도 젊음도 예술 안에서는 영원할 것이다.

현실에서 이루지 못한 꿈을 종이 위에서 성취하는 시인의 모습은 새로운 것이 아니다. 그는 이미 두 번째 시집 『글자 속에 나를 구겨넣다』에서

부터 글자 속에 사랑하는 사람을 가두려고 했고, 이루지 못한 사랑을 종이 위에서 재구성하기도 했다. 글자 속을 드나들며 반복적인 일상의 무미건조함을 그렸던 시인은 마침내 글자와 한 몸인 글자의 나무가 되었다. 그리고 이번 시집에서 아픈 성찰 끝에 독하게 꽃을 피워냈다.

종이에게 영혼을 팔아 피운 종이꽃. 피어있는 채로 영원히 멎어버린 꽃. 나는 그 꽃의 봉오리들이 글자의 나무에 하얗게 맺혀있는 것을 본다. 피어라, 종이꽃. 안으로 제 몸을 파고드는 가시처럼 아프고도 슬픈 꽃이여!

제3부 | 내면과 서정 |

탈우주 창조의 비밀—함민복론

김혜니

생의 골목길에서 만나는 '틈새'의 언어—이사라론

안상원

동백의 영웅 이미지와 살 만한 땅을 찾아서—송찬호론

김옥순

내 손은 무겁지만 나는 가볍고 싶다—나희덕론

임수영

진정성과 일상성의 이율배반—장석남론

김경숙

사랑의 여정, 출구의 언어—정끝별론

김희정

우주 창조의 비밀

함민복론

김혜니

1. 함민복과 시의 역정

함민복은 1962년 충주에서 태어나, 수도전기공업고등학교와 서울예전 문예창작과를 졸업하고, 1988년 『세계의 문학』을 통해 시 「성선설」 등을 발표하면서 등단했다. 이후 4권의 시집을 내놓았는데, 각각 첫 번째 시집 『우울씨의 일일』1990, 두 번째 시집 『자본주의의 약속』1993, 세 번째 시집 『모든 경계에는 꽃이 핀다』1996, 네 번째 시집 『말랑말랑한 힘』2005이다.

함민복의 1~3번째 시집에서 일관되게 형상화하고 있는 화두는 자본주의이다. 『우울씨의 일일』에서는 무기력한 시적 자아, 우울한 소시민이 현실에 대응하는 모습을 보여주고 있고, 『자본주의의 약속』에서는 시적 자아가 적극적으로 자본주의 본질을 파헤치면서 예리하게 비판하고 있다. 현대 문명에 대한 공격적 비판에 한층 강도를 높이면서 자본주의가 양산한 모든 실체에 대한 부정과 환멸의 시세계를 보여주고 있는 것이다.

이렇게 자본주의의 병든 일상을 노래하던 시인은 제3 시집 『모든 경계에는 꽃이 핀다』에 와서, 강렬한 부정과 냉소적 어법 대신 시적 대상과의 투명한 합일을 지향하는 모습을 보여주고 있다. 곧 인간의 보편적 삶과 사랑 그리고 함께 아우르는 우주 창조의 과정을 전개하고 있는 것이다. 이어 『말랑말랑한 힘』에서는 생태적 상상력을 중심으로 불온한 도시 문명에 대항하는 방식을 보여주고 있다. 자본주의와 문명의 병폐를 극복할 수 있는 대안을 자연의 구체적 생태와 마음의 움직임 속에서 찾아낸 것이다.

함민복은 『자본주의의 약속』에서 현실 문제에 적극적으로 참여하여 현대 문명의 폐해를 비판하였다. 그런데 『모든 경계에는 꽃이 핀다』에서는 새로운 세계 인식의 확장된 사유를 보여준다. 시인은 모성과 고향을 마음의 본향이자 문명이 준 상처를 치유할 수 있는 공간으로 형상화한다. 이 과정에서 사랑의 본질과 근원이 펼쳐지는데, 곧 돌아가신 아버지를 그리워하고, 늙어가는 어머니에게 안타까움을 보내고, 연인에게 짝사랑 혹은 환희에 찬 사랑으로 충만되기도 한다. 이렇게 사랑을 통하여 새로운 시 세계가 펼쳐지고, 부정을 넘어선 긍정의 사유를 보이기 시작한다. 다시 말하여 인간의 본질적인 고독과 그것을 넘어선 조화로운 세계관을 지향하고 있는 것이다. 그것은 그의 제4 시집 『말랑말랑한 힘』에 와서 연속 완성된다.

함민복 시의 원천은 어머니와 가난, 그리고 고향이다. 도시 문명에 지친 시인에게 어머니가 존재하고 있는 공간은 영원한 본향이며 안식처인 것이다. 그리고 가난은 단순히 불편한 생활만을 의미하는 것이 아니라, 자본주의 이데올로기가 형성한 문화권에서 철저하게 소외당할 수밖에 없음을 나타내는 것이다. 또한 고향은 현대 문명 속에서 문명이 준 상처를 치유할 수 있는 공간이다. 이 과정에서 시인은 부정을 넘어선 긍정의 사유와 더불어 새로운 차원의 시세계를 펼치고 있다.

물론 『모든 경계에는 꽃이 핀다』에서도 시인의 비판적 시선이 곳곳에서 산견된다. 그러나 자본주의와 문명에 대한 맹렬한 적의는 사라지고, 대상에 대한 서정적 감응과 인식을 통하여 세계를 깊고 넓게 통찰하면서 질서를 회복해 나가는 양상을 보여주고 있는 것이다. 비판적 사유가 형성하는 긴장감보다는 상처를 치유하는 새로운 사유의 세계가 바탕을 이루고 있다. 그 사유의 중심에 조화와 화합 그리고 일체감이 있고, 이것은 어머니와 고향, 사랑을 관통하며 흐른다.

시란 본질적으로 새로운 이미지들의 갈망이다. 시인은 인간이 경험하고 있는 의식의 대상들을 감각적으로 표현하고 존재를 증명하고 자신의 감정을 전달하려고 하는 사람이다. 이때 상징적 이미지가 창조된다. 때문에 시에 있어서 상상력은 절대적 요건이 된다. 다시 말하여 시인의 시 세계는 시인의 의식이 생생하게 표출되는 무대이며, 그 의식은 그의 상상력에 의해 이미지의 형태로 시의 표면에 나타난다. 이와 같이 시인의 상상력은 과거 체험의 이미지들을 재구성하는 창조적 작업인 것이다.

본 논의에서는 함민복 제3 시집 『모든 경계에는 꽃이 핀다』를 기본 텍스트로 하여 펼쳐진 공간의 질서를 탐색하고, 그 상상력의 공간 구조가 내함하고 있는 의미 작용을 해독하려 한다. 그리하여 시인 특유의 존재 의식과 원초적 작가 의식의 지향점, 뿌리 그리고 원형 등을 밝혀 보려 한다. 이는 시적 자아가 어떻게 세계와 조화 일체되어 가는가를 탐색할 수 있는 한 방법이기도 하다.

끝으로 본 논의는 어디까지나 함민복 시 세계를 연구하는 작업의 일환으로써, 하나의 작은 시론에 불과할 따름임을 밝혀 둔다.

2. 인간의 근원적 존재 탐구

1) 수평과 수직의 대립 공간 구조

볼로우Otto Friedrich Bollnow의 『인간과 공간』, 바슐라르Gaston Bachelard의 『공간의 시학』 등 공간 연구는 모두 현상학적으로 체험된 공간을 기저로 삼고 있으며, 주요한 공간 단위로 수직과 수평을 설정하고 있다. 그런데 볼로우는 수평 좌 / 우, 전 / 후는 고정된 불변의 방향이 아니라 인간이 방향을 바꾸면 금방 그 방향이 달라지는데 반하여, 수직 상 / 하의 방향은 고정 불변의 장소로서 인간이 아무리 방향을 바꾸어도 여전히 상은 상이고 하는 하의 방향을 고수하고 있다고 말한다. 따라서 수직과 수평은 서로 대립된 요소에 의해 형성된 하나의 텍스트인 것이다. 그리고 문학 텍스트에 있어서 매개항은 이항대립의 그 양극적 요소의 중간에 위치한다.

수평축은 세속적 체험의 차원인 사물과의 만남, 곧 우리들의 상식적인 매일 매일의 사고를 이루는 현실적 공간이다. 반면 수직축은 정신적 공간으로, 수직축 상방은 공간의 신성한 영역, 그리고 하방은 공간의 속된 영역으로 간주되어 상 / 하의 두 요소가 대립 체계를 형성한다. 그 수평과 수직의 대립 체계의 변별적 특징을 판별하여 의미 작용을 분석하면 그 문학 텍스트의 코드를 정확하게 해독할 수 있다.

함민복 시에 있어서 그리움의 정서는 인간의 근원적 고독을 통하여 드러난다. 그리고 안타까움의 정서는 고향과 어머니, 세상을 뜬 아버지로 집약된다. 어머니는 주로 '동그라미'의 이미지를 띠고 표출되는데 그 대표적인 시적 질료는 '달'이다. 그리고 달은 어머니와 이미지의 등가를 이루고 있다. 「아버지의 묘비명」, 「송홧가루 날리는, 아버지 사진 한 장」, 「산속에서 버터플라이 수영하는 아버지」 등에서 아버지는 우리나라의 전형적인 농군의 모습을 띠고 등장하고 있다. 시인은 어머니의 늙어가심을 안타까워하고 있으며, 아버지가 안쓰러운 평생을 보내고 돌아가신 것을 한없이 가슴아파한다. 그러면서 인간의 근원적인 고독을 인식하고 있다.

사람 그리워 당신을 품에 안았더니

당신의 심장은 나의 오른쪽 가슴에서 뛰고

끝내 심장을 포갤 수 없는

우리 선천성 그리움이여

하늘과 땅 사이를

날아오르는 새떼여

내리치는 번개여

—「선천성 그리움」 전문

이 시는 인간의 근원적 고독과 그리움을 노래하고 있다. 시적 자아는 사람을 품에 안음으로써 물리적 거리감을 해소하려 한다. 그러나 2,3행에서처럼, 같은 방향에서 뛰는 심장 때문에 가슴을 포개도 해소되지 않는 근원적 거리감을 확인하게 될 뿐이다. 이러한 인간 존재와 존재 사이의 근원적인 거리감은 "선천성 그리움"을 만들고 있다. 나아가 이 시는 모두 엇나가는 구조를 띠고 있다.

어떤 구조가 두 용어 사이의 관계로 규정되어질 때 이것을 이항Binary이라고 한다. 따라서 이항대립에 의한 현상 파악은 인간 심성의 특성 중 하나가 되는 것이다. 곧 왼쪽 심장(좌) / 오른쪽 심장(우), 하늘(상) / 땅(하)이 이항대립을 이루고 있으며, 날아오르는 새떼(상승) / 내리치는 번개(하강)가 이항대립을 이루고 있다. 이렇듯 수평의 좌 / 우, 수직의 상 / 하, 또한 수직의 상승 / 하강의 이항대립 구조는 우주의 자연 원리이기도 하다. 시인은 이러한 우주의 자연 원리를 사색 숙지하고 있는 것이다.

2) 삶과 죽음 그리고 재생의 순환 구조

신화란 창조의 여명, 태초의 그 순간에 일어난 초인적 계시로써 한 집단이나 민족의 기원, 우주와 인간과의 관계, 삶과 죽음의 이행 등 한 민족 내지 인류 전체의 가장 본질적인 문제들을 이야기해 주고 있다. 융C.C. Jung에

의하면 이러한 본질적인 문제들은 결코 쓸모없는 옛 시대의 잔존물이거나 유물이 아니라 인간 경험의 기본적이고도 오래된 유형으로서 살아있는 실재이다. 그리하여 그것들은 무수한 상념들의 선형성Preformation이나 혹은 지배적인 심상들을 야기케 한다. 이것이 곧 원형archetype이 된다. 다시 말하여 브룩스C. Brooks와 융 등이 정의한 것처럼 원형이란 근본적 이미지 또는 집단무의식이라고 할 수 있다.

> 나는 어머니 속에 두레박을 빠뜨렸다
> 눈알에 달우물을 파며
> 갈고리를 어머니 깊숙이 넣어 휘저었다
>
> 어머니 달무리만 보면 끌어내려 목을 매고 싶어요
> 그러면 고향이 보일까요
>
> 갈고리를 매단 탯줄이 내 손에서 자꾸 미끄러지고
> 어머니가 늙어가고 있다

—「세월 1」 전문

함민복 시공간에서 달은 어머니의 이미지와 등가를 이루고 있으며, 언제나 시인과 가까이 있고 그리고 가득하다. 제3 시집 『모든 경계에는 꽃이 핀다』의 제2부 표제 「달의 소리」를 비롯하여 「칠석七夕」, 「환양」, 「석월石月」, 「한강 1」, 「낚시터에서 생긴일」, 「농촌 노총각」, 「달의 눈물」 등 도처에 달이 시공간을 메우고 있다. 그만큼 시인에게도 어머니의 이미지는 비단 시인뿐만 아니라 우주의 모든 면을 구제하고 있는 근원적인 존재이다.

달은 태양, 별 등 다른 천체들과 함께 상방 공간에 위치하며, 태양이 불과 결속되는 것처럼 달은 물과 결속한다. 나아가 둥근 형태로 말미암아 안정성을 증폭시킨다. 그러나 달은 변화하는 천체이기 때문에 일정한 리듬을 형성하기도 한다. 태양의 리듬이 하루하루를 나누고 우주 시간의 기준이 되고 있다면, 달의 리듬은 구체적인 시간, 즉 땅 위에서 생명 변이 시간의 기준이 된다. 달은 초승달 → 보름달 → 그믐달 → 부재(3일 밤 동안) 등 생명의 리듬, 곧 삶과 죽음 그리고 재생의 구조를 지닌 천체다. 이런 의미에서 인간들은 달이 비, 물, 식물, 풍요 등 순환적 생성의 법칙에 지배되고 있는 우주의 모든 면을 구제하고 있다고 생각한다.

위 시에서 시인은 '달'을 보며 어머니와 고향을 그리워하고 있다. 이것은 시인이 인간 존재의 근원적 문제와 대면하고 있다고 해석할 수 있다. '달'은 어머니의 이미지로 표현되고 있으며 '자궁'의 이미지와 등가를 이루고 있다. 이 시에서 '우물'은 자연의 섭리적 만남이 이루어지고 연합이 실현되는 성스런 장소이다.

어머니의 달우물, 곧 자궁과의 인연으로 이어진 탯줄, 이는 '달'의 생산성을 '모성'과 일치시키는 것으로, 어머니의 존재는 생명의 원천임을 드러내준다. 시인은 그러한 어머니 같은 달무리를 "끌어내려 목을 매고 싶"어한다. 이는 영원한 생명의 원천인 자궁에로의 귀환을 소망하는 것으로 해석할 수 있다. 시적 자아는 어머니와 영원히 끊을 수 없는 탯줄로 연결되어 있다. 그 탯줄에 기대어 어머니의 우물 속으로 귀환하고자 하는 간절한 욕망에 사로잡혀 있는 것이다. 어머니는 영원한 안식처이자 태초의 고향을 간직한 존재이다. 어머니를 통하지 않고서는 고향에 도달할 수 없다. "그러면 고향이 보일까"에서 인간의 근원적 문제에 대한 '해답을 얻을 수 있을까' 에 대한 열망이 담겨져 있다. 이는 인간의 탄생과 죽음의 재생 반복적 생성의 법칙을 인식하려는 시인의 번뇌이기도 하다. 그러나 "갈고리를 매단 탯줄이 내 손에서 자꾸 미끄러지" 듯 "어머니가 늙어가고 있"음은 알듯 말듯한 인간의 근원적 본질 해명에 대한 안타까운 목마름이라고 할 수 있다.

긴 세월 지나 바다에 몸 푼 당신이 흘린 눈물
미역으로 자주 흔들리는 나를 보듬고
작아서 우리 삶 같은 애잔한 통통배 소리
몸 비늘 건반 타고 내가 한줌 뼛가루로 흩어질 때
아, 어머니 우주의 헌법이 있다면 사랑이라고
철새들 푸드득 다시 만날 기약으로 날아올라요

—「어머니 2」 중에서

이 시 역시 탄생과 죽음, 재생과 순환 원리를 보여주고 있다. 시의 구조를 살펴보면 1~3행은 탄생, 4행은 죽음, 5~6행은 재생의 짜임을 보여준다. 1행에서는 어머니의 자궁에서 아기시적 화자가 태어난다, 2행에서 어머니는 전통적인 산모의 음식인 미역국을 먹는다. 따라서 어머니의 젖을 먹는 시적 화자 역시 미역국을 먹는다. 그러면서 "애잔한 통통배 소리"에서 드러나듯 가냘픈 생명의 숨소리를 낸다. 4행에서 시적 화자는 이런저런 인생을 살아가다 "한줌 뼛가루로 흩어"진다. 그리고 5~6행에서는 자연의 섭리에 따라 "다시 만날 기약으로 날아올라" 재생한다.

3) 감음과 풂, 모여듦과 물러남의 순환원형

시 「달의 소리」에서는 일정한 변형과 순환의 연속적 과정 및 달의 둥그런 형상과 더불어 감음과 풂, 모여듦과 물러남의 변형과 순환의 연속적 과정을 펼쳐주고 있다. 이것은 인간 삶의 비롯함과 마침 그리고 거듭남의 기존 질서와 대응되는 신화 원형의 구조적 틀을 그대로 재현, 재창조하고 있다고 볼 수 있다.

이것은 보드킨이 말하는 활동 / 정지, 상승 / 하강, 성공 / 패배의 원형적 패턴이기도 하다. 우주의 모든 만물은 정지와 휴식, 하강과 패배를 겪게 된다. 그러나 그러한 부정적 요소들은 계속적으로 작용하지 않는다. 어둠이 오면 반드시 밝음이 오고 겨울이 오면 반드시 봄이 오듯, 그 부정적인 요소들은 반드시 극복되어 활동과 약동, 상승과 성공으로 전진한다.

달의 소리 들으러
서해바다에 가면

말렸다 풀리는
달이 짠 비단자락

밀물 소리 썰물 소리
갯벌 위에 가득

수만년 여인의 자궁에

아이의 심장을 직조한

—「달의 소리」 전문

이 시에서는 2연의 말렸다(감음) 풀리는(풂), 3연의 밀물 소리(모여듦) 썰물 소리(물러남)의 대립 관계를 구성하고 있다. 곧 감음 / 풂, 모여듦 / 물러남의 두 극이 대립 관계를 구축하고 있는 것이다. 그런데 이는 대립 관계로서가 아니라 연속적 관계로 포괄되어 4연, 자궁(순환, 동그라미)에 도달한다.

이는 마치 달바래기들의 강강술래를 연출하는 모습과 같다. 춤의 모양새를 보자면, 여인들이 손에 손을 잡고 동그라미를 만들어 먼저 오른쪽으로 돌다가 왼쪽으로 돌면서 감음과 풂을 되풀이 한다. 그러다가 한가운데로 모여들고 다시 제 자리로 물러나고 하면서 그 변형들을 통해 십자가 모양을 만들기도 하고 태극의 횡선을 만들기도 한다. 이러한 여인들의 춤은 마치 2연의 시구 그대로 "달이 짠 비단자락"의 모양새이다. 나아가 천상의 '달'은 지상의 '자궁'과 닮아 있다. 말렸다 풀리고, 밀물과 썰물이 오가면서 드디어 하늘의 '달'과 지상의 '자궁'이 한데 어우러진 율동의 조화는 그 자체가 달무리이며 우주적 율동인 것이다.

4) 하늘 · 땅 · 사람의 인간중심적 구조

신화란 원초인들의 독특한 심리를 사용하여 자연계와 인간계 등 모든 사물의 내력을 설명하는 데서 성립한 종합적인 옛이야기이다. 한 종족이나 문화 집단에 있어서, 이러한 원초인들의 독특한 심리가 시간과 공간이 바꿔어져도 변화하지 않고 되풀이 되어 재현되는 일정한 틀을 가진 근본적 신화 체계전승 체계를 원형이라 한다. 이 원형은 집단무의식과 동일한 의미를 지닌다. 융에 의하면, 집단무의식이란 인류가 진화하여 오는 동안에 쌓인 강력한 정신 유전 인자로서 개개인이 태어날 때마다 뇌의 조직에 유전된다. 말하자면 집단무의식이란 개인의 무의식 밑에 깔려 있는 집단적 심리 체험의 총체적 상징 체계이다.

우리나라 무속신화나 건국신화를 읽어보면 하늘에 사는 천신이 수직 하강하여 인간계에 내려온다. 신이 천상계에서 인간계로 하강하는 신화는 자연스럽게 인간이 중심됨을 표출하고 있는 것이다. 특히 단군신화에서는 하늘에 사는 환웅은 물론 땅에 사는 곰도 다 같이 인간이 되고자 원한다. 이는 신도 짐승도 인간 세계 안으로 뛰어들어옴을 극명하게 나타내주고 있다. 이처럼 '하늘 · 땅 · 사람'의 삼재는 우주 질서의 대표적 통일체이다. 그리고 그 구조 체계 가운데 사람이 중심부에 위치하고 있다. 이같이 인간은 수직과 수평의 핵으로써 존재하고 있는 것이다.

하늘에 신세 많이 지고 살았습니다

푸른 바다는 상한 눈동자 쾌히 담가주셨습니다

산이 늘 정신을 기대어 주었습니다

태양은 낙타가 되어 몸을 옮겨주었습니다

흙은 갖은 음식을 차려주었습니다

바람은 귓속 산에 나무를 심어주었습니다

달은 늘 가슴에 어미 피를 순환시켜주었습니다

—「몸이 많이 아픈 밤」 전문

시의 구조 분석은 구조를 형성하는 요소들의 체계성이 어떤 시적 인식의 세계를 보여주는가를 살피는 것이다. 이 시는 하늘(상), 바다(하), 산(중), 그리고 태양(상), 흙(하), 바람(중)의 시적 질료들이 달순환 재생로 통합되는 구조를 보이고 있다. 이는 하늘(상)·땅(하)·사람(사람) 삼재三才의 인간중심적 구조를 띠고 있다고 할 수 있다.

이 시의 제목 '몸이 많이 아픈 밤'은 육체적인 아픔이 아닌 정신적인 아픔으로 판독된다. 여기서 '밤'의 시간은 '낮'의 시간에 대립된다. '낮'의 시간이 인간이 활동하는 현실적 시간이라고 한다면, '밤'의 시간은 정신적 사유의 시간이라고 볼 수 있다. '하늘·태양·달'의 상방 공간, '산·바람'의 중방 공간, '바다·흙'의 하방 공간은 시인 의식을 향하여 긍정적이고 조화롭게 작용한다. 그래서 이러한 시인의 정신적 사유는 마침내 '하늘·땅·사람'의 조화로운 하나됨을 나타내는 구조 체계를 구축한다. 나아가 '달'로 표상되는 삶과 죽음의 재생 원리로 확충된다. '하늘·땅·사람'의 삼재는 우주 질서의 대표적 통일체이다. 따라서 이러한 사상을 내포한 신화를 우리는 삼재 사상三才思想이라고 말한다. 그 구조 체계 가운데 사람이 중심부에 위치하고 있기 때문에 인간중심적 사상을 획득한다. 이와 같이 인간은 수직과 수평의 핵으로써 존재하고 있는 것이다.

3. 아우르는 우주 창조의 작업

1) 역동적 수직 공간

실존이란 공간적이라는 의미이기도 하다. 인간은 환경 가운데서 삶의 관계를 맺고 행동을 해나간다. 그리고 행동은 인간이 의미 작용을 갖는 지향을 형성한다. 다시 말하여 인간이 행하는 대부분의 행위는 공간적 측면을 지니고 있는 것이다. 때문에 인간의 삶을 바로 이해하려면 공간적 여러 관계를 이해하고 그것을 하나의 공간 개념으로 통일시켜야 한다.

우리는 종종 미개 문명의 언어에서 상과 하, 전과 후, 좌와 우라는 공간적 관계를 표현하고 있는 용어를 발견한다. 그러한 용어는 인간들이 놓여 있는 환경에 따른 것으로, 세계 속에서의 인간의 위치를 표현하고 있는 것이다. 때문에 공간의 인식은 추상적인 것이 아니라 대상이나 장소에 따른 구체적인 정립이다. 이렇듯 인간은 옛날부터 공간에서 행위하고, 공간을 지각하며, 공간 속에 존재하고, 공간에 대하여 사고해 왔으며 나아가 이 세계 구조를 현실 세계상으로 표현하기 위하여 공간을 창조하여 온 것이다.

몸 뒤척이는 바닷가 검은 돌
돌 속에 달

초승 반월 보름

살점을 깎으며

달을 닮으려

스르륵

스르륵

經을 외며

달이 이끌어주는 그리움

밀물 썰물에

가슴 다 헐어내고

모래가 되어도

훠이—휘영청, 빛날

—「石 月」 전문

이 시에서 시적 화자는 자신의 속성을 "바닷가 검은 돌"로 규정하면서 출발한다. 검은색은 태초의 어둠, 비발현非發顯의 원래적 상태이며, 또 다른 극점에서 보면 외적 어둠의 빛깔이다. 그런데 그 검은 돌은 속에 달을 내함한다. "초승 반월 보름", 초승달은 달의 가장 대표적인 형태로서 천공을 위짝으로 하는 세계 알의 아래 반쪽을 나타낸다. 그리고 앞에서 언급한 바 있듯이 변모하는 달의 리듬 때문에 소생 혹은 재생을 뜻하고 있다. 시인이 "달을 닮으려" 하는 것은, 이러한 자연의 삶과 죽음 그리고 재생이라는 순환 법칙을 깨달으려는 시도이다. 그래서 시인은 "살점을 깎으며" 經을 왼다. 이는 살점을 도려내는 아픔으로 바닷가 검은 돌을 갈고 닦는 작업이다.

그리하여 밀물(모여듦) 썰물(물러남)의 규칙적인 반복을 통하여 "가슴 다

헐어내고" 드디어 '모래'가 되어 단단한 무게를 덜어낸다. 단단하고 거칠고 어두운 바닷가 검은 돌은 다듬어진다. 그리고 마침내 수직 상승하여 하늘의 밝고 휘영청 밝은 빛을 획득한다. 곧 바닷가 검은 돌이 수직 상승하여 달의 경지에 이른 것이다. 이것이야말로 시적 화자가 역동적으로 변모 시킨 구상具象이다.

2) 매개 공간

우주의 총체적 영역은 산맥, 바다, 사막 등 하나의 선분과 같은 연속적인 사물에 의해 어떤 구역으로 분할된다. 그래서 하나의 장소를 형성한다. 영역을 분할하여 구역을 만든다거나, 개인의 실존적 거주처에 벽을 세워 장소를 나눈다는 발상은, 모두 자기가 살고 있는 세계 혹은 장소를 무질서한 혼돈 가운데서 질서 있는 공간으로 설계하고자 하는 인간의 보편적인 욕구의 한 표현이다. 그리고 그 공간 질서를 체계화하는 데는 반드시 하나의 중심점과 관련을 맺어 포괄적인 공간 질서가 결정된다. 이 중심점이 바로 문학 텍스트에 있어서 수직축 상 / 하, 수평축 좌 / 우, 전 / 후 그리고 내 / 외 공간의 중심점이며 동시에 매개항이 되는 것이다.

우주 공간 한 쪽에는 카오스Chaos, 다른 한쪽에는 코스모스Cosmos가 있다. 카오스는 낯설고 혼돈에 찬 공간이며 코스모스는 사람이 살고 있는 조직된 지역이다. 종교적 측면에서의 우주 창생의 모멘트는 우주 공간에 경계선을 확정하고 질서를 정립한다는 의미에서의 세계 창건이다.

달빛과 그림자의 경계로 서서
담장을 보았다
집 안과 밖의 경계인 담장에
화분이 있고
꽃의 전생과 내생 사이에 국화가 피었다

저 꽃은 왜 흙의 공중섬에 피어 있을까

해안가 철책에 초병의 귀로 매달린 돌처럼
도둑의 침입을 경보하기 위한 장치인가
내 것과 내 것 아님의 경계를 나눈 자가
행인들에게 시위하는 완곡한 깃발인가
집의 안과 밖이 꽃의 향기를 흠향하려
건배하는 순간인가

눈물이 메말라
달빛과 그림자의 경계로 서지 못하는 날
꽃철책이 시들고
나와 세계의 모든 경계가 무너지리라

—「꽃」 전문

'모든 경계에는 꽃이 핀다'에서의 '경계'는 바로 매개항이다. 시 「꽃」의 구조를 살펴 보면, 달빛 / (시적 자아) / 그림자, 집 안 / (담장) / 집 밖, 전생 /

(현생) / 내생의 관계가 성립된다. 곧 달빛 / 그림자, 집 안 / 집 밖, 전생 / 내생의 이항대립 경계에 각각 시적 자아, 담장, 현생이 매개항으로 자리하고 있다. 매개항은 이러한 이항대립의 양극적요소들을 극대화하기도 하고 극소화하기도 한다. 또한 분리시켜주기도 하고 결합시켜주기도 한다. 따라서 이 시에서의 '경계'는 우주적인 근원적 질서로 자리하고 있다. 시적 화자는 "눈물이 메말라 / 달빛과 그림자의 경계로 서지 못하는 날 / 꽃철책이 시들고 / 나와 세계의 모든 경계가 무너지리라"고 읊고 있다. 이는 눈물이 경계로 서게 해주는 원동력이 됨을 의미한다. 따라서 물기(눈물)는 이타심, 건기(메마름)는 이기심으로 대별된다. 여기서 메마름은 '경계'를 허물어뜨리고 세계를 혼돈 속으로 몰아넣는 시적 질료이다.

시인이 장소를 획득하거나 만든다는 것은, 영역을 여러 개로 나누어 구조화하고 실존적 공간을 구축하는 것이라 할 수 있다. 시 「꽃」에서의 매개항인 '꽃철책'이 시들면 실존적 공간을 무너뜨리는 것이 된다. 따라서 '경계에 피는 꽃'은 조화 · 화합 · 일체의 실존적 공간 구축의 의미작용을 한다.

3) 수직과 수평의 총제적 공간

수직과 수평 공간은 십자형을 성립한다. 일반적으로 기하학적 상징인 십자형은 기독교 시대 전부터 존재하던 세계적 상징인 십자가와 연결된다. 수평축의 가로대는 지상의 차원인 수동적인 것, 수직축은 천상의 차원인 능동적인 것을 상징한다. 수평축은 인간 개성이 모든 방향으로 연장된 공간이고, 수직축은 인간이 도달하고 싶어 하는 우월한 상태들의 공간을 연결해준다. 13세기 남 프랑스 음유시인인 페르 까르드날Peire Cardenal은 십자가에 대해 "십자가의 네 머리 중 / 그 하나는 창공으로 / 다른 하나는 심연으로 향해 있다. / 또 하나는 동쪽으로 / 다른 하나는 서쪽으로 뻗어 있다"고 읊고 있다. 이것은 그대로 수직축과 수평축의 공간을 의미하는 것이다.

이렇듯 수직축과 수평축의 공간을 형성하고 있는 십자가는 그리스도교의 도상에서 '생명의 나무'로 표현되며 세계의 중심에 위치하여, 하늘과 땅 그리고 지하의 통로가 된다. 그리고 대지에 십자가를 세우는 것은 천지 창조의 행위의 반복으로써 인간의 우주 창조와 등가를 형성한다.

짧은 새우 그물 말이나 큰 말 잡아 줄 써개말도
말뚝을 잡고 손으로 또는 발로
좌우로 또는 앞뒤로 흔들어야 한다
힘으로 내리 박는 것이 아니라
흔들다보면 뻘이 물러지고 물기에 젖어
뻘이 말뚝을 품어 제 몸으로 빨아들일 때까지
좌우로 또는 앞뒤로 열심히 흔들어야 한다
뻘이 말뚝을 빨아들여 점점 더 빨리 깊이 빨아주어
정말 외설스럽다는 느낌이 올 때까지
흔들어주어야 한다.
수평이 수직을 세워
그물 넝쿨을 걸고
물고기 열매를 주렁주렁 매달 상상을 하며
좌우로 또는 앞뒤로

흔들며 지그시 눌러주기만 하면 된다

—「뻘에 말뚝을 박는 법」 중에서

함민복 시 「뻘에 말뚝을 박는 법」은 노용무 외 몇 논자들에 의해 외설스러운 느낌을 주는 것으로, 또한 황기남 외 몇 논자에 의해 생태적 상상력으로 논의되고 있다. 그러나 한편 본 논자의 상상력 극점에서는 시인이 아우르는 우주 창조의 세계관이 펼쳐진다.

이 시에서 시적 자아는 수평의 좌 / 우, 앞 / 뒤의 운동으로 수직의 '말뚝'을 박고자 한다. 그런데 "힘으로 내리 박는 것이 아니라" "흔들다 보면 뻘이 물러지고 물기에 젖어" 말랑말랑해지면서 자연스럽게 뻘이 말뚝을 품어 제 몸으로 빨아들이는 것이다. 이는 "수평이 수직을 세"우는 것이며, 십자형의 형태를 띤다.

세계의 중심에 자리한 '생명의 나무'는 지하로 내려가는 길을 터준다. 그리하여 '말뚝'은 모든 것을 아우르면서 부드럽게 천천히 위에서 밑으로 내려간다. 이렇듯 시적 화자가 위에서 밑으로 내려 박는 '말뚝'은 또한 '거꾸로 선 나무'와 같다. '거꾸로 선 나무'는 그 뿌리가 하늘로 뻗고 그 가지가 지표 전체로 뻗고 있는 모양으로, 마치 태양 광선이 내려 비추이는 것과 같은 이미지이다.

크샤트리아족의 철학사상을 나타낸 성전聖典인 『우파니샤드Kathaupanisad』나 힌두교의 3대 경전 중의 하나인 『바가바드기타Bhagavadgita』에서도 뿌리를 위로 하고, 그 가지를 아래로 하고 있는 파괴할 수 없는 무화과나무의 '우주수'가 등장하고 있다. 이러한 나무들은 우주수로서 세계를 상징하고 있을 뿐만 아니라, 하강 운동으로서 창조를 명료하게 드러내고 있다. 즉 우주와 '거꾸로 선 나무'는 동일성의 관계에 있는 것이다.

함민복 시 「뻘에 말뚝을 박는 법」에서 수직으로 하강하면서 뻘 속으로 들어가는 말뚝은 바로 '생명의 나무'이며 동시에 '거꾸로 선 나무'이다. 뻘을 뚫고 밑으로 또 밑으로 들어가는 말뚝은 시적 화자의 내면으로 깊이깊이 내려간다. 그 밑바닥은 시적 화자의 마음 속 끝이다. 그리고 시구 "물고기 열매를 주렁주렁 매달"에서 보여주듯 '바다'에 맞닿고 있다. 이것은 '하늘'과 '바다'의 합일된 공간 일치를 나타낸다.

다시 말하여 (하늘) / 말뚝 / (바다)의 공간 기호체계는 하늘과 말뚝의 끝부분이 맞닿고, 말뚝의 윗 부분과 바다가 맞닿아 완전히 일체화된 공간으로 변이되는 것이다. "물고기 열매를 주렁주렁 매달 상상을 하며"에서의 바다에서 건져 올린 풍성한 수확은 시적 화자가 획득한 정신적 풍요로움과 자유로움의 정수이다.

모든 시 텍스트들의 공간기호는 수직과 수평의 총체적 공간에 의해 우주상 혹은 세계상을 형성하고, 그 문학적 의미를 생성하게 된다. 다시 말하여 문학 공간적 텍스트들은 총체성과 관련했을 때 의미의 정수를 획득할 수 있는 것이다. 결국 시적 화자의 '뻘에 말뚝을 박는' 행위는 대지와의 실질적인 동일성을 획득하고 나아가 하늘과의 실질적인 동일성을 획득하기 위한 완결된 작업으로 판독된다. 따라서 함민복 시인의 이러한 수직(하늘)과 수평(땅)을 함께 아우르는 총체적 세계관은 그의 시 텍스트의 궁극적 지향점이라고 할 수 있다.

생의 골목길에서 만나는 '틈새'의 언어

이사라론

안상원

1. 틈새와 겹주름이 키운 상상력의 고목

도시적 풍광이 일상의 풍경으로 자리 잡은 1990년대에는 많은 시인들이 문명과 도시성, 그리고 기계화된 감수성과 익명화된 개인의 주체성을 감각적 언술로 그려내었다. 그러나 이사라 시인처럼 등단 이래 30여 년에 가까운 시간 동안, 도시적 감수성을 유지하면서도 그 안에 매몰되지 않고 균형감각을 유지하며 이를 사유의 기반으로 삼는 경우는 드물다.

1981년 『문학사상』에 「히브리인의 마을 앞에서」로 등단한 시인은 최근의 『가족 박물관』2008에 이르기까지 총 다섯 편의 시집을 선보였다. 그의 시적 여정은 일상의 구체적인 풍광을 재조합하는 사유의 언어, 자의식과 비판적 거리의식, 그리고 시간성에 대한 심도 있는 고찰로 이름붙일 수 있을 것이다.

과작寡作이기에 더욱 집약적이고 힘 있는 언어의 힘은 그의 작품 속에서 면면히 빛난다. 시인은 스스로를 '떠돌이별'로 명명하며 무심하게 스쳐 지나가는 일상 속에서 자아의 위치를 입체적으로 가늠한다. 자아를 타자화시키지 않고, 타자를 이상화시키지 않으면서, 시인은 수신과 발신지점으로 명명되는 각각의 자리를 긴장감 있게 유지한다.

이 긴장감 속에서 그는 작고 미약한 일상을 쌓아 나아가는 인간 존재의 생을 슬픔의 미학성으로 명명한다. 또한, 비디오를 비롯한 TV로 집약되는 90년대의 풍광을 이미지로 재현하며 시적 깨달음을 수직적으로 구현한다. 최근 시집 『가족 박물관』은 전시집 『시간이 지나간 시간』을 비롯해 그의 시에서 고수해 왔던 시간성을 '박물관'이라는 시간화된 공간으로 주조하며 현재화된 과거, 현재의 미래화를 펼친다.

이때 시인의 사유에서 두드러지는 언술은 '사이'의 언술이라고 해도 과언이 아니다. 수신과 발신 사이, 시인과 세계 사이, 주체와 대상 사이에서 시인은 대상이 전하는 메시지를 단언하지 않는다. 시인은 망설이고 에둘러 읽으며, 멈추었다가 다시 읽고/쓴다. 시인의 언술에서 생성되는 무수한 시간의 겹층은 시인이 노래한 대로 "생의 골목길"「미로에서」에서 만나는 '틈새'이자 '사이'를 형성하는 것이다.

자아가 인식하는 동일성의 차원에서 시간은 세계와 자아의 관계맺음을 드러내는 중요한 지표이다. 이때 이사라 시인의 시는 선조적이고 물리적인 시간의 논리가 아닌, 같은 층위를 가진 병렬화된 시간의 논리를 따라가며 모순과 충돌 속에서 겹겹이 피어나는 다채로운 대상의 양상을 추적한다.

틈새의 시간, 주름의 시간으로 그의 시의 시간성이 갖는 특징을 명명할 수 있을 것이다.

이때 이사라 시인의 작품에서 꿈과 잠, 삶과 죽음의 모티프는 그의 시세계를 이해하는 중요한 열쇠가 된다. 정신분석이 요구하는 현실의 대타항이자 개인의 무의식으로서의 꿈이나 잠이 아닌, 사물의 꿈, 사물의 본질을 꿈꾸려는 시도를 보여 주고 있기 때문이다. 사물의 시간과 시인의 시간, 그리고 그것을 삶과 죽음의 논리로 사유하는 세 층위의 시간은, 시인이 작품에서 노래한 것처럼 "꼬불꼬불한 삶의 어깨"「드러나지 않은 꼬불꼬불한 삶의 어깨」마냥 주름과 틈새의 상상력을 선보인다.

누군가
붙잡고 있는 생 끝에서
혼자 튕겨나갈 때
우주의 쓸쓸함에 몸을 맡겨야 할 때
손잡고 누워 별이 떠는 하늘
가볍게 올려다보다가
죽은 듯 잠자는 나무

(…중략…)

접어버린 발가락들 틈으로
배암, 그 외로운 관
내 삶의 문패처럼 붙어다니는 것이 아니라

혈관을 타고 룰룰루
순환하며
조금씩 조금씩

땅 밑을 파고들 것이다

저승을 관통하지 못하는
혈관을
붙잡고 흐르는 관 하나의 나

―「관」 중에서

시인의 꿈꾸기, 그리고 대상 읽기는 대상과 세계에 대한 완전한 동화도, 완전한 거리두기도 아닌 적절하게 확보된 시야를 통해 이루어진다. 시 「관」은 상처나 슬픔이 몸으로, 그리고 마음의 차원으로 이동하는 양상을 나무 이미지를 통해 구체적으로 드러내는 작품이다. 나무와 꿈꾸기의 긴밀한 연관성은 「숲속에서 묻는다」, 「푸른 나무 봄날에 서다」, 「푸른 나무」, 「겨울에는 강이 길어진다」 등의 시편에서 확인할 수 있다. 나무 : 뿌리 = 몸 : 혈관의 연쇄고리는 독자로 하여금 나무가 뿌리를 뻗어 수액을 얻고, 가지를 뻗어 하늘을 향하는 것을 기쁨이자 고통으로 이해하게 한다. 그러나 「관」은 이를 전복적으로 활용한다. TV 프로그램 속 풍경을 브라운관과 렌즈를 통해 보듯, 상처나 슬픔은 여과장치를 거치게 만들기 때문이다. 이어지는 "저승을 관통하지 못하는 혈관을 붙잡고 흐르는 관 하나의 나"라는 언술은 더욱 의미심장하다.

시인은 도심, 그리고 일상의 한가운데서 시쓰기의 운명이 어떻게 흘러가는가를 예감이라도 하듯 의미심장한 언술을 남긴다. 그는 일상과 주변의 풍광에 매몰되지 않고 동화되지 않은 채 그것을 남아 바라보는 자로서 존재한다. 이때 시인의 시 속에 우뚝 선 상상력의 나무는, 최동호가 『숲속에서 묻는다』의 해설에서 지적한 대로 결국 삶과 죽음의 비의를 신화적으로만이 아닌 일상의 차원에서 이해하는 상징체이다. 본고에서는 초월 대신 이해와 공감을 통해 상상적 복원과 사유의 언어로 시쓰기를 이어 나아가는 시인의 시세계를 조망하고자 한다.

2. 모순과 문답 사이, 사유의 언어

첫 시집 『히브리인의 마을 앞에서』는 그의 시의 전반적인 특성을 예감하게 하는 시편으로 가득하다. 대립과 모순, 그리고 자문자답의 언술이 가득하기 때문이다. 시적 자아는 가 닿지 않을 편지를 보내고, 끊어지는 전선 앞에 생각에 잠긴다. 이러한 시적 언술은 『현대시』2002.3 대담에서 이재훈이 지적한 바, 일차적인 독서를 통해 산문적인 해석을 즉각적으로 도출하기에는 어려운 난해성으로 읽히기도 한다. 그러나 한차원 더 깊게 나아가면, 이는 세계 안에 내재한 난해성 앞에서 시적 자아와, 그의 목소리를 주조하는 시인이 세계와 소통하는 방법을 이해하는 중요한 단서로 생각할 수 있다.

이 한 때가 지나면 또 다른 한 때를
맞이해야 하나니
우리들이 버리는 한 때의
그들의 폭동도
우리는 버려야 하나니

버려서 좋은—몸
버려서 좋은—집
버려서 좋은—사랑
버려서 좋은, 좋은

얻을 것이다.

—「좋은 몸, 좋은 집, 좋은, 좋은」 중에서

그래,
활력과 존재를 축하한다
각자의 유전을 축하한다
버려진 체온을 축하한다
이것은
소유하면서
전혀 소유하지 못하는
이 땅에서의 깍듯한 자유

—「출생기록 1」 중에서

각각의 시는 하나의 논리로는 설명될 수 없는 대립각을 드러낸다. '버린다 : 얻는다', '소유하다 : 소유하지 못하다'의 대립은 하나의 논리가 다른 논리를 포용할 수 없는 관계를 형성하고 있다. 그러나 문제는 이 이항대립이 한 편의 시에 삽입되면서 '버려야 얻는다', '소유하면서 소유하지 못한다'로 통합된다는 점이다. 서로를 수용할 수 없는 두 개의 논리가 한 편의 시에서 일으키는 충돌은 그야말로 창과 방패, 모순矛盾의 기이한 조합을 불러 온다. 그리고 이러한 불화는 시적 긴장을 유도하며 심도 있는 시읽기로 독자를 이끈다. 왜 버리는가, 왜 축하하는가? 유독 시인의 시에서 문답법이 자주 등장하는 것은 이와 밀접한 관련이 있을 것이다.

> 이 두 이야기는 어쩌면 이리 다른지요?
> 그들이 처음 만나서 서로를 어떻게 알아보았을는지요?
> 그들이 처음 만나서 무슨 말을 감히 했을는지요?
>
> ―「두 이야기」 중에서

「두 이야기」에 제기된 문답의 언술은 맞닥뜨린 각각의 모순 앞에서 사유의 언어가 탄생하게 되는 배경을 보여 준다. 시에서는 헤브라이즘과 헬레니즘이라는 서로 다른 두 개의 사유체계가 맞닥뜨린 풍경을 펼쳤지만, 이는 서로를 포함하기 어려운 두 개의 항의 대립으로 확장해 읽을 수 있다. 이때 시인은 어느 한 쪽의 논리로 다른 한 쪽을 포섭하지도, 변증법적인 통합을 이루지도 않는다. 다만 마주친 두 개의 논리 앞에서 질문을 던지고 대답을 기다릴 뿐이다. 그때의 답변이 자신이 원하는 것이 아니라 할지라도, 혹은 바라는 시기에 적절하게 맞춘 대답이 아니거나 답변이 오지 않는다

할지라도 그것을 기다리고 해독하기 위해 노력하는 것이다. 이 지점에서 시의 언어는 사유의 언어가 된다. 이때 사유는 두 개의 모순점을 이해하게 만들며, 또 다른 논리를 도출하게 한다. 시인의 시가 사유와 논리, 그리고 이성의 언어를 활용하고 있다는, 위의 대담의 결론은 그런 의미에서 유효하다.

그런 의미에서 「좋은 몸, 좋은 집, 좋은, 좋은」과 「출생기록 1」 역시 질문을 통해 새로운 독법을 발견할 수 있다. 버리는 것은 무엇이며, 왜 버리는 것인가. 무엇을 축하하는가.

마태복음의 산상수훈을 환기하는 「좋은 몸, 좋은 집, 좋은, 좋은」을 이해하기 위해서는 위의 연에서 언급한 '때'를 재독할 필요가 있다. 이때의 '때'는 시간성을 드러내는 중요한 지표로, 지나고 나면 의미를 상실하게 하는 '순간'을 중요시하는 시인의 의도를 표출하는 시어이다. 하나가 지나면 새로운 것을 맞아야 하고, 이전의 것은 넘겨야 한다는 시의 논리를 따라가게 되면, 몸—집—사랑, 그리고 더 나아가 '좋다'는 가치판단의 기준 또한 시간의 흐름 아래 바뀌어, 판단기준 자체를 버릴 수 있다는 결론이 도출된다. 산상수훈의 내용이 이 땅에서의 슬픔과 고통을 인내하는 윤리적인 태도가 내세, 혹은 영원의 세계의 축복을 약속한다는 의미라면, 이 텍스트는 환유적으로 산상수훈을 변주하고 전복한다. 그러한 기대조차 언젠가는 버려야 하는 '폭동'과도 같다는 것이 그것이다. 이는 이율배반적인 인생사에 대한 비유인 것이다.

이 논리는 「출생기록 1」에서도 마찬가지로 적용된다. 활력과 존재에서 각자의 유전으로, 그리고 버려진 체온으로 의미는 부정항에 가깝게 나아가지만, "축하한다"라는 긍정항의 병렬은 필연적으로 긴장감을 형성한다. 그것이 "소유하지 못하면서 소유하는", "깍듯한 자유"라는 점 또한 긴장의 연속선상에 있다. 이러한 긴장은 시의 제목과 함께 고민할 때 해답을 찾을 단서를 제공한다. 한 개인이 사회적 국가적 존재로 자리매김하게 되는 과정에서 '출생기록'은 중요한 역할을 수행한다. 부모의 이름과 태어난 시간, 그리고 기타 생물학적인 기록은 출생이라는 이름하에 반쪽의 기록을 남기게 된다. 자궁의 온도와 결별하고, 내밀한 비밀의 온도와 결별한 채, 깍듯한 기록을 통해 국민으로서의 주권과 자유를 누린다. 이 미묘한 긴장은 출생기록이 전체의 기록이 될 수 없음을, 우리의 인식체계 너머의 다른 사실을 기억하게 한다.

> 소리에서 냄새가 나지? 슬픈 소리를 맡다가 기쁜 소리를 맡으면 현기증이 나지?
>
> —「첫눈처럼」 중에서

여기 누워 있는 이 무늬 참 좋죠?
파도의 마지막 자락과 모래사장이 만나서 만든 상형문자
참 좋죠?
하늘과 땅 사이 그 절벽에 새겨진 마애삼존불의 미소
모든 끝물
참 달죠?
(…중략…)
이 모든, 사이의 것들
부드러운 경계들

이름이 없어지지 않고 이름이 더 두드러지고야 마는 것들

참 좋죠?

나는 당신과 인연으로

참, 웃을 수도 울 수도 없이 좋네요!

—「눈길 간다」 중에서

시인은 문답의 언술을 통해 스스로가 이해하는 세계인식 속에 독자를 끌어들인다. 「첫눈처럼」과 「눈길 간다」는 문답을 시 안에 적극적으로 활용한 예이다. '소리'라는 청각적 요소를 후각으로, 그리고 '현기증'이라는 신체감각으로 변주하는 언술은 슬픔에서 기쁨으로의 강렬한 이동을 감각적으로 전달한다. 모순점의 경계, 그 '사이' 지점에서 던지는 질문은 "부드러운 경계"가 되어 나와 당신의 "인연"을, 웃음과 울음 모두를 포괄하는 정서적 깨달음을 유도한다.

결국 시적 자아가 던지는 질문은 첫 시집 『히브리인의 마을 앞에서』의 해설에서 지적된 것처럼 타자와의 소통에 대한 예감이자 염원의 발로인 것이다. 단순하게 이해하고 단순하게 타협하는 것을 넘어, 시인은 끊임없이 말 걸기를 시도한다. "참 좋죠?"—"미소"—"달죠?"의 긍정항을 통해 말 걸기의 즐거움, 탐구의 기쁨과 열정을 환기하는 것이다. 또한, 이 과정을 통해 시인은 삶의 모순성은 우리가 바라보는 한 개의 시선만으로 해독될 수 없음을 전한다. 수많은 차원이 입체적으로 엮인 것이자 복잡한 씨실과 날실이 집합체라는 수직적인 깨달음「수직 골목」으로 독자를 이끈다. 성급하게 판단하지 않고 겹겹을 읽어내며 틈새와 사이를 읽어내는 독법은 시인의 시 쓰기 의식과도 밀접하게 연관된다.

3. 멈춤과 재현 사이, 복원의 언어

모순과 문답의 구조가 사유의 언어를 촉발한다면, 그 과정은 세계를 읽고 사물의 이야기를 끌어내는 작업을 이끌어낸다. 이때 시적 자아는 읽고/쓰는 작업을 통해 그들의 이야기를 듣고 기록하는 자, 대신 말해주는 자로 변화한다. 이들은 뼈와 유물을 통해 과거를 탐구하는 고고학자「뼈」나, 모국어를 들려 주는 사람「모국어가 부장품으로 묻힌 사람의 박물관」, 그리고 독서하는 사람 내지는 글을 쓰는 사람 등으로「지워지는 책—오래된 미래 6」, 「책 읽기」, 「책」, 「도서관에서」, 「이 밤 해독하려 하네」 다채롭게 변화하며 등장한다.

> 훽 훽 휘파람 소리로 사라지는 날들
> 목이 마르는데
> 너희들은 저곳에 있다. 저곳에서 활약하는 남녀 틈에
> 정면 투시는 너무 눈부셔
> 목숨 속에 목이 길게 늘어나고
> 종이벽에 달라붙어 욕망의 버짐, 사방무늬로 번져나가
> 나는 던져진다 허공으로 내세로 까마득한 어둠이
> 내게서 떨어지지 않고 매달려 있어
> 뒷걸음치는 거미가 틀어박혀 목숨의 색을 발송하는
> 생의 발원지
> 누군가의 무심한 온 오프 전원 따라 움직인다
> 공포에 공포를 더하면

사색이 이미 아니다. 비디오다.
한때 미쳐버려 늙어가지도 않는 사람처럼
생을 뚝뚝 부러뜨리며 조립품으로 늘어놓고
다시 꿰메는데

너, 읽을 줄 아니? 쓸 줄 아니?
소리 하나로 허공을 날아다니는 날벌레
가슴에서 꺼낸다

—「가슴에서 꺼낸다—읽기와 쓰기」 중에서

시간이 휘젓고 간 심연 속에서
어디선가 억새풀 소리를 내는 이상한 신음 소리
말의 화석들이 깨어나는 소리
내 몸 안을 저벅저벅 돌아다니네

언젠가 한 번 터진 말을 오늘도 끌어올리는
목구멍이여
우리의 천연 기념물이
몇천 년 뒤 다시 살아날 말을 끌어올리려 하고
그때 내 입이 벌어지네
나는 입 밖으로 말을 하기 시작하네
말—하지 않으면 안 된다—는 말을 시작하네
태초의 말의 뿌리들 자라고

햇빛에 닿아 수목처럼 커다랗게 짙푸르게

분화구를 덮네

—「분화구」 중에서

시적 자아는 도서관, 가방, 책, 동굴, 무덤, 박물관 등에서 부지런히 읽고/쓴다. 이때 도서관과 무덤, 동굴, 박물관 등의 공간은 전항에서의 나무(그리고 나무로 만든 관)가 공간화된 것이라 할 수 있다. 이때 이 공간들은 그저 단순한 도서관(책이 있는)이나 무덤, 동굴, 박물관이 아니라 그곳에 살았던 존재들의 목소리를 듣게 만드는, 곧 죽은 것을 통해 생의 아름다움을 이야기「유적」함으로써 시인의 상상적 복원을 유도하는 시공간적 상징물이라 해도 과언이 아니다. 그러므로 '박물관'은 김수이의 지적대로 단순한 박물관이 아닌 생을 바라보고 투사하게 하는 대상인 것이다.

이렇듯 과거를 통해 현재를 읽고, 현재를 통해 미래를 읽는 시인의 시선은 시간이라는 비물질적 존재를 연속체로서 인식하고 있음을 보여 준다. 원래 시간은 미분화된 진흙덩어리처럼 비분절적이지만, 문명의 발달은 시간을 분절화하고 인간을 분화된 시간체계 안에서 지배하기 시작했다. 시 「시간」("시간이 / 토막나는 / 나날이 이어졌다 / 토막난 시간들이 서로를 엮어 사다리처럼 이어지려고 노력하다가 / 포로로 잡히고 말았다")은 그러한 시인의 시간인식을 통해, 불연속의 시간이 아닌 연속의 시간성, 단독자로서의 자아가 아닌 대상을 이해하고 소통하는 자아인식의 연속성을 보여 준다.

그러나 이해와 인식의 과정은 전항에서의 사유적 태도를 견지한다는 점에서 의의가 있다. 이는 「가슴에서 꺼낸다—읽기와 쓰기」와 「분화구」에서 드러나는 이질적인 읽기의 자세를 통해 구체화된다.

인용한 두 편의 시는 "소리"가 빚어내는 이질성을 통해 몰입과 물아를 방해한다. 그러나 이러한 이질성은 「가슴에서 꺼낸다—읽기와 쓰기」에서 시적 자아가 자신의 가슴 속에서 나온 "날벌레"가 던지는 질문을 맞닥뜨리는 데서 나타난다. 시적 자아는 벌레의 질문을 통해 순식간에 타자 / 대상과 자아와의 거리를 좁히면서 '읽기'와 '쓰기'의 의미가 주는 전복적인 인식 과정을 겪는다.

시적 자아는 비디오 화면에 등장하는 '너희'가 현현하는 세계에 까마득하게 빨려 들어가는 경험을 한다. 이러한 경험은 「적조」, 「숲속에서 묻는다」 등의 시에서도 마찬가지로 등장하게 되는데, TV 화면 속 세상에 빨려 들어가는 경험은 20세기 후반 미디어의 세계 속에서는 익숙한 체험일 것이다. 미디어가 현현하는 세계에 탐닉한 탓에 현실을 망각하고, 가짜 현실을 진짜마냥 무비판적으로 받아들이는 경험은 자본주의와 미디어의 결합에서 더욱 강렬한 효과를 자아낸다. 그러나 시인은 이 안에서 적멸하거나 자아를 잃지 않는다. TV에 빨려 들어가는 경험에 균열을 가하는 날벌레의 질문, 곧 "읽을 줄 아니?", "쓸 줄 아니?" 때문이다. 이때 '읽'고 '쓰'는 경험은 2차적이고 의식적인 작업으로, TV를 '보'는 1차적인 경험을 뛰어 넘는 전복성을 제공한다. 자아의 지각과 비판적 인식을 요구하기 때문이다. 이러한 질문을 통해 시적 자아의 세계 읽기 작업은 한 차원 더 깊은 시쓰기 의식으로 전이된다 하겠다.

이와 같은 태도는 「분화구」에서의 자아의 태도와 같은 맥락을 선보다. 「분화구」의 경우, "심연" 속에서 들리는 소리는 심연과 나의 관계를 따라 은유화되고 계열화되며 인식체계를 전달한다. 소리의 차원에서 억새풀의 공동 → 목구멍 → 분화구의 이동 과정은 점차 넓이와 깊이를 더하며 격렬함을 더해 간다. 또한 시간성의 차원에서 과거는 현재로, 그리고 미래로 변이한다. 화석이 깨어나고, 천연기념물은 과거 → 현재 → 미래를 아우르는, "언젠가 터진 말"과 "몇천 년 뒤 다시 살아날 말", "태초의 말의 뿌리"를 집약하여 전달한다. 이러한 시간의 연속성은 시간을 초월한 말하기의 운명을 현현한다. 그러나 이때의 말하기 / 쓰기는, 말하지 않으면 안 된다는 책임감과 의지로서의 말하기 / 쓰기이다. 이러한 작업은 시인이 자아인식을 포기하지 않기에 완벽한 몰아를 비껴가는 작업이라 할 수 있다. 따라서 「가슴에서 꺼낸다—읽기와 쓰기」에서의 읽기가 "온 오프 전원"과 "날벌레", "뚝뚝 부러뜨"리는 조립의 과정으로 인해 '멈춤'과 '재현'의 복원과정을 거친다는 것을 전제한다는 것을 알 수 있다.

특별히 이 과정에서 '소리', '냄새' 등 청각과 후각 감각을 활용하는 것 또한 유의미하다. 근대적 감수성에서 시각이 타 감각에 대한 우위를 확인하였다면, 시인은 소리와 냄새를 통하여 즉각적이고 선험적인 체험으로 독자를 이끈다. 부엌과 텃밭, 동굴 등에 울리는 소리, 눈의 차가움 등은 시각만으로 대상을 함부로 판단할 수 없음을 지적한다.

한 개의 꽃이 활짝 피었다가 또 지는 중이다
방 안에서
마루 끝에서
건널목 저편에서
그때마다 꽃 그림자가 지는 밤

오래도록 꽃이 피었다가 지면

가족은 가족사진이 되고
액자 유리에 납작해진 가족은
드디어 조화가 된다

만 년 동안 조화가 살아 있다고 전해지는 밤에도
눈이 오고
봄이 오고
또 눈이 오고
한 사람이 눈길을 걷다가
눈이 덮어버린 길이 궁금해지고
궁금하지 않던 그 길이 궁금해지고

삽 하나 들고
부드러운 것은 부드럽게 파헤치고
날카로운 것은 날카롭게 파헤치면
박물관 하나가 나타난다
관 속에 조용히 누워 있는데도
가족은
그가 살아 있다고 믿는 밤

신화를 쪼고 있는 부리 단단한 새도
잠들지 못하는 밤
흰 눈과 흰 뼈로 만나서

뽀드득뽀드득 소리를 내는 꽃밭이 아름답다

—「가족박물관」 전문

여기 박물관이 있다. 그런데 '박물관'하면 떠오르는 역사박물관이나 주제별 박물관이 아니라 '가족'박물관이다. 가족박물관이란 무엇인가. 시 「가족박물관」을 비롯한 시집 『가족박물관』 전체는 '가족'과 '박물관'이 포개지면서 기이한 조합을 이끌어낸다. 개인적 집단으로서의 '가족'과, 사회 역사적 공간으로서의 '박물관'이 만나며 서로의 의미를 간섭하고 변환시키기 때문이다. 『가족박물관』 안에서 읽을 수 있는 '박물관'의 스펙트럼을 조명할 때 이는 더 다채로운 의미를 얻게 된다.

시집 안에서 박물관은 이끼 박물관으로, 모국어를 듣고 사그라지는 시신이 있는 박물관으로, 죽은 남녀의 시신이 얽힌 박물관으로, 조각상이 있는 박물관으로 외연을 확장한다. 이 외에도 노벨극장, 오늘이라는 시간, 서점, 책, 서울의 지도, 미로, 함승현 옷수선집, 집, 퀵맨이 다니는 풍경, 운동장 등 시 속의 등장하는 모든 일상의 공간을 시인은 박물관의 범주에 적극적으로 끌어안는다. 심지어 이 안에는 엄마들과 그들의 어머니의 어머니인 웅녀들이 존재한다. 그들은 부엌에서, 혹은 길에서 자식을 먹여 살리고 아이와 개미를 들여다본다. 다시 말해, 박물관이라는 명칭을 붙이지 않은 경우라도 세월의 흐름을 조감케 하는 풍경은 박물관이 될 수 있으며, 신화적이라고도 할 수 있는 웅녀의 모습이 우리 모두에게 되살아날 때, 우리 스스로도 박물관이라는 이름을 붙일 수 있다는 시인의 인식을 읽을 수 있는 것이다. 위에서 언급한 대로, 박물관 역시 일상의 풍경을 담는 그릇이라는 지적을 다시 확인하는 것이다.

오늘의 풍경이 박물관으로 편입된다는 것은, 과거의 일상이 오늘날의 역사적 기록이라는 깨달음과 다르지 않다. 계단을 오르내리고, 옷수선집을 기웃거리고, 운동장을 달리는 일상의 풍경은 과거에 두 남녀가 사랑하고, 개인이 잠들고 밥을 먹던 박물관 안 부장품의 증거자료와 같은 맥락인 것이다. 이러한 인식 아래, 시 「가족박물관」은 김옥성의 지적대로 생동감 있는 박물관과 읽고 쓰는 자로서의 시인의 목소리를 함의한다『본질과 현상』 12호.

동시에 이들 풍경이, 박물관이 그려 내는 근엄하고 근대적인 전시관으로서의 위계와는 거리가 멀다는 것 또한 지적할 수 있을 것이다. 생의 구체적인 풍경, 그리고 그 풍경의 소소하고 약함은 골목이나 뒷길, 옷수선집 등의 낡음의 이미지를 통해 슬며시 드러난다. 이는 박물관과 가족을 포갠 시인의 전복적인 의도를 읽게 하는 사유의 조각이라 할 수 있다.

시인의 시간인식은 꽃이 피고 지는 것을 통해 드러난다. 달력과 시계의 분절적인 시간상은 생과 사를 0과 1의 이진법으로 구분짓지만, 자연물의 순환적인 흐름 속에서 생과 사는 갈릴 것 없는, 서로가 서로를 포함하는 미분화 양식으로 등장한다. 이러한 흐름 아래 영원의 시간은 "오랫동안 꽃이 피었다가 지"는 것으로 현현된다. 꽃이 지고 피는 과정과 가족의 일상이 사진으로, 조화로 이어지면서 영겁의 시간이 슬픔이나 무게로 전달되는 것이 아닌, 기쁘고 평안한 어떤 것으로 그려지는 것이다. 사진은 기억을 불러 오는 매개체로, 그리고 추억을 현재화하는 도구가 되기 때문이다.

이러한 인식은 3연에서 "눈이 오고 / 봄이 오고 / 또 눈이 오고"라는 구절에서 구체적으로 드러난다. 눈 내리다 그치고, 계절이 오는 것처럼 시간의 흐름은 자연스럽다. 이 자연스러운 흐름 아래 "한 사람"이 등장한다. 그는 무심히 풍경을 스쳐지나가는 이가 아니라 궁금증을 갖고 시간의 지층을 넘어 과거를 현재로 열어 보이는, 시인의 또 다른 얼굴이다. “부드러운 것은 부드럽게 / 날카로운 것은 날카롭게” 삽 하나 들고 파헤치는 과정은 대상 앞에서 시간의 궤적을 읽는 시적 자아의 여정과 맞물린다.

한 가지 재미있는 것은 그가 삽을 파고 내려가 만난 것을 가족의 무덤 내지는 가족의 사진이 아니라 “박물관”이라고 명명한 것이다. 왜 박물관인가. 왜 사진, 무덤官 대신 박물관이라는 이름을 붙인 것일까. 그것은 발굴하는 자가 누구인가에 이유가 있다. 궁금해하지 않는 자, 시간의 겹층 너머에 무엇이 있는지 파헤치지 않는 자에게 기억과 추억은 아무 의미가 없다. 그에게는 박물관이 나타나지 못한다. 그러나 궁금해하며 그것을 읽으려고 노력하는 자, 깊은 밤 잠들지 못하고 불면을 벗삼아 삽을 들어 지층을 뚫고 내려가는 시인의 시선 앞에 박물관은 고요하고 아름다운 풍경을 보여 주는 것이다.

박물관 안에서 시적 자아는 죽은 자를 살리는 기억을 만나게 된다. 이때 등장하는 부리 단단한 새는 “신화”처럼 시간의 흐름에 따라 재생하는 열매를 쪼는 태초의 새일 것이다. 그리고 그 새조차 잠들지 못할 불면의 밤에, 지층과 겹층 아래에서 시인은 세계가 열어 보이는 비의의 순간을 경험하게 된다. 이러한 만남, 접촉은 시인의 눈길 아래 환상적으로 그려진다. 시간의 지층인 흰 눈이 겹주름의 흰 뼈를 복원할 때, 현재의 꽃밭은 신화와 과거, 현재와 미래를 끌어안는 눈부신 풍경이 된다(“뽀드득뽀드득 소리를 내는 꽃밭”). 그리고 이 울림은 억새풀의 노래, 심연의 노래를 대신하는 시인의 목소리를 통해 삶의 분화구를 덮는 것이다「분화구」. 시인이 만드는 시간, 재탄생의 시간을 박물관은 열어 보인다.

4. 불과 얼음 사이, 집짓기의 시학

> 흔적의 지하에 쌓아놓은 죽은 흙과 죽은 벌레와 죽은 나무뿌리와 죽은 어제가 많을수록 // 아름다운 퇴비가 되어 // 지상의 나무를 살리고, 일용할 양식을 살리고, 오늘을 살리고, 그리고 허무러질 것 같은 나를 살릴 수 있을 것 같다
>
> ―「퇴비」 중에서

시간의 지층과 사유의 겹층을 지나 시인은 바라보는 자, 스스로를 뒤흔들어 노래하는 자로서의 시쓰기의 운명을 점친다. 쌓이고 쌓인 지층의 무게는 얼음조차 그 압력이 주는 열기를 견디지 못하고 불길로 화하게 만들 정도로 강렬하다. 물이 흙이 되고, 불이 물이 되며 뼛가루가 꽃가루가 되는 상상력의 시학은 겹층과 지층이 낳는 시의 집으로 독자를 이끈다.

> 얼마 전부터 그대가 받아 보는
> 시詩는
> 그대로 두면 지층 속
> 불길이지만
> 그 불길더러 올라오라고
> 손짓했더니
> 불길은 이제 나의 곁에 와서 앉았다
>
> 어느덧 불길은

내 마음 속 물결로 흘러
불의 물결, 불결로 흘러
자꾸 그대의 집으로 가고 싶어하는 시집
시집詩集이 된다

아아, 불타는 생生을 잠 재우는 나의 시집詩集.

—「시집」 전문

시 「시집」은 첫 시집 『히브리인의 마을 앞에서』에 수록된 시로, 시인의 시쓰기 의식을 잘 드러내는 시편이라고 할 수 있다. 얼음과 불의 대립, 시간의 대립, 수직성의 구조 모두가 그의 시적 상상력의 궤적을 가늠하게 한다. 특히 이 시에서 지층 속 불길을 부르는 "손짓"은, 최근 시집에 수록된 시 「가족박물관」에서 지층을 뚫고 내려가는 "삽"과 유사하다. 동궤를 이루는 상상력의 궤적은 얼음을 녹이는 불길과 그 불길 속에 숨겨진 이야기를 읽는 「가슴에서 꺼낸다—종유석이 있는 동굴」("몇천 년 몇만 면의 침묵이 녹아내리다가 / 희망으로 얼어붙은 종유석 / 뽀얀 젖이 숨어 있는 동굴 속으로 걸어들어가는 / 세월 끝의 사람들 / 배꼽을 지나 제 가슴을 지나 / 마음을 벗는다")의 언술을 지속적으로 반복하고 있다. 지층의 수직구조는 이제 물결이 되고 불결이 되어 "그대의 집"으로 흐르는 수평구조를 형성한다. 불과 얼음의 시학에서 탄생한 한 편의 시는 시인의 열정을 범속한 일상사로 번지게 하며 퇴비마냥 생의 꽃을 틔운다「퇴비」.

꿈이 무거워 눈을 뜬다

눈꼽처럼 희망이 부서져내리는

어둠 속에서

하루를 사는 일도 혁명인 사람들이

포장마차 비닐을 들추고 있다

가슴이 비닐처럼 스며들지 못하여 애타는

다수의 취객들

헛기침 같은 거품도 없는

소주에 고단한 잇몸을 적실 때

조금조금 뜨거워지는 눈두덩 밑으로

고이는 맑은 물, 지하의 수맥

터지기 시작하면

그리고 긴 슬픔이 녹으면

세상 속으로 다시 흘러들어가

한번 더 한번 더

잠꼬대하는

눈뜬 꿈.

—「눈뜬 꿈」 전문

살아 있는 것이 기적이고 혁명인 사람들, 이 시어처럼 깊은 울림을 주는 말이 있을까. 「눈뜬 꿈」은 눈을 뜨고 우리가 바라보는 풍경 안에서 꿈과 현실의 경계를 넘나든다. 포장마차 앞에 취객들은 생의 신산함과 고단함을 끌어안고 일말의 허세도 없이 소주에 잇몸을 적신다. 알코올 성분인 술이 불과 물의 결합이라고 할 때, 술을 마시며 눈물을 쏟는 시 속 풍경은, 시인이 주조하던 "맑은 물"과 "지하의 수맥"은 시간의 지층, 그리고 불과 얼음(물)의 지층을 환기한다. 이 안에서 흘리는 눈물은 얼음이 녹고 종유석이 녹듯 녹아 흐르며 세상 속으로 흘러들어간다. 퇴비가 열기를 통해 세상을 싹틔우듯, 눈물은 가슴에서 눈으로, 그리고 지하의 수맥에서 세상 속으로 흘러 들어가 우리 모두의 꿈으로 젖어 번진다. 너와 나의 사이에 번지는 눈물은 나를 적시고 너를 적신다. 따로 또 같이.

동백의 영웅 이미지와 살 만한 땅을 찾아서

송찬호론

김옥순

1. 상징의 밥과 비유의 옷으로

시인 송찬호1959~는 충북 보은에서 태어나 경북대 독문과를 졸업했다. 1987년 『우리 시대의 문학』 6호에 「금호강」, 「변비」 등을 발표하면서 시단에 등장했으며 시집으로 『흙은 사각형의 기억을 갖고 있다』1989, 『10년 동안의 빈 의자』1994, 『붉은 눈, 동백』2000, 『고양이가 돌아오는 저녁』2009이 있다. 송찬호는 동서문학상2000, 제19회 김수영문학상2000, 제8회 미당문학상2008을 수상하면서 시인으로서 널리 인정받아 왔다. 이 글에서는 그의 첫 시집 『흙은 사각형의 기억을 갖고 있다』의 한 구절을 테마로 하여 세 번째 시집 『붉은 눈, 동백』에 나타난 비유와 상징을 다루려 한다.

어둠이 달을 감싸듯 상징의 밥, 비유의 옷으로
삶은 죽음에 갇혀 있고 그 죽음에 의해 삶이 비쳐지고 있으니

죽음으로부터 산소호흡기를 떼어내듯 말에서
장식적인 말의 장치를 떼어낸다면

—「인공정원」 중에서

시 「인공정원」에서 나타나듯이 시인 송찬호는 시에서 상징과 비유와 같은 장식적인 말의 장치를 떼어 낸다면 그것은 죽음을 앞둔 식물인간으로부터 산소 호흡기를 떼어 내는 것과 같이 잔인한 일이라고 단언한다. 그만큼 시인 송찬호는 언어가 가지는 상징과 비유의 위력을 이미 첫 시집에서부터 체감하고 있다. 이 구절은 시적 수사력이 가지는 위대한 힘에 대해서 이야기할 뿐만 아니라 시인 송찬호의 시를 관통하는 어떤 일관된 태도를 보여주기도 한다.

그는 비유를 통해서 시의 형식과 내용을 모두 담아낸다. 언어가 은유와 상상력이 서로 연결될 때 그 시는 독자의 눈을 크게 뜨이게 하고 시원하게 한다. 이 시 구절 역시 그 한 예가 될 것이다. 은유는 서로 다른 두 대상이나 개념 사이에서 유사성이나 차별성을 찾아내는 비유법이다. 여기서 단순한 말장난으로 상징과 비유를 산소 호흡기에 비유한 것이 아니라 상징과 비유가 없는 언어는 시의 죽음이라는 극단적인 입장 표명을 하고 있음을 알 수 있다. 이 구절의 비유 체계를 도표로 보면 다음과 같다.

산소 호흡기의 위력		상징과 비유의 위력
중환자에게서		말에서
산소 호흡기를	≒	장식적인 장치(비유와 상징)를
떼어내다		떼어내다
중환자의 죽음		말의 죽음

이런 비유와 상징에 대한 목숨을 건 필사적인 옹호의 자세와는 별개로 시인 송찬호는 시대와 더불어 호흡하고 고민하는 현실 참여의 시인이라고 감히 말할 수 있겠다. 프랑스의 현실 참여 작가 사르트르가 "나는 시대와 더불어 열렬히 살고 시대와 더불어 열렬히 죽는다"는 유명한 말을 남긴 것처럼 시인 송찬호도 항상 붉은 눈을 부릅뜨고 시대를 바라보고 있음이 그의 시집 곳곳에 드러난다. 그렇지만 시인은 현실 참여자가 최악의 경우에 갈 곳이 감옥이나 죽음임을 알면서도 자신이 꿈꾸는 자유의 정신을 놓아버리지 않고 시를 통해서 치열하게 싸우고 있음이 그의 시집에서 잘 드러난다. 그의 첫 시집 『흙은 사각형의 기억을 갖고 있다』와 두 번째 시집 『10년 동안의 빈 의자』에서 드러나는 문학적 현실은 혁명을 통해 바꾸어야 할 치열한 적대적 대상이다.

그런데 여기서 다루려는 세 번째 시집 『붉은 눈, 동백』에서는 현실 참여의 그런 맥이 기본적으로 살아있지만 그 대상이 어둡고 피가 튀기는 오늘날의 현실을 다루기보다는 동양의 신화와 신선 사상에 바탕을 둔 현실 인식으로 방향을 돌린다. 이 세 번째 시집 『붉은 눈, 동백』의 첫 시를 보면 역시 깜짝 놀랄만한 위트와 유머가 상상력을 통해 잘 드러난다.

우리 집에서 가장 오래된 것은 그 건망증이다
바스락바스락 건망증은 박하 냄새를 풍긴다
얘야 이 사탕 하나 줄까, 아니에요, 할머니,
할머닌, 벌써 십 년 전에 돌아가셨잖아요!

—「궤짝에서 꺼낸 아주 오래된 이야기」 중에서

시집 『붉은 눈, 동백』의 첫 시로서 시인이 내놓은 「궤짝에서 꺼낸 아주 오래된 이야기」는 위트와 유머가 담겨 있으면서 이 시집에서 자신이 말하고자 하는 바를 암시적으로 말한다. 이 시에서 아주 오래된 것은 할머니의 궤짝, 할머니의 건망증, 할머니의 박하사탕, 그리고 할머니가 뭐든지 손자에게 주고 싶어 하시는 그 마음이다. 그것은 할머니와 손자의 대화에서 나타난다. 바스락거리며 할머니가 (주머니에서 꺼낸) 박하사탕을 손자에게 주려고 하자 손자인 말하는 이는 갑자기 거절의 말을 한다. "아니에요, 할머니, 할머닌 벌써 십 년 전에 돌아가셨잖아요!" 여기서 이야기의 허구성이 드러나며 독자는 그 상상력의 허구성과 위트에 놀라게 된다. 말하는 이는 할머니와의 교류와 현실인식 사이의 거리를 통해 돌아가신 할머니가 했음직한, 우화적인 옛 이야기를 이 시집에서 하고자 한다. 그것은 이 시집을 관통하는 소재인 '동백꽃'과 '산경'• 에 나타난 신기한 존재들에 관한 이야기를 모티브로 다룬 것들에서 잘 나타난다.

• 『산해경』: 중국의 고대 지리 책. 나라 안팎의 산천, 산과 바다에 사는 이물異物, 날짐승의 종류, 신기, 중국의 신화, 전설 및 제사에 관한 것 등 황당무계한 것까지 많이 실었으며, 그 중 서왕모와 곤륜산 이야기는 유명함. 모두 18권. 작자 미상, 네이버 한자사전 인용.

1) 붉은 동백의 비유—영웅 이미지

잠을 깨니, 이른 아침 창문을 넘어 들어온 나뭇가지에
동백이 앉아 있었네 과연 동백은 매우 붉었네
귓바퀴는 삼백 근 무게의 바위 덩어리를 올려다붙인 듯이 쟁쟁하고
눈초리는 눈비를 몰고 다니는 시커먼 구름처럼 꿈틀거리고
주둥이와 턱은 날곡식을 씹는 화강석 맷돌처럼 야멸차 보였네

전하는 말에 따르면 동백이 나타나면 그 붉은 기운이
사방 수백 리에 뻗치고 그해의 액운과 질병을 두루 물리쳐
준다 하지 않던가 내게서도 좋지 않은 그 무언가를 덥석 물어가버리길 바라며
나는 두통과 불면이란 말을 휘갈겨 써 동백 앞에 슬쩍 밀어놓았네
내 몸이 이렇게 아픈 것도 불로와 불사에 대한 그 비린내 나는 열망과 근심 때문이 아니겠는가

다시 얘기하거니와 정말 나는 놀랐네 이른 아침 동백이 나뭇가지에 올라 앉아 홀연히 나를 내려다보고 있었으니
이거 꿈이 아닌가 나는 살을 꼬집어봤다네 이제 동백이 나타났으니 피 묻은 별이 사라지고
십 리 밖 남산의 때아닌 불길한 개구리 울음 소리도 멎고 변방의 그 오랜 싸움도 그치고 기근도 물러가리니…….

아니라네 아니라네 나는 꽃 한 송이에 미혹되어 또 동백의 헛것을 이야기하고

있음이 분명하네 나는 찬물로 세수를 하고 돌아와 이렇게 몇 자 편지를

고쳐 적네———동백의 혀는 붉으나 공명과 불후를 노래한 적 없고

이때껏 수많은 동백의 몸이 나타났으나 결코 인간과 세간에 깃들인 적이 없었노라

—「이른 아침 창가 나뭇가지에 동백이 앉아 있었네」 전문

시 「이른 아침 창가 나뭇가지에 동백이 앉아 있었네」에서 동백은 세상을 구할 영웅이자 이인異人의 이미지로 그려진다. 말하는 이가 접한 동백꽃은 아침잠에서 깨어나자 창문을 넘어 들어온 가지에 핀 꽃이다. 과연 아침에 눈 뜨자 눈에 뜨인 동백꽃은 황홀하게 아름다웠을 것인데, 시인이 본 느낌은 난세에 세상을 구할 장수의 이미지로서의 아름다움 그 자체라고 볼 수 있다. 동백꽃과 장수의 비유체계를 표로 보면 다음과 같다.

동백꽃의 모습		장수의 얼굴
동백의 (꽃잎)	≒	매우 붉은 피부
동백의 (꽃가지)		삼백근 무게의 바위 덩어리를 올려다붙인 듯 쟁쟁한 귀바퀴
동백의 (인상)		눈비를 몰고 다니는 시커먼 구름처럼 꿈틀거리는 눈초리
동백의 (꽃받침)		날곡식을 씹는 화강석 맷돌처럼 야멸차게 보이는 주둥이와 턱

예전에 전해지는 이야기에 "아기장수 설화"가 있는데 장수로 태어난 아기는 아기임에도 불구하고 날개가 겨드랑이에 달려 있는 등 이인異人이 될 풍모가 엿보인다. 이 시에서도 장수의 이미지는 보통 사람이 아닌 거인의

풍모로 다가온다. 장수는 피부색이 붉고마치 삼국지에 나오는 장비와 관우의 피부와 같이 나타남, 바위 덩어리, 구름, 맷돌과 같은 단단한 물체의 비유를 보여주는 강인한 장수 이미지로 나타난다. 전하는 말에 의하면 이런 거인 장수의 출현은 사방 수백리에 그 붉은 기운이 뻗친다고 하며 그 붉은 기운이 그 해의 액운과 질병을 두루 물리친다고 전해 온다. 예를 들어 삼국지에 나타난 관운장의 붉은 얼굴은 지금도 중국에서 재물과 평화의 수호신으로 추앙 받고 있는데, 이런 위대한 장수가 출현하면 그 주변 나라의 질서가 바뀔 수 있다. 이런 특성은 동백꽃에게로 그 비유가 전이되고 있다.

동백꽃이 피기 전	동백꽃이 핀 후
피묻은 별(살인과 전쟁)	피묻은 별이 사라진다(화해와 평화)
불길한 개구리 울음소리(불길함)	불길한 개구리 울음이 사라진다(행운)
그치지 않는 변방의 싸움(전쟁)	변방의 싸움도 그친다(평화)
기근	기근이 사라진다(풍요)
두통과 불면의 시간	공명과 불후의 시간

여기서의 동백은 해마다 겨울에 피는 숱한 동백이 아니라 특권적이고 영웅적인 유일한 동백의 출현이라서 모든 전쟁과 기근과 불길함을 일시에 없애 주는 사회 정의의 구현자로 나타난다. 다음 시 「山徑 가는 길」에서는 동백꽃의 영웅성이 구체적인 풍모로 비유·묘사된다.

아빠, 동백은 어떻게 생겼어요,

곰 아저씨처럼 무서워요?

동백은 결코 땅에
항복하지 않는 꽃이란다
거친 땅을 밟고 다니느라
동백의 발바닥은 아주 붉지
그런 부리부리한 동백이
앞발을 번쩍 들고
이만큼 높이에서 피어 있단다
동물원 쇠창살을 찢고
집을 찢고
아버지를 찢고
나뭇가지를 찢고 나와
이렇게
불끈,

모두 산경에 나오는 이야기란다

—「山徑 가는 길」 중에서

시「산경 가는 길」에서는 동백꽃 보러 봄나들이 가는 행복한 가족이 있는데 태어난 지 얼마 안 되는 어린아이가 아버지에게 묻는다. "아빠 동백은 어떻게 생겼어요?" 아빠로 이 시에 등장하는 말하는 이는 아들의 질문에 대한 대답으로 식물인 동백을 마치 야생의 동물, 곰인양 답변한다. 동백꽃은 원래 거친 땅을 밟고 다녀서 발바닥이 붉고, 부리부리한 눈을 가졌으며, 앞발을 높이 들고 걷는 자존심 강한 곰으로 비유한다. 그 곰이 동물원에 갇혔을 때 그는 쇠창살을 찢고 동물원을 벗어나고야 마는 존재로 비유하며, 땅에 구속되지 않으며 자유를 그 어떤 것과도 바꾸지 않는 그런 존재로 비유한다. 실제 동백꽃과 이 시에 묘사된 곰의 비유 체계는 다음과 같다.

동백꽃의 이미지		야생의 곰 이미지
붉은 꽃	≒	거친 땅을 밟고 다니느라 발바닥이 붉다
부리부리한 큰 꽃이 핀다		부리부리한 (눈)
동백나무의 높은 가지에서 꽃이 핀다		앞발을 높이 들고 걷는다
가지를 찢고 불끈 꽃이 핀다		동물원 쇠창살을 찢고 불끈 나오는 존재

이런 동백꽃과 야생 곰의 이미지는 아버지와 집과 기존 사회 질서에 안주하지 않고 자기 자신의 세계를 만들고 자신의 자유를 무엇보다도 소중하게 생각하는 독립적인 존재임을 말하고 있다. 특히 강하게 드러나는 것은 자신이 동물 가족의 아버지이면서 집을 찢고 아버지의 환상을 찢고 나와야 함을 강조한 대목이다. 물론 심리학에서 인간이 성숙하려면 주어진 환경을 벗어나 스스로 자신의 환경을 개척해야 제대로 우뚝 서는 존재가 됨을 가르치기도 하고, 불교에서도 자신의 길을 가기 위해서는 부처를 만나면 부처를 죽이고 스승을 만나면 스승을 죽이고 부모를 만나면 부모를 죽이라는 화두를 던지고 있지만 이 시에서 자식에게 아버지가 '아버지를 죽이라고' 말하는 것은 기본적으로는 기존 사회 질서에 대한 저항 정신의 발로가 아닌가 생각된다.

그러나 이런 야생의 곰과 같은 존재는 산해경에 나오는 이상한 이물異物이라고 아들에게 알려 줌으로써 기존 사회에 대한 저항 정신은 동화적이고 신화적인 이미지 뒤에 숨어버린다. 산해경에 나오는 신이한 곰처럼 부리부리한 붉은 곰은 부리부리하게 붉게 피는 동백꽃이며, 앞발을 높이 들고 걷는 곰처럼 땅에 항복하지 않고 공중에 피는 자존심 강한 꽃이며, 야생의 곰처럼 거친 땅을 좋아하고, 아버지의 편안한 품을 거부하는 독립적인 투사와 같은 꽃이라고 말하고 있다. 이 시에서 강한 저항 정신은 어린 아들에게 알려 주는 동화적 소재로 표현되면서 저항 정신의 어조가 투쟁적이기보다는 부드럽게 바뀌고 있음을 볼 수 있다.

내가 남도로 선생을 찾아간 것은 어느덧
삼월도 다 지난 어느 햇살 맑은 봄날이었다

그 깊은 내력을 알 수 없지만 선생은 의서와
역서를 읽는 분이었다 어쩌다 소문을 듣고
찾아오는 사람들의 뼈를 맞춰주거나 응혈을
풀어주기도 하고 몇몇 종자를 구해와서는
절기에 따른 파종법을 가르치기도 하였다
분명한 것은 선생은 해마다 돌배를 타고
혹독한 겨울 바다를 건너와 천기를 살피며
근심하다 봄빛이 완연해지면 떠나간다는
사실이었다 어느 해인가 난리가 났을 때는
탄식 끝에 배를 바다 밑에 끌어 묻고 꽃을 뿌려
손수 펼친 陳法 속에 한동안 은거하기도 했다

내가 가던 날, 아직 배는 문밖에 매어 있으되

오랫동안 선생의 기척은 없었다 드디어 조바심을
참지 못한 성미 못된 내 마음속 원숭이들이
가슴을 긁으며 가르릉거렸다 선생은 어디 계시는지
이제 정말 봄빛이 완연하다 나는 한동안 서성이다
인근 사람들이 일러준 대로 우선 눈에 띄는
소똥 묻은 돌멩이에 다가가 여쭸다

안에 동백 선생 계십니까?

—「동백 선생」

시 「동백 선생」에서는 다른 시에서 힘센 장수를 그리고 있는 것과 달리 학자 풍모의 영웅 이미지를 그리고 있다. 의서와 책력을 공부한 동백 선생은 혹독한 겨울 바다를 건너와 천기를 살피며 근심하다 봄빛이 완연해지면 떠난다는 점에서 동백꽃이 피는 절기와 맞는다. 그는 난세에 진법을 펼쳐 그 속에 은거한다고 한다. 사뭇 삼국지의 제갈공명과 같은 이미지다. 동백 선생의 문사적 영웅 이미지는 첫째, 의사의 역할이다. 뼈를 고치거나 응혈을 풀어준다. 둘째, 역술가의 역할이다. 역서를 읽고 절기를 살펴 파종법을 교육한다. 셋째, 겨울 바다를 돌배로 건너올 수 있다. 넷째, 난리가 났을 때 꽃을 뿌리는 진법을 발휘하여 꽃 속에 은거한다. 마치 선비는 난세에는 은거하고 평화로울 때에 활동한다는 이치와 같이 행동한다. 동백꽃과의 공통점을 찾으라면 동백꽃의 열매를 약용하고 동백기름을 짜서 머릿기름, 등잔기름 따위로 쓰고 목재는 공예의 재료로 사용한다는 점에서 사람의 의료 행위에 도움을 준다. 그밖에는 절기에 거슬러 혹독한 겨울에 피어 봄빛이 완연해지면 꽃이 진다는 점이다.

봄빛이 완연한 계절에 동백 선생을 찾을 때 선생이 보이지 않자 소똥 묻은 돌멩이에게 "안에 동백 선생 계십니까?"라고 묻는 문구는 위트와 유머가 빛을 발하는 구절이다. 선생에게 시동이 있듯이 동백꽃에게는 소똥 묻은 돌멩이가 바로 시동이라는 비유는 독자들에게 긍정적 웃음을 자아낸다. 그러니까 이 대목은 은거하는 동백 선생의 자취는 신선처럼 쉽게 만날 수 있는 존재가 아니라는 점과 말하는 이의 이야기가 허구라는 점을 동시에 알게 해 주는 대목이다.

이상과 같이 시인은 동백꽃의 영웅적인 이미지를 독립과 자유를 가장 중하게 여기는 신물神物인 야생의 곰 이미지나, 장비나 관운장같이 붉은 얼굴과 위엄 있는 장수의 기운으로 수백 리 안의 모든 백성에게 영향력을 끼칠 수 있는 영웅호걸의 이미지, 그리고 속세와 인연을 끊고 추울 때 활동하고 봄이 오면 떠나는 은거형 선비 영웅의 이미지로 그리고 있다.

2) 동백, 영웅의 몰락 이미지

영웅 이미지에는 항상 몰락이 따른다. 몰락을 보여주는 것으로는 동백꽃이 떨어지는 순간을 주목할 수 있는데, 그것은 동백이 목련꽃이나 모란꽃처럼 꽃잎이 한꺼풀 한꺼풀 벗겨지면서 떨어지는 게 아니라 붉은 꽃송이가 몽땅 덩어리째 떨어지는 특이한 모습을 보여주기 때문이다. 그런 특징에서 연상 작용을 발휘하여 이 시집에서는 여러 종류의 몰락 이미지를 우화적으로 다루고 있다. 「나, 동백꽃 보러 간다」의 시에 나타난 동백 교도소는 일종의 영웅들의 집합소이다. 즉 난세에는 여러 종류의 정제되지 않은 영웅들이 규범과 질서를 무시하고 자유롭게 활보할 수 있지만 평화가 와서 질서가 잡혔을 때 이들 군웅群雄이 갈 곳은 결국 교도소밖에 없다는 것이다.

거긴 혁명가들이 우글우글하다더군
오천 원짜리 음료수 티켓만 있으면
따뜻한 창가에 앉아
불타는 얼음 궁전을 볼 수 있다더군
거긴 백지만 한 장 있으면
연필 끝에서 연애가 생기고
아직도 시로 빵을 구울 수 있다더군
어느 유명한 사상가의 회고록도
거기서 집필됐다더군
고요한 하오에는 붉은 여우가
소리 없이 정원을 지난다더군
길의 방향은 다르지만, 폭주족들의
인생 목표도 결국 거기라더군
그리고 거기는 여전히 아름다운
장례의 풍습이 남아 있다더군
동남풍
바람의 밧줄에
모가지를 걸고는
목숨들이 송두리째

뚝, 뚝 떨어져내린다더군

나, 면회 간다

동백 교도소로

—「나, 동백꽃 보러 간다」

난세에는 영웅 · 호걸들이 득세를 하는데 이것을 우리의 정치 상황으로 바꾸어 보면 운동권 출신 혁명가, 자생적 공산주의자, 불온 사상가들이다. 당대의 정부에 반항하며 교도소를 들락거리는 이들이 한때 정부의 도덕성이 문제될 때에는 존경을 받기도 하였다. 그런 점에서 한때 교도소에 혁명가들이 우글우글하기도 하였다. 교도소의 혁명가 출신 죄수들은 지식층이었기 때문에 편지로 연애 상대자를 구할 수도 있고 빵을 얻을 수도 있고, 회고록을 집필하여 유명인사가 될 수도 있었다. 폭주족들이 스피드를 즐기다가 교통사고를 남발하여 가는 곳도 결국 교도소라고 슬쩍 지나가는 말로 전한다. 이들은 모두 범법자 신세라는 점에서 공통점을 갖고 있지만 이들 범법자들은 혁명가요 연애가요 사상가이기도 하다. 교도소 생활을 반어적으로 찬미하는 어조의 연속선상에서 교수형을 당하는 사형수의 모습까지도 아름답게 그려진다. 즉 동백꽃의 낙화 모습으로 밧줄에 매달린 사형수의 모습이 비유되는 것이다.

아름다운 장례 풍습		아름다운 동백꽃의 낙화
사형수가	≒	동백꽃이
밧줄에		동남풍 바람에
모가지를 걸고		꽃송이가 가지에서 떨어져
목이 뚝 잘린다		뚝뚝 떨어져내린다

그동안 영웅의 이미지로 비유되어 왔던 동백꽃은 위와 같이 영웅의 몰락을 보여준다. 이들은 모두가 기대하는 영웅의 위치에서부터 연애가, 저술가 및 사상가 내지 극단적으로는 교수대의 이슬로 사라지는 사형수의 이미지로 몰락한다. 이런 난세를 풍미하던 영웅의 최후를 동백꽃의 낙화 이미지를 통하여 보면 '아름다운 장례 풍습'이라고 볼 수도 있겠다.

기어이 기어이 동백이 지고 있네
싸리비를 들고
연신 마당에 나서지만
떨어져 누운 붉은빛이 이미
수백 근 넘어 보이네

벗이여, 이 볕 좋은 날
약술도 마다하고
저리 붉은 입술도 치워버리고
어디서 글을 읽고 있는가
이른 아침부터
한 동이씩 꽃을 퍼다 버리는
이 빗자루 경전 좀 읽어보게

—「동백이 지고 있네」 중에서

시 「동백이 지고 있네」에서는 나무에서 피어 땅을 굽어보는 영웅 이미지의 동백꽃이 아니라 바닥에 떨어진 동백꽃을 다루고 있다. 이 시에서는 실제적으로 동백의 몰락 이후가 어떻게 처리되느냐가 그 관심 대상이다. 말하는 이는 싸리비를 들고 하루에도 수백 근씩 땅에 떨어지는 동백꽃을 쓸어버리는 일을 한다. 말하는 이는 이 작업을 빗자루 경전이라고 이름한다. 여기서 빗자루질은 단순한 빗자루질이 아니라 영웅 이미지로 화려하게 피어나던 동백꽃이 진 뒤의 처리다. 사는 일을 고민하여 열심히 공부하는 것도 중요하지만 죽는 일을 열심히 고민하는 것도 중요하다는 점에서 빗자루질도 경전 읽는 것과 같은 인생 수련 과정이다. 동백꽃의 낙화를 보면서 우리는 앞으로 어떻게 사라질 것인가? 주검은 삶에 속하는가? 죽음에 속하는가? 여러 가지를 고민해 보는 계기가 될 수 있다. 이 시에서는 술 마시고 이성과 교제하는 일—즉 풍류의 생활도 그려지고, 말하는 이의 친구처럼 공부만 열심히 하는 학자의 생활도 있지만 동백꽃의 붉고 화려한 죽음을 겪어 보는 일도 인생에서 중요하다는 지적이다. 영웅의 이미지를 보여 주었던 동백꽃의 장엄한 주검이 붉은 빛으로 처연하게 그려지는데 이런 영웅의 몰락을 어떻게 대하느냐 하는 것도 짚고 넘어가야 할 문제임이 이 시에서 드러난다.

시 「이지 라이더」는 오토바이 폭주족을 주인공으로 한 미국 영화의 제목이기도 하지만, 이 시에서 이들 폭주족은 제도권에 억매이지 않고 자유를 갈구하는 자유인의 이미지로 나타난다. 이들은 다소 부정적인 이미지를 가진 또 하나의 영웅으로 떠오른다.

> 우산을 버리고 택시 안으로 뛰어들었을
> 때가 자정 십 분 전, 윈도 브러시가 쉴새없이
> 차창 빗물을 털어내고 있었다. 이 도시 신호 체계는

엉터리지요 택시 기사는 신호등을 무시하고 마구 내달렸다

그때 뒤에서 폭주족들이 나타났다
그들이 탄 오토바이는 바퀴가 세 개씩이었다
얼마나 빠른지 바퀴 속에서 돌덩어리들이 튀어나왔다
———롤링 스톤스, 나도 그 전설적인 록 밴드에 대해 들은 적 있다
그 중 하나가 택시에 바싹 붙은 채 주먹을 휘둘러 보였다
내 이름은 블랙 해머, 이 도시의 파괴자지
그 자식은 검은 부츠, 검은 가죽옷을 입고 있었다
한때 혁명으로 이 거리가 흘러넘친 적이 있다
그때 그런 복장은 혁명의 상징이었다 지금도 그 혁명의
흔적처럼 도시의 지붕엔 금빛 도금이 곳곳에 남아 있다

—「이지 라이더」 중에서

이 시의 제목과 같은 영화 '이지 라이더'의 내용을 잠깐 개괄해 보면 마약상인 와이어트배우 피터 폰다와 빌리배우 데니스 호퍼는 마약거래로 돈을 번 뒤, 미국이란 나라의 실체와 자신들의 존재감을 찾기 위해 여행을 떠난다. 미국을 횡단하는 이들은 모터 사이클을 타고, 캘리포니아에서 뉴올리안즈까지 달려간다. 여행길에서 만난 의사는 왜 사람들이 그들 폭주족을 싫어하는지 해명해 준다. 마음 속의 자유를 직접 행동에 옮기는 그들의 분방함을 사람들은 싫어한다는 것이다. 정착민의 보수주의가 그들을 질시의 눈초리로 보게 만든다는 것이다. 이 시에서 폭주족의 검은 부츠, 검은 가죽 옷 복장은 한때 혁명의 상징이었다고 시인은 말한다. 시대적으로 혁명은 끝났고

난세의 영웅은 더 이상 필요하지 않게 되었으며 이제 폭주족의 그 복장만 남아 택시 기사의 조롱을 받고 있는 것이다. 그러나 그들은 아직도 이 세계를 구하러 다닌다는 구르는 성자일 것이라고 말하는 이는 굳게 믿고 있다. 이 세계는 아직도 완벽히 살만한 땅이 아니므로.

3. 산경의 모티브— 살 만한 땅을 찾아서

인가와 저잣거리를 헤매며 나는 묻는다 살 만한 땅은 어디를 가야 하는가
어두운 경전의 숲을 더듬으며 나는 또 묻는다 아름다운 문자의 땅, 산경은 어디인가
詩의 家係에서 태어난 아이들은 저리 천진난만하건만
너덜거리는 구두經의 삐죽 나온 발가락을 세어보며
묻고 또 묻는다 진짜 살 만한 땅은 어디를 말함인가
아슬아슬한 시의 경계를 넘어가다 거친 문자에 잡아 먹힐 것쯤 각오한 지 이미 오래건만

폐허로 아름다운 이 땅에도 저렇게 봄은 오는데, 나비경은 언제 오는가 보리경은 언제 그 푸른 잎맥을 밀어올리는가

—「나비經은 언제 오는가」 중에서

시 「나비經은 언제 오는가」에서 자본주의 사회에서 살아가야 하는 시인

이란 직업을 가진 이로서 시인의 가족이 행복하게 살만한 땅은 어딘가 하고 진지하게 묻고 있다. 살 만한 땅이란 유토피아, 낙원, 요즘 식으로 말하면 이상적인 복지사회를 말한다. 이 시에서 시인은 인가와 저잣거리에서 살 만한 땅을 찾아본다.

그런데 이 시에서는 시인의 자녀가 신은 신발 구두코가 구멍이 나 삐죽 나온 발가락을 보이는 구두경부터 시작해서 폐허의 땅에서 기근에 시달리며 보리가 자라기 바라는 보릿고개의 보리경, 나비가 날아다니는 나비경의 이 모든 '경'들의 묘사를 보면 여기서 '경'이란 경전인데 삶의 고단한 현실에서 실제적으로 겪어야 하는 인생 공부를 말하는 듯하다. 이런 경들을 필수 과목으로 경험해야만 인생에서 제대로 졸업장을 받을 수 있다고 시인은 말하고 있는 듯하다.

이상향	현실	시인의 현실
산경, 살 만한 땅	–인가와 저잣거리 헤맴 –보릿고개 경험	시인 가족의 가난
경전의 숲에서 발견한 아름다운 문자의 땅	–시가 거친 문자에 잡아먹힘	시어의 존속이 어려움

경전의 숲에서도 아름다운 문자의 땅을 찾고 있다. 살 만한 땅이란 단순한 복지사회만으로는 만족할 수 없는 지식인에게는 아름다운 문자의 땅과 시를 쓸 수 있는 땅이 꼭 필요하다. 시인은 인간과 저잣거리를 벗어나 산해경의 아름답고 기이한 땅을 밟아 보고 싶어 한다. 어두운 경전의 숲속을 거닐다 찾아낸 아름다운 문자의 땅도 찾아가서 공부하고 싶어 한다. 그런데 거기서 그치지 않고 거친 문자에 잡아먹히지 않으면서 문자를 사용한 또 다른 시의 세계로 넘어가야만 하는데 그것이 험난하고 어려운 일임을 말하

고 있다. 산해경과 같은 기이하고 살기 좋은 지리적 공간을 대비시킴으로써 현실은 반대로 시인의 가족들이 살기 어려운 사회임을 암시한다. 또한 경전의 숲에서 나타난 아름다운 문자의 땅도 시인의 길을 가기에는 역시 힘든 곳임을 말하고 있다.

> 이그 저기 가는 저것들 또 산경 가자는 거 아닌가
> 멧부리를 닮은 잔등 우에 처자를 태우고
> 또랑물에 적신 꼬리로 훠이 훠이 마른 들길을 쓸고 가고 있는 저 牛公이
>
> 어깻죽지 우에 이름난 폭포 한 자락 걸치지도 못한
> 저 비루먹은 산천이 막무가내로 봄날 산경 가자는 거 아닌가
> 일자무식 쇠귀에 버들강아지 한 움큼 꽂고 웅얼웅얼 가고 있는 저 풍광이
>
> 세상의 절경 한 폭 짊어지지 못하고 春窮을 넘어가는
> 저 비탈의 노래가 저러다 정말 산경의 진수를 찾아 들어 가는 거 아닌가
> 살 만한 땅을 찾아 저렇게 말뚝에 매인 집 한 채 뿌리째 떠가고 있으니
> 검은 아궁일 끌어 묻고 살 만한 땅을 찾아 참을 수 없이 느릿느릿 저 신선 가족이 가고 있으니
>
> —「봄날을 가는 山經」 중에서

시 「봄날을 가는 山經」에서는 앞의 시 「나비經은 언제 오는가」에서 찾고 싶어 했던 살 만한 땅을 찾아 가족을 이끌고 길 떠나는 이야기를 다루고 있다. 이 시에서는 산경 찾아 길 떠나는 가족이 소를 타고 가고 있는데 소

의 특징과 산천의 모습이 대응됨으로써 산경이라는 어떤 이상향을 찾으려는 지향성이 나타난다. 여기서 중국 도연명의 도화원기에서 무릉의 한 어부가 작은 강물을 따라 배를 타고 가다가 갑자기 복숭아 나무숲을 만난 무릉도원의 이야기가 연상된다. 그곳이 바로 신선이 사는 곳이란 것이다. 소의 특징과 산천의 특징을 대응시키면 다음과 같다.

소의 특징		산천의 특징
잔등 뼈가 솟았다	≒	멧부리
꼬리로 마른 들길을 쓸고 간다		또랑물이 마른 들길에 흐른다
어깻죽지에 근육이나 살이 많지 않다		이름난 폭포 한 자락 걸치지도 못한 산천
비루먹은 상태로 춘궁을 넘어간다		세상의 절경 한폭 짊어지지 못한 비탈
느릿느릿 걸어간다		참을 수 없이 (밋밋한 산과 들)

흔히 소는 강한 어깻죽지에 짐을 많이 짊어지고 느릿느릿 걸어가는 특징이 있다. 그런데 이 시에 나타난 소는 어깻죽지가 실하지 못한 것이 마치 이름난 폭포 한 자락 걸치지 못한 산천과 같다고 한다. 또 춘궁기를 맞아 잘 먹지 못하여 비루먹어 바싹 마른 소의 꼴이 마치 세상의 절경 한폭 짊어지지 못한 비탈과 같다고 한다.

그런데 이런 시원찮은 소 등에 처자를 태우고 가는 시 속의 주인공을 바라보며, 시 속의 말하는 이는 "저러다 정말 산경의 진수를 찾아 들어 가는 거 아닌가" 하고 반신반의하며 부러워하는 모습을 보인다. 그들의 산경 찾아가는 속도 또한 소 잔등이니 오죽 하겠냐마는 그들이 "살 만한 땅을 찾아 참을 수 없이 느릿느릿" 가는 모습에서 뭔가 무시할 수 없는 의지를 느끼며 그들에게 '신선 가족'이라는 부러움의 탄성을 낸다. 비록 시 안에서이지만 그들은 그들 나름의 무릉도원을 계속 찾아가고 있는 것이다. 찾아가서 늙지도 병들지도 죽지도 않는 신선 가족이 되기를 바라고 있는 것이다

죽지도 병들지도 배고프지도 않는 신선의 땅은 꼭 소를 타고 찾아가야 하는 것은 아니다. 시 「촛불」을 보면 성당에서의 신비체험을 통해 춥고 가난한 청년이 꿈과 희망을 얻는 과정이 또 하나의 신성하고 살만한 공간으로 나타나고 있다.

> 촛불도 없이 어떤 기적도 생각할 수 없이
> 나는 어두운 제단 앞으로 나아갔다
> 그때 난 춥고 가난하였다 연신 파랗게 언 손을 비비느라
> 경건하게 손을 모으고 있을 수도 없었다
> 그런데 얼마나 손을 비비고 있었을까
> 그때 정말 기적처럼 감싸쥔 손 안에 촛불이 켜졌다
> 주위에서 누가 그걸 보았다면, 여전히 내 손은 비어있고 어둡게 보였겠지만
> 젊은 날, 그때 내가 제단에 바칠 수 있던 건
> 오직 그 헐벗음뿐, 어느새 내 팔도 훌륭한 양초로 변해 있었다
> 나는 무릎을 꿇고 어두운 제단 앞으로 나아갔다
> 어깨에 뜨겁게 흘러내리는 무거운 촛대를 얹고
>
> —「촛불」 중에서

이 시를 읽고 있으면 초현실주의 화가 르네 마그리트1898~1967의 그림을 보고 있는 듯하다. 손은 촛불로 어느새 반쯤 바뀌어 가고 팔은 양초로 변해 가고 어깨는 촛대로 변해가는 모습이 그러하다. 양초가 팔인지 촛대가 어

깨인지 구분하기 어려운 모습 등 초현실주의적인 시적 이미지를 보여준다. 화가 마그리트는 초현실주의적이지만 자신만의 개성이 두드러지는 작품들을 제작했다. 주로 우리의 주변에 있는 대상들을 매우 사실적으로 묘사하고 그것과는 전혀 다른 요소들을 작품 안에 배치하는 방식인 데페이즈망 depaysement 기법을 사용하였다. 위키백과 인용

시 「촛불」은 시인의 젊은 날의 신비체험을 다룬 아름다운 시이다. 춥고 가난하던 젊은 시절의 겨울날, 말하는 이는 성당의 제단에 나아가 경건하게 기도하려 하였다. 파랗게 언 손을 한참 비비다보니 기적처럼 감싸 쥔 손 안에서 촛불이 켜졌다. 여기서 '비빈다'는 행위에 은유적 공통점이 드러난다. 부싯돌을 비비거나 나뭇가지를 비벼 불을 일으키듯이 두 손바닥을 비벼 손 안에서 촛불이 켜졌다는 행위는 상당한 시적 개연성을 보인다.

그리고 말하는 이는 8,9행에서 "젊은 날, 그때 내가 제단에 바칠 수 있던 건 / 오직 그 헐벗음뿐"이라고 말한다. 여기서의 '헐벗음'도 훌륭한 은유의 실마리가 된다. 젊은 날 가난하고 헐벗은 상태로 인하여 말하는 이는 양초를 살 수가 없었는데 대신 양초 역할을 하는 훌륭한 팔뚝을 가지게 되는 신비체험을 겪었다. 그리고 그는 가난과 헐벗음으로 인하여 촛대를 장만하지 못하고 신 앞에 나아갔지만 대신 뜨겁게 흘러내리는 훌륭하고 무거운 촛대의 어깨를 가지는 기회를 얻게 되었다. 이 어찌 신의 은총이 작용하는 신성한 공간이라고 말하지 않을 수 있겠는가.

헐벗은 상태		은총받은 변용된 상태
추워서 비빈 손바닥에서	⇒	촛불이 켜지다
헐벗은 팔뚝이		양초로 변하다
헐벗은 어깨가		뜨겁고 무거운 촛대로 변하다

이 시에서 말하는 이는 인생의 막다른 골목에서 신에게 상의하지 않을 수 없는 어떤 절실한 기도가 필요하였던 듯하다. 그런데 그는 신성한 공간에서 기도에 필요한 초를 살 수도 없었고 두 손을 맞잡을 수도 없을 만큼 추위에 얼어 있었다. 그래서 두 손을 계속 '비볐더니' 오히려 은총을 입어 두 손으로 신비한 촛불을 만드는 체험을 하게 된 것이다. 그는 가난했기 때문에 양초도 촛대도 장만하지 못하였지만 덕분에 자신의 몸을 신에게 바치는 훌륭한 양초 팔뚝과 훌륭한 촛대 어깨를 가질 수 있었다. 즉 성스러운 공간에서 신비체험을 통하여 말하는 이는 추운 겨울에도 빛이 나는 촛불 노릇을 할 수 있게 되었고, 사회에 나아가 뜨겁고 무거운 촛대 역할을 하도록 선택된 것이다. 시인은 시 「촛불」을 통하여 또 하나의 무릉도원과 같은 살 만하고 신성한 공간을 찾은 것이다.

옛날엔 당신의 눈빛
검은 목화꽃 같았지
그때 내 옷 내 목도리 내 청춘
모두 당신의 눈빛으로 짠 거였어
오늘에야 결심이 섰어
눈가의 그 희미한 오솔길 따라
당신을 만나러 가기로
(…중략…)
잃어버린 것이 그것뿐일까
젊음을 지켜주던 정원의 시계는 누가 시간을 맞춰주었을까
그토록 미뤄왔던 우리들 결혼식 예복은 누가 입었을까

좋았던 시절은 이제 모두 떠나버렸지

갑자기 내 손은 왜 이리 늙어버렸지?

당신은 얼음처럼 차가운 붕대에 싸여 있고

혁명을 조롱하던 내 이빨은 검게 썩어버렸어

눈을 떠봐

눈을 떠봐 내가 왔어

—「주름살」 중에서

시 「주름살」에서는 젊은 시절 사랑했던 연인의 눈빛으로 젊은 시인의 어렵고 힘든 삶을 감싸 주었던 그런 청춘시절이 있었음을 말하고 있다. 그런데 말하는 이는 혁명을 조롱하고 혁명을 노래하느라 세월이 지나버렸다. 이제 그가 사랑하던 연인은 병실에서 붕대에 싸여 눈도 뜨지 못하고 위중한 상태다. 뒤늦게 찾아간 그는 연인의 눈가에 생긴 주름살을 보며 행복했던 시절을 추억한다. 연인의 눈빛 비유 체계는 다음과 같다.

연인의 눈빛과 젊은 나		목화꽃과 옷
검은 연인의 눈빛이	≒	검은 목화꽃으로
나를 (두루 보살펴서)		실을 자아 짠 천으로
(잘 살았던)		목도리와 옷 등을 만든
내 청춘		내 의상들

여기서 연인의 검은 눈빛과 검은 목화꽃의 비유는 그 눈빛이 제압하는 공간과 목화송이로 짠 의생활의 공간이 서로 긴밀하게 녹아 있다. 젊은 시절 여인의 사랑의 눈빛은 거칠고 험한 시인의 삶의 영양소였음을 고백하는

대목이다. 동백꽃과 같은 붉은 기운을 수백 리에 펼치는 장수가 나타나 이 사회를 복지사회로 만들 것이라는 꿈으로 젊음을 탕진하고 뒤늦게 돌아와 보니, 자신의 젊은 시절은 혁명만이 아니라 사랑하는 연인의 눈빛 덕택으로 자신의 청춘이 먹고 입고 살고 지탱되었음을 인식한다.

이상으로 간략히 송찬호의 세 번째 시집 『붉은 눈, 동백』에서 중요한 모티브를 추려 살펴보았다. 그의 앞의 시집들이 강한 시대적인 저항 정신과 비판적 현실 인식에 관심을 가졌다면 상대적으로 세 번째 시집은 현실 비판적 시각보다는 우리가 바라고 원하는 영웅의 이미지와 우리가 살고 싶은 신선의 땅에 대한 꿈을 비유와 상징으로 담아 우화적으로 형상화하고 있음을 볼 수 있었다.

내 손은 무겁지만 나는 가볍고 싶다

나희덕론

임수영

1. 움켜쥔 손은 아픔을 느끼는가

1989년 중앙일보 신춘문예에 「뿌리에게」가 당선되며 이름을 알리기 시작한 나희덕은 1991년 동명의 시집 『뿌리에게』를 시작으로 『그 말이 잎을 물들였다』1994, 『그곳이 멀지 않다』1997, 『어두워진다는 것』2001, 『사라진 손바닥』2004, 『야생사과』2009 등 7권의 시집들을 발표하며 왕성한 창작활동을 펼쳐 왔다. 이 시집들로 김수영문학상, 김달진문학상, 오늘의 젊은 예술가상, 현대문학상, 일연문학상, 이상문학상, 소월시문학상을 수상하게 되면서 나희덕은 명실 공히 1990년대의 시단을 대표하는 시인 중 한 사람으로 자신의 영역을 확고히 구축하게 된다.

나희덕의 시에 대한 기존의 평가는 그녀의 시를 긍정의 가치와 결부시키는 경우가 많았다. 두 번째 시집의 발문을 쓴 김기택은 나희덕의 시를 "건강하다"고 표현했다. 병이 있기 때문에 나오는 대부분의 시들과 달리, 나희덕의 시는 충만한 내부로부터 흘러넘쳐 주변의 약한 생명들에게 양분을 공급하고 그들의 상처를 감싸 아물게 한다는 것이다. 김기택과 달리 그녀의 시를 '절제와 단정함', '견고함에 대한 의지'로 설명하면서도 그러한 의지 속에 삶과 미래에 대한 열정이 자기 모멸의 감정과 구별할 수 없는 방식으로 섞여 있다고 평가한 황현산 역시 나희덕의 시에서 긍정적 요소를 발견한다.

황현산이 규정한 '자기 모멸의 감정'은 대아를 위해 소아를 버리지 못하는 자의 부끄러움과 결부된다. 나희덕의 시에서 그것은 선한 의지 자체로부터 파생된 것이 아니라 대타적 관계성 속에서 발생한 괴로움으로 나타난다. 또한 자괴감을 토로하며 시를 쓰는 행위는 스스로 선택한 삶의 진정성을 묻는 일종의 속죄의식을 나타낸다.

움켜쥐고 살아온 손바닥을
가만히 내려놓고 펴보는 날 있네
지나온 강물처럼 손금을 들여다보는
그런 날이 있네
그러면 내 스무 살 때 쥐어진 돌 하나
어디로도 굴러가지 못하고
아직 그 안에 남아 있는 걸 보네

가투 장소가 적힌 쪽지를 처음 받아들던 날
그건 종이가 아니라 뜨거운 돌이었네
누구에게도 그 돌 끝내 던지지 못했네
한 번도 뜨겁게 끌어안지 못한 이십대
火傷마저 늙어가기 시작한 삼십대
던지지 못한 그 돌
오래된 질문처럼 내 손에 박혀 있네

그 돌을 손에 쥔 채 세상과 손잡고 살았네
그 돌을 손에 쥔 채 글을 쓰기도 했네
문장은 자꾸 걸려 넘어졌지만
그 뜨거움 벗어나기 위해 글을 쓰던 밤 있었네
만일 그 돌을 던졌다면, 누군가에게, 그랬다면,
삶이 좀더 가벼울 수 있었을까
오히려 그 뜨거움이 온기가 되어
나를 품어준 것은 아닐까 생각해보기도 하네

오래된 질문처럼 남아 있는 돌 하나
대답도 할 수 없는데 그 돌 식어가네
단 한 번도 흘러넘치지 못한 화산의 용암처럼
식어가는 돌 아직 내 손에 있네

—「뜨거운 돌」 중에서

많은 경우 나희덕의 시에서 세상에 대한 관심은 이를 적극적으로 행동화하지 못하는 자기에 대한 관찰로부터 비롯된다. 생의 전면에서 자신을 불태우고 싶은 욕망과 이를 실천하지 못하는 현실의 괴리 속에서 나희덕은 몸부림치거나 절규하지 않고 자신의 고통을 관조적으로 묘사한다.

인용한 시에서 "가투 장소가 적힌 쪽지를 처음 받아들던" "스무 살 때 쥐어진 돌 하나"는 스스로에게 던져온 존재에 대한 "오래된 질문"이고, 세상과 더불어 글을 쓰며 살아가도록 지탱해준 "뜨거움"이며, "손바닥"을 "움켜쥐고" 사는 삶의 무게이다. 그 돌을 어딘가에 던지지도 굴려버리지도 못한 채 손에 "움켜쥐고 살아온 자는" "뜨거운 돌"을 쥐고서 글을 쓴다. 그러한 글쓰기는 한편으로 "뜨거운 돌"의 열기를 벗어나기 위한 몸부림이기도 하다. 시를 쓰는 행위가 움켜쥔 열정, 고민, 분노를 표출하는 수단인 동시에 손을 펴고 자신의 손바닥을 들여다보며 "한 번도 뜨겁게 끌어안지 못한 이십대 / 火傷마저 늙어가기 시작한 삼십대"로 스스로의 자화상을 규정하는 자기 인식의 시간인 것이다.

'움켜쥔 손들의 고통'에 대한 나희덕의 관심은 이전 시집들에서 "손에 쥔 것을 내놓으려 해도 손가락이 펴지지 않는 / 다고, 다른 손에 건네주려 해도 손과 손이 닿지 않는 / 다고, 일단 움켜쥔 손들의 고통은 만질 수 없는 고통 / 보다 더 어쩔 수가 없다고, 자신을 지우려 해도 손이 / 말을 듣지 않으니 이미 하늘에 새겨진 모양이라고"「독재자의 변명」, "그때 나를 내리친 것이 빗자루방망이였을까 손바닥 / 이었을까 손바닥에 묻어나던 절망이었을까"「너무 많이」 등의 형태로 형상화된 바 있다. 또한 삶을 "손"으로 대상화시키는 그 같은 상상력은 2004년 발표한 시집 『사라진 손바닥』의 근간이 되기도 하였다.

온전히 발열하지 못한 미열처럼 계속해서 나희덕을 괴롭혀 온 열병과 같은 고민이 첫 시집 『뿌리에게』에서는 전교조 활동으로 해직 당하는 동료교사들에 대한 복잡한 심경으로 나타났다.

어느날 김선생의 책상이 치워졌다

(…중략…)

그의 빈 책상을 건너다보면
나는 침묵 속에 점점 배가 불러온다
더 이상 떠오를 수 없도록,
자꾸 무거워진다

—「금붕어」 중에서

동료교사의 해직을 바라보면서 "침묵 속에 점점 배가 불러"오는 삶의 무거움은 때로 "붉게 퇴진하는 태양처럼 / 장렬한 사표 한 장 쓸 수는 없을까"「辭表」라는 자문을 불러일으킨다. 학교 당국이 강요하는 서약서에 서명을 하는 자신의 나약함은 「서약서 1」, 「서약서 2」에서 "나의 무릎은 접힌 지 이미 오래", "닳고 닳은 이 미소", "앙상한 모습"과 같이 자조적으로 묘사되었다. 그리고 그 괴로움은 "나의 살을 아끼지 말고 살아야겠다", "기둥만은 뽑히지 않겠다"는 새로운 서약을 주체의 마음속에 아프게 새긴다.

이렇듯 말해야 하는 순간에 침묵함으로써 결국 "더 이상 떠오를 수 없도록" 무거워진 내가 체감하는 삶의 무게는 "단 한 번도 흘러넘치지 못한 화산의 용암처럼 / 식어가는" 충족되지 못한 현재, 해답을 얻지 못한 채 남아 있는 "오래된 질문"에 대한 후회로 인해 더욱 배가된다.

그러나 "열망하면서도 뛰어들지 못했던 많은 일들"「그대가 오기 전날」, "끝내 걸어가지 못한 마지막 한 길"「손톱」에 대한 후회로 무거워진 삶의 인식이 비단 스스로에게 자조적인 시선을 던지는 모습으로만 나타난 것은 아니다. 나희덕의 시에서 이는 "햄"「햄 한 덩어리」, "꽃"「꽃병의 물을 갈며」, "공책"「공책 검사」, "우산"「비 오는 날에」·「우산」, "풍선"「풍선은 얼마나 무거운가」, "톱밥가루"「다음 생의 나를 보듯이」, "하루살이"「흔들리는 것들」, "빗방울"「찬비 내리고—편지 1」, "그림자" / "거스름돈"「거스름돈에 대한 생각」, "비행기"「활주도 없이」, "복숭아뼈 부딪치는 소리"「소리들」, "나뭇잎"「나뭇잎들의 극락」, "달팽이"「왜」, "밥"「黃砂 속에서」, "가방"「가벼워지지 않는 가방」 등 생활의 영역, 사물의 범주로 확장되며 주체가 체감하는 삶의 무게를 존재 자체에 대한 인식으로 변용시킨다. 이러한 다양한 변주의 중심에 바로 '손'에 대한 나희덕의 상상력이 자리하고 있다.

결국 "손바닥"을 펴 "단 한 번도 흘러넘치지 못한" 채 식어가는 "돌"을 바라보는 "나"의 심경은 '고통'과 "고통이 고통으로 그치고 마는 태연"함에 대한 "부끄러움"으로 정리될 수 있다. 자신을 표출하지 않은 채 세상과 더불어 살아가는 자가 "떠날 수 없는 자신"에 대하여 느끼는 그 같은 "부끄러움"「여의도」은 관조적 위치에서 자신의 모습을 바라보는 자가 느끼는 수치심이다.

> 그러나 뒷걸음질하다가도 보인다
> 늘 목격당하기만 하는 수치의 옷자락,
>
> —「노아의 포도」 중에서

풍경보다 내 몸이 먼저 보이는 때가 있다

절망의 아가리 속으로 막 들어서는 순간조차

고개를 돌리지 않고 지켜보아야 하는

참담함, 이 느리고도 쓸쓸한 내면이여

—「허」 중에서

나희덕의 시에 나타난 고통의 원인은 자신의 치부를 스스로 확인하는 과정에서 온다. "뒷걸음질"치거나 "내 한 몸 가리기에 급급"「우산」한 모습을 미화하거나 포장할 겨를도 없이 "수치의 옷자락", "참담함", "느리고도 쓸쓸한 내면"으로 형상화된 자신의 모습을 여과 없이 목도해야 하기 때문이다.

그러나 이는 '보이는' 것이지 자기가 의지적으로 '보는' 것이 아니다. "뒷걸음질하다가" 의도치 않게 부끄러운 모습을 들키고 마는 것과 같은 상황이 계속적으로 연출되는 것이다. 심지어 그리스 신화에 등장하는 잔혹한 형벌에서처럼 나는 절대절명의 순간에조차 "고개를 돌리지 않고" "절망의 아가리 속으로" 들어서는 자신의 몸을 적나라하게 지켜보도록 요구받는다. 늘상 자기의 "수치"를 "목격당하"고, "참담함"과 '쓸쓸함'을 확인하는 이 같은 모습은 시인이 끊임없이 천착해온 자기정결성에 수맥을 대고 있다.

그런데 비록 그 같은 버거운 삶이 스스로 자초한 것일지라도 나희덕 시의 주체는 그 무게에 짓눌려 허덕이지만은 않는다. "깎아도 깎아도 가벼워지지 않는 형벌"「손톱」, 독수리에게 파먹히면서 끊임없이 재생되는 프로메테우스의 간처럼 뜨겁게 돌을 던져 손바닥의 무게를 덜어내지 못한 자의 "살아라, 그리고 기억하라"「살아라, 그리고 기억하라」는 주문은 자신이 지고 있는 빚이 무엇인지를 스스로에게 계속 환기시키며 고통의 힘으로 그 삶을 지탱하도록 만드는 원동력이 되기 때문이다.

무거움을 어쩔 수 없이 참아내야만 하는 자신의 멍에로 받아들이면서도 나희덕 시의 주체는 명치끝을 짓누르는 듯한 고통에 시달리며 때때로 "만일 그 돌을 던졌다면, 누군가에게, 그랬다면, / 삶이 좀더 가벼울 수 있었을까" 라는 가정형의 자문으로 아픔을 토로한다. "아무리 작은 가방을 사도 / 삶의 짐이 가벼워지지 않으리란 걸 알면서"「가벼워지지 않는 가방」 "살기 위해서는 이제 / 뒷걸음질만이 허락된 것이라고"「땅 끝」 자조하는 관조적인 태도의 이면에 엷은 희망 한 자락을 가슴 언저리에 걸쳐놓고 고통과 번민 속에서도 절망의 음울함 속으로 추락하지 않으려는 재생의 의지가 있는 것이다.

"얼마나 떠돌아야 / 저 고요한 바닥에 이를 수 있을까"「나뭇잎들의 극락」라며 고통을 토설吐說하던 나희덕 시의 주체는 "잘 길들여진 발과 / 어디로 떠나갈지 모르는 발을 함께 달고서 / 그렇게라도 걷고 걸어서 / 나 서른이 되면 / 그것들의 하나됨을 이해하게 될까"「나 서른이 되면」라고 예측할 수 없는 미래에 대한 의문을 제시함으로써 속박된 현실로부터 벗어날 수 있기를 소망한다. 그것이 비록 다가올 날들에 대한 밝은 희망과 벅찬 기대는 아닐지라도, 미래의 그 어느 날에는 지친 심신으로 힘들게 걸어온 자신의 여정, 옴짝달싹할 수 없게 스스로를 옥죄고 있는 부끄러움의 결박으로부터 자유로워질 거라고 기대하며 현재를 무기력하거나 비루하게 살지 말아야겠다는 다짐을 이끌어내는 것이다. 그리고 이러한 가능성을 희구하는 가운데 나희덕 시의 주체는 조심스럽게나마 "밝은 햇살 아래 눈부신 기저귀처럼 / 하늘 한모퉁이 나도 그렇게 펄럭이고 싶다. / 보송보송한 살 한점 세상에 보태주고 싶다"「나는 펄럭이고 싶다」는 소망을 피력한다.

2. 타인의 무게로 나의 무거움을 감할 수 있을까

나희덕의 시에서 삶의 무거움은 부끄러움과 고통을 안겨주지만, 한편으로 삶을 지탱하는 원동력으로 작용하기도 한다. 그 저변에는 여전히 현실의 무거움을 덜어 가벼워지고 싶은 욕망이 도사리고 있다.

나희덕은 여러 형태의 시적 표현을 동원해 자기애를 발로로 한 현실의 무거움이 타인과의 관계 속에 경감될 수 있을지 스스로에게 묻는다. 그런데 역설적이게도 새로운 자신에 대한 그 같은 열망은 스스로를 무겁게 만든 '손'의 상상력과 결부되어 나타난다.

> 한 세숫대야에 함께 손을 담그고
> 이제는 꼬리가 아닌 두 손으로 만나며
> 물 한움큼씩 떠서 서로의 얼굴을 씻어내린다
>
> —「꼬리잡기는 더 이상 놀이가 아니다」 중에서

> 내 마음의 덩굴손이여
> 너는 또 어떤 누추함에 뿌리를 내리려느냐
> 누구의 가난을 또 푸르게 덮으려냐
>
> —「그 골목 잃어버리고」 중에서

「꼬리잡기는 더 이상 놀이가 아니다」이하 「꼬리잡기」와 「그 골목 잃어버리고」이하 「그 골목」의 '손'에는 '움켜쥔 손'의 부끄러움과 쇄신을 지향하는 '손'

의 모습이 동시에 나타난다. 「꼬리잡기」에서는 상대편의 꼬리를 잡음으로써 자신의 승리를 쟁취하던 "손"이 "한 세숫대야"로 표상된 공존의 경험을 통해 상대의 얼굴을 닦아주는 배려의 손으로 거듭났다. 또한 "새 아파트에 살면서" 가난한 이들의 "때묻은 벽지를 정겹다 말했던" "내 마음의 덩굴손"에 대한 「그 골목」의 반성은 "누군가의 가난을 필요로 했던 반성과 / 누군가의 비참을 필요로 했던 그리움"의 허울을 반복하지 말라고 스스로를 질책하기도 한다.

「그 골목」에서 한때 누군가의 "누추함에 뿌리를 내리"고 생존하던 "덩굴손"이 한편으로는 "푸른 이불과도 같이" "누구의 가난을 푸르게" 덮어주었다고 했다. 이에는 타인에 대한 연민과 그 진정성에 대한 자기 반성이 동시에 표출되면서, "내 마음의 덩굴손"이 과거와 다른 새로운 뿌리 내림을 통해 누군가를 감싸줄 수 있는 '손'으로 변모할 수 있기 바라는 무언의 소망이 내재되어 있다.

「뜨거운 돌」에서 움켜쥔 손을 펴고 들여다보던 '손'의 상상력이 정의나 선 등의 가치와 결부되어 대타적 관계에서 비롯된 '나'의 부끄러움과 고통의식을 낳았다면, 세상과 직접 접촉하는 「그 골목」의 '손'은 "내 쓰다듬는 손길 위로 / 만물은 녹아내려 / 고통의 강물이 흐르는데"「소경의 노래」에서 볼 수 있듯 마주대하는 '너'의 고통과 절망에 닿아있다. 스스로의 고통과 결부되던 자조적 반성의식과 달리 "길을 잃고 나서야 나는 / 누군가의 길을 잃게 했음을 깨달았다"「길 위에서」며 타자의 아픔과 직결된 자신을 뒤늦게 알아차렸다고 고백하는 자는 "자꾸만 찢어지는 공책을 달래어 숙제하면서도 / 그 순간 누군가 찢겨지고 있는 현실은 몰랐었다. / 그저 빽빽하게 성실하게 메꾸어가는 것뿐이었다"「공책 검사」에서처럼 미래의 가능성에 기대지 않고 현실을 속에서 해결책을 모색한다.

> 그때 나를 내리친 것이 빗자루방망이였을까 손바닥
> 이었을까 손바닥에 묻어나던 절망이었을까. 나는 방구
> 석에 쓰레받기처럼 처박혀 울고 있었다. 창 밖은 어두
> 워져갔고 불을 켤 생각도 없이 우리는 하염없이 앉아
> 있었다. 이상하게도 그 침침한 방의 침묵은 어머니의
> 자궁 속처럼 느껴져 하마터면 나는 어머니의 손을 잡
> 을 뻔했다.
>
> 그러나 마른번개처럼 머리 위로 지나간 숱한 손바닥
> 에서 어머니를 보았다면, 마음이 마음을 어루만지는
> 소리를 들었다면, 나는 그때 너무 자라버린 것일까.
> 이제 누구도 때려주지 않는 나이가 되어 밤길에 서서
> 스스로 뺨을 쳐볼 때가 있다. 내 안의 어머니를 너무
> 많이 맞게 했다.

—「너무 많이」 전문

여기에서 '손'은 '나'를 내리치는 "손바닥"과 "어머니의 손"으로 형상화되었다. 1연과 2연에서 "방구석에 쓰레받기처럼" 처박힌 "나"를 내리치는 "손바닥"은 어린 시절 나를 붙잡아주던 어머니의 손바닥이고, 움켜쥔 손을 펴 아픔을 대면하는 자신의 손바닥이며, 내가 잡아주지 못한 손바닥들의 절망이기도 하다.

"침침한 방"의 어두움 속에서 말을 건네는 이 하나 없이 홀로 된 고독 가운데 있던 "나"가 "우리"로 인식되던 "그때", 나를 때려준 "손바닥"은 '나'와 '너'의 경계를 허물고 '너'의 고통을 '나'와 '우리'의 고통으로 인식하게 만드는 연대감이었다. 그러한 사고가 같은 시집에 연이어 실린 시에서는 "당신의 손이 아니었다면 건널 수 없었던 / 어둠조차 이제 여기는 없습니다"「십년 후」라는 고백으로 나타났다. 여기서 "당신의 손"은 「너무 많이」에서 나를 잡아주던 과거 속 어머니에게로 귀속된다. "이제 누구도 때려주지 않는 나이가 되어 밤길에" "물결을 거스르며 견디는 돌멩이처럼" "우두커니 서"「십년 후」 자신의 뺨을 때리고 있는 지금의 내가 "당신의 손"이 깨우쳐주던 과거의 경험을 기억해냄으로써 "십년 후"로 표상된 현재에 "침침한 방"과 어두운 "밤길"이 나타내는 고통스러운 현실과 대응하려고 하는 것이다.

자신을 괴롭히던 "뜨거움이" 오히려 "온기가 되어" 스스로를 품어준 것일지 모른다는 역설을 인식한 나희덕 시의 주체는 그 같은 어두움의 부정성 속에서 "어머니의 자궁 속"을 떠올린다. 그런데 "내 안의 어머니"라는 표현에서 확인할 수 있는 이 같은 공생의식은 "내 안의 어머니를 너무 많이 맞게" 하는, 즉 타자의 희생을 디디고 선 현실에 대한 참회의 고백을 동반한다.

첫 번째 시집인 『뿌리에게』에 그러한 인식이 특히 두드러지게 나타난다. "길 아닌 곳에 이르러" "몸을 눕혀 나의 길이" 되고, "길 없는 곳에 이르러" "가시밭에 몸을 / 눕혀 그들의 길이" 되는 「길」의 "그대"와 "남의 밑에서 세상의 오물을 받아내고 / 구린내를 견뎌내면서 / 세상을 깨끗하게 하는 사람들", "비누거품 속에서 자신을 헹구어내며 / 다시 기저귀가 되어가는 사람들"을 형상화한 「나는 펄럭이고 싶다」의 '그대', '사람들'은 '나'와 '그들', '세상'을 위해 스스로를 낮추는 희생적 타자이다. 전능한 신도 영웅적

인물도 아닌 "눈가가 거무스레 늙으신 어머니"「열쇠」가 고통과 절망의 어둠에 침윤되지 않고 새로운 삶을 살아가도록 부여해준 "열망과 용기"는 나에게 "어둠에서 나를 이끌어낸 것은 / 주님이 아니라 어머니 속의 어머니,"「해빙」라고 고백할 정도의 기적과 같은 해방의 체험이었다. 그러한 내가 누군가의 어머니가 되어 아기의 귀저기를 빨게 되면서 "그 많은 자식들과 내가 / 형제처럼 사는 세상을 만드시려고 / 모두의 어머니가 되어주신"「우리 어머니」 어머니에게서 배운 "부단히 더러워지지 않으면 / 깨끗해질 수도 없다는" 진리를 새로이 깨닫게 된 것이다. 이 같은 희생과 공생의 관계에 대한 인식은 신춘문에 당선작인 「뿌리에게」에서부터 드러난다.

깊은 곳에서 네가 나의 뿌리였을 때
나는 막 갈구어진 연한 흙이어서
너를 잘 기억할 수 있다
네 숨결 처음 대이던 그 자리에 더운 김이 오르고
밝은 피 뽑아 네게 흘려보내며 즐거움에 떨던
아 나의 사랑을

먼우물 앞에서도 목마르던 나의 뿌리여
나를 뚫고 오르렴,
눈부셔 잘 부스러지는 살이니
내 밝은 피에 즐겁게 발 적시며 뻗어가려무나

척추를 휘어접고 더 넓게 뻗으면

그때마다 나는 착한 그릇이 되어 너를 감싸고,
불꽃 같은 바람이 가슴을 두드려 세워도
네 뻗어가는 끝을 하냥 축복하는 나는
어리석고도 은밀한 기쁨을 가졌어라

네가 타고 내려올수록
단단해지는 나의 살을 보아라
이제 거무스레 늙었으니
슬픔만 한 두릅 꿰어 있는 껍데기의
마지막 잔을 마셔다오

깊은 곳에서 네가 나의 뿌리였을 때
내 가슴에 끓어오르던 벌레들,
그러나 지금은 하나의 빈 그릇,
너의 푸른 줄기 솟아 햇살에 반짝이면
나는 어느 산비탈 연한 흙으로 일구어지고 있을 테니

—「뿌리에게」 전문

뜨거운 온기로 품어주며 어둠에 침윤되지 않도록 이끌어준 "어머니"「해빙」, 자식을 등에 업고 "생의 무게를" 대신 견디며 "세상 건너갔"던 "아버지"「밤, 바람 속으로」가 가르쳐 준 희생은 '사랑'을 기반으로 형성된 것이었다. 다른 누군가를 위해 대신 고통을 감내하는 그들의 희생적 사랑은 자기의 상처와 고통으로 타인을 살리고 치유시키는 섬김의 모습으로 나타났다.

"피"를 뽑아 흘려보내고, "살"이 부스러져 단단해지고, 바람이 "가슴"을 두드려 세우고, "벌레"가 들끓을지라도 뻗어가는 "뿌리"를 바라보며 '밝음', "즐거움", '눈부심', "축복", "기쁨"을 느낄 수 있는 것은 '나'의 시선에 "사랑"이 내재되어 있기 때문이다. "나의 뿌리"가 힘차게 내리뻗어 "푸른 줄기"를 성장시키도록 나는 "연한 흙"이 "거무스레" 늙어 "슬픔만 한 두릅 꿰어 있는 껍데기"처럼 변하면서까지 자신에게 남은 "마지막 잔"마저 내어주는 "착한 그릇"이 되기를 희구한다. 타자를 감싸 안을 수 있도록 온전하게 자기를 비우는 그 같은 희생을 고통스럽거나 견뎌내야 하는 인고의 과정으로 그리지 않고, "눈물 흘리며 씨 뿌리는 이 즐거움"「태고」을 수반한 "기쁨"과 "축복", 그리고 이 모두를 아우르는 "사랑"으로 정의한 나희덕의 시는—아들의 죽음으로 세상의 죄를 대속한 신의 사랑을 보여주는 기독교 교리와 유사한—희생이 수반된 타자관계가 내포한 희망의 세계관을 나타낸다.

이렇듯 자기 검열을 통해 삶의 무거움을 체감하던 자기 반성이 또 다른 무게를 견디고 있는 타인의 희생적 사랑을 경험하면서 나희덕의 시는 타자와의 관계 속에서 새롭게 자신의 정체성과 삶의 의미를 찾아가게 된다. 타인의 무게에 기대어 나의 무게를 더는 것이 아니라, 나의 무게로 누군가를 지탱하면서 '움켜쥔 손'의 부끄러움을 벗어나게 되는 것이다.

3. 무거움 속에서 가벼움을 배우다

그렇다면 자기를 비움으로써 "뿌리"를 살게 하는 "착한 그릇"으로서의 삶에서 의미를 찾아낸 자에게는 삶의 무게가 더 이상 문제 되지 않을까? "못 하나 위에서 견디는 것으로 살아온 아비"「못 위의 잠」와 "도끼로 찍히고 / 베이고 눈 속에 묻히더라도 / 고요히 남아서 기다리고 계신 어머니"「겨울산에 가면」, 심지어 "닭장 속에서 견디며 / 우리 二代를 견디게 한"「양계장집 딸」 "닭들"에 이르기까지, 고통을 견디고 참아내는 데 익숙한 성장환경에 둘러싸여 생래적인 자질마냥 인내와 기다림을 자연스럽게 습득했기에 삶의 무게도 "그냥 밥 생각이나 하면서"「밥생각」 "물결을 거스르며 견디는 돌멩이처럼"「십년 후」 버텨낼 수 있었을지 모른다.

그러나 나희덕 시의 기다림의 기저에는 시련과 고통에 굴복하거나 꺾이지 않고 견디다 보면 새로운 시간이 올 것이라는 믿음이 자리 잡고 있다. "그저 믿고 / 기다린다면 그 위로 풍성한 새떼를 놓이리라고 // 희망의 그물 던지며 기다리는"「길」 자세 말이다. 많은 경우 그러한 믿음은 자연의 성찰을 통해 '무거움'을 버텨내는 기다림의 가치와 그 끝에 자리한 '가벼움'의 의미를 구현하게 된다.

처녀작인 「뿌리에게」가 실린 첫 번째 시집에는 종종 의인화된 '나무'가 등장한다. "나무인 우리가 / …… / 나의 가지를 치나니"「戀歌」, "우리는 썩어가는 참나무떼"「음지의 꽃」, "화분 위로 끓어오르는 뿌리 굵은 나무"인 "너"「학교로 돌아오려는 제자에게」와 같이 '나', '너', '우리'의 1,2칭 인칭대명사로 지칭된 '나무'들이 객관적 거리를 형성하는 3인칭으로 나타나지 않았다는 사실은 '나무'로 대변된 자연을 대하는 자기 투영의 자세를 보여준다. 삶의 무게에 허덕이느라 자유롭게 가벼워질 수 없는 현실의 내 모습이 "벌목의 슬픔"「음지의 꽃」에 잠겨 "밑둥만 남은 채 눈을 맞는"「겨울산에 가면」 "시들어가는 나무 한 그루"의 아픔과 동일시되는 것이다. 나희덕의 시에서 내가 경험하는 이러한 고통은 "묶여진", "뿌리" 때문에 겪는 슬픔「나무 한 그루」으로 형상화된다.

> 바람아, 나를 마셔라.
> 단숨에 비워내거라.
>
> 내 가슴속 모든 흐느낌을 가져다
> 저 나부끼는 것들에게 주리라,
> 울 수 있는 것들은 울고
> 꺾일 수 있는 것들은 꺾이도록.
>
> 그럴 수도 없는 내 마음은
> 가벼워지고 또 가벼워져서
> 신음도 없이 지푸라기처럼 날아오르리.
>
> ―「태풍」 중에서

'뿌리'로 인해 고착된 나무의 무거움에 동질감을 느낀 나희덕 시의 주체가 무거움에 지쳐 시선을 돌린 곳에는 발레리에게 생의 감각을 일깨워 준 '바람', 자유롭게 날갯짓 하는 '새', 공중에 떠다니는 '지푸라기'와 '홀씨', '풀씨', 햇살 아래 펄럭이는 '기저귀'와 같은 '가벼움'의 요소들이 있다.

이 시에서 "나"는 자신을 무겁게 만드는 모든 것들을 "태풍"이라는 강력한 바람에 실어 보내려 한다. "내 가슴속 모든 흐느낌"과 울 수도 꺾일 수도 없는 "내 마음"을 포함한 "나" 자신을 말이다. 현재의 고통을 벗어버리고 살아가기 위해서는 내 모든 것을 "단숨에 비워"버리는 "바람"의 도움이 필요하다는 인식이 시 속에서는 "지푸라기처럼" 가볍게 날아오르고 싶다는 열망으로 환치되었다. 이토록 강력한 '가벼움'에 대한 열망은 나의 모든 것을 내어주더라도 "신음도 없이" 수용하고 싶은 새로운 삶의 모습이다. "달팽이는 왜 날아오르지 못할까 / (…중략…) / 왜 날개가 돋아나지 않는 것일까"「왜」라는 의문은 결국 스스로를 향한 것이기도 하였던 것이다.

나희덕의 시에서 가벼움에 대한 동경은 때로 "새의 날개처럼 / 손을 활짝 펴고 / 눈은 붉게, 하늘을 보며 / 온몸으로 지저귀"「手話」면서 "手話"를 연습하고, "움직일 수 없는 것들에 대하여 / 바람을 놓아주"며「경례하는 아이들」 "바람이 몰고가는 대로 나부끼던 지푸라기"처럼 "더 거센 바람을 맞아 일어서고 싶다"「신춘문예」고 소망을 피력하는 형태로도 변주된다.

저물 무렵
무심히 어른거리는 개천의 물무늬며
하늘 한구석 뒤엉킨
하루살이떼의 마지막 혼돈이며
어떤 날은 감히 그런 걸 바라보려 한다

뜨거웠던 대지가 몸을 식히는 소리며
바람이 푸른 빛으로 지나가는 소리며
둑방의 꽃들이
차마 입을 다무는 소리며
어떤 날은 감히 그런 걸 들으려 한다

—「그런 저녁이 있다」 중에서

지극한 서정성에 기반한 자기 성찰을 보여주는 「그런 저녁이 있다」에는 자기의 자취를 죽인 채 "감히 그런 걸 바라보려" 하고 "들으려" 하는 "어떤 날" 심상히 지나치던 "개천의 물무늬"가 "무심히 어른거"리는 것을 보게 되고 "둑방"에 쭈루니 핀 "꽃"들이 제각각의 수다를 마치고 "차마 입을 다무는 소리"를 듣게 되는 비밀 공유의 과정이 나타난다. 자연의 '가벼움'에 대한 동경이 자기 안에 "나무의 나이테"를 새겨 넣으며 자연을 바라보고 그 소리에 귀 기울이는 행위로 나타난 것이다.

이전에는 주목하지 않던 자연현상들을 "그런 저녁"에 처음인 것처럼 받아들인 자는 이제 '보이게 된' 눈과 '들리게 된' 귀로 세상을 새로이 '발견'하게 된다. "바람이 몰고가는 대로 나부끼던 지푸라기"의 "힘"「신춘문예」을 생각하고, "나무에서 떨어져 눕는 날" "가장 부드러운 목청을 얻는" 매미「매미」라든가 "오히려 태풍에 의해 공고해지는 땅"「태풍의 눈」의 비밀을 알게 되며, "어둠"에 시달리고 지친 곳에서 피어난 "눈물" 같은 "꽃"「철로가에 핀 목련」의 아름다움과 떨어지기 일보 직전인 무거운 "빗방울"에서 발견되는 '눈부심'「찬비 내리고—편지 1」을 경험하는 것이다. 이와 같이 역경을 견뎌내고 절정을 맛보게 되는 자연의 섭리는 비단 자연에서만이 아니라 아버지의 "기울어진 어깨"에 깃든 "평화"「여기에 평화가 있어」와 "상처를 터뜨리면서 단단해지는 손등"「빨래는 얼면서 마르고 있다」 등에도 깃들어 있다.

한편 역으로 그러한 깨우침은 막연하게 동경하던 "가볍게 나는 하루살이"의 비행에도 지탱해야 하는 "삶의 무게"「흔들리는 것들」가 존재하고 "날면서도 날개를 퍼덕일 수 없는 존재의 무거움"「활주도 없이」도 있다는 사실을 깨닫게 되는 인식의 전환으로 이어진다. 이렇듯 미처 주목하지 못하던 현상 이면의 비의를 새롭게 발견하는 일은 줄곧 동경해오던 '가벼움'에 대한 진지한 성찰을 수반한다. 겉으로 드러난 '무거움'이나 '가벼움'이 다른 의미를 지니거나 새로운 가치로 전도될 수 있음을 고백하는 시선 말이다.

그런데 이러한 새로운 바라봄이 마냥 새롭지만은 않게 느껴지는 것은 그것이 1990년대 나희덕의 시작 전반에 반복적으로 등장해온 까닭이다. 간혹 나희덕의 시를 읽다 보면 지식인의 자위적 변명과 같은 시구들에 어딘가 불편한 감정을 느낄 때가 있다. 타협하면서도 온전히 타협하지는 않는, 분노하면서도 이를 맹렬히 표출하지 못하는 자기 고민들이 때로 모종의 허위처럼 다가오는 것은 아마 그녀의 시가 처음부터 그러한 갈등과 그에 대한 해결책 모두를 담아냈기 때문일 것이다. 그러나 어쩌면 그러한 모순은 가벼움의 희구와 무거움의 소중함에 대한 인식이 공존하고, '뜨거운 돌'의 열정과 '움켜쥔 손'의 고통이 함께 나타난 나희덕의 시가 고통을 감내하는 자의 무거움과 가벼움을 체험적으로 진실하게 표현하는 원동력인지도 모른다.

> 흩날리던 나의 살점 뚝뚝 떼어 바람에게 주어보내고 나는 더욱 앙상한 모습으로 남았습니다. 이제 하나의 서약이 남아 있을 뿐입니다. 나의 살을 아끼지 말고 살아야겠다고, 내 안에 자라는 이 푸른 것들이 우거지는 그날까지 기둥만은 뽑히지 않겠노라고
>
> —「서약서 2」 중에서

「그런 저녁이 있다」에 "푸른 빛으로 지나가는 바람의 소리"를 동경하던 "어떤 날"의 내가 있었다면, 여기에는 자신의 "살점"을 내어주며 바람으로 인해 "앙상"해지는 나의 모습이 있다. 이전에 동경하던 가벼움과 달리 이

시에 나타난 "앙상한 모습"은 다른 형태의 가벼움인 "푸른 것"에 대한 기대를 현실화시키는 자양분이 된다. 햇살 아래 "너의 푸른 줄기"가 아름답게 뻗어갈 수 있도록 "착한 그릇이 되어 너를 감싸"는 「뿌리에게」의 희생이 "밝은 피"를 기쁘게 주는 "사랑"으로 표현된 이유가 이 지점에 와서 분명해진다. 이는 "그럴듯한 집 한 채 짓는 대신 / 못 하나 위에서 견디는 것으로 살아온 아비"「못 위의 잠」와 "도끼로 찍히고 / 베이고 눈 속에 묻히더라도 / 고요히 남아서 기다리고 계신 어머니"「겨울산에 가면」의 삶에서 볼 수 있던, 무거움을 감내하는 것에서 얻어지는 가벼움의 경험과도 상통한다. 고통과 슬픔을 인내하면서 누군가를 위해 자기를 희생하고 기다려온 자가 무거움을 견디며 맛보게 되는 해방의 순간, 그 가벼움이 나희덕의 시에서 중요하게 다뤄지는 것은 누군가의 딸, 엄마, 스승, 동료이기도 한 그녀가 글쓰기를 통해 자기와 세상에 말을 건네는 '시인'으로서의 좌표를 하나의 직업이 아닌 일종의 운명처럼 받아들이고 있기 때문일 것이다.

4. 무거운 가벼움으로 세상을 노래하자

시인으로서의 정체성에 관한 체험적 토설吐說로 시의 진정성을 노래한 시론격의 시들에서 그러한 사고의 편린들을 발견할 수 있다.

> 한줄기 빛도 없는 흙 속에서
> 나무뿌리에 입을 대고 목청을 기른 시인,

(…중략…)

여섯 해의 긴 침묵을 견딘 자에게만 목청을 주는 세상,
신록의 이 거친 물결 위에 누워
마지막 허물을 벗기 위하여
그는 나무등걸을 오르게 된 것일까

(…중략…)

그리하여 나무에서 떨어져 눕는 날에는
가장 부드러운 목청을 얻는 것이다

—「매미」 중에서

이 시에서 "한줄기 빛도 없는 흙 속", "허물", "음지", "여섯해의 침묵", '나무에서 떨어짐' 등으로 표상된 고통과 아픔의 흔적들은 "가장 부드러운 목청"을 얻기 위해 "매미"가 견뎌야 했던 지난한 삶의 무게이며, 한 편의 시를 세상에 내놓기 위해 시인이 겪는 고뇌와 번민의 습작과정을 나타낸다. "가까운 뽕잎부터 한 물결씩 베어먹고 / 하루하루 자라 마침내 / 메마른 나무상자에 다다른 누에"「詩」와 "너무 오래 달여서 서늘해진, / 고통의 즙액"인 "간장"「어떤 항아리」 또한 그러하다.

나희덕이 생각하는 '(참된) 시'란 '무거움'을 견뎌내고 비로소 '가벼움'의 차원에 접어든 "시인"에게만 허락된 경지이다. 흉내만의 '가벼움'으로는 결코 "너무나 짜서 맑아"「어떤 항아리」 지고, "나무에서 떨어져 눕는" 최후의 순

간에 "가장 부드러운 목청을 얻"고, "바다를 삼켜 섬이" 되는 '시'의 진정성에 도달하지 못한다는 자기 고백이 이러한 사고를 보여준다.

이 지점에서 첫 번째 시집의 발문을 써준 정현종의 애정 어린 충고를 다시금 떠올려볼 수 있다. "이데올로기가 사물의 의미를 부자연스럽게 왜곡하는 경우를 보여주는 「마늘을 찧으며」 같은 작품에 비해, 간곡한 마음의 눈에 붙잡힌 매개물밥은 한결 자연스럽고 설득력이 있다는 점에 유의할 필요가 있다"고 한 그의 언급은 나희덕의 시가 지닌 장점과 맹점을 모두 아우른다. 현실에 대한 관심과 생활의 경험이 감탄스러울 정도로 자연스럽게 서정 속에 녹아내리는가 하면, 어딘가 삐걱거리며 부자연스럽게 엇나가는 의식의 과잉과 맞닥뜨리기도 하는 것이다.

어느덧 문단의 중견이 되어버린 나희덕은 근간 5년여의 침묵을 견디고 새로이 여섯 번째 시집을 출간하였다. "손가락으로 퉁겨보면 그런 대로 맑은 소리를 내고 / 물을 담아보아도 괜찮"아 보이지만 정작 "고통의 즙액"인 "간장"만은 담아내지 못하는 "시라는 항아리"「어떤 항아리」를 나희덕 시인은 이미 알고 있다. 새로운 세기에 발표된 시집들은 여기서 다룬 1990년대의 시집들의 연속선상에 서 있지만 조금은 다른 면모를 보여주었다. 앞으로 또 다른 침묵의 시간들을 경험하게 될 그녀가 무거움을 통과한 가벼움으로 가다듬은 "가장 부드러운 목청" 소리를 들려줄 수 있기를 기대해본다.

진정성과 일상성의 이율배반

장석남론

김경숙

1. 90년대적 혼돈과 '길 찾기' 여정

90년대는 이데올로기적인 측면에서 세계사적 지각변동이 일어난 시기였다. 옛 소련의 몰락과 동구권의 붕괴 등 현실 공산주의의 와해는 누구에게나 커다란 충격이었고, 90년대는 그 충격 속에서 출발하였다. 공산주의라는 대립 체제의 존재 방식은 실상 우리의 자본주의 체제를 비추는 비판과 성찰의 거울인 동시에, 그 체제 속의 개인으로 하여금 끊임없이 더 나은 가치를 모색케 하는 중요한 동력학 구실을 해왔다. 그런 점에서 대립 체제의 몰락은 우리에게 매우 심각한 혼돈을 초래한 사건이 아닐 수 없었다.

이처럼 갑작스럽게 기존의 대결구도가 해체된 현실은 우리로 하여금 일정한 지향점을 상실하게 만들었다. 이로 인해 우리는 더 이상 과거를 반성하거나 미래를 기획할 수도 없었고, 다만 과거나 미래와는 무관한 듯 보이는 현재 속에 던져졌을 뿐이었다. 따라서 현실에 대한 우리의 인식과 모색은 밑바닥부터 새롭게 시작되어야 했다. 그리고 현실에 대한 위기의식과 타개의식이 절박할 때, 문학은 언제나 삶의 진정한 가치를 찾아 나서는 존재론적 여행을 시도하게 된다.

시인 장석남은 '길 이미지'를 통하여 우리의 90년대적 삶에 대해서 탐색하고 있다. 그는 90년대에 창작한 시들을 묶어 『새떼들에게로의 망명』1991, 『지금은 간신히 아무도 그립지 않을 무렵』1995, 『젖은 눈』1998, 『왼쪽 가슴 아래께에 온 통증』2001 등 모두 4권의 시집을 출판하고 있다. 이 시집들에서 그는 다음과 같은 일련의 변화 과정을 보여주고 있는데, 그것은 기존의 가치 체계가 무너진 혼돈 속에서 삶의 새로운 규범과 질서를 마련하기 위한 독자적인 '길 찾기' 여정이라고 할 수 있다.

2. 떠나기 ― '일상'에서 '비일상'으로

때로 길은 '방황'의 척도가 되기도 한다. 길의 본질을 미지의 세계를 향한 '떠나기'라고 할 때, 그것은 '여기'의 불안정성과 불확정성을 전제하는 것이기 때문이다. 이때 '여기'가 일상의 공간이라면 '미지'의 어딘가는 비일상의 공간이라 할 수 있으며, 일상에서 비일상으로 '길 떠나기'가 내포하는 궁극적인 의미는 삶에 대한 인식과 모색이라 할 수 있다.

「맨발로 걷기」라는 제목에서 환기되고 있듯이 아래의 시에서는 일상 속에서 삶을 살아간다는 것이 길을 '걷는' 행위로 표현된다.

생각난 듯이 눈이 내렸다

눈은 점점 길바닥 위에 몸을 포개어
제 고요를 쌓고 그리고 가끔
바람에 몰리기도 하면서
무언가 한 가지씩만 덮고 있었다

나는 나의 뒤에 발자국이 찍히는 것도
알지 못하고 걸었다

그 후 내
발자국이 작은 냇물을 이루어
근해에 나가 물살에 시달리는지
자주 꿈결에 물소리가 들렸고
발이 시렸다

또다시 나무에 싹이 나고
나는 나무에 오르고 싶어
아무 생각도 하지 못했다 그리고
잘못 자란 생각 끝에서 꽃이 피었다

생각 위에 찍힌 생각이 생각에
지워지는 것도 모르고

—「맨발로 걷기」 전문

먼저 1연에서 시간적 배경은 겨울이다. 화자는 눈이 내리고 있음을 묘사하는데, 시간의 경과를 내포하는 "생각난 듯이"라는 수식어를 통하여 눈이 내리는 속도가 느림을 시각화하고 있다. 2연에서는 "점점" "포개어" 등의 구절을 통하여 눈 내림의 반복성을 표현하고 있으며, 그 결과로서 '쌓다'와 '덮다'라는 상태를 제시하고 있다. 눈은 쌓여 '길'을 덮고, 이로 인해 길 위의 모든 흔적과 소리는 사라지게 된다. 눈이 만든 이 원시와 "고요"는 모든 것이 다시 시작됨을 의미한다. 그리고 3연에서 "발자국"은 삶의 환유로서 "걸었다"라는 행위와 결합함으로써 새롭게 시작된 화자의 삶의 궤적을 드러내주고 있다. 특히 "나의 뒤에"라는 구절에서 발자국이 화자의 지나온 삶을 의미하는 것임을 확인할 수 있다.

한편 4연에서 시적 의미 맥락은 두 가지 층위로 나뉘어 진술된다. "그 후 내~발이 시렸다"와 같이 1,4행이 직접 연결되면서 1차적 층위를 이루고 있으며, "발자국이 작은 냇물을 이루어~자주 꿈결에 물소리가 들렸고"와 같이 2,3,4행이 하나로 연결되면서 2차적 층위를 이루고 있다. 1차적 층위는 "그 후"라는 구절에서 알 수 있듯이 3연과 자연스럽게 연결되는 구체적 진술인 반면에, 2차적 층위는 "꿈결에"라는 구절에서 알 수 있듯이 1차적 층위를 부연하는 비유적 진술이다. 먼저 2차적 층위에서 화자의 삶을 비유하는 "발자국"의 이미지는 '걷다'라는 행위가 지닌 연속성을 매개로 하여 "냇물"로 변화된다. 냇물은 바다로 나가는데, 바다는 작은 냇물들이 서로 만나는 장소라는 점에서 삶의 공간 즉 세상을 의미한다고 볼 수 있다. 그리고 "물살"은 바다라는 공간 속에서 작은 냇물들이 서로 부딪치면서 발생하는 것이므로 인간사 혹은 세상살이라 할 수 있으며, "물소리"는 작은 냇물이 물살에 "시달리는" 때 내는 소리로서 세상살이로 인해 고통스러워하는 화자의 내면적 절규라고 할 수 있다. 이처럼 2차적 층위에서는 삶에 대한 화자의 인식이 '물소리'를 통하여 우회적으로 표현되고 있다면, 1차적 층위에서는 이것을 '발의 시림'으로 보다 육화하여 표현하고 있다.

그런데 5연에서는 "나무에 싹이 나고"를 통해 시간적 배경이 겨울에서 '봄'으로 변화되었음을 알 수 있다. 이에 따라 화자는 "나무에 오르고 싶"다는 욕망을 갖게 되는데, 그 욕망은 "아무 생각도 하지 못"할 정도로 강렬한 것이다. 위에서 제시된 '걷다'가 수평적 행위인데 반해 여기에서 제시된 '오르다'는 수직적 행위 가운데서도 특히 상승 행위로서, 양자는 화자의 현실적 삶과 이상적 욕망의 표현으로 대비된다고 할 수 있다. 하지만 화자 내면의 투사물인 이 나무는 '싹이 나고 꽃이 피다'와 같이 정상적으로 성장하지 못한다. 이 나무 또한 꽃을 피우기는 했지만 그 꽃은 "잘못 자란 생각 끝에서" 피어난 잘못된 꽃으로 묘사된다. 따라서 6연에서는 화자가 잘못된 꽃을 피우게 된 원인을 밝히고 있다. 화자는 나무에 오르고 싶다는 욕망에 사로잡혀 아무 생각도 하지 못했는데, 이것은 오로지 나무에 오르고 싶다는 한 가지 생각에만 사로잡혔다는 것을 말한다. 화자는 자신의 이러한 내면 상황을 "생각 위에 찍힌 생각이 생각에 / 지워지는 것"으로 표현하고 있는데, 이것은 생각의 비인과성 혹은 단절성을 의미한다. 화자는 "모르고"라는 단어를 통하여 그것이 잘못된 것이라는 사실과 그것을 뒤늦게 깨달았다는 사실을 드러내고 있다.

더 나아가 6연의 한 구절인 "생각 위에 찍힌 생각이 생각에 / 지워지는 것"에 나오는 세 개의 '생각'은 찍히고 지워지는 순차적 상관관계를 갖는데, 이는 1,2연에서 제시되었던 "몸을 포개어~쌓"고 "무언가 한 가지씩만 덮"는 '눈'의 이미지와 결부된다. 이로 인해 봄은 다시 '겨울'로 연결되고 화자의 나무에 오르는 행위는 다시 '눈길을 걷는' 행위로 전환된다. 계절은 이렇게 순환하게 되며, 계절의 순환과 더불어 화자의 삶 또한 '걷다'와 '오르다'를 반복하면서 지속될 것이다. 5연의 첫 구절인 "또다시"를 통해 화자는 이와 같은 사실을 암시하고 있다.

이처럼 이 시에서 시인의 자기 삶에 대한 인식은 '겨울의 발 시림'과 '봄의 잘못 피어난 꽃'으로 상징된다. "맨발로 걷기"라는 제목을 통하여 시사되고 있듯이 '겨울의 걷기'가 일상적인 삶의 고단함을 의미한다면 '봄의 오르기'는 비일상적인 삶의 희열을 의미하며, '잘못 피어난 꽃'으로 표현된다는 점에서 비일상적인 삶은 일상 속에서 가끔씩 범하게 되는 '일탈'일 뿐임을 알 수 있다.

> 저녁이면 어김없이 하늘이 붉은 얼굴로
> 뭉클하게 옆구리에서 만져지는 거기
> 바다가 문병객처럼 올라오고
> 그 물길로 통통배가
> 텅텅텅텅 텅 빈 채
> 족보책 같은 모습으로 주둥이를 갖다댄다
>
> 잡어떼, 뚫린 그물코, 텅 빈 눈,

갈쿠리손, 거품을 문 게

풀꽃들이 박수치는지
해안 초소 위로 별이 떴다
거기에 가면 별이 뜨기 전에
돌아와야 한다
별에 눈맞추며 덜컹대는
수인선 협궤열차에 가슴을 다치지 않으려면
별에 들키지 않아야 한다
가슴에 휑한 협궤의 터널이 나지 않으려면

—「소래라는 곳」 전문

제목에 명시되어 있듯이 이 시에서 화자는 "소래라는 곳"에 대해서 묘사한다. 소래는 화자가 사는 곳이 아니라 따로 시간을 내어 찾아간 곳이다. 즉, 일상의 공간이 아니라 비일상의 공간인 것이다. 소래에서의 하루 가운데서도 특히 화자는 '저녁'의 시간에 대해서 묘사하는데, 이 시간은 일상의 공간 속에서도 일탈의 시간에 해당하는 것으로서 비일상성이 강화되는 시간이라 할 수 있다. 1연에서 화자는 저녁 시간이면 소래에 찾아오는 자연 풍경의 변화를 묘사한다. 저녁이 되면 하늘은 땅으로 내려오고 바다는 올라온다. 이로써 하늘과 바다는 한층 가까워진다. 그런데 "하늘이~뭉클하게 옆구리에서 만져지"고 "바다가 문병객처럼 올라오고"라는 구절에서 알 수 있듯이, 땅 위의 화자는 자신을 환자로 인식한다. 저녁의 하늘과 바다가 화자의 내면을 병들게 만드는 것이다.

한편, 바다의 물길을 따라 육지에 닿은 "통통배"는 화자의 감정이 투사된 자화상이라 할 수 있다. 통통배는 "텅 빈 채"이며, "족보책 같은 모습"을 하고 있다. 족보책은 한 집안의 내력을 기록한 책이므로 내부가 무엇인가 중요한 내용으로 가득 채워진 형태를 띠게 되는데, 시인은 "텅 빈"과 "족보책"을 하나의 이미지로 결합시키고 있다. 따라서 2연에서는 그 이유가 제시된다. 화자가 통통배의 내부에서 보는 것은 살아서 펄펄 뛰는 값나가는 생선들로 그득한 만선이 아니라, "잡어떼, 뚫린 그물코, 텅 빈 눈, / 갈쿠리 손, 거품을 문 게" 등이다. "잡어" "뚫린" "텅 빈" "갈쿠리" "거품" 등에서 환기되듯이 그것은 볼품없고 헛된 것들이다. 이와 같은 존재의식은 1연에서 화자가 자신을 환자로 인식하는 것에 상응된다.

그리고 3연에서 화자는 소래에 가면 자신이 앓게 되는 병의 내용을 밝히고 있다. 저녁이 되면 소래의 "풀꽃"은 "별"로 전이된다. '풀꽃의 박수' 소리가 하늘로 올라가 별이 되는 것이다. 또한 별은 "수인선 협궤열차"와 눈을 맞추고, 그 '눈 맞춤'을 매개로 수인선 협궤열차는 "덜컹대"며 살아 움직인다. 이처럼 소래의 저녁에 모든 사물은 소리를 통하여 상호 교감하고 새로운 존재로 소생한다. 그런 점에서 소래의 저녁은 물활론적 시간이라 할 수 있다. 그런데 화자는 "거기에 가면 별이 뜨기 전에 / 돌아와야 한다"고 말한다. 그래야 "가슴을 다치지 않"을 수 있다고 말한다. 즉 별이 뜨고 나면 소래의 만물은 낯설게 살아나기 시작하고 거기에 동화되지 못하는 화자의 내면은 상처를 받게 된다는 것이다. 1연에서 화자는 별이 뜨는 저녁의 시간까지도 소래에 머물러 있었고, 따라서 자신을 상처 입은 환자로 인식하게 되었던 것이다.

보다 구체적으로 말하자면, 화자의 가슴에 난 상처는 '수인선 협궤열차'

와 '별'의 대립의식으로부터 기인하는 것이다. 별은 '뜨다'로 수식되듯이 상승 운동을 통해 하늘의 존재가 된 것으로서 화자의 이상을 상징한다. 그리고 수인선 협궤열차는 '달리다'로 수식되듯이 직선운동을 하는 땅의 존재이다. 그런데 "별에 눈맞추며 덜컹대는"이라는 구절에서 환기되듯이 저녁이라는 물활론적 시간에 달리는 협궤열차의 직선운동은 별을 향해 날아오르는 상승운동으로 전화될 수 있고, 그것은 바로 화자가 꿈꾸는 이상적 자아의 모습이라고 할 수 있다. 그러나 소래에서 펼쳐지는 비일상의 세계에 화자는 자신을 온전히 내어맡기고 동화될 수 없으며, 만일 그랬을 경우 그 경험은 단지 상처로 남게 된다. "가슴에 휑한 협궤의 터널이 나(다)"로 표현되듯이 그것은 상실감으로 구체화되는데, 이 상실감은 일상적 자아가 삶을 살아가는 데 있어서 장애가 될 뿐이다.

이처럼 "소래라는 곳"은 화자의 일상 공간이 아니라 일상에서 벗어나고 싶을 때 가끔 '찾아가는' 비일상의 공간이다. 따라서 소래를 찾아가는 화자의 행위에는 일상 공간으로 '돌아오다'의 행위가 본질적으로 내포되어 있다. 이런 점에서 볼 때 소래는 화자가 일상적 자아에서 벗어나 이상적 자아를 찾아가는 과정을 나타내주는 공간 상징인 동시에, 화자에게 일상적 자아와 이상적 자아가 분열되어 있는 현실을 각인시켜주는 공간 상징이라는 양면성을 지닌다.

3. 돌아오기 – '길'에서 '집'으로

일상의 공간에서 비일상의 공간으로 떠나기를 한 순간의 일탈로 규정할 때, 시인은 언제나 비일상의 공간에서 일상의 공간으로 돌아올 수밖에 없는 운명을 지닌다. 이제 삶에 대한 인식과 모색을 추구하는 이 시인의 시세계는 오히려 '집'이라는 공간으로 응축되고, 그 집이 지니는 의미는 '길'과 '집'이라는 공간적 대비를 통하여 드러난다.

아래의 시에서 화자는 현재 자신이 살고 있는 집이 위치한 "봉원사 입구"라는 공간에 대해서 묘사한다.

봉원사 입구
135번 시내버스 종점
중국집이 하나 그 아래
기사 식당이 하나
불조심 플래카드가
바람에 몸을 팔고 있다 빵집이
하나 치킨집이 하나
정육점이 하나 약국 앞에
관절을 앓고 있는 리어카가
한 대 에로틱 비디오 가게가 하나 과일 가게에선
연신 백열등불이 밀감처럼
비디오 가게 쪽으로 굴러온다

만화방이 하나 품 넓게 어미처럼
길이 하나 새끼를 치며 올라가는
봉원사 입구
그 새끼 친 한 길 끝에
내 목숨이 하나
농담처럼 겨울비에 젖으며
농담처럼 초인종을 눌러놓고

—「봉원사 入口」 전문

1,2행에서 화자는 집의 정확한 지리적 위치를 제시한다. "봉원사 입구 / 135번 시내버스 종점"으로 표현되듯이, 집은 시내가 끝나고 봉원사가 시작되는 지점에 자리하고 있다. 또한 이 시에서 "봉원사 입구"라는 구절은 1행과 15행에서 두 번 나타나는데, 전자가 135번 시내버스의 '마지막 정류장'을 지칭하는 법규적 명칭의 의미를 띤다면, 후자는 '봉원사로 가는 길'을 지칭하는 지리적 명칭의 의미를 띤다. 이처럼 도시와 봉원사라는 두 개의 대립 공간이 맞물리는 지점에 자리하고 있듯이, 집은 화자에게 두 개의 상반된 이미지를 내포하는 공간으로 인식된다.

첫 번째 이미지는 3~13행에 제시되어 있다. 135번 시내버스의 마지막 정류장은 "봉원사 입구"인데, 그 종점에는 "중국집" "기사 식당" "불조심 플래카드" "빵집" "치킨집" "정육점" "약국" "리어카" "비디오 가게" "과일 가게" "만화방" 등이 하나씩 있다. 이것들은 모두 옹기종기 붙어 있는데, 화자는 이러한 모습을 구문과 행 구분의 불일치를 통하여 시각화하고 있다. 이것은 도시의 변두리 동네 어디에서나 흔히 볼 수 있는 풍경이다. 그리고 그 풍경의 이면에는 "몸을 팔고" "관절을 앓고" 등의 구절에서 환기되듯이, 가난하고 병든 도시 서민들의 애환 서린 삶이 깃들여 있다. 세속의 눈으로 볼 때 이곳의 집들은 삶에 패배하고 세상으로부터 버림받은 인생들이 찾아드는 도피의 공간일 뿐이다. 그러나 탈속의 눈으로 볼 때 집의 의미는 전혀 달라질 수 있으며, 화자는 동전의 양면과 같이 맞물려 있는 양자의 관계를 표현하기 위해 13행에서 "만화방이 하나"와 "품 넓게 어미처럼"이라는 두 개의 맥락을 하나의 구문으로 연결시켜 놓고 있다.

두 번째 이미지는 13~19행에 제시되어 있다. 135번 시내버스 종점과 봉원사라는 절 사이에는 '어미의 품처럼' 넓은 오르막길이 하나 놓여 있는데, 그 길은 중간 중간에 '새끼를 치듯이' 작은 골목길들을 거느리고 있다. 그리고 "그 새끼 친 한 길 끝에" 화자의 집이 있다. 이곳이 바로 "봉원사 입구"이다. "품 넓게 어미처럼" "새끼를 치며"에서 알 수 있듯이 봉원사 입구에 펼쳐진 큰 길과 골목길의 관계는 '어미'와 '새끼'에 비유되는데, 이와 같은 비유는 봉원사와 집들의 관계로 전이되고, "내 목숨이 하나" "초인종을 눌러놓고"에서 알 수 있듯이 그것은 또 다시 집과 화자의 관계로 전이된다. 버려지듯 도심의 끝자락에 자리한 뒤쳐진 인생들은 봉원사라는 탈속의 세계로부터 위안과 평화를 얻으며 살아가고, "농담처럼" "겨울비에 젖으며" 등에서 환기되듯이 삶에 지치고 상처 받은 화자는 하루해가 저물면 작은 휴식과 치유를 위해 집으로 찾아든다.

> 나는 그 집 지붕의 갸륵함에 대해서
> 노래할 수 있을까
> 불임으로 엉킨 햇빛의 무게를

견디는,

때로는 고요 속에 눈과 코를 만들어

아래로 내려보내서는 서러운 허공중들도

감싸 안는

그 집 지붕의 갸륵함에 대해서

클레멘타인을 부르던 시간들을 아코디언처럼

고스란히 들이마셨다가

계절이 지칠 때

꽃피는 육신으로 다시 허밍하는

그 집 지붕의 단란한 처마들

나는 걸음에 젖어서

그 갸륵함에 대해서

—「내 살던 옛집 지붕의 갸륵함에 대해서」 전문

앞에서 살펴 본 「봉원사 入口」라는 시에서 화자는 현재 자신이 살고 있는 집에 대해서 노래하였다면, 위의 시에서는 과거에 자신이 살았던 "옛집"에 대해서 노래하고 있다. 집의 요소 가운데서도 특히 "지붕"의 이미지를 통하여 화자는 그 집의 의미를 표현하고 있다.

1연에서 화자는 "그 집 지붕의 갸륵함에 대해서" 노래하고 싶다는 심정을 드러낸다. 그리고 그 집 지붕이 갸륵한 이유를 밝히는데, 그것은 불임으로 엉킨 햇빛의 무게를 '견디어주고' 서러운 허공중들도 '감싸 안아주기' 때문이다. 또한 "나는~노래할 수 있을까"라는 의문형의 사용을 통하여 그 집 지붕의 갸륵함이 얼마나 큰지를 역설적으로 강조하고 있다.

2연에서 화자는 "그 집 지붕의~처마들"이 하는 역할에 대해서 표현한다. 아코디언이 공기를 들이마셨다가 내뿜으면서 음악을 연주하듯이, 그 집 지붕의 처마들은 "클레멘타인을 부르던 시간들"을 고스란히 간직했다가 "계절이 지칠 때"면 그것을 꺼내 펼쳐 보여줌으로써, 즉 힘겨운 시간이 찾아올 때마다 과거의 행복했던 기억을 되살려줌으로써, 그 집에 깃들어 살고 있는 인간들의 시드는 육신을 '꽃피는 육신'으로 생활의 황폐함을 '단란함'으로 치유하여 회복시켜준다.

3연에서 화자는 위에서 도출된 두 개의 시간을 공간화 하여 1,2행으로 병치시켜 놓고 있다. 1행의 "나"가 개별적 존재라면, 2행의 "그"가 함축하고 있는 "그 집 지붕"은 각각의 나를 하나로 연결하여 '우리' 혹은 '가족'으로 만들어준다. 이때 "걸음"에서 알 수 있듯이 '길'이 나의 공간이라면, '집'은 가족의 공간이다. 또한 "걸음에 젖어서"라는 구절에서 확인할 수 있듯이 길을 '걷다'의 행위는 '젖음'의 의미를 동반하는데, 젖음은 비나 땀의 이미지와 결합하여 '무거움'의 속성을 띠게 되고 눈물의 이미지와 결합하여 '서러움'의 속성을 띠게 된다. 반면에 집으로 '돌아오다'의 행위는 "갸륵함"의 의미를 동반하는데, 갸륵함은 무거움에 대응하여 '견딤'의 속성을 띠게 되고 서러움에 대응하여 '감싸 안음'의 속성을 띠게 된다.

이처럼 화자는 '지침의 시간'과 '단란함의 시간'이라는 두 개의 시간에 '길'과 '집'이라는 두 개의 공간을 각각 대응시키고 있다. 그리고 "걸음에 젖어서 / 그 갸륵함에 대해서"라는 구절 가운데 '젖어서'와 '대해서'의 대응에서 나타나고 있듯이, 전자의 상황 속에서 후자를 지향하고 있다.

4. 머물기 – '생활'의 재발견

'길'에서 '집'으로 돌아온 시인의 시 세계는 시간이 지남에 따라 집의 내부와 그 공간에서 벌어지는 소소한 일들로 한층 구체화된다. 시인은 집 안이라는 일상 공간과 거기에서 경험하는 생활의 자잘한 사건들 속에서 삶의 새로운 의미를 발견하고 있다.

아래의 시는 전체가 두 연으로 구성되어 있다. 1연에서 화자는 봉숭아를 가꾸는 자신의 심정을 표현하고 있으며, 2연에서는 봉숭아를 가꾸는 자신의 행위에 대하여 의미를 부여하고 있다.

조그만 샛강이 하나 흘러왔다고 하면 될까
바람들이 슬하의 식구들을 데리고
내 속눈썹을 스친다고 하면 될까
봉숭아 씨를 얻어다 화분에 묻고
싹이 돋아 문득
그 앞에 쪼그리고 앉는 일이여
돋은 떡잎 위에 어른대는
해와 달에도 겸하여
조심히 물을 뿌리는 일이여

후일 꽃이 피고 씨를 터뜨릴 때
무릎 펴고 일어나며

一生을 잘 살았다고 하면 되겠나
그 중 몇은 물빛 손톱에게도 건너간
그러한 작고 간절한 一生이 여기 있었다고
있었다고 하면 되겠나
이 애기들 앞에서

—「봉숭아를 심고」 전문

1연에서 볼 때 "봉숭아를 심고"라는 제목에서 나타나고 있듯이, 지난 어느 날 화자는 봉숭아 씨를 얻어다 화분에 묻고 매일같이 물을 주면서 들여다보았다. 오늘도 여느 때와 같이 물을 주다가 "문득" 싹이 돋아난 것을 발견하였다. 너무나 대견하고 사랑스러운 마음에 화자는 자신도 모르게 "그 앞에 쪼그리고 앉"아 바라보다가, 돋은 떡잎 위에 "조심히 물을 뿌"린다. 그런데 여기에서 화자가 표현하고자 하는 것은 싹을 돋운 봉숭아 자체에 대한 것이 아니라, 그처럼 싹을 돋울 수 있도록 봉숭아를 돌보아 온 자신의 마음에 대한 것이다. 즉, 화자가 제시한 "조그만 샛강이 하나 흘러왔다고 하면 될까"와 "바람들이~내 속눈썹을 스친다고 하면 될까"와 같은 비유는 봉숭아 씨가 싹을 돋운 자연적 변화의 놀라움을 표현한 것이 아니라, 이 구절들이 "그 앞에 쪼그리고 앉는 일이여"와 "조심히 물을 뿌리는 일이여"에 호응되는 것으로 볼 때 싹을 돋운 봉숭아를 경이로운 눈으로 바라보고 정성껏 돌보는 화자 자신의 내면 정서를 표현한 것이라 할 수 있다. 말하자면 화자는 봉숭아라는 자연물 자체에 관심을 갖고 있는 것이 아니라, 그 자연물에 관심을 기울이는 자기 자신의 내적 변화에 더 집중하고 있는 것이다.

이와 같은 사실은 2연에 오면 더욱 분명하게 드러난다. 먼저, "후일"이라는 어휘를 통하여 화자가 미래의 상황을 가정하고 있음을 알 수 있다. 많은 시간이 흘러 이제 막 돋아난 봉숭아의 싹이 자라 꽃을 피우고 씨를 터뜨리게 된다면, 그 때 화자는 지금 쪼그리고 앉았던 "무릎(을) 펴고 일어"날 것이다. 그러면서 무릎을 쪼그리고 앉은 현재와 쪼그린 무릎을 펴고 일어나는 미래 사이의 시간에 대해 "一生을 잘 살았다"라는 말로 의미 부여하고 있다. 봉숭아라는 하나의 작은 생명체를 제대로 길러낸 일에 대해서 '일생의 성공'을 대응시키고 있는 것이다.

다음으로, 화자는 "그 중 몇은 물빛 손톱에게도 건너간"이라는 구절을 통하여 봉숭아의 생애라는 층위와 인간의 일생이라는 층위를 유추적 관계로 연결 짓고 있다. '씨앗 → 싹 → 꽃(→씨앗)'의 성장 과정은 봉숭아의 일생을 보여준다. 그리고 그 중 어떤 봉숭아는 누군가의 손톱에 아름다운 꽃물을 들여 주는 것으로 일생을 마감한다. 화자는 그러한 봉숭아의 삶을 "작고 간절한 一生"이라고 말한다. 그러나 "그러한 작고 간절한 一生"은 봉숭아에만 해당하지 않는다. 한 사람으로 태어나고 자라서 짝을 만나고 아이를 낳는 평범한 삶이면 일생을 잘 산 것이 아니겠느냐는 생각이다. 또한 살면서 누군가에게 사소한 기쁨을 주는 존재일 수 있다면, 그러한 삶을 "작고 간절한 一生"이라고 말할 수 있지 않겠느냐는 것이다. 시인이 5,6행에서 그러한 일생이 "여기 있었다고 / 있었다고"와 같이 '있었다고'를 행 바꿈을 통해 두 번 반복하고 있는 것은 "작고 간절한 一生"을 추구하는 자신의 소망을 보다 강하게 표현하기 위한 것이다. 따라서 마지막 행에 제시된 "이 애기들"이 지칭하는 '애기들'은 이제 막 싹이 나기 시작한 어린 봉숭아인 동시에 화자 자신의 아이들이라고 할 수 있다.

늦은 밤에 뭘 생각하다가도 답답해지면 제일로 가볼 만한 곳은 역시 부엌일 밖에 달리 없지.

커피를 마시자고 조용조용히 덜그럭대는 그 소리는 방금 내가 생각하다 놔둔 詩 같고, (오 詩 같고)

쪽창문에 몇 방울의 흔적을 보이며 막 지나치는 빗발은 나에게만 다가와 몸을 보이고 저만큼 멀어가는 허공의 유혹 같아 마음 달뜨고, (오 詩 같고)

매일매일 식구들을 먹여 살리는 고요의 이 반질반질한 빛들을 나는 사진으로라도 찍어볼까? 가스레인지 위의 파란 불꽃은 어디에 꽂아두고 싶도록 어여쁘기도 하여라.

내가 빠져 나오면 다시 사물을 정리하는 부엌의 공기는 다시 뒤돌아보지 않아도 또 詩 같고, 공기 속의 그릇들은 내 방의 책들보다 더 고요히 명징한 내용을 담고 있어, 읽다가 먼데 보는 오 얄팍한 銀色 詩集 같고,

—「부엌」 전문

위의 시에서 화자의 직업은 시인이다. 1연에서 화자는 "늦은 밤" 시를 쓰기 위해 혼자서 깨어 있다. 이 시간에 "뭘 생각하다가도 답답해지면" 언제나 그가 찾는 곳은 "부엌"이다. 일반적으로 '부엌'과 '서재'는 대립적 공간의 이미지를 갖는다. 부엌은 생활을 유지시켜주는 가장 '일상적인 공간'인 반면에 서재는 고도의 정신 활동을 하는 가장 '비일상적인 공간'이기 때문이다. 그런데 화자는 직유법을 통해 부엌의 이미지를 서재의 이미지와 등치시킨다. 화자는 '커피 잔을 덜그럭대는 소리'에서 "방금~생각하다 놔둔 詩"를 느끼고, '쪽창문을 스치는 빗발'에서 문득 머리에 떠오르는 시 구절을 느낀

다. 여기에서 "나에게만 다가와 몸을 보이고 저만큼 멀어가는 허공의 유혹"은 바로 뒤에 이어지는 괄호 속의 "詩"를 육화한 표현이라고 볼 수 있다.

한편, 2연에서 화자는 보다 직접적으로 부엌과 서재를 대응시키고 있다. 집 안의 공간 가운데서도 특히 '부엌'은 매일매일 식구들을 먹여 살리는 생활의 중심 공간이다. 화자는 늦은 밤 부엌에 깔려 있는 어둠과 고요 속에서 다음날 아침에 되살아날 "빛"과 "불꽃"을 본다. 그리고 이들로 인하여 부엌은 "어여쁘기" 그지없는 존재로 인식된다. 따라서 시인은 고요한 "부엌의 공기"가 "詩" 같다고 말한다. 또한 부엌에 놓여 있는 "그릇들"은 자신의 방에 놓여 있는 "책들"보다 더 명징한 내용을 담고 있어 "銀色 詩集" 같다고 말한다. 이처럼 화자는 생활의 가치를 재발견하고 있다. 가장 일상적인 공간인 부엌과 가장 비일상적인 공간인 서재를 대비시키면서 부엌의 사물에 책과 시집이 함의하고 있는 정신적 차원의 의미를 부여하고 있는 것이다.

5. 살아내기 — '인생'의 참뜻

그동안 '일상에서 비일상의 공간으로 떠나기 → 비일상에서 집의 공간으로 돌아오기 → 집 안의 생활공간에 머물기'로 전개되어 온 시인의 시 세계는 마침내 삶에 대한 인식과 자세의 변화로 귀결된다. 이와 같은 일련의 여정 속에서 시인은 하나의 '깨달음'을 얻게 되었고, 그것은 삶에 대한 새로운 긍정을 낳고 있다.

아래 시의 제목은 "강 1"이고 부제는 "흘러감"이다. 강은 흐름의 속성 때문에 흔히 인생에 비유되곤 하는데, 이 시에서도 마찬가지이다.

> 어느 깨달음이 저보다 더 어여쁜 자세가 될 것인고
> 무엇이 저렇듯 오래 젊어서 더더욱 찬란할 것인고
> 강을 건너는 것이 어디 나뭇잎들이나
> 새들뿐이던가 봄이나 안개들뿐이던가
> 저 자세
> 저— 밑바닥에서 지금 무엇이 가라앉은 채 또한 강을 건너고 있는지
> 때로 강의 투명은 그것을 보여주려는 일
> 이 세상에 나온 가장 오랜 지혜를 보여주려는 일
>
> 가장 낮은 자가 가장 깊이 삶을 건너는,
> 가장 가벼운 자가 가장 높이 이승을 건너는,
>
> 어느 깨달음이 저보다 더 어여쁜 자세가 될 것인고
>
> —「江 1 — 흘러감」 전문

1연에서 화자는 흐르는 강물을 바라보며 "깨달음"을 얻고 있는데, "어여쁜 자세" "오래 젊어서" "찬란할 것" 등의 구절에서 알 수 있듯이 그곳에서 발견한 깨달음은 그 무엇보다도 가치 있는 것으로 인식된다. 그 깨달음이란 바로 강을 건너는 두 가지 자세에 대한 통찰이라 할 수 있다. 강을 건너는 첫 번째 자세를 보여주는 것으로는 "나뭇잎들" "새들" "봄" "안개들" 등이 있는데, 이것들은 지극히 가벼운 것들로서 자신의 몸을 물 위로 '띄움'으

로써 강을 건널 수 있다. 반면에 강을 건너는 두 번째 자세를 보여주는 것으로는 "무엇"으로 지칭되는 또 다른 사물들이 있는데, 이것들은 지극히 무거운 것들로서 자신의 몸을 물 아래로 '가라앉힘'으로써 강을 건널 수 있다. 즉, 아주 가볍거나 아주 무거워야 강물의 흐름에 휩쓸려 떠내려가 버리지 않고 무사히 강을 건널 수 있다는 것이다.

그런데 "강을 건너는 것이 어디 나뭇잎들이나 / 새들뿐이던가 봄이나 안개들뿐이던가"라는 구절 속의 '—뿐이던가'와 "저 자세 / 저— 밑바닥에서"라는 구절 속의 '저'에서 환기되고 있듯이, 양자 가운데서 화자가 주목하고 있는 것은 가볍게 뜬 채 강물을 건너는 자세가 아니라 바로 '무겁게 가라앉은 채 강물을 건너는 자세'이다. "강의 투명은 그것을 보여주려는 일"에서 '그것'이 지칭하는 것 또한 후자이며, 화자는 그것을 "이 세상에 나온 가장 오랜 지혜"라고 평가한다.

한편, 2연에서 화자는 이와 같은 깨달음의 의미를 한 단계 더 심화시켜 제시하고 있다. 즉 1연에서 자연물을 관찰하는 가운데 깨닫게 된 지혜를 인간의 삶에 적용하여 재해석하고 있는 것이다. 먼저 화자는 '무거움'의 이미지를 "가장 낮은 자가 가장 깊이 삶을 건너는"이라는 구절을 통하여 '깊이'의 이미지로 전이시킨다. 세상에서 가장 비천하고 보잘 것 없는 자들이 세상의 풍파를 온몸으로 겪으며 가장 농익게 인생을 살아낸다는 것이다. 다음으로 화자는 '가벼움'의 이미지를 "가장 가벼운 자가 가장 높이 이승을 건너는"이라는 구절을 통하여 '높이'의 이미지로 전이시킨다. 세상에서 가장 가난하고 잃을 것 없는 자들이 세상의 탐욕에 물들지 않은 채 가장 담백하게 인생을 살아낸다는 것이다.

더 나아가 이 세상에서 '비천함'은 곧 '가난함'이라는 점에서 볼 때 '가장 낮은 자'는 곧 '가장 가벼운 자'이며 '가장 깊이 삶을 건너는' 것은 곧 '가장 높이 이승을 건너는' 것이 된다. 또한 역으로 이 세상에서 '가난함'은 곧 '비천함'이라는 점에서 볼 때 '가장 가벼운 자'가 곧 '가장 낮은 자'이며 '가장 높이 이승을 건너는' 것이 곧 '가장 깊이 삶을 건너는' 것이 되기도 한다. 3연에서 화자는 바로 이와 같은 깨달음을 가장 "어여쁜 자세"라고 긍정하고 있는 것이다.

6. 90년대 문학의 새 틀, '일상'의 미학

90년대는 가치관의 붕괴와 혼란 속에서 다가올 새 시대를 위한 기본 틀이 마련된 시기라 할 수 있다. 사회주의권의 대변혁과 탈이념이 보여준 세계사적 변화는 문학에 대해서도 기존 문학의 대응방식을 버리고 새로운 응전력을 구축할 것을 요구했다. 즉 90년대는 역사 혹은 이념의 지평에서 개인의 존재 의미를 탐색해 나가는 것이 불가능해진 시기로서, 90년대 문학은 이와 같은 맥락을 대신하여 우리들의 삶이 추구할 수 있는 무언가를 새롭게 찾아내야만 했다.

시인 장석남이 이 시기에 새롭게 모색하고 있는 문학의 정체성은 '일상성의 미학'이라는 요소로 귀결된다. 장석남 시인이 떠난 여행의 끝은 '일상'이며, 그 여행을 통한 길 찾기의 결과는 '가치의 전복'에 있다. 여행의 본질은 돌아오기 위해서가 아니라 '떠나기'에 있으며, 여행의 의미는 결과가 아니라 '여정'에 있음이 분명하다. 그럼에도 불구하고 애초부터 비일상으로 떠나기를 일탈로 간주했다는 점에서 이 시인의 여행은 자신이 떠나왔던 지점으로 '회귀'할 수밖에 없는 운명을 지니고 있었으며, 그에 따라 현실 속에서가 아니라 '자신의 내부'에서 길을 찾을 수밖에 없는 한계를 지니고 있었다. 이러한 점에서 볼 때 궁극적으로 그의 '길 찾기' 여정은 현실에 대한 치열한 고뇌라기보다는 현실에서 벗어나 '일상 속으로 도피'할 수 있는 논리적 근거를 마련하기 위한 자기변명의 장치로서 진정성을 의심받을 수밖에 없다.

일상성이란 반복으로부터 오는 익숙함의 세계를 의미한다. 우리 가운데 누구도 이 일상성의 세계에서 벗어날 수 없으며, 그런 점에서 일상성은 우리 삶의 근본 조건 중의 하나이다. 하지만 90년대적 일상성은 80년대를 지배했던 거대한 패러다임이 사라진 지점에서 새롭게 조명되고 있다는 점에서 독특한 의미를 지닌다. 즉 90년대적 일상성은 자신의 외부를 이루던 역사와 이념의 '대리물'로서 전면적으로 재구성되고 있는 것이다. 따라서 장석남의 시를 비롯한 90년대 문학 속에서 진정성과 일상성은 본질적으로 '이율배반의 관계'를 지닌다고 볼 수 있다.

사랑의 여정, 출구의 언어

정끝별론

김희정

1. '사랑'이라는 응전의 방식

사회주의 몰락 이후 본격적으로 침투해 들어오기 시작한 거대한 세계 자본주의 시스템은 1990년대를 경유하며 우리 사회의 제반 영역들을 놀라운 속도로 세속화시켰고 전통, 역사, 정치, 문화와 같은 정신적 가치들의 영향력을 소리 없이 마모시켜왔다. 주체가 나아가야할 삶의 방향을 투명하게 지시해주던 철학적, 윤리적 고정점들이 전방위적으로 해체되어 가는 상황 하에서, 비판적 이성이 도구적 이성으로 전락하고 역사로부터 소외된 개인들이 범람하는 시대의 도래 앞에서, 시詩는 그 존재 근거를 어디에서 찾아야 할 것인가. 1990년대로 들어서면서 새롭게 시의 화두로 등장하게 된 일상, 여성, 자연, 대중문화 등의 주제들은 파편화되고 세속화된 이 시대의 주체들이 상실감과 허무에 응전하는 방식들을 다양하게 보여준다. 하나의 중심이 사라진 대신 다양한 주변부적 기호들이 그 자리를 대신하게 된 것이다.

정끝별•의 시는 이렇게 '역사적 현실'이라는 투명한 대타자가 무너지고 난 뒤 비어버린 중심 주위를 다양한 현대성의 기호들이 빽빽하게 둘러싸기 시작하는 지점에서 출발했다. 태생적으로 1990년대의 세대론적 상황과 밀접하게 결부되어 있는 것이다. 따라서 정끝별의 시세계를 깊이 있게 규명하기 위해서는 시인이 문제적으로 인식한 전환기적 시대의 한계 상황이 무엇이고, 이에 응전하기 위해 고안해낸 방식은 무엇이며, 결과적으로 이를 통해 그의 시가 어떠한 전망을 확보해내고 있는지에 대해 살펴볼 필요가 있다.

1988년 『문학사상』 신인상에 「칼레의 바다」 외 6편이 당선되면서 시단에 등장한 이래 첫 시집 『자작나무 내 인생』1996에서부터 『흰 책』2000, 『삼천갑자 복사빛』2005, 『와락』2008에 이르기까지 그의 시력詩歷은 몇 가지 뚜렷한 변화를 보이며 진행해 왔다. 초기 시세계가 비속한 일상을 고통스럽게 응시하는 자아의 불안한 내면 풍경을 반복적으로 재현하는데 초점을 두고 있다면, 중기 이후의 시세계는 그러한 불화와 긴장의 상황을 극복하게

• 지금까지 발간된 정끝별 시인의 저서는 다음과 같다. 시집 『자작나무 내 인생』(세계사, 1996), 『흰 책』(민음사, 2000), 『삼천갑자 복사빛』(민음사, 2005), 『와락』(창작과비평사, 2008). 시론집 『패러디 시학』(문학세계사, 1997). 평론집 『천 개의 혀를 가진 시의 언어』(하늘연못, 1999), 『오룩의 노래』(하늘연못, 2002). 시선평론집 『행복』(이레, 2001), 『사랑아, 나를 몰아 어디로 가려느냐』(글빛, 2004), 『시가 말을 걸어요』(토토북, 2004), 『밥』(마음의숲, 2007), 『어느 가슴엔들 시가 꽃피지 않으랴』 1(민음사, 2008). 산문집 『여운』(화니북스, 2003), 『그리운 건 언제나 문득 온다』(이레, 2007).

해줄 대안적 원리를 찾는 데 초점을 두고 있는 식이다. 정리해 보면 초기 시세계는 자아가 처한 한계 상황에 대한 자각과 반성을, 중기 이후의 시세계는 그러한 한계 상황을 돌파하기 위한 적극적인 응전의 과정을 보여준다고 할 수 있겠다.

특히 주목되는 것은 부정한 세계에 대해 그의 시가 취하는 응전의 방식이다. 정끝별의 시는 무엇보다 '사랑'의 원리에 주목한다. 비속한 일상에 함몰된 채 허위적인 삶을 지속하는 데서 오는 자아의 환멸감과 상실감을 극복할 대안을 '사랑'에서 찾고자 한 것이다. 정끝별의 시가 설파하는 '사랑'은 그 속성 면에서 크게 두 번에 걸친 질적 변화를 보여준다. 신화의 세계에 유폐되어온 어머니를 상징계의 수면 위로 불러올리고 그 어미의 사랑을 일상적 삶에 내재된 허무와 절망감을 극복할 원리로 도입한 것이 첫 번째 전환점이라면, 희생적 면모가 강조된 모성적 사랑에서 다시 대상과의 충일한 합일과 희열이 강조된 유희적 사랑으로 옮아간 것이 그 두 번째 전환점이라고 할 수 있다. 이 두 전환점은 곧 부정한 세계에 대한 정끝별 시의 문학적 대응 방식이 변화되는 지점이기도 하다. 본 글은 이 점에 주목하여 정끝별 시의 자아가 '사랑의 기술'을 체득하고 변주해가는 과정을 조망해보고자 한다. 이는 전망 상실의 시대라 일컬어지는 1990년대적 현실에 그의 시가 어떠한 출구를 내고자 했는지, 그리하여 이 시기 문학에서 그가 놓인 고유한 영역이 어디인지를 탐색해 보고자 하는 시도에 다름 아니다.

2. 길 위에 결박당한 청춘, 망각된 '사랑'

정끝별의 첫 시집 『자작나무 내 인생』은 비속한 일상의 균열 지점들을 고통스럽게 응시하는 데서 시작된다.

비가 내리었네
온종일 오리처럼 앉아 숲 보네
그렇게 허름했던 사랑의 이파리
허물어진 졸참 가지에
넘어지며 나는 가고 있네
내 나이를 모르고 둥근 하늘 아래
잎이 피네 짐처럼 지네
잎이 지네 나도 흙먼지
숲에 가득하네 세월의 붉은 새
나는 많이도 속이며 살았네
낡아 묻히면 방문치 않으리 아무도
꽃이 피리라 기약치 않으리
숲 기슭에 오리처럼 앉아 있네
비가 많이 내리네

—「졸참나무 숲에 살았네」 전문

언젠가 비가 내리던 때를 회상하며 화자는 "오리처럼 앉아" 숲을 응시한다. 예전의 그는 “허름했던 사랑의 이파리”마저 허물어져버린 “졸참 가지에 / 넘어지며” 숲 속을 걸었다. 자신의 나이도 모른 채 황량한 숲 속을 걷는 화자의 모습은 날개가 퇴화된 오리에 비유된다. 여기서 ‘가다’라는 행위는 눈에 띄게 수동화, 자동화되어 있다. 자아의 자동화된 운동성은 잎이 피었다가도 “짐처럼” 지는 졸참나무의 모습과도 대응한다. 잎을 다 떨어뜨린 졸참나무 숲이 붉은 “흙먼지”로 가득하다는 것은 잎이 지는 소멸의 과정이 또 다른 생성을 예비하지 못하는 상황을 보여준다. “세월의 붉은 새”는 이러한 불모적 공간을 벗어나지 못하고 그 안에서 졸참나무와 함께 쇠락해온 청춘의 이미지다. 과거를 반추하는 행위를 통해 화자는 무심하게 흘러가버린 세월 속에서 마모되어온 자신의 청춘, 방황의 시절과 대면하고 있는 것이다. 삶의 부정적인 양태가 변하지 않고 지속된다면 미래 역시 암담할 수밖에 없다. 세월의 흙먼지 속에서 낡아 묻히는 일은 누구도 방문하지 않는 고립의 땅에, 어떠한 꽃도 피어날 수 없는 완전한 불모지에 갇히는 것을 의미하기 때문이다.

다음의 시 역시 불운한 기억에 붙들린 청춘의 모습을 그리고 있다.

유난히도 하얗던 자작나무를 보면서도 가을 겨울내 心身蟲에 나무 몸 안이 파먹히고 있었음을 못 보았다. 온통 속 비어버린 몸이었기에 봄이 오고 여름이 왔어도 새 잎 돋지 않았음을 못 보았다. 무성했던 잎이 잡목들의 잎이었음을 못 보았다. 그토록 오래 내게 위안을 주었던 자작나무의 불운을 못 본 것이다. 간밤 비에 젖은 몇 개의 밑둥 혹은 등걸을 보고 그제야 알아차렸다, 내 앞에서 몸 숨겨버린 자작나무 몇 그루를. 이미 두엄의 색을 닮아가고 있는 생톱밥더미를 보았을 때야 알았다, 베어진 가지 사이의 햇빛이 숲 전체를 밝아보이게 한다는

것을. 그 빈터로 낯선 길 하나가 새로이 놓여지고

낯선 등걸에 잠시 앉아본다. 아직 축축하다. 햇빛을 따라 성글게 놓여진 길에 들어선다. 자작나무 숲은 또 이대로 자연스럽고 나는 익숙하게 걸어나온다. 불운한 기억은 어디론가 떠나야 한다는 것처럼

—「기억은 자작나무와 같아 2」 전문

"유난히도 하얗던 자작나무"는 계속해서 죽음의 징후를 보여주지만 "자작나무의 불운"에 대해 무심했던 화자는 끝내 그것을 알아차리지 못한다. 화자가 그 죽음을 알아차린 것은 자작나무가 꽃을 피우지 못하는 불임의 상태가 되어 잘려나가고 난 뒤다. 화자는 나무가 잘려나간 "몇 개의 밑둥" 주위로 흩어진 "생톱밥더미"가 "두엄의 색"으로 썩기 시작하는 것을 보며 비로소 그 죽음이 무성한 "잡목들"로 빽빽하던 숲에 성근 길을 하나 놓아주는 일이었음을 깨닫는다. 자작나무가 내준 "낯선 길"은 '숲'으로 상징되는 화자의 어두운 내면 너머에 존재하는 밝은 외부세계를 향한다. 제목을 통해 암시되듯 이 시에서 베어진 몇 그루의 자작나무는 화자의 사라진 '기억'을 뜻한다. "그토록 오래 내게 위안을 주었던 자작나무" 같은 '기억'이 사라지고 남겨놓은 길은 아직 한 번도 가본 적이 없는 "낯선 길"이다. 하지만 이 길은 곧 "아직 축축"한 "낯선 등걸"에 앉아 보는 화자의 행위를 통해 '익숙한 길'로 전환된다. 나무 등걸의 축축함은 자작나무가 죽어가며 남긴 고통과 슬픔의 흔적이다. '나'를 오래 위로해 주던 기억의 흔적과 직접 접촉함으로써 화자는 "자작나무 숲"을 "또 이대로 자연스럽"게 받아들인다. 그리고 이를 통해 "불운한 기억은 어디론가 떠나야 한다는 것처럼" 화자는 자작나무 숲을 "익숙하게 걸어나온다."

이렇듯 정끝별의 초기 시가 우울한 내면 풍경을 반복적으로 재현하는 이유는 무엇일까. 왜 "나는 / 연기처럼 어두"「녹나무 아래 2」운가. 식물의 속성과 광물의 속성이 중첩되어 있는 '녹나무'의 이미지는 정끝별의 초기 시가 반복적으로 재현하는 허무와 절망의 정서가 어디에서 기인하는지를 분명하게 보여준다.

> 걸어온 길을
> 기억치 못하는 모든
> 보행자는 녹슬어간다 불쌍한
> 우리는 매일 오가는 거리에서
> 보고 있지 않은가 집들이 무너져가는 것을
> 아름다운 청춘의 흉곽에서
> 허물어지는 거푸집으로
> 구멍 숭 숭
> 자유로이
> 옮겨다니는 녹나무 뿌리를
>
> 처음 그것은
> 보행자의 영혼에 낀 피로
> 추억의 빵부스러기에 내려앉은 먼지
> 그리고 마비와 망각
> 우리 모두가 가진 하늘에
> 묘지를 내고 비좁게 누운

우리 사랑의 전모

창문 앞 벌써
녹잎이 입술에 닿고
한 잎 한 잎 지붕을 덮으면
오 아이들은 노파가 되고
그대 애인마저도
오그라져

녹을 만드는 커다란 나무가
꽃피는 것은 치명적인 일이다

—「길 섶 녹나무」 중에서

"보행자의 영혼에 낀 피로", "추억의 빵부스러기에 내려앉은 먼지", "마비와 망각"으로 은유되는 '녹'은 일상 곳곳에 덕지덕지 붙어 있는 소멸과 마모의 흔적이다. 그러므로 "녹을 만드는 커다란 나무"란 무표정한 일상적 시간, 죽음을 향해 맹렬히 달려가는 직선적 시간의 상징에 다름 아니다. 자식이 태어나자마자 무섭게 먹어치우는 크로노스처럼 "시계와 기차"「내 안 녹나무」의 시간은 쉴 새 없이 "녹잎"을 돋아 올린다. "걸어온 길을 / 기억치 못하는 모든 / 보행자는 녹슬어간다". 심지어 보호와 위로의 공간이 되어야 할 '집'에도 이러한 죽음의 징후가 산재해 있다. 화자에게 '집'은 삶에 대한 자아의 의지와 열정을 퇴화시키고 몰수해가는 깊은 수렁으로 인식된다. "아름다운 청춘의 흉곽에서 / 허물어지는 거푸집"처럼 "집들이 무너져가는 것을" "우리는 매일 오가는 거리에서" 본다. "녹나무 뿌리"는 이렇게 집이 무너진 곳에 "숭 숭" 뚫린 구멍 사이를 자유로이 오가며 검버섯 같은 죽음의 분진을 사방에 뿌려댄다. 이 "녹나무" 앞에서는 젊음도 사랑도 무력하다. 벌써 창문 앞까지 뻗어온 "녹잎"들이 지붕을 모두 뒤덮으면 "아이들은 노파가 되고 / 그대 애인마저도 / 오그라"진다. 그러므로 "녹을 만드는 커다란 나무가 / 꽃피는 것은 치명적인 일이다". 그리하여 이곳에서의 '사랑'은 "우리 모두가 가진 하늘에 / 묘지를 내고 비좁게 누"워 죽음을 선언해 버렸다는 것, 이것이 바로 "우리 사랑의 전모"다.

"녹잎"으로 뒤덮인 '집'의 이미지는 자아를 가두는 불모와 불임의 공간인 '숲'의 또 다른 변주이다. 일상적 삶 곳곳에 꽃처럼 피어난 '허무'와 '무의미'야말로 정신과 육체를 안에서부터 조용히 갉아먹는, 그리하여 부지불식간에 자아의 전존재를 무너뜨리는 "심신충心身蟲"「기억은 자작나무와 같아 2」인 것이다.

정끝별 시의 상처와 절망은 이렇듯 사랑과 열정을 거세해버리는 일상적 현실과의 불화에서 기인한다고 할 수 있다. 특히 가족과 집은 불화의 영역 중에서도 가장 오래된 기원을 갖는 원체험지로 등장한다.

> 수억의 피묻은 화살 청동숲에 가득하고
> 돌아볼 때마다 소금기둥이 되는
> 내 아비의 아들의 아들의 눅눅한 배꼽에
> 넘어지며 넘어지며 도망치는 화창한 가족
> 백서른두 바늘에 배를 꿰매고
> 화석 한가운데로 걸어들어간 어머니

한 시대가 저문 늦은 귀가

녹슨 대문에 걸린 청동 하늘

—「청동시대」 중에서

"청동시대"로부터 이어져온 가족의 모습은 '불화하는 가족'의 신화적 원형을 보여준다. 남성적 계보를 중심으로 한 가족의 역사는 "넘어지며 넘어지며 도망치는" 끊임없이 피 흘려야 하는 갈등의 연속이었다. 이 와중에 "백서른두 바늘에 배를 꿰매고 / 화석 한가운데로 걸어들어간 / 어머니"는 모성의 원리가 청동시대 이후 역사 속에서 사라져 버리게 된 정황을 포착하게 해준다. 청동시대 이후의 역사는 "수억의 피문은 화살"의 역사였다. 여기서 "화살"은 남성, 특히 가부장적인 아버지의 폭력적 지배 수단을 상징한다. 상황을 정리해보면 이렇다. 역사는 화합과 공존을 모색할 수 있는 모성적 원리를 배제한 채 세계의 질서를 강력한 가부장권 아래 포섭해버리는 순간에 시작되었다. 그리고 그 이후부터 '집'은 전쟁터를 방불케 하는 투쟁의 공간으로 전락해버렸다. "한 시대가 저문 늦은 귀가"길에서 "녹슨 대문에 걸린 청동 하늘"을 보는 화자의 모습은 이러한 신화 속 원체험이 여전히 자아의 삶을 지배하고 있다는 사실을 보여준다. 다시 말해 '나'는 여전히 "청동숲"에서 살아가고 있는 것이다. 그리하여 '나'는 "오늘도 불화의 문을 두드린다"「흘러가는 집 날아다니는 가족」.

정끝별의 시에서 "길에 대한 공포는 집을 향한 망설임"「길섶 꿈속」의 또 다른 표현이라고 할 수 있다. 때문에 그의 시에서 일상적 시간의 지배 아래 놓인 집과 그러한 집을 향해 가는 '길'은 '자기 상실'에 대한 두려움과 지리멸렬함이 뒤엉켜 있는 공간으로 읽히는 경우가 많다. '자기 상실'의 공포는 특히 '길 위에 갇힌 자'의 이미지를 통해 구체화되곤 한다. "흡반처럼 긴 철로를 따라" "조롱받는 노쇠한 말처럼" 걷고 있는 "고철古鐵열차 한 사나이"「철로에 갇힌 사나이」라든지, 태어난 순간부터 뻘밭을 쑤셔대며 살아야 하기에 "날개가 있다는 걸 죽을 때야 안"다는 "둥지새"「둥지새」 등으로 변주되는 일련의 고립적 이미지들은 일상성으로 대변되는 남성적, 합리적인 질서 자체를 문제화하고 있다. 이는 정끝별의 시가 일상을 이야기하되 단순히 일상인의 비애를 토로하는데서 그치는 것이 아니라 그러한 삶의 방식에 내재된 가부장적 질서와 합리적 시간관에 대한 성찰과 문제제기로까지 나아가고 있다는 것을 보여준다.

3. '둥근 길'로 귀환한 어미, '모성적 사랑'의 도입

일상과의 불화와 그에 대한 성찰에서 출발한 정끝별의 시는 두 번째 시집 『흰 책』으로 넘어오면서 점차 세계와의 화해를 모색하기 시작한다. 갈등과 긴장의 구도에서 화해와 상생의 구도로 시적 방향을 전환한 것이다. 이때 시인이 주목한 것이 바로 '모성적 사랑'이다. 그동안 가부장적 질서와 합리적 시간관이 상징계 밖으로 추방해온 모성의 원리를 세계의 한계를 돌파할 수단으로 선택한 것이다.

첫 시집 『자작나무 내 인생』의 끝자락에 수록된 「옹관」 연작은 방향 상실에서 기인한 자아의 긴장과 불안을 종식시킬 새로운 비전이 탄생하는 순간을 의미심장하게 보여준다.

모든 길은 항아리를 추억한다
해묵은 항아리에 세상 한 짐 풀면
해가 뜨고 별 흐르고 비가 내리는 동안
흙이 되고 길이 되고
얼마간 뜨거운 꽃잎
또 하루처럼 열리고 잠겨
문득 매듭처럼 덫이 될 때
한 몸 딱 들어맞게 숨겨줄
그 항아리가 내 어미였다면,
길은 다시 구부러져 내 몸으로 들어오리라
둥근 길
길의 입에 숨을 불어넣고
내가 길의 어미가 될 것이니,
내 안에 길이 있다
내가 가득찬 항아리다

—「甕棺 1」 전문

"항아리" 속 시간은 죽음을 삶으로, 소멸을 생성으로, 밤을 낮으로 전환시키며 존재가 '생성되는 순간'을 끊임없이 재현한다. '똑'으로 시작해 '딱'으로 끝나는 시계의 불가역적 시간, 파괴와 죽음을 향해 치닫는 직선적 시간과는 차별되는 그것은 생성과 소멸의 과정을 끊임없이 반복하는 순환적 시간에 다름 아니다. 따라서 "해묵은 항아리"는 죽음과 삶이 꼬리를 문 뱀처럼 원환 모양으로 맞물려 있는 공간이라고 할 수 있다. 모든 "길의 어미"

인 "항아리"의 몸속에서 일상적 삶의 행로를 규정짓던 '직선적 길'은 구부러져 "둥근 길"이 된다. 그리고 이 "둥근 길"을 따라 다시 존재의 시작점에 도달한 화자가 새롭게 찾아낸 정체성은 바로 '어미'의 그것이다. "백서른두 바늘에 배를 꿰매고 / 화석 한가운데로 걸어들어간 어머니"「청동시대」가 다시 이 세계로, 걸어 나온 것이다.

메타포의 원리를 내장한 가정적 표현 "그 항아리가 내 어미였다면"이 발화되는 순간 "항아리"는 곧 '어미'의 수용적受容的 육체를 의미하게 되고, 이는 다시 '내 몸 = 길의 어미 = 항아리'라는 등식을 만들어 내기에 이른다. 이로써 화자는 자신 안에 내재한 모성의 힘을 전신으로 체험하게 된다. "길은 다시 구부러져 내 몸"속으로 들어오고 '나'는 "길의 입에 숨을 불어넣"는다. 죽은 '길'을 다시 소생시킬 수 있는 "길의 어미", "둥근 길"로 "가득찬 항아리"가 된 것이다. "내 안에 길이 있다"는 사실을 인식한 화자에게 더 이상 삶은 무의미할 수 없다. 허무와 절망으로 가득 차 있던 일상적 삶은 이제 생성력으로 충만해진다. '나'는 죽음을 품어 삶을 출산하는 건강한 자궁이자 숭고한 '대지'이기 때문이다.

자신이 "길의 어미"임을 선언한 정끝별 시의 자아는 이제 치유와 재생의 에너지로 작용하는 '어미의 사랑'을 통해 이 황폐하고 불모적인 세계를 가로지르고자 한다. 그리하여 정끝별이 찾아낸 어머니는 어떠한 현실적 고통 앞에서도 의연하고 강인하게 대상을 길러내는 넉넉한 품을 지닌 '빈 속'으로 형상화된다.

> 세상과 화음할 수 없을 때 우리
>
> 마주앉아 내공에 힘쓰자구

내공이 깊을수록 아름다운 소리를 낸다지
모든 현들은
어미집 같은 한없는 구멍 속에서
제 소리를 일군다지
그 구멍 속에서 마음놓고 운다지

—「현 위의 인생」 중에서

속 빈 떡갈나무에는 벌레들이 산다
그 속에 벗은 몸을 숨기고 깃들인다.
속 빈 떡갈나무에는 버섯과 이끼들이 산다
그 속에 뿌리를 내리고 꽃을 피운다
속 빈 떡갈나무에는 딱따구리들이 산다
그 속에 부리를 갈고 곤충을 쪼아먹는다
속 빈 떡갈나무에는 박쥐들이 산다
그 속에 거꾸로 매달려 잠을 잔다
속 빈 떡갈나무에는 올빼미들이 산다
그 속에 둥지를 틀고 새끼를 깐다
속 빈 떡갈나무에는 오소리와 여우가 산다
그 속에 굴을 파고 집을 짓는다

속 빈 떡갈나무 한 그루의
속 빈 밥을 먹고
속 빈 노래를 듣고

속 빈 집에 들어 사는 모두 때문에
속 빈 채 큰 바람에도 떡 버티고
속 빈 채 큰 가뭄에도 썩 견디고
조금 처진 가지로 큰 눈들도 싹 털어내며
한세월 잘 썩어내는
세상 모든 어미들 속

―「속 좋은 떡갈나무」 전문

시 「현 위의 인생」에서 '내공'은 중의적 의미를 갖는다. 내적인 공력을 의미하는 '내공'内功과 비어 있는 속을 의미하는 '내공'内空이 바로 그것이다. 따라서 "내공이 깊을수록 아름다운 소리를 낸"다는 표현 역시 두 가지 의미로 해석될 수 있다. 그 하나는 오랜 수련 과정을 거쳐야 악기가 아름다운 음률을 풀어 낼 수 있다는 것이고, 다른 하나는 악기의 구멍이 깊을수록 소리의 공명을 일으키는 부분이 넓어져 성숙된 울림을 낼 수 있다는 것이다. 화자는 현악기의 "구멍"을 "어미집"에 비유함으로써 이러한 '내공'의 두 가지 의미를 모두 포섭한다. 속이 빈 현악기의 몸통은 "소리"가 성숙해가는 성장의 공간이자, "소리"들이 마음 놓고 울 수 있는 위로의 공간이다. "소리"라는 타자를 위해 평생을 희생하는 것이 "어미집"의 운명이라면 그 삶은 내공内功을 길러야 가능한 것이다. 이는 '어미'의 정신적 속성이다. 또한 '어미'는 자식의 삶을 온전히 감싸 안기 위해 내공内空을 넉넉하게 넓혀야 한다. 이는 '어미'의 육체적 속성이다. 이렇게 정신과 육체가 모두 모성적 사랑으로 충만할 때 악기의 "구멍"은 비로소 "아름다운 소리"를 풀어낼 수 있게 된다.

시 「속 좋은 떡갈나무」 역시 '어미'의 '빈 속'에 주목한다. "속 좋은 떡갈나무"는 숲에 사는 모든 생명들을 '빈 속'으로 품어내며 연약한 존재를 보호하고 치유하는 모성의 미덕을 체현한다. '품어주는 사랑'은 모든 불우한 존재들에게 구원과도 같은 것이다. 하지만 사랑을 발휘하는 쪽은 어떠한가. "집에 들어 사는 모두"의 '어미'가 되기 위해서는 뼈아픈 자기희생이 요구된다. "한세월 잘 썩어내는" 일이 바로 그것이다. 잘 썩어내기 위해서는 "큰 바람에도 떡 버티고", "큰 가뭄에도 썩 견디고", "큰 눈들도 싹 털어내"야 한다. 하지만 "떡", "썩", "싹"이라는 부사어들로 환기되듯, 떡갈나무는 자신을 흔드는 "큰" 시련들 앞에서도 의연하게 버틴다. "속 빈 떡갈나무"의 사랑이 갖는 힘은 바로 이러한 강인함에 있다.

> 가갸거겨 강을 라랴러려 집을 하햐허혀 나무를 들었다 놓았다 한밤내 석봉이도 저렇게 글줄깨나 읽었을 겝니다 그밤내 불무 불무 불무야 이 땅에서 제일 따뜻한 아랫목을 위해 확— 열어놓은 불구멍 같은 저 달을 세상 어미들이 밤새 가래떡처럼 썰어대는군요 그러니 저리 펄펄 내리는 거겠죠 한밤내 호호백발 두 母子가 꿈꾸었을 해피엔딩을 훔쳐 읽다 문득 자고 있는 아이놈 고추를 만져보는 기가 막힌 밤인 겝니다
>
> —「흰 책」 중에서

시 「흰 책」은 모성적 사랑이 갖는 긍정적 힘을 보다 전면화한다. 백지 상태로 현존하는 "흰 책"은 글자가 아닌 존재로 씌어 진 책이다. 때문에 흰 책의 내용은 읽는 순간 상징적 질서의 매개 없이 곧바로 물질화, 현실화된다. 가령 화자가 "가갸거겨" "라랴러려" "하햐허혀"를 읽으면 현실의 "강", "집", "나무"가 들었다 놓아지게 되는 것이다. 한석봉의 이야기는 "흰 책"이

가진 이러한 비밀한 힘을 밝고 긍정적인 모성의 에너지와 연결시킨다. 글 읽는 아들에게 "따뜻한 아랫목"을 만들어주기 위해 밤새 아궁이 앞에서 "불무 불무 불무야" 풀무질 했을 "석봉이" 어미의 사랑과 정성은 "불구멍 같은 저 달"로 변용되어 온 세상에 밝은 빛을 "펄펄" 날린다. "저 달"이 뿜어내는 사랑은 비단 석봉 어미만의 것이 아니다. 그것은 "세상 어미들"의 모든 '빈 속'에서 일렁이고 있는 것이다. "흰 책"을 "훔쳐 읽"는 화자의 행위는 "흰 책" 속에 갇혀 있던 "세상 어미들"의 사랑을 세상 밖으로 풀어놓고, 이를 통해 현실 공간을 모성적 사랑으로 충만하게 만든다. 그리하여 세상에 "펄펄" 내리게 된 "어미들"의 사랑은 화자 안에 잠들어 있던 모성까지 일깨운다. "호호백발 두 母子가 꿈꾸었을 해피엔딩을 훔쳐 읽"던 화자의 시선이 "문득 자고 있는 아이놈"에게 향하는 순간, "흰 책" 안의 모자 관계는 화자의 현실 속 모자 관계로 치환된다. 화자는 "세상 어미들"의 사랑을 "아이놈 고추를 만져보는" 행위로 실연實演한다. 흥미로운 것은 화자가 이 순간을 "기가 막힌 밤"이라고 표현하고 있다는 점이다. '어미'의 자기도취적 행복을 설파함으로써 모성적 사랑이 태생적으로 갖는 희생과 고통보다는 성취감과 희열을 더 부각시키고 있는 것이다.

지금까지 살펴본 것처럼 『흰 책』의 시세계는 '모성적 사랑'에 대한 천착을 골자로 한다. 이는 정끝별의 시가 어미의 '품어주는 사랑'을 통해 1990년대라는 불모적인 시대의 한계를 돌파하고자 했다는 것을 의미한다. 그러나 품고 보살피기만 하는 사랑에는 분명한 한계가 내재한다. 사랑이 타자를 무조건적으로 '품어주는 것'을 넘어 타자에게 '침투하는 것'으로까지 나아가지 않는다면, 일방적으로 주는 사랑에서 상호적으로 주고받는 사랑으로 그리하여 사랑의 집중에서 사랑의 확장으로 나아가지 않는다면, 사랑은 단지 '이편'에서 끝나버릴 수밖에 없기 때문이다. 그리하여 시인은 이제 자아와 타자라는 이편과 저편을 상호적으로 오가며 두 편 모두를 생기와 희열로 가득 채울 수 있는 새로운 사랑의 차원을 탐구하기 시작한다.

4. '모성적 사랑'에서 '유희적 사랑'으로 옮아가기

『삼천갑자 복사빛』, 『와락』에 이르러 정끝별의 시는 희생과 고통을 동반하는 모성적 사랑에서 쉽게 전이되고 확장되는, 그리하여 세계 전체를 밝은 빛으로 일렁이게 만드는 역동적이고 경쾌한 유희적 사랑으로 그 의미 영역을 확장해 간다.

사립을 조금 열었을 뿐인데,
그늘에 잠시 기대앉았을 뿐인데,
너의
숫된 졸참 마음 안에서 일어난 불이
제 몸을 굴뚝 삼아
가지를 불쏘시개 삼아
타고 있다
저 떡갈에게로
저 때죽에게로
저 당단풍에게로

불타고 있다

저 내장의 등성이 너머로

저 한라의 바다 너머로

이 화엄으로

사랑아, 나를 몰아 어디로 가려느냐

—「상강」 전문

시 「상강」은 자아와 외부 세계 사이에 가로놓인 경계를 적극적으로 침투해들어가는 '유희적 사랑'의 역동성을 잘 보여준다. 화자는 단지 "사립을 조금 열었을 뿐"이고 졸참나무의 "그늘에 잠시 기대앉았을 뿐"이다. 그런데 이 "조금"의 관심과 "잠시" 동안의 접촉이 "숫된 졸참 마음 안에" 꺼지지 않는 불길을 일으킨다. 순식간에 졸참의 "몸"을 휘어감은 불은 "떡갈에게로" "때죽에게로" "당단풍에게로" 옮아가다 이내 온산을 뒤덮고 "내장의 등성이 너머"까지 번진다. 그리고 마침내 "한라의 바다 너머"까지 도달하는 순간, "저" 외부 세계로 거침없이 뻗어가던 "불"은 다시 "이" 세계, 즉 자아의 내면으로 비약적으로 되돌아온다. 이미 '불길'이 한 번 거쳐 간 "이" 세계는 더 이상 예전과 같은 곳일 수 없다. "이"곳, 즉 화자의 내면은 이제 붉은 빛깔이 아름답고 장엄하게 물결치는 "화엄"의 세계로 변해 있다. 외부 세계를 거쳐 다시 그 시작점으로 되돌아온 '사랑'이 화자의 내면을 강렬한 감동으로 흔들어놓고 있는 것이다. 자아와 세계의 경계는 이로써 허물어진다. 이제 '나'와 세계가 모두 아름다운 "화엄"이다. 사립을 조금 열어보게 하고 나무 그늘에 잠시 기대앉아 있게 한 '나'의 불씨처럼 작은 '사랑'이 이렇게 큰 전염성과 파급력을 갖고 있었다니. 화자는 눈앞에 펼쳐진 장엄한 풍경에 경탄한다. “사랑아, 나를 몰아 어디로 가려느냐”.

오랜만에 만난 후배는 기공을 한다 했다
몸을 여는 일이라 했다
몸에 힘을 빼면
몸에 살이 풀리고
막힘과 맺힘 뚫어내고 비워내
바람이 들고 나는 몸
바람둥이와 수도사와 예술가의 몸이 가장 열려 있다고 했다
닿지 않는 곳에서 닿지 않는 곳으로
몸속 꽃눈을 밀어 올리고
다물지 못한 구멍에서 다문 구멍으로
몸속 잎눈을 끌어 올리고
가락을 타며 들이마시고 내쉬고
그렇다면 바람둥이와 수도사와 예술가들이 하는 일이란
바람을 부리고
바람을 내보냄으로써
저기 다른 몸 위에
제 몸을 열어
온몸에 꽃을 피워내는
그러니까 바람을 피우는 일 아닌가!

—「바람을 피우다」 전문

'기공'은 '닫힌 몸'을 '열린 몸'으로 변화시키는 기술이다. '열린 몸'이 된 자아는 자유롭게 외부세계와 만날 수 있다. 그러므로 '기공'은 자신의 존재 방식을 바꿔 자아와 세계의 관계를 변화시키는 일이라고 할 수 있다. '기공'의 기술을 체득한 사람이면 누구나 "바람이 들고 나는 몸", 즉 세계를 향해 활짝 '열린 몸'이 될 수 있다. "바람"은 가볍게 대기를 가로지르며 세계와 존재 사이에 놓인 모든 경계들을 무화시킨다. "바람"이 지나가는 곳에서 내부와 외부, 자아와 타자는 서로 만나고 뒤섞이고 소통한다. 그리하여 '열린 몸'은 어디든 스미고 침투할 수 있다. 현실의 중력으로부터 벗어나 가볍게 이동할 수도 무한대로 확장될 수도 있다.

이러한 '기공'의 기술은 에리히 프롬이 이야기하는 '사랑의 기술'과 닮아 있다. 에리히 프롬은 진정한 '사랑'을 두 인격의 상호적인 성장과 만족을 가능케 하는 힘으로 정의한다. 그런 의미에서 '사랑을 하는 자'는 이편과 저편의 내면 모두를 풍요롭게 만들 수 있는 능력을 지닌 존재다. 하지만 누구나가 다 진정한 사랑의 단계로 나아갈 수 있는 것은 아니다. 사랑에도 자아의 능력과 기술이 필요하기 때문이다. 그렇다면 자신의 몸을 타자와 세계로 향하는 '길'로 전환시킬 수 있는 '기공'이야말로 가장 뛰어난 '사랑의 기술'이 아니겠는가. 바람둥이는 '사랑'을 위해 수도사는 '진리'를 위해 예술가는 '절대 미'를 위해 자신의 평생을 몸을 여는 일에 바친다. "닿지 않는 곳에서 닿지 않는 곳으로", "다물지 못한 구멍에서 다문 구멍으로" 바람을 통과시키며 "몸속 꽃눈을 밀어 올리고" "몸속 잎눈을 끌어 올"려 마침내는 자신의 "온몸에 꽃을 피워내는" 것, 이것이 바로 그들의 평생의 목표인 것이다. 여기서 "꽃"은 자아와 대상의 충일한 만남이 가져온 결과물, 즉 지극한 만족과 희열을 의미한다. 그렇다면 온몸에 꽃을 피우기 위해 살아가는

"바람둥이와 수도사와 예술가"는 '사랑'의 가장 이상적인 형태를 체현하는 이들이라고 할 수 있다.

'침투적인 사랑'에 대한 관심은 좀 더 전위적인 형태로 발현되기도 한다. 몸의 빗장을 모두 풀어버린 "허공을 키질하는 / 바야흐로 바람 한자락"「와락」의 정체성이 가볍고 경쾌한 유희적 상상력과 연결될 때, 그것은 이분법적인 상징 질서 자체를 해체하려는 시도로까지 나아가게 된다.

난 이제 바람을 표절할래
잘못 이름 붙여진 뱉새를 표절할래
심심해 건들대는 저 장다리꽃을
어디서 오는지 알 수 없는 이 싱싱한 아침냄새를 표절할래

—「불멸의 표절」 중에서

촌충의 몸은 도대체 몇마디일까
아메바의 촉수는 몇가닥일까

삶이 이게 전부일 거라 생각할 수 없다
시간은 폭포처럼 떨어지고 되솟는다
나비처럼 펄럭이며 떠다닌다
아직까지 누구도 아니었던 나는
눈을 감고 기다린다 황금빛의

시인의 시간을

도둑의 시간을

거짓말의 시간을

발기된 탑과 덩굴과 안개의 시간을

—「황금빛 키스」 중에서

시 「불멸의 표절」은 자아가 '나'라는 고정된 틀을 벗어나 타자의 영역을 경쾌하게 넘나드는 모습을 그리고 있다. 화자의 "표절"은 우울한 범죄의 냄새를 풍기지 않는다. 그것은 공공연하게 선언되고 계속해서 반복된다. 이 "표절"이 상식적인 의미의 "표절"과 갖는 공통점이라고는 '의도적으로 베낀다'는 것뿐이다. 화자는 타자의 존재 방식을 의도적으로 베낀다. 그것도 대상을 "바람"에서 "뿔새"로 "장다리꽃"으로 "아침냄새"로 변화무쌍하게 바꿔가면서 베낀다. 대상을 단순하게 지각하고 인식하는 데서 그치는 것이 아니라, "표절"이라는 적극적인 방식을 통해 타자 '되기'를 실천하고 있는 것이다. 타자에 대한 진정한 앎은 이렇게 자아의 한정된 인식틀을 벗어나 '타자'의 핵심으로 들어가야만 비로소 획득될 수 있다. 따라서 타자에게 다가가려는 의지, 즉 사랑을 포기하지 않는 한 화자의 "표절"은 계속될 수밖에 없다. 이것이 화자의 "표절"이 "불멸의 표절"인 이유다.

시 「황금빛 키스」는 여기서 한 발 더 나아간다. 화자는 "촌충의 몸"이 무수히 많은 마디로 이루어져 있는 것처럼, 그리고 "아메바의 촉수"가 수천 가닥으로 이루어져 있는 것처럼, "삶이 이게 전부일 거라 생각할 수 없다"고 말한다. 화자에게 시간은 "폭포처럼 떨어"지는 순간 "되솟"는 것, "나비처럼 펄럭이며 떠다"니는 것으로 경험되기 때문이다. 화자는 끊임없이 반복되는 생성의 순간을 산다. 때문에 화자는 스스로를 일컬어 "아직까지 누구도 아니었던 나"라고 말한다. 계속되는 자기 변신의 과정에 놓여있기에 자신을 '나'라는 단 하나의 정체성으로 고정시킬 수 없다는 것이다. 주목할 점은 화자가 이러한 무수한 자기변신의 과정 자체를 즐기고 있다는 사실이다. 화자는 또 다시 "눈을 감고 기다린다". '나'는 또 무엇이 될까. "시인의 시간을" 살 것인가 "도둑의 시간을"을 살 것인가. 아니면 "거짓말의 시간을 / 발기된 탑과 덩굴과 안개의 시간을" 살 것인가.

시 「황금빛 키스」의 화자가 기다리는 정체성들, 즉 시인, 도둑, 거짓말, 발기된 탑, 덩굴, 안개는 상징적 질서 체계에 따르면 서로 간에 유의미한 연관성을 찾기 힘든 이질적인 이미지들이다. 하지만 시인의 상상력이 갖는 보폭은 기호들 간의 이러한 먼 거리를 단숨에 뛰어넘는다. 상징적 질서로부터 벗어난 이 비약적 상상력 속에서 '나'는 어디로도 갈 수 있고 무엇이든 될 수 있다. 언제든 존재의 기원으로 되돌아가 생을 다시 시작할 수 있는, 그리하여 무한히 확장될 수 있는 '나'는 "황금빛의" 시간으로 상징되는 영원한 현재 속에 놓여 있다. 순환적인 시간을 가장 전위적인 형태로 살아내고 있는 것이다. 여성적 희열로 가득 차 있는 "황금빛의" 시간 속에는 더 이상 중심과 주변, 남성과 여성, 성과 속, 참과 거짓, 삶과 죽음을 가르던 도식적인 이항대립은 존재하지 않는다. 이곳을 지배하는 것은 "황금빛 키스"로 상징되는 끊임없이 대상으로 침투하고 경계를 해체하는 '사랑'이다.

5. '사랑'은 아직 진행형이다

20여 년의 시력詩歷을 이어오는 동안 정끝별은 속악한 현실의 고통과 허무를 넘어설 새로운 원리를 모색하는 작업을 계속해왔다. 처음 그것은 상징적 질서가 매끄럽게 포장해 놓은 일상적 삶에 얼룩처럼 드리운 균열 지점들을 괴롭게 응시하는 데서 시작되었다. 시인의 시가 나고 자란 1990년대는 그런 의미에서 암중모색의 단계였다고 할 수 있다. 그리하여 정끝별의 시적 도정은 1990년대라는 전망 상실의 시대를 표상하는 녹슬어가는 '철길'을 구부려 '둥근 길'로 만들고, 그 '둥근 길'의 전망을 다시 찰라와 영원을 아우르는 화엄의 순간, 황금빛의 시간으로 고양시켜온 과정이라고 압축해 볼 수 있겠다. 본 글은 이러한 시적 변화를 추동해낸 근본 원리를 '사랑'이라고 보고 논의를 진행하였다.

정끝별 시가 구사하는 '사랑의 기술'은 먼저 그동안 합리적 질서가 상징계 밖으로 추방해온 '어머니'를 다시 불러올리는 데서 시작한다. 어미의 품어주는 사랑이 갖는 강인함과 건강성을 복원해내고, 이를 세계의 한계를 돌파할 원리로 삼고자 했던 것이다.

그러나 '사랑'에 대한 시인의 탐구는 여기에서 멈추지 않는다. 일방성과 희생적 측면이 강조될 수밖에 없는 '모성적 사랑'에서 한 발 더 나아가 자아와 타자를 상호적으로 오가며 두 편 모두를 충일한 희열로 가득 채울 수 있는 '사랑'의 새로운 차원을 추구하는 단계로까지 넘어간 것이다. 정끝별은 '모성적 사랑'이 결여하고 있는 것 가운데 특히 '사랑'의 유희성에 주목했다. 자기희생을 통해 세계의 상처를 치유하는데서 더 나아가 자기만족과 희열까지 담보하는 '사랑'이야말로 자아와 세계의 온전한 화해를 가능하게 할 수 있다고 본 것이다.

이때 시인이 도입한 것이 바로 자아와 세계의 경계를 끊임없이 침투하고 해체하는 '유희적 사랑'이다. 정끝별의 시는 이 '유희적 사랑'의 경쾌한 율동을 통해 이전보다 확연히 넓어진 의미자장을 확보하게 되었다. 그리고 이러한 '사랑'이 전위적인 형태로 발현될 때는 상징적 질서의 이분법이 여지없이 파괴되고 해체되는 진풍경이 연출되기도 했다. 중심과 주변, 남성과 여성, 성과 속, 참과 거짓, 삶과 죽음의 이분법을 교란하는 데까지 나아간 '사랑'의 언어, 이 탄력적인 출구의 언어가 앞으로 또 어떠한 방향으로 도약하게 될지 기대해 본다. 시인의 '사랑'은 아직도 현재진행형이다.